# 政策信息学
## 大数据驱动的公共政策分析
Policy Informatics
Public Policy Analysis Driven by Big Data

张楠 马宝君 孟庆国 著

清华大学出版社
北京

## 内 容 简 介

本书从背景理论、基础方法和应用案例三个视角展开,力图全面剖析政策信息学研究的起源、现状、领域、方法、应用和前景。背景理论篇分析政策信息学发展脉络、主要科学问题及开放数据环境带来的挑战；基础方法篇阐述政策信息学研究开展所采用的系统仿真建模、社会网络分析、自然语言处理的基础方法、情感分析和主题建模；分析案例篇多角度展示了运用上述方法的多个研究案例。作者从实际研究工作出发,展示了政策信息学科理论建构与实证检验的研究迭代深化逻辑,以期对有意愿从事政策信息学研究的老师和学生有所裨益。

本书封面贴有清华大学出版社防伪标签,无标签者不得销售。
版权所有,侵权必究。举报: 010-62782989, beiqinquan@tup.tsinghua.edu.cn。

**图书在版编目(CIP)数据**

政策信息学: 大数据驱动的公共政策分析/张楠,马宝君,孟庆国著. —北京: 清华大学出版社,2019.12(2023.7重印)
ISBN 978-7-302-54004-5

Ⅰ. ①政… Ⅱ. ①张… ②马… ③孟… Ⅲ. ①数据处理—应用—公共政策—政策分析 Ⅳ. ①D035-01

中国版本图书馆 CIP 数据核字(2019)第 230592 号

责任编辑: 陆浥晨
封面设计: 常雪影
责任校对: 宋玉莲
责任印制: 杨　艳

出版发行: 清华大学出版社
　　　　网　　址: http://www.tup.com.cn, http://www.wqbook.com
　　　　地　　址: 北京清华大学学研大厦 A 座　邮　编: 100084
　　　　社 总 机: 010-83470000　邮　购: 010-62786544
　　　　投稿与读者服务: 010-62776969, c-service@tup.tsinghua.edu.cn
　　　　质量反馈: 010-62772015, zhiliang@tup.tsinghua.edu.cn
印 装 者: 三河市君旺印务有限公司
经　　销: 全国新华书店
开　　本: 170mm×240mm　印　张: 22　字　数: 367 千字
版　　次: 2019 年 12 月第 1 版　　印　次: 2023 年 7 月第 5 次印刷
定　　价: 79.00 元

产品编号: 084015-01

张楠，清华大学公共管理学院副教授，中国发展规划研究院副研究员，未来政府研究中心副主任；清华大学管理学博士，美国华盛顿大学、德国亚琛工业大学访问学者；主要从事电子政务、公共大数据、智慧城市等方面基础理论与规划政策研究；主持4项国家自然科学基金项目，主持国家重点研发计划、国家242信息安全专项课题；兼任中国标准化协会城镇基础设施分会执行会长、中国信息协会数字治理专委会副会长、北京城市管理科技协会理事长、中国行政管理学会理事、中国软科学研究会理事等职务，曾挂职北京市朝阳区信息化工作办公室主任助理。

马宝君，上海外国语大学国际工商管理学院教授、博士生导师、系主任，数据科学与人工智能应用实验室常务副主任。2007年和2013年先后获清华大学管理学学士和博士学位。主要研究领域包括数据科学与商务分析、移动用户大数据分析以及政策信息学等。现任国际信息系统协会中国分会（CNAIS）理事、中国信息经济学会理事、北京邮电大学兼职教授等。在信息系统领域国内外顶级及权威学术期刊和会议发表论文三十余篇，主持或作为骨干参与了多项国家自然科学基金重大、重点项目及面上项目，研究成果曾获中国信息经济学理论贡献奖。

孟庆国，清华大学公共管理学院教授、博士生导师，清华大学国家治理研究院执行院长、互联网治理研究中心主任、公共管理与决策科学实验室主任，同时任国家电子政务专家委员会委员、中央党校（国家行政学院）兼职教授、北京大数据咨询专家组副组长等职务。主要研究方向有电子政务与政府治理创新、政务大数据与治理、政务服务与绩效评价等。

# 前言

在当今的数字时代,大数据的影响贯穿公共管理和公共政策运行全过程,几乎所有展望大数据应用前景的研究都非常重视政府或公共部门相关数据的价值。面对数据激增及数据分析能力提升的新环境,公共管理与公共政策学科的研究范式和方法论体系也在经历转型和扩展,数据科学与政策科学的交叉研究领域尚有许多关键科学问题亟待解决。在此背景下,美国有学者提出了政策信息学(policy informatics)的概念,中国科学院自动化所曾大军研究员也在国际期刊上发表过关于政策信息学的观点与思考。这些早期探索多关注系统科学与仿真,但这是政策信息学的边界吗?实际上国内外学术领域尚未形成普遍共识。本书作者拥有不同学科的交叉研究背景,基于作者及相关团队过去几年间围绕相关问题的若干研究成果,本书试图从理论、方法和应用三个层面为读者初步勾勒政策信息学这一新兴研究领域的初步形态、前沿探索和典型应用。

在理论部分,本书先从数据爆炸带来的数据分析热潮引出大数据带给政策分析与政府管理创新的机遇与挑战。数据的产生和分析亘古有之,但正是由于当前数据信息的增长速度远远超过人们获得、分析和处理数据的能力,产生了数据处理需求和数据处理能力的矛盾,进而推动了相关学科研究方法、分析技术、研究范式等的转变。在此背景下,处理和获得信息并基于信息做出决策已构成重要的国家能力。政策信息学应运而生。政策信息学起源于系统科学,得益于大数据信息技术的创新发展,政策信息学的外延和内涵不断扩展,学科问题和核心方法论体系也逐步发展。

过往的研究者认为政策信息学中正在形成三个研究方向,即分别聚焦于分析、管理和治理体系的研究:分析方向关注可以做什么和应该做什么;管理方向关注如何做,关注具体的管理实践与操作方式;治理体系方向关注计算和通信技术如何改变治理结构和流程设计。本书基于过往学者的研究,结合开放数据的新环境,提出政策信息学科学问题的三方面要素:面向日益复杂的公共政策和管理问题,基于信息通信技术发展寻求解决方案,政府决策过程的嬗变。此外,本书作者基于前期开展的若干相关研究工作,总结了政策信息学科理论建构与实证检验的研究迭代逻辑。

在方法部分,政策信息学作为公共管理领域的大数据研究,关注的核心问题无疑主要集中在分析技术层面,力图探索面向公共管理与公共政策实践问题的分析方法创新。除了文本挖掘技术为重点的大数据分析方法外,系统科学与仿真、社会网络分析等方法也是政策信息学领域的主流分析方法,本书遵循由总体到细节的逻辑逐一介绍了上述分析方法。

关于系统科学与仿真方法,本书简要介绍了系统科学领域"建模—试验—分析"的基本框架,重点探讨了系统动力学仿真和多智能体仿真建模方法,此外还简要介绍了仿真建模软件和平台;对比仿真方法,社会网络分析能够帮助研究者更好地理解多主体的互动关系。关于社会网络分析方法,本书介绍了社会网络分析的概念和发展历程,并从具体应用的角度介绍了社会网络分析步骤及方法,同样也简要介绍了社会网络分析的常用工具;针对社会网络分析对网络环境下互动细节的关注局限,我们又引入并重点介绍了自然语言处理范畴下的文本挖掘方法。关于文本挖掘分析方法,本书通过通俗易懂的举例、类比的叙述方式,提高复杂方法的易读性,揭开潜在狄利克雷分配模型、概率主题建模等复杂方法的神秘面纱。同时本书也秉承分析工具的严谨和完整性,完整演示了具体推演过程,尽可能地兼顾方法趣味性和科学性。书中围绕"简单文本处理—复杂语义分析"的思路分别介绍了文本表示、文本预处理、词性标注、语料库等基础文本处理知识以及情感分析与主题建模等高阶语义处理技术。相应的研究方法均在后面章节的案例中有具体应用。

在案例部分,我们呈现了五个从不同角度出发的政策信息学研究案例。

针对我国多个城市群在实现协同合作与区域一体化的进程中面临的一系列问题和挑战,第9章案例基于仿真建模方法,以社会网络视阈下的城市群政府合作过程中的多期进化博弈为例,建立一个集成非对称进化博弈和异构性社会网络的多智能体模拟系统,并实现微观互动(博弈行为)和宏观涌现(网络拓扑)之间的双向反馈和动态交互。研究从一种微观互动到宏观涌现的视角,模拟并探究城市群政府互动博弈的演化过程和一般规律。

为提高政府对网络触发群体性事件的应对能力,改善政府与公众之间的互动关系,第10章案例基于社会网络分析方法,通过"SF事件"的微博数据分析,对政府网络群体性事件应对策略进行评估,并提出针对性回应建议。具体而言,在"SF事件"案例中,政府采取了介绍式、呼吁表态式、解释澄清式、辟谣式和处理决定式五种的网络治理策略。不同治理策略在事件发展不同时期带来的响应效果不同,理解这些差异有助于政府采取针对性治理策略以快速有效应对危机。

挖掘社交平台上公众对于某一热点事件的意见与看法,并根据事件发展对公众舆情的变化趋势进行分析与预测,对于舆情监测预警具有非常重要的意义。第11章以2010年北京市机动车牌照摇号的政策发布和2015年C市的"女司机变道被暴打"事件作为研究案例,展示了大数据在公众舆情和公众情感分析中的应用。总体而言,热点事件整体情感强度的时序变化与主题情感强度的时序变化相对应,其变化情况与事件的后续发展紧密相关。对于政府而言,识别某一事件可能会演化成热点事件时,提前进行舆情预防和及时与群众进行双向沟通能有效避免热点事件向网络舆情事件演化。

面对巨大规模的网络信息,政策制定者无法在短时间内阅读和了解公众通过各种渠道反馈的详细信息。为了解决这一问题,第12章案例基于B市门户网站网络信件大数据,帮助相关部门根据多变的需求找寻重点话题,并提出相应语义搜索工具的设计思路。案例基于梳理和描述网络民声的实际需求,提出了一个两阶段框架,包含用户搜索流程和概率主题建模过程,兼顾准确和高效,能够适应需求更复杂的情景。

大数据分析的魅力不仅仅是简单的主题建模和统计描述,还在于能够帮助我们更好地进行因果推断和预测。将大数据分析方法与经典计量统计相结合,解释传统公共政策分析理论问题,也是本书作者所预期的政策信息学发展方向。第13章案例通过对B市C区移动政民互动平台近年来的实际数据进行分析,借助文本挖掘技术,将相关因素数据化,建立实证理论模型,提出一条从文本挖掘分析结果到有价值的公共管理知识的探索路径。

本书通过对当前公共管理与公共政策挑战与机遇的探讨,界定了政策信息学的基本概念与核心研究问题,梳理了政策信息学的研究方法基础,通过若干公共管理与公共政策研究案例,展示了政策信息学的分析过程和实践价值。本书的核心观点包括:①数据爆炸的客观环境和数据开放的主观趋势决定了政策信息学将成为公共管理与公共政策理论探索和实践运行的重要支撑;②政策信息学是面向日益复杂的公共管理与公共政策问题、基于信息通信技术与数据科学发展的解决方案,融合政策过程变革与管理模式创新的跨学科综合研究方法论;③政策信息学的科学问题包括大数据基础分析方法、基于大数据分析的公共决策知识挖掘、大数据时代政策过程设计和政策效果的评估与预测等，其中不同层面科学问题的联结是方法论突破的关键；④政策信息学当前主要涉及的基础研究方法包括系统科学与仿真、社会网络分析、文本挖掘与主题建模等，其边界仍在不断扩展，亟待发展的是从基础研究方法走向有价值公共管理知识间的"中间层"方法；⑤政策信息学的应用领域包括国家和区域政策趋势的预测、互联网政府行为与公众态度的分析与预测、基于多源异构海量数据回应公共管理与公共政策理论问题等，通过研究实践的迭代演进，政策信息学将有更广阔的发展空间。

本书主要研究工作在北京市社会科学基金重点项目"政策信息学方法论研究"(15JGA008)资助下完成，特此致谢。书中相关研究工作也承蒙国家自然科学基金（91646103，71473143，71772017）、国家社会科学基金（18ZDA052）和北京市社会科学基金（17GLB009）资助，在此一并致谢。感谢清华大学公共管理学院未来政府研究中心团队已出站博士后关欣、赵雪娇，已毕业研究生罗杭、邓喆、张秀吉、陈思丞、李芳玲、谭棋天、胡彦雷、罗亚，在读研究生陈晓阳，北京邮电大学经济管理学院在读研究生张珊珊、蔡慧瑾、刘颖等对本书中涉及研究工作和文字工作的贡献。特别感谢未来政府研究中心研究助理黄梅银和访问学者杨锐在全书统稿、审读、校对等环节的出色工作。感谢清华大学经济管理学院陈国青教授、公共管理学院苏竣教授、中国科学院自动化所曾大军研究员、美国内布拉斯加大学公共管理学院陈聿哲教授、美国克拉克大学管理学院张晶教授等在本书撰写过程中不同阶段给予我们的宝贵意见。感谢清华大学文科出版基金对本书出版的资助，感谢清华大学出版社编辑团队为本书的辛勤付出。感谢所有在本书作者研究道路上给予过帮助的人。

# 目录

## 第一部分 背景理论篇

**第1章 数据爆炸与政策分析困境** ········ 3
  1.1 数据爆炸与大数据热潮 ········ 3
    1.1.1 数据爆炸 ········ 3
    1.1.2 大数据的理论与实践 ········ 5
    1.1.3 大数据与公共管理 ········ 11
  1.2 传统政策分析面对的挑战 ········ 14
    1.2.1 公共管理与公共政策 ········ 14
    1.2.2 政策分析与政策过程 ········ 16
    1.2.3 政策过程的大数据挑战 ········ 18
  1.3 大数据助力政策分析与政府管理创新 ········ 22
    1.3.1 大数据改变政府的思维方式 ········ 22
    1.3.2 大数据优化政府的决策 ········ 24
    1.3.3 围绕大数据的研究与实践迭代 ········ 26

**第2章 政策信息学的缘起与进展** ········ 29
  2.1 政策信息学的概念演进 ········ 29
    2.1.1 起源与发展 ········ 29
    2.1.2 主要研究方向 ········ 30
  2.2 政策信息学与系统科学 ········ 32
    2.2.1 从系统科学视角理解政策过程 ········ 32
    2.2.2 系统科学与仿真 ········ 33
    2.2.3 多主体建模仿真与社会网络分析 ········ 35
  2.3 政策信息学与文本分析 ········ 36

政策信息学：大数据驱动的公共政策分析

  2.3.1 文本挖掘理解政策舆情 ································ 36
  2.3.2 文本分析与文本挖掘 ································ 38
  2.3.3 文本挖掘与概率主题建模 ···························· 40
 2.4 政策信息学的内涵与外延 ·································· 41
  2.4.1 面向应用场景的视角 ································ 42
  2.4.2 面向技术基础的视角 ································ 43
  2.4.3 连接理论范式与治理活动的视角 ······················ 44

第3章 开放数据环境下的政策分析 ······························ 46
 3.1 从信息公开到开放数据 ···································· 46
  3.1.1 信息公开 ········································ 46
  3.1.2 开放数据 ········································ 47
 3.2 开放数据助力政府变革 ···································· 50
  3.2.1 提升公共决策科学化 ································ 50
  3.2.2 促进大众创新和简政放权 ···························· 51
  3.2.3 提高政府透明度和公信力 ···························· 52
 3.3 开放政府数据现状 ········································ 53
  3.3.1 全球总体情况 ···································· 53
  3.3.2 我国开放政府数据的现状 ···························· 56
 3.4 政策分析在开放数据环境下面临的机遇与挑战 ················ 59
  3.4.1 数据开放带来的机遇 ································ 59
  3.4.2 公共政策面临的挑战 ································ 62

第4章 政策信息学的关键科学问题 ······························ 65
 4.1 科学问题界定 ············································ 65
 4.2 科学问题涵盖的主要内容 ·································· 70
  4.2.1 大数据基础分析方法 ································ 70
  4.2.2 基于大数据分析的公共管理与决策知识挖掘 ············ 71
  4.2.3 大数据时代政策过程设计 ···························· 72
  4.2.4 政策效果的评估与预测 ······························ 73
 4.3 迭代循环与关键点 ········································ 73
 4.4 主要研究方法基础 ········································ 75

4.5 从基础方法到决策支撑 ………………………………………… 78

# 第二部分 基础方法篇

第5章 系统仿真建模 ………………………………………………………… 83
  5.1 系统仿真建模：基础概念 …………………………………………… 84
    5.1.1 系统：规定仿真系统的边界与约束条件 …………………… 84
    5.1.2 模型：概念与分类 ……………………………………………… 84
    5.1.3 仿真问题的基本框架：建模—试验—分析 ………………… 85
  5.2 基于系统动力学的仿真建模 ………………………………………… 87
    5.2.1 系统动力学的相关概念 ……………………………………… 88
    5.2.2 系统动力学的建模特点 ……………………………………… 88
    5.2.3 系统动力学的表达方式 ……………………………………… 89
  5.3 基于主体的仿真建模 ………………………………………………… 90
    5.3.1 基于主体的相关概念 ………………………………………… 92
    5.3.2 基于主体的建模特点 ………………………………………… 93
    5.3.3 基于主体建模的表达方式 …………………………………… 94
  5.4 仿真建模软件和平台 ………………………………………………… 95

第6章 社会网络分析 ………………………………………………………… 99
  6.1 社会网络分析概念及发展 …………………………………………… 99
  6.2 社会网络分析的步骤及方法 ……………………………………… 101
    6.2.1 社会网络分析的步骤 ………………………………………… 101
    6.2.2 社会网络分析的常用方法 …………………………………… 102
  6.3 社会网络分析的主要算法 ………………………………………… 108
    6.3.1 PageRank 算法 ………………………………………………… 108
    6.3.2 HITS 算法 ……………………………………………………… 112
  6.4 社会网络分析工具 ………………………………………………… 115

第7章 自然语言处理：文本分析基础 …………………………………… 118
  7.1 文本表示 ……………………………………………………………… 118
    7.1.1 基于集合论的模型 …………………………………………… 119

7.1.2 基于代数的模型 …… 119
7.1.3 基于概率的模型 …… 123
7.2 文本预处理 …… 130
7.2.1 中文文本分词 …… 130
7.2.2 英文文本预处理 …… 135
7.3 词性标注 …… 137
7.3.1 词性标注的概念 …… 137
7.3.2 词性标注的常用方法 …… 138
7.4 常用工具软件 …… 142
7.4.1 常用中文分词及词性标注工具 …… 142
7.4.2 常用英文分词及词性标注工具 …… 144
7.5 语料库 …… 145
7.5.1 语料库简介 …… 145
7.5.2 常用语料库 …… 147

## 第8章 情感分析与主题建模：理解复杂语义 …… 150
8.1 情感分析 …… 150
8.1.1 情感分析的概念 …… 150
8.1.2 情感分析的过程 …… 152
8.1.3 情感信息的抽取 …… 154
8.1.4 情感分析的主流方法 …… 157
8.1.5 情感分析新兴趋势：深度学习方法的融合 …… 164
8.1.6 情感分析的相关应用 …… 169
8.2 主题模型 …… 170
8.2.1 主题模型的基本概念 …… 170
8.2.2 主题模型的组成部分 …… 172
8.2.3 潜在语义索引 …… 174
8.2.4 概率潜在语义索引 …… 177
8.2.5 潜在狄利克雷分配模型 …… 180
8.2.6 主题模型的测度探索 …… 187
8.2.7 主题模型的发展趋势 …… 188

## 第三部分 分析案例篇

### 第9章 基于多智能体的城市群政府合作建模与仿真——嵌入并反馈于一个异构性社会网络 ……… 195
- 9.1 案例背景与理论视角 ……… 195
- 9.2 模型构建 ……… 197
  - 9.2.1 系统：系统运行机理分析 ……… 197
  - 9.2.2 模型构建概述 ……… 200
- 9.3 模拟实验 ……… 204
  - 9.3.1 博弈参数对群体博弈形势和收益结果的影响 ……… 205
  - 9.3.2 网络结构变量对博弈形势和收益结果的影响 ……… 211
- 9.4 结论分析 ……… 219

### 第10章 基于微博数据的网络群体性事件应对策略评估 ……… 221
- 10.1 案例背景 ……… 221
- 10.2 案例要素的舆论演化规律分析 ……… 223
  - 10.2.1 政务微博内容分析 ……… 223
  - 10.2.2 网络舆论内容分析 ……… 225
  - 10.2.3 网络互动传播分析 ……… 228
- 10.3 基于"关键行动者"要素的关系网络分析 ……… 233
  - 10.3.1 关键行动者的凝聚力分析 ……… 234
  - 10.3.2 关键行动者的引力中心性分析 ……… 235
- 10.4 基于"治理工具"要素的响应效果分析 ……… 240
  - 10.4.1 介绍式治理策略分析 ……… 244
  - 10.4.2 呼吁表态式治理策略分析 ……… 245
  - 10.4.3 解释澄清式治理策略分析 ……… 246
  - 10.4.4 辟谣式治理策略分析 ……… 247
  - 10.4.5 处理决定式治理策略分析 ……… 248
- 10.5 研究结论与方法评述 ……… 249

### 第11章 基于网络社区数据的舆情分析与政策探索 ……… 251
- 11.1 政策发布周期中的公众舆情分析 ……… 252

11.1.1　案例背景 ┈┈┈┈┈┈┈┈┈┈┈┈┈┈┈ 252
　　　11.1.2　数据来源与处理 ┈┈┈┈┈┈┈┈┈┈ 253
　　　11.1.3　结果与分析 ┈┈┈┈┈┈┈┈┈┈┈┈ 254
　11.2　舆情事件中的公众情感分析 ┈┈┈┈┈┈┈┈┈ 257
　　　11.2.1　案例背景 ┈┈┈┈┈┈┈┈┈┈┈┈┈ 258
　　　11.2.2　Word2vec 模型 ┈┈┈┈┈┈┈┈┈┈ 259
　　　11.2.3　情感计算 ┈┈┈┈┈┈┈┈┈┈┈┈┈ 261
　　　11.2.4　结果与分析 ┈┈┈┈┈┈┈┈┈┈┈┈ 262
　11.3　研究结论和方法评述 ┈┈┈┈┈┈┈┈┈┈┈┈ 267

## 第12章　基于公众反馈数据的城市热点问题分析 ┈┈┈ 268
　12.1　案例背景 ┈┈┈┈┈┈┈┈┈┈┈┈┈┈┈┈┈ 268
　12.2　主题变化的描述分析 ┈┈┈┈┈┈┈┈┈┈┈┈ 269
　12.3　重点主题的专项分析 ┈┈┈┈┈┈┈┈┈┈┈┈ 272
　　　12.3.1　"生态文明问题"主题分析 ┈┈┈┈┈┈ 272
　　　12.3.2　"四风"问题主题分析 ┈┈┈┈┈┈┈┈ 275
　　　12.3.3　"政风行风"问题主题分析 ┈┈┈┈┈┈ 277
　12.4　智能搜索的工具化探索 ┈┈┈┈┈┈┈┈┈┈┈ 279
　　　12.4.1　概率主题建模过程 ┈┈┈┈┈┈┈┈┈ 280
　　　12.4.2　用户搜索过程 ┈┈┈┈┈┈┈┈┈┈┈ 281
　　　12.4.3　系统实现 ┈┈┈┈┈┈┈┈┈┈┈┈┈ 282
　　　12.4.4　两阶段验证语义搜索方法有效性验证 ┈ 286
　12.5　研究结论和方法评述 ┈┈┈┈┈┈┈┈┈┈┈┈ 288

## 第13章　基于政民互动数据的公共服务效能分析 ┈┈┈ 290
　13.1　案例背景 ┈┈┈┈┈┈┈┈┈┈┈┈┈┈┈┈┈ 290
　13.2　成本视角的公共服务效能建模 ┈┈┈┈┈┈┈┈ 292
　　　13.2.1　评价维度 ┈┈┈┈┈┈┈┈┈┈┈┈┈ 292
　　　13.2.2　理论假设 ┈┈┈┈┈┈┈┈┈┈┈┈┈ 294
　13.3　政民互动数据的文本挖掘结果 ┈┈┈┈┈┈┈┈ 297
　13.4　基于文本挖掘结果的测量与实证检验 ┈┈┈┈┈ 300

13.4.1　数据处理 …………………………………… 300
　　　13.4.2　基于LDA的文本测度设计 ………………… 302
　　　13.4.3　回归结果分析与讨论 ……………………… 304
　13.5　研究结论与方法评述 …………………………………… 306

**参考文献** ………………………………………………………… 308

**后记** ……………………………………………………………… 332

# 第一部分 背景理论篇

# 第1章 数据爆炸与政策分析困境

## 1.1 数据爆炸与大数据热潮

### 1.1.1 数据爆炸

在物联网技术让我们突破了数据采集瓶颈,宽带网络让我们突破了数据传输与交换瓶颈,云计算技术让我们突破了数据存储与大规模运算瓶颈的今天,世界正在经历前所未有的数据大爆炸[1]。数据爆炸式增长成为这个时代的重要特征,这引发近年来全球范围大数据研究和应用的热潮[2][3][4][5]。根据国际数据有限公司(IDC)的报告 *Data Age 2025:The Evolution of Data to*

---

[1] World Development Report 2016:Digital Dividends. https://openknowledge.worldbank.org/handle/10986/23347.

[2] Chen H,Chiang R H,Storey V C. Business Intelligence and Analytics:From Big Data to Big Impact[J]. MIS Quarterly,2012,36(4).

[3] McAfee A,Brynjolfsson E. Big Data:The Management Revolution[J]. Harvard Business Review,2012,90(10):60-68.

[4] 冯芷艳,郭迅华,曾大军,等.大数据背景下商务管理研究若干前沿课题[J].管理科学学报,2013,1:1-9.

[5] 张楠.公共衍生大数据分析与政府决策过程重构:理论演进与研究展望[J].中国行政管理,2015,31(10):19-24.

*Life-Critical* 2016年全球产生了16.1泽字节(zettabyte,ZB)的信息,到2025年这个数量将增加10倍,达到163ZB[①]。假如一页纸可以承载1兆字节(MB)的信息,那么2016年全球产生的信息高度摞起来有9.3~9.6个太阳与地球之间的距离。图1-1显示了1986年至2014年全世界的信息存储容量呈指数增长的趋势。

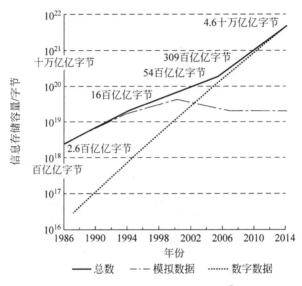

图1-1　全世界的信息存储容量[②]

数据爆炸的理念源于信息爆炸,而数据自人类生产活动开始便相伴而生,当大规模数据的采集、存储、利用成为可能时,我们也随之进入一个数据爆炸的时代。当人们意识到了数据的价值,将看到、听到、触摸到、想到的一切数据进行量化,这些无处不在的数据,正在引发一场超乎想象的聚变反应。小到人们带着的运动手环,随时传送着个人运动、睡眠等健康信息,大到如北斗卫星导航系统(BDS)建成高精度时空信息云服务平台,推出的加速辅助定位系统服务覆盖200多个国家和地区。数据爆炸式的量级增长已对当前技术应用、管理方式、学科范式甚至是人们的生活方式产生了巨大影响。当前世界,大数据成为各国发展数字经济,建设数字政府的重要引擎,大数据的

---

① https://www.seagate.com/files/www-content/our-story/trends/files/Seagate-WP-DataAge2025-March-2017.pdf.

② World Development Report 2016:Digital Dividends. http://documents.worldbank.org/curated/en/950951467993193548/pdf/102724-WDR-WDR2016Overview-CHINESE-WebResBox-394840B-OUO-9.pdf.

应用前景也达到了前所未有的范围,利用数据大爆炸促进发展已经成为社会共识。

### 1.1.2 大数据的理论与实践

**1. 大数据的概念与特征**

"大数据"一词正式出现于1998年《科学》杂志刊登的《大数据的处理程序》一文,此后《自然》杂志2008年出版"大数据"专刊,"大数据"一词得到普遍认可和使用[①]。之后,经Gartner的宣传和2012年维克托·迈尔·舍恩伯格《大数据时代》的出版推广,大数据的概念开始风靡全球[②],2013年维克托在其《大数据时代:生活、工作与思维的大变革》一书中定义大数据为通过收集、汇总和分析大量数据以扩展生产配置的技术结构体系[③]。其他定义如维基百科认为大数据(巨量资料)指的是传统数据处理应用软件不足以处理它们的大或复杂的数据集的术语,也可以定义为来自各种来源的大量非结构化和结构化数据[④]。IBM公司认为大数据是指大小和类型都超出了传统关系数据库能够低延迟进行储存、管理、处理的数据集[⑤]。

狭义的"大数据"是指体量异常庞大、结构复杂,以至于传统数据处理方法难以应对的数据集。人们通常用"5V"或"6C"来加以概括。而广义的"大数据"则不仅指海量数据,还包括获取、传输、存储、挖掘、分析和应用海量数据的一系列方法、技术和模式,后者通常被称为"大数据分析学"(Big Data Analytics)[⑥]。IBM公司由最早的3V(规模性 volume、多样性 variety、高速性 velocity)、4V(增加了精确性 veracity[⑦])到2016年的5V(增加了变化性

---

[①] 刘涛雄,尹德才.大数据时代与社会科学研究范式变革[J].长江论坛,2017(6).
[②] Frank J O.大数据分析:点"数"成金[M].王伟军,刘凯,杨光,译.北京:人民邮电出版社,2013.
[③] Naimi A I, Westreich D J. Big Data: A Revolution that Will Transform How We Live, Work, and Think[J]. Mathematics & Computer Education, 2013, 47(17): 181-183.
[④] 维基百科:大数据. https://zh.m.wikipedia.org/zh-hans/%E5%A4%A7%E6%95%B8%E6%93%9A.
[⑤] https://www.ibm.com/analytics/hadoop/big-data-analytics.
[⑥] 张小劲,孟天广.论计算社会科学的缘起、发展与创新范式[J].理论探索,2017(6):44-45.
[⑦] IBM公司关于大数据的定义. http://www.ibmbigdatahub.com/infographic/four-vs-big-data.

variability)①。Misuraca G 在总结其他学者研究的基础上,指出大数据的 5V 特征(volume,velocity,variety,variability,virality)②。国内学者孟天广等认为大数据具有超大规模、类型多样化、数据流动速度快、蕴含了丰富的时空信息和大数据是贫矿,价值密度低五大特征③。邓仲华等认为大数据具有"4V+1C"的特点,即数据量大(volume)、数据类型繁多(variety)、价值密度低(value)、处理速度快(velocity)、复杂性(complexity)④。

无论是 5V 还是 6V,本书认为大数据最基本、最核心的特征是其规模性,其他特征如多源异构性、变化性等均是由于数据量过大由该项秉性带来的较大挑战。正是由于数据体量过大而迫使我们不得不改变现有存储、检索、分析、处理和检查方法,也使得其他任何一种特征都为数据分析带来极大的困难。本书仍简要介绍当前常见的大数据的几个特征:规模性、精确性、多样性、高速和变化性。

(1) 规模性(volume)。大数据首先是海量数据,有超规模、大容量的特征。其数据量由传统 TB(太字节)级的基于关系数据库处理数据量增长为 PB(拍字节)级及以上数据的数据量,且不可避免地向 ZB 发展。但多大的样本才算是大样本？大样本是否是全样本？根据中心极限定理和大数定理,如果样本容量大于 100,就可以认为样本是"大样本"。抽样是研究者得不到全样本或得到全样本需要付出的代价过大,而不得不为之妥协。当"全样本"唾手可得时,研究者所需要的不是严密而先进的抽样方法,而是超出传统统计分析所能承载的海量数据的分析处理技术。显然,图 1-2 中无论是否是全样本,只要体量足够大,都可以认为是大数据。

(2) 多样性(variety)。大数据具有多源异构性的特点。大数据的来源除了内部信息数据外,还有各类外部数据来源,如数据可来源于政府、企业、个人,甚至是国际组织。大数据不仅包括文本和数据库数据等结构化数据,还包括各种非结构化以及半结构化的数据,如网页、Web 日志、博客、微博、图片、音频、视频、地理位置信息等。虽然大数据具有多源异构的性质,但异质数据之间的相

---

① The 5 Vs of Big Data. https://www.ibm.com/blogs/watson-health/the-5-vs-of-big-data/.
② Misuraca G,Mureddu F,Osimo D. Policy-making 2.0: Unleashing the Power of Big Data for Public Governance[M]. Open Government. Springer New York,2014: 171-188.
③ 孟天广,郭凤林. 大数据政治学:新信息时代的政治现象及其探析路径[J]. 国外理论动态,2015(1): 46-56.
④ 邓仲华,李志芳. 科学研究范式的演化——大数据时代的科学研究第四范式[J]. 情报资料工作,2013,34(4): 19-23.

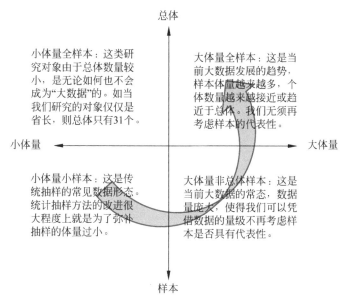

图 1-2 数据体量辨析

互转换或者最终都转换为一种可机读的数据格式是大数据的发展方向。当我们观看 YouTube 视频的时候,可以选择自动识别字幕,数据的格式就可以由语音转变为文字。商用大数据技术如 Casandra 数据库可以在单行中存储 200 万列数据,允许包含大量数据,且无须事先了解其格式方式。

(3)高速性(velocity)。从大数据的处理技术上看,还具有高速的特征。大数据具有高速性,包括大数据的传输和处理两方面。传输方式包括批量处理传输、实时传输、近似实时传输和流传输等。数据处理方式包括数据处理时间和相应的时延。根据数据的性质,对大数据的处理要求从千字节/秒到万亿字节/秒,传统算法已无法满足数据到达的速度。这对数据分析的即时需求、时间容错能力要求越来越高。目前面对数据集规模的迅速增加及大数据管理分析等挑战,可通过提高处理器速度在一定程度上予以缓解①。

(4)低价值密度(value)。相比经过精密抽样而来的统计分析数据,大数据是低价值密度的。打一个形象的比喻,传统统计分析数据是"富矿",需要花费较高的成本才能探寻到,一旦探寻成功则可带来较大的收益。而大数据是"贫矿",较为常见,但大数据存在大量的不相关信息,我们所关心的就是如

---

① Nawsher K, Ibrar Y, Targio H I A, et al. Big Data: Survey, Technologies, Opportunities, and Challenges[J]. The Scientific World Journal, 2014: 1-18.

何冶炼这个贫矿获取想要的信息。从另一个角度讲,大数据具有"潜在价值"①。大数据语境下,数据噪声会影响数据质量②,因而改进数据挖掘技术,加强数据降噪和精准识别挖掘变得十分重要。

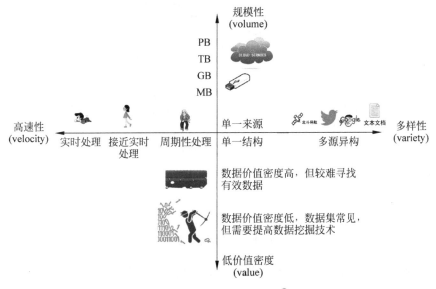

图 1-3　大数据的 4V 性质③

### 2. 大数据的管理系统和分析方法

对于结构性数据,传统统计分析方法即可满足,而海量半结构或非结构性数据则对数据管理系统和数据分析方法提出了更高的要求。

当前应用较多数据库中,开源平台 Hadoop 应用最为广泛,主要用于数据管理存储和访问,并支持在商品硬件构建的大型集群上高速运行④。其他应用较为广泛的商业大数据技术还包括:Casandra 数据库,基于 Dynamo 技术的开源分布式 NoSQL 数据库系统,基于 Apache Hadoop 开发的 Cloudera 分析型数据库、Cloudera 操作型数据库、Hortonworks 数据库及 MapR 数据库等。此外,还有 Google Big Table、简单数据库(Simple DB)、数据流管理系统

---

① 宁兆龙,孔祥杰. 大数据导论[M].北京:科学出版社,2017:52-59.
② 张小劲,孟天广. 论计算社会科学的缘起、发展与创新范式[J]. 理论探索,2017(6):44-45.
③ Hammer C, Kostroch D, Quiros G. Big Data: Potential, Challenges and Statistical Implications[J]. Imf Staff Discussion Notes,2017,17(6):1.
④ Zikopoulos P,Eaton C. Understanding Big Data: Analytics for Enterprise Class Hadoop and Streaming Data[M]. McGraw-Hill Osborne Media,1989.

(DSMS)、Memcache DB 和 Voldemort 等工具与技术可用于数据管理。

大数据分析之初,人们主要关心如何从海量数据中快速提取关键信息,而随着数据存储和提取技术的成熟,大数据分析方法逐渐多样化。目前,大数据常见的数据处理方法有布隆过滤器(Bloom filter)、哈希算法(Hashing)、索引(index)、特里尔算法(Triel)、并行计算(parallel computing)等①。有学者按照大数据的分析层次分为统计、挖掘、发现、预测与集成 5 种,共有 17 种相关研究方法②。美国大数据分析专家 Devenport 和 Harris 在他们的《分析学》一书中列举的分析工具包括电子表格、在线分析处理(OLAP)、统计或定量算法、规则引擎、数据挖掘工具、文本挖掘工具、模拟工具、文本分类、遗传算法、信息提取、群智能等③。

### 3. 大数据的实际应用

从企业部门、电子商务应用到科学研究、政府公共管理等,大数据已经在国内外广泛应用。

大科学创造了大数据,大数据开启了大时代。2013 年以来,集大科学、大数据于一身的"人类脑计划"相继在欧洲、北美洲、亚洲依次展开。就像曼哈顿计划、阿波罗计划开启了知识经济、信息社会时代一样,人类基因组、蛋白质组计划、脑计划正开启集大成的最伟大时代——智慧时代④。科学领域大数据应用最有代表性的还有美国 NASA(美国航空航天局)的大数据策略⑤。NASA 大数据时代的存档、处理和传播项目将研究并提供 4 个大数据技术领域的解决方案:①快速科学算法集成——自动高效地将 IDL,Python,Matlab 等算法集成到美国国家气候评估和国家射电天文台(NRAO)的公共天文软件应用(CASA)项目;②数据移动——在美国 NCAs 和 SKA 的现实场景下探索 4~5 种现代数据移动技术的架构特性和可扩展性之间的平衡;③云计算——用于处理和存储地球与天文数据;④自动和快速从文件格式中提取数

---

① Chen M,Mao S,Liu Y. Big Data:A Survey[J]. Mobile Networks and Applications,2014,19(2):171-209.
② 江信昱,王柏弟. 大数据分析的方法及其在情报研究中的适用性初探[J]. 图书与情报,2014(5):13-19.
③ 曾忠禄. 大数据分析:方向、方法与工具[J]. 情报理论与实践,2017,40(1):1-5.
④ http://www.xinhuanet.com/tech/2015-01/30/c_127439205.htm.
⑤ The Data Briefing:NASA's New Big Data Strategy. https://www.digitalgov.gov/2016/06/22/the-data-briefing-nasas-new-big-data-strategy.md/.

据/元数据——从科学数据格式中自动提取文本和元数据技术的应用①。2015年NASA结束了大数据框架的无损评估(nondestructive evaluation data,简称NDE)的第一阶段②,2016—2018年开展第二阶段并将解决当前工业实践现有技术水平没有将NDE数据整合到设计数据、NDE模型和结构完整性模型中以进行整体结构能力评估的问题。

当前大数据产业在中国已初具规模,并广泛应用于制造业和服务业、公共管理、商务、医疗、开放式教育和金融等领域。根据中国信息通信研究院2018年《中国大数据发展调查报告》显示2017年中国大数据产业总体规模为4 700亿元人民币,同比增长30%;2017年大数据核心产业规模为236亿元人民币,增速达到40.5%。随着国家政策激励以及大数据应用模式的逐步成熟,未来几年中国大数据市场仍将保持快速增长,预计到2020年中国大数据市场规模将达到578亿元。

中国高铁和物流也可以称为大数据应用的典范。2018年春运,高铁旅客占铁路春运一半以上。来自中国铁路总公司消息,春运全国旅客发送量预计3.9亿人次,动车组列车每天开行将达5 600余列,占总开行列车的65%;日均发送旅客将达500余万人,占日均总发送量的57.5%。动车组每天运行时要产生数以兆亿计量的数据,在大数据下,动车载了多少人、哪个车轮的"刹车片"需要更换,以及电路是否正常等全方位"图样",都纤毫毕现③。据国家邮政局监测数据显示,2018年,全国快递服务企业业务量累计完成507.1亿件,同比增长26.6%,11月11日全天主要电商企业全天共产生快递物流订单达13.52亿件④⑤,通过大数据赋能,物流平台给每一个包裹分配了最优线路。通过把平台、商家、快递公司总部、网点的数据打通,物流公司能够提前知道物流的流动,及时做好准备。即使最基层的快递网点,也能看到自己的包裹

---

① Archiving,Processing and Dissemination for the Big Data Era. https://catalog. data. gov/dataset/archiving-processing-and-dissemination-for-the-big-data-era-project.
② NDE Big Data Framework, Phase I. https://catalog. data. gov/dataset/nde-big-data-framework-phase-i.
③ 旅客感受黑科技大数据保高铁动车安全奔驰. http://www. chinanews. com/cj/2018/02/13/8448208. shtml.
④ 国家邮政局公布2018年邮政行业运行情况. http://www. spb. gov. cn/xw/dtxx_15079/201901/t20190116_1746179. html.
⑤ 国家邮政局:11月11日主要电商产生快递订单13.52亿件. http://www. xinhuanet. com/fortune/2018-11/13/c_1123702768. htm.

配送①。

### 1.1.3 大数据与公共管理

大数据技术和方法在公共管理领域的应用已经取得了不少成果,包括公共政策、政治传播、城市规划、公共交通、环境保护、社区服务等方面。运用大数据思维来拓展研究方法、解决公共管理问题,已成为公共管理研究和实践无法回避的客观选择。

#### 1. 大数据方法与公共管理学科融合

第一,大数据方法推动公共管理研究范式的转变。大数据正驱动着社会科学研究范式发生巨大变革。2007年,已故的图灵奖得主吉姆·格雷(Jim Gray)在他的最后一次演讲中描绘了数据密集型科研"第四范式"(the fourth paradigm)的愿景。大数据正在推动科学研究除了以观察和实验为代表的经验研究、以逻辑分析为代表的理论研究和以模型为代表的计算机仿真研究以外,已向以大数据的挖掘与分析为代表的研究第四范式过渡②。在此背景下,大数据技术从研究方法、研究对象、公共管理思维、公共管理的绩效评估标准等方面都在重塑着公共管理的理论范式③。也就是说,大数据技术与公共管理的结合并不是工具性的革命,而是理论范式的革命。

第二,大数据方法推动公共管理学科发展。我国公共管理学科仍处于基本理论的重建时期,公共管理研究存在基础理论不足、碎片化、理论建构与产出率低、研究方法落后等问题,甚至在公共行政、公共管理、行政管理等概念中纠缠不清,在研究范式划分以及管理主义陷阱、知识殖民陷阱、经验主义陷阱、规范理论贫乏及学科制度化陷阱和工具与价值理性的批判中相互对立,泥泞前行④。在公共管理研究的脉络上,政府大数据研究是对传统电子政务、电子治理的继承,致力于利用海量数据提高政府制定政策的能力,改善政府

---

① 国家邮政局数据显示:双11电商物流订单8.5亿件,天猫物流占九成.http://www.xinhuanet.com/fortune/2017-11/13/c_1121948511.htm.
② 米加宁,等.大数据驱动的社会科学研究转型.http://www.sohu.com/a/235380380_661904.
③ 胡键.大数据技术与公共管理范式的转型[J].行政论坛,2018,25(4):51-57.
④ 黄欣卓,李大宇.大数据驱动的公共管理学科现代化——《公共管理学报》高端学术研讨会视点[J].公共管理学报,2018,15(1):147-152,160.

与公民、企业、NGO(非政府组织)以及其他政府部门的关系①。正如同社会政治经济环境的变化促使新的文本不断生成和扩散②,大数据驱动的"创新浪潮"将极大地拓展公共管理学科话语体系的内涵与外延,为我国公共管理学科突破研究瓶颈与学科发展泥淖带来重大转型机遇。

### 2. 大数据方法与公共管理实践融合

在公共管理领域,政府是大数据的主要产生者和使用者。政府和公共部门在管理公共事务中产生大量的数据,如城市规划、公共安全、电力交通、医疗养老等③。同时,大数据已应用到政府治理的核心领域,如公共卫生、社会服务、交通、宏观经济治理、信用与证券交易、社区治理、救灾抢险、公共安全、能源与环境治理等④。

在美国,联邦政府每天都有数千名联邦工作人员收集、创建、分析和分发海量的天气预报、经济指标和卫生统计数据。联邦政府的数据是美国经济的重要推动力,企业可以通过使用这些数据作出决策或将政府数据融入销售给消费者的产品和服务中⑤。美国波士顿马拉松赛爆炸案中,警察局通过海量的社交媒体数据和照片快速识别出犯罪嫌疑人,2013年年底美国加州圣迭戈的警方开始配备随身携带的人脸识别设备,只要叫住行人,拍一张正脸照,就可以在云端连接当地人口数据库,确认该名行人的身份⑥。英国政府更是利用大数据的观念和技术提高政府公共服务水平,预先降低可能产生的风险。英国食品标准局(FSA)通信团队追踪在线和社交数据流获取预先确定的搜索主题,通过社交媒体上每天提到或参与讨论的关键词提前进行预防。现有主题包括"成人过敏""抗菌素耐药性""DNP补充剂""食品卫生评级""食品过敏""食品犯罪""FSA相关""新型食品""食品未来""不常见汉堡""食品召

---

① Mellouli S,Luna-Reyes L F,Zhang J. Smart Government,Citizen Participation and Open Data [J]. Information Polity,2014,19(1):1-4.

② 薛澜,张帆.公共管理学科话语体系的本土化建构:反思与展望[J].学海,2018(1):90-99.

③ 万岩,潘煜.大数据生态系统中的政府角色研究[J].管理世界,2015(2):174-175.

④ 刘越男,闫慧,杨建梁,等.大数据情境下政府治理研究进展与理论框架构建[J].图书与情报,2017(1):87-93.

⑤ The Value of Federal Government Data. https://www.digitalgov.gov/2018/03/14/data-briefing-value-federal-government-data/.

⑥ 涂子沛.数文明.大数据如何重塑人类文明、商业形态和个人世界[M].北京:中信出版社,2018:50,118.

回"等①。

大数据在我国越来越受到重视,在我国公共部门的行政管理和公共服务过程中也得到了大量的应用。2015年国务院关于印发《促进大数据发展行动纲要的通知》提出大数据成为提升政府治理能力的新途径,政府部门要建立"用数据说话、用数据决策、用数据管理、用数据创新"的管理机制,实现基于数据的科学决策,推动政府管理理念和社会治理模式的进步。2018年4月首届数字中国建设峰会开幕,习近平指出数字化、网络化、智能化在推动经济社会发展、促进国家治理体系和治理能力现代化、满足人民日益增长的美好生活需要方面发挥着越来越重要的作用。

无论是经济发展,还是社会管理,大数据必将为中国智慧城市发展添上浓墨重彩的一笔。纪录片《辉煌中国》第五集共享小康里面介绍了"中国天网"这一超级工程是如何成为守护百姓之"眼"的,以江苏省苏州市公安局一个跨部门小组为切入点,纪录片介绍说,"钟聪的任务,就是根据这些信息,研判可能会诱发犯罪的蛛丝马迹。利用人工智能和大数据进行警务预测,在中国不仅全面普及,而且水平位居世界前列。"大数据不仅是一场技术和产业革命,还将推动政府治理向现代化、精准化转变。数据技术已从倒逼政府改革、成就政府改革发展到引领政府改革、创新政府改革。以上海市大数据中心为例,作为"智慧政府"的基础设施,以上海市电子政务云为基础,跨部门跨层级构建"云数联动"的数据共享交换平台,打破部门"数据孤岛",推动政务服务从"群众跑腿"向"数据跑路"转变②③。2018年1月一条"上海不动产登记将从41个自然日缩至5个工作日"的新闻刷屏网络,市民只需跑一次现场,窗口一次受理后,即可完成全部申请手续④。市民办事时间大大缩减,得益于相关业务数据与数据中心互联互通,部门信息共享,业务实现协同办理。

---

① Social Media Search Stream Data. https://data.gov.uk/dataset/social-media-search-stream-data.
② 上海市大数据中心揭牌用"数据跑路"替代"群众跑腿". http://sh.xinhuanet.com/2018-04/13/c_137108423.htm.
③ 上海市大数据中心揭牌政务服务从"群众跑腿"到"数据跑路". http://sh.eastday.com/m/20180412/u1a13821172.html.
④ 地评线 | 疏解办事堵点难点,让数据多跑路、群众少跑腿. http://www.gov.cn/xinwen/2018-04/22/content_5284941.htm.

## 1.2 传统政策分析面对的挑战

### 1.2.1 公共管理与公共政策

公共管理源于公共行政,经历了传统公共管理、新公共管理、新公共服务等一系列发展。20世纪70年代末期开始的新公共管理运动产生了新公共管理模式[①②],戴维·奥斯本和特德·盖布勒提出"把掌舵和划桨分开",以企业家精神重塑政府目标,克服官僚主义,降低行政成本[③]。登哈特教授夫妇提出政府工作重点既不应该是为政府"掌舵",也不应该是为其"划桨",而应该是建立一些明显具有完善的整合力和回应力的公共机构[④]。拉塞尔林登"无缝隙组织"的概念对于那些和它相互作用、相互影响的人和事物来说,无缝隙组织提供了一种流畅的、真正的、不费气力的经验[⑤]。服务型政府概念是在学术界多年讨论的基础上形成的[⑥],服务型政府的本质就是"以人为本、执政为民",向社会、企业、公民提供更多更好的公共服务产品[⑦]。治理理论是在对新公共理论进行批判的基础上出现的[⑧],从统治走向治理,是人类政治发展的普遍趋势,"多一些治理,少一些统治"是21世纪主要国家政治变革的重要特征[⑨]。从统治走向治理,再从治理走向服务是未来政务的发展方向。盖伊·彼得斯全面分析了当前政府治理存在的问题,提出了市场模式、参与模式、弹

---

① 李鹏.新公共管理及应用[M].北京:社会科学文献出版社,2004:121.
② 陈振明.评西方的"新公共管理"范式[J].中国社会科学,2000(6):73-82.
③ 戴维·奥斯本,特德·盖布勒.改革政府:企业家精神如何改革着公营部门[M].周敦仁,等译.上海:上海译文出版社,1996.
④ 登哈特.新公共服务:服务,而不是掌舵[M].3版.丁煌,译.北京:中国人民大学出版社,2016.
⑤ 郁建兴,吴福平."无缝隙政府"的实践与思考——以玉环县为例[J].中共浙江省委党校学报,2003(3):8-13.
⑥ 程倩."服务行政":从概念到模式——考察当代中国"服务行政"理论的源头[J].南京社会科学,2005(5):50-57.
⑦ 燕继荣.服务型政府建设:政府再造七项战略[M].北京:中国人民大学出版社,2009:155.
⑧ 段龙飞.我国行政服务中心建设[M].武汉:武汉大学出版社,2007:58.
⑨ 俞可平.论国家治理现代化[M].北京:社会科学文献出版社,2015:2.

性模式和解制模式四种政府的治理模式,每一种模式并不是单独存在的,可能由两种或多种模式并存[①]。

自查尔斯在1992年提出公共政策的概念以来,政策科学已经成为一个全新的跨学科、应用性研究领域。公共政策一方面是政府改变其管理的社会,经济或领域的意图[②];另一方面是制定和执行用以分配和调控社会关系、利益资源等的政治行为或规定的行为准则[③]。基于政策工具论,公共政策是政府进行治理的有效工具之一,其理念、内容及制定过程在一定程度上反映了政府在治理进程中的相应理念[④]。早期的公共政策模型呈现出简单的线性流程,如议程—制定—实施—预算—评估[⑤],或是从不同角度自上而下或自下而上对政策制定进行梳理[⑥],或仅是将流程变得更加精细[⑦]。以戈尔为主要倡导者的美国政府提出了创建"信息高速公路",并由此拉开了电子政府建设的序幕[⑧],由技术变革推动了政府治理变革,最终推动公共管理思维、机制、范式的变革,对于这种走向"数字治理时代"(DEG)的整体变化,甚至有学者提出"新公共管理已死"[⑨]。

数据方法技术的发展带来了公共管理现代化发展,使得原来停留在理论上的公共管理模式得以实现。大数据方法大规模地拓宽了公共管理的学科界限,将互联网、社交网络、信息流和自然语义等纳入研究范畴,促使公共管理学科与计算科学、信息科学、传播学、语言学等相关学科的跨学科研究落到

---

① B.盖伊·彼得斯.政府未来的治理模式[M].2版.吴爱明,译.北京:中国人民大学出版社,2013.

② Howlett M. Governance Modes,Policy Regimes and Operational Plans: A Multi-level Nested Model of Policy Instrument Choice and Policy Design[J]. Policy Sciences,2009,42(1):73-89.

③ 杨道田.公共政策学[M].上海:复旦大学出版社,2015:3.

④ B.盖伊·彼得斯,弗兰斯 K M,冯尼斯潘.公共政策工具:对公共管理工具的评价[M].顾建光,译.北京:中国人民大学出版社,2007.

⑤ Jones C O. An Introduction to the Study of Public Policy[M]. An Introduction to the Study of Public Policy. Duxbury Press,1977:575-588.

⑥ 托马斯·戴伊.理解公共政策[M].11版.孙彩红,译.北京:北京大学出版社,2008:31.

⑦ Ryder D. The Analysis of Policy: Understanding the Process of Policy Development[J]. Addiction,1996,91(9):1265.

⑧ Fountain J E. Building the Virtual State: Information Technology and Institutional Change[J]. Journal of Policy Analysis & Management,2001,27(22):324-326.

⑨ Dunleavy P,Margetts H,Bastow S,et al. New Public Management is Dead—Long Live Digital-era Governance[J]. Journal of Public Administration Research and Theory: J-PART,2006,16(3):467-494.

实处[1]。在公共管理相关理论中,无论是新公共管理、新公共服务、无缝隙政府、整体政府还是服务型政府理论,大数据处理技术使得社会重要利益的确定和公共价值的提高变得容易,从而进一步触发了公共管理变革。

### 1.2.2 政策分析与政策过程

政策分析被视为思考政策问题和作出选择的框架,包括建立问题情景、确定替代性政策、预测政策后果、评估政策结果、推荐政策选择等阶段[2]。政策过程是指政策问题提上议程、拟定方案、决策、执行和评估直至政策修正或终结的各个阶段的总和[3]。政策过程常被看作一个理想的"决策周期",由以下几个政策过程组成的一个连续周期[4][5]。

#### 1. 议程设定

政府通过一定的政治途径,在公众关注的若干社会问题中选择优先进入政策议程的问题。在一个不断发展的数字媒体和网上公众世界中,议题议程的动态变得越来越复杂。当前的民众更习惯于在社交媒体上表达诉求,这一行为的改变再次引起了人们对反向议程设置理念的关注。有别于传统的政策议程掌握在政治组织、政治领袖、代议制、专家学者等小规模"政治精英"的手中,群众在社交媒体信息上反映的政治诉求更能体现真实的民众需求。

#### 2. 政策分析

政策分析旨在更好地理解议程上的公共问题,并确定政策问题和制定替代选择政策,明确利益相关者。传统的政策分析方法有过程分析法、实质性

---

[1] 孟天广,郭凤林.大数据政治学:新信息时代的政治现象及其探析路径[J].国外理论动态,2015(1):46-56.

[2] Daniell K A, Morton A, Insua D R. Policy Analysis and Policy Analytics[J]. Annals of Operations Research, 2016, 236(1):1-13.

[3] 陈玲,赵静,薛澜.择优还是折衷?——转型期中国政策过程的一个解释框架和共识决策模型[J].管理世界,2010(8):59-72,187.

[4] Daniell K A, Morton A, Insua D R. Policy Analysis and Policy Analytics[J]. Annals of Operations Research, 2016, 236(1):1-13.

[5] Höchtl J, Parycek P, Schöllhammer R. Big Data in the Policy Cycle: Policy Decision Making in the Digital-era[J]. Journal of Organizational Computing & Electronic Commerce, 2016, 26(1-2):147-169.

分析法、逻辑实证分析法、经济学分析法和意识形态分析法等[①]。面对同一政策问题,如果采用不同的政策分析工具和技术可能会导致不同的政策选择[②]。大数据分析可以有效地避免传统分析方法代表性不足和内生性问题,视为传统分析的一次变革。

### 3. 政策决策

在政策分析的基础上,进行最终决策,并对所选择的政策进行充分规定。早在1900年,古德诺认为政府的功能可以分为两大类:意愿的表达和意愿的执行。意愿的表达过程就是一个政治决策的过程,而意愿的执行就是一个实施政策的管理过程[③]。在整个政策过程中,一些学者认为政策决策是其中最为关键的步骤[④]。Tu W 等的研究表明大数据对于辅助高度动态的环境中的公共政策制定具有一定的价值和优势[⑤]。

### 4. 政策执行和监测

一旦选择了一项政策,就需要付诸实践。为了使政策运作起来,需要调动配套的公共资源和行政法规。政策监测的目的在于持续评估实施的政策是否产生了预期的结果,确定政策应该改变或需要在议程中考虑下一个新的问题。进行快速的政策评估也是大数据优势之一,这使公共行政部门的责任部门能够在短时间内发现其政策是否具有预期的效果[⑥]。

大数据对政策分析和政策过程带来的变革,Misuraca G 称之为"政策制定2.0",定义为"一套旨在创新政策制定的方法和技术解决方案"[⑦]。在当前数字化时代,大数据的影响贯穿于公共政策运行全过程:政策议程、政策规

---

① 小约瑟夫·斯图尔特,詹姆斯·P. 莱斯特,戴维·M. 赫奇,等. 公共政策导论[M]. 韩红,译. 北京:中国人民大学出版社,2011: 33.

② Andersen D F. How Differences in Analytic Paradigms Can Lead to Differences in Policy Conclusions[J]. Elements of the System Dynamics Method,1980: 61-75.

③ 蓝志勇. 谈谈公共政策的决策理性[J]. 中国行政管理,2007(8): 22-25.

④ 陈振明. 公共管理学[M]. 北京:中国人民大学出版社,2017.

⑤ Tu W,Li Q,Fang Z,et al. Optimizing the Locations of Electric Taxi Charging Stations: A Spatial-temporal Demand Coverage Approach[J]. Transportation Research Part C,2016,65: 172-189.

⑥ Höchtl J,Parycek P,Schöllhammer R. Big Data in the Policy Cycle: Policy Decision Making in the Digital-era[J]. Journal of Organizational Computing & Electronic Commerce,2016,26(1-2): 147-169.

⑦ Misuraca G,Mureddu F,Osimo D. Policy-making 2.0: Unleashing the Power of Big Data for Public Governance[M]. Open Government. Springer New York,2014: 171-188.

划、政策决定、政策执行、政策评价、政策调整等,各个环节都无法摆脱大数据的纠缠[①]。大数据既有现实政治的基本元素,又有网络政治的基本元素;既是二者的高度整合提炼,又是对传统政治的颠覆与转向[②]。就像电子政务(e-governance)和网上政府(e-government)是传统政务与政府的延续和演变一样,政策过程不可避免地向网络化、数字化发展。

### 1.2.3 政策过程的大数据挑战

#### 1. 物理数据整合的挑战

大数据处理的主要困难在于数据收集、存储、检索、共享、分析和可视化。尽管当前信息以指数速度增长,而信息处理方法的改进却相对较慢。密歇根州立大学计算机科学与工程系教授金榕认为,真正有价值的信息可能是线性增长,而当前数字化的内容是指数增长,公司从数据中的获利也是线性增长,但储存和处理数据的费用也呈指数增长。所以对很多公司来说,这将很快成为一个瓶颈问题。随着政府部门衍生大数据的逐年增加,这也是政府不得不解决的问题。

面对大数据,传统的数据管理和分析系统存在以下问题:首先,传统的计算方法主要是并行计算,需要从体系结构和编程语言的层面定义一些较为底层的并行计算抽象模型,但由于大数据规模超大、种类繁多、关系复杂,这使得传统并行计算方法难以为继[③];其次,传统的数据管理和分析系统是基于关系数据库的管理系统(RDBMS),此类数据管理系统仅适用于结构化数据且硬件成本较高。传统的关系数据库不能处理巨大数量、异质、半结构或非结构的大数据[④];最后,从实际应用来看,即使是目前最先进的技术也无法理想地解决实际问题,尤其是实时分析。显然,大数据如此庞大且难以管理,传统信息技术无法有效实现大数据的价值。在某种程度上,对于大数据这一金矿我们迄今仍没有完整的开采工具。

在公共管理领域,政府活动产生的公共衍生大数据通常主要包含以下三

---

① 王春福.大数据与公共政策的双重风险及其规避[J].理论探讨,2017(2):39-43.
② 张爱军,刘姝红.大数据:新政治文明时代抑或政治裸体时代[J].探索与争鸣,2017(3):75-82.
③ 徐宗本,冯芷艳,郭迅华,等.大数据驱动的管理与决策前沿课题[J].管理世界,2014(11):158-163.
④ Chen C L P, Zhang C Y. Data-intensive Applications, Challenges, Techniques and Technologies: A Survey on Big Data[J]. Information Sciences,2014,275:314-347.

类：互联网公共话题相关的用户创造内容（user generated content，UGC），政府部门业务运作过程中产生的大量政策、法规及其相关的文件与文档数据，政府信息化过程中建设的包括物联网系统在内的各类信息系统在运行中生成的大量数据（如交通、环境监测、网上办事数据）[①]。公共衍生大数据同样也面临着大数据收集和处理分析的问题。

## 2. 研究范式的转变带来的挑战

维克托·迈尔·舍恩伯格在《大数据时代》中提出了三个思维的转变：不是随机样本，而是全体数据；不是精确性，而是混杂性；不是因果关系，而是相关关系。但也可认为，大数据的发展并非是与传统分裂，而是进一步融合。

首先是样本代表性与总体研究的统一，"样本等于总体"，不必仅限于随机抽样，并且不再痴迷于关注数据的精准度，而是变成关注分析数据的相关性，打破了从因果关系出发的研究范式，为科学决策提供了支撑，使新的决策模式研究成为可能[②]。在数据爆炸的时代，我们可以分析更多的数据，有时甚至可以处理和某个特别现象相关的所有数据。但尽管数据量级已经足够大，我们仍不能保证所有的数据为"总体"，正如第一小节所说，数据正经历着小样本—大数据（样本）—大数据（总体）的变化，当样本量级足够大时，我们将不再考虑样本的代表性，也不必再探索该数据是否是全体数据。

其次是因果分析与相关分析的统一。大数据相关分析最经典的案例莫过于尿布和啤酒的捆绑销售[③]，多个学者也用该案例强调研究范式已经由因果分析转向相关性分析。但事实是"研究人员发现跟尿布一起搭配购买最多的商品是啤酒"是相关分析，而"经过跟踪调查发现一些年轻的爸爸经常要到超市购买婴儿尿布，有30%~40%的新手爸爸会顺手购买点啤酒犒劳自己"可以认为是因果分析，探索事物发生的机制和导致该现象的原因。如果一味强调相关分析而不去探究事物的本质，可能得到南辕北辙，令人啼笑皆非的结论。

最后是关系研究与问题预测的统一。以往研究偏重关系研究，包括相关关系、因果关系等，着重探索变量之间的关系，大数据偏重预测问题，但现实中的公共管理问题多为两类的结合。通过大数据分析方法的引入，公共政策

---

[①] 张楠.公共衍生大数据分析与政府决策过程重构：理论演进与研究展望[J].中国行政管理，2015(10)：19-24.
[②] 牛正光，奉公.基于大数据的公共决策模式创新[J].中州学刊，2016，232(4)：7-11.
[③] 涂子沛.大数据[M].3版.桂林：广西师范大学出版社，2015：98.

分析相关学科将得以突破原有边界，应对更复杂的科学问题①。当数据规模大到一定程度时，就可以解决以前解决不了的问题，实现公共管理"变革式"进步。比较著名的谷歌趋势预测流感，通过谷歌搜索地区的分布预测流感疫区。以蓉价网为例，成都市发展改革委（蓉价网主办单位）通过视频识别、移动采集、系统对接、网络抓取、公众报价等多渠道收集商品价格信息，利用大数据优势提供农副产品价格波动分析、舆论热点商品价格走势分析、居民消费价格指数实时预测模型、价格补贴联动机制、补贴标准辅助决策模型等。当CPI（居民消费价格指数）出现较大波动影响居民日常生活消费时，政府将及时采取干预措施以稳定物价，维持社会稳定。图1-4所示为山东省泰安市智慧物价信息网②，我国多地区已开展大数据价格监管。可以看出，公共管理正将数据挖掘、统计分析与传统的关系研究相融合以应对不断发展和变化的复杂社会问题。

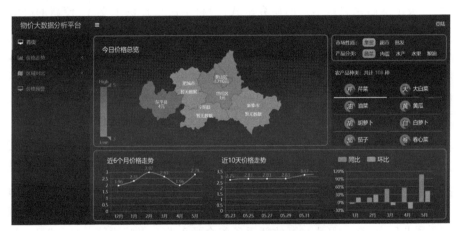

图1-4　山东省泰安市智慧物价信息网

## 3. 行政过程的挑战

政府部门在公共行政过程中可以利用大数据提升科学决策能力、提高公共服务水平和增强社会风险管理能力，但也面临着大数据收集能力欠缺和大数据应用意识不足等一系列挑战。

---

① 徐宗本, 冯芷艳, 郭迅华, 等. 大数据驱动的管理与决策前沿课题[J]. 管理世界, 2014(11): 158-163.

② http://www.tajgxx.cn:8005/Code_HttpService/price_new/index.html.

首先是大数据处理技术不足的挑战。谢治菊提出,受数据结构异质性、数据价值稀疏性、数据内容隐私性和数据管理人为性的影响,当前大数据优化政府决策存在让隐私保护更加复杂、加剧政府决策的道德风险和决策面临技术瓶颈三重风险①。学者 Kim G H 质疑大数据是否能真正改善政府运作,因为政府必须开发新能力和采用新技术通过组织与分析才能将数据转化为信息②。

其次是政府数据处理的挑战。政府部门在大数据的处理过程中,从收集、分析、应用到公共数据产品提供,无不面临着极大的挑战。在收集方面,由于政府数据分布在各部门,公共数据的整合也是当前中国政府面临的一大困难;在分析方面,行政人员大数据相关知识的缺乏③、技术人才和创新不足影响了公共部门大数据的应用价值④;在应用方面,Schintler L 认为由于大数据的不规则和异质性,使得大数据在公共政策的用途有限⑤;在公共产品提供方面,大数据具有噪声性和低密度性的特点,当政府提供公共数据产品时,就需要对大数据进行规范化处理,确保数据产品的质量⑥,但当前从数据噪声中提取有价值信息的先进方法和算法尚未被广泛使用⑦。

最后是政府思维转变的挑战。开发一门技术并不困难,而困难在于思维的转变。部门数据壁垒造成的信息孤岛一直以来都是造成信息难以共享的主要原因之一。数据仓库的出现突破了这一瓶颈,部门系统即使运行平台不同、编制语言不同、地理位置不同,其数据可以按统一定义格式被提取出来,再通过清洗、转换、集成,最后加载进入数据库。这一处理过程可以通过专门的 ETL(extraction,transformation,load)工具来实现⑧。但各部门和各地方

---

① 谢治菊.大数据优化政府决策的机理、风险及规避[J].行政论坛,2018(1):60-66.
② Kim G H,Trimi S,Chung J H. Big-data Applications in the Government Sector[J]. Communications of the Acm,2014,57(3):78-85.
③ Chatfield A,Reddick C,Al-Zubaidi W. Capability Challenges in Transforming Government Through Open and Big Data: Tales of Two Cities[C]//Thirty Sixth International Conference on Information Systems,Forth Worth,2015:1-21.
④ 刘越男,闫慧,杨建梁,等.大数据情境下政府治理研究进展与理论框架构建[J].图书与情报,2017(1):87-93.
⑤ Schintler L. The potential Risk of Big Data for Public Policy,a Presentation at George Mason University[EB/OL]. Retrieved from http://policy.gmu.edu/the-potential-and-risk-of-big-data-for-public-policy/. 2013-11-6.
⑥ 于浩.大数据时代政府数据管理的机遇、挑战与对策[J].中国行政管理,2015(3):127-129.
⑦ Stough R,Mcbride D. Big Data and U. S. Public Policy[J]. Review of Policy Research,2014,31(4):339-342.
⑧ 涂子沛.大数据[M].3 版.桂林:广西师范大学出版社,2015:93.

政府消极应对数据信息公开要求的现象时有发生,导致在政务大数据开放领域"一边促供给,一边抑需求"①。所以说,"数据孤岛"的问题在技术层面是可以解决的,需要转变数据持有者的态度和向更为开放的心态转变。

## 1.3 大数据助力政策分析与政府管理创新

### 1.3.1 大数据改变政府的思维方式

首先,大数据推动政府从经验治理转向数据治理。"数据治理"(data govemance)的学术概念源于企业对数据资产的治理。全球企业近年来使用的数据与日俱增,如何有效地对这些数据进行治理,使之成为有价值的数据资产,成为信息时代企业经营和决策中的关键问题②。当前一些政府机构也在借鉴企业数据治理的模型、策略和技术,建立机构数据的治理模式③。大数据所支撑的"循数治理"理念提出:推动政府从经验治理转向数据治理,从"拍脑袋"决策到循证决策,从单一主体的管理到多元参与的共治。不得不说政府治理在大数据的影响下具备了更为开放的意识、包容的心态、科学的态度、关联的思考以及深度的分析。因此,大数据时代的政府治理在某种程度上颠覆了传统的政府治理范式。

其次,大数据推动政府从事后监管转向事前预测。近几年提出的基于人工神经网络的深度学习算法,可以进一步提升分类和预测的准确性。深度学习通过模拟人脑机制来解释数据,构建具有很多隐层的机器学习模型和海量的训练数据来学习更有用的特征④。大数据使得获取个体层面数据变得更为可行,不少学者利用大数据方法来预测社会运动⑤。大数据预警应用也取得

---

① 翁列恩,李幼芸.政务大数据的开放与共享:条件、障碍与基本准则研究[J].经济社会体制比较,2016(2):113-122.
② 黄璜.美国联邦政府数据治理:政策与结构[J].中国行政管理,2017(8).
③ https://www.fhwa.dot.gov/datagov/dgpvolume%201.pdf.
④ 曾子明,杨倩雯.面向第四范式的城市公共安全数据监管体系研究[J].情报理论与实践,2018(2):82-87.
⑤ 孟天广,郭凤林.大数据政治学:新信息时代的政治现象及其探析路径[J].国外理论动态,2015(1):46-56.

了很多实效。如美国通过使用大数据进行犯罪情报预测分析,用风险地域分析、时空分析、聚类、分类、回归方法等预测分析方法识别犯罪模式并部署警力,帮助部分城市的重大犯罪率下降了30%[1][2]。洛杉矶警局通过与加州大学洛杉矶分校合作,采集分析了80年来洛杉矶发生的1 300万起犯罪案件,通过大数据分析软件对犯罪行为的大规模研究,成功降低了相关区域33%的盗窃犯罪,降低了21%的暴力犯罪,也降低了12%的财产类犯罪[3]。基于数据构建的预警指标体系,有助于系统直观地展示大数据背后所呈现的城市管理短板,科学地梳理城市问题的优先次序,从而提高决策者的管理效率。这也是进一步展开情报分析以切实解决问题的基础。我国各大城市可在搭建城市公共数据集聚平台的基础上,根据已有数据的分类,尝试设计预警指标,并在不断扩大公共数据所涉范围的同时,逐步完善整套预警体系[4]。

此外,大数据促进政府从被动监管转向主动监督。大数据在监管方面应用较广,如金融监管[5]、电子商务行业监管[6]和政府预算监管等[7]。如贵州省"数据铁笼"通过数据的平台化、关联度和聚合力共同作用,以应用为导向开展纪律监督和技术反腐,是提升政府治理能力、创新政府监管模式的重要载体[8]。以"数据铁笼"为例,通过对政府管理与执法运行过程中产生的数据记录进行融合分析,挖掘异常、及时发现和控制可能存在的风险,最终实现把权力关进制度笼子的目标[9]。贵阳市交管局作为"数据铁笼"试点之一,已经过三年多的实践,通过整合22个业务子系统,按照"3+N"模式建设,即"一个融合平台、一个移动端应用App、一个个人诚信档案和20余个业务风险预警模型"。监管平台每天自动抓取相关数据,通过大数据这个工具,实时预测、预防和预警各类权力运行中的风险。系统信息具有实时录入的特点,让酒驾执

---

[1] 吕雪梅.美国犯罪情报预测分析技术的特点——基于兰德报告《预测警务》的视角[J].情报杂志,2016,35(7):7-12.
[2] 同上.
[3] 王萌.警务大数据案例:大数据预测分析与犯罪预防[EB/OL].IT经理网.http://www.ctocio.com/ccnews/15551.html.2014-05-07.
[4] 施雯.基于大数据的情报分析如何助力城市管理——纽约实践及启示[J].图书情报工作,2016(8):113-117.
[5] 王达.宏观审慎监管的大数据方法:背景、原理及美国的实践[J].国际金融研究,2015,399(9):55-65.
[6] 黄家良,谷斌.基于大数据的电子商务行业监管体系[J].中国科技论坛,2016(5):46-51.
[7] 王银梅,曲丰逸.运用大数据强化政府预算监管[J].宏观经济研究,2016(5):36-41.
[8] 许欢,孟庆国.大数据推动的政府治理方式创新研究[J].情报理论与实践,2017,40(12):52-57.
[9] "人在干、数在转、云在算"——数据铁笼建设实践[J].中国建设信息化,2018(3):49-51.

法全程处于监管中,有效堵住了人情"漏洞",同时平台通过"数据铁笼"系统,自动判断民警是否在工作,大大提升监督准确性的同时,还能大大减少监督警力,以及与之对应的燃油、在途时间等①②。这切实改变了"靠人管理、靠人监督、靠人执行"的传统行政模式,变"人为监督"为"数据监督"、变"被动监督"为"主动监督"。

### 1.3.2 大数据优化政府的决策

大数据使得政府决策更为民主和扁平。长期以来,基于少数人的治理需求推断、预判多数人乃至整个社会现时的或者未来的治理需求,基于部分地区的治理经验推断整个地区乃至整个国家的治理政策和措施,是一种占主导地位的决策模式③。大数据的应用能有效改善这一局面,促进政府、公众等多元主体共同治理。这种方式也称众包模式(crowdsourcing)。在大数据时代,微博、微信、搜索平台等社交媒体产生海量的交互数据,拥有最广范围覆盖、开放共享和双向交互等特性,畅通了公众、社会组织表达民意以及参政议政的渠道,促进了政府整合企业、民间机构、社会组织、民众及意见领袖等多元主体参与决策④。政府治理主体也相应发生变化,从原来的政府主导变成政府与企业、社会组织和个人共同治理。大数据直接挑战传统单极化和封闭式的政府管理理念,传统的以行政命令为主、单一垂直的治理方式,让渡于民主协商、合作共治的方式⑤。

大数据增加了政府决策信息的来源。相比较传统政府信息来源主要依赖于层层政府信息的传递,海量用户创造内容(UGC)不仅增加了政府信息来源的渠道,也极大地缩短了政府获取信息的时间。如美联邦应急管理局(FEMA)的灾难报告应用程序就是一个很好的政府和居民通过数据交换共同治理的例子⑥。用户可以在 App 上传拍摄的灾区照片,并附上简短的文字。

---

① 贵阳交管局.制约权力任性提升服务质效.中新网贵州. http://www.gz.chinanews.com/content/2017/06-02/73567.shtml.
② 贵阳交管局.用"数据铁笼"维护公平正义.贵州都市报. http://www.gz.chinanews.com/content/2018/05-04/82123.shtml.
③ 高华丽,闫建.政府大数据战略:政府治理实现的强力助推器[J].探索,2015(1):104-107.
④ 牛正光,奉公.基于大数据的公共决策模式创新[J].中州学刊,2016,232(4):7-11.
⑤ 曾小锋.大数据时代政府治理面临的双重境遇与突破路径[J].领导科学,2016(8):18-20.
⑥ Bertot J,Estevez E,Janowski T. Universal and Contextualized Public Services: Digital Public Service Innovation Framework[J]. Government Information Quarterly,2016,33(2):211-222.

通过这个 App，用户和幸存者可以在地图上获取有用的信息，FEMA 官员也可以感知态势以确定灾区需要的资源类型。

大数据使得政府决策更为全面。相比依赖于小数据和精确性的时代，大数据因为更强调数据的完整性和混杂性，帮助我们进一步接近事实真相①。通过整合、挖掘和利用各类信息，将企业、社会组织及公众都纳入治理体系的主体中，以提高社会公共治理，实现用数据说话、用数据决策、用数据管理、用数据创新。综合运用大数据分析技术，对跨领域、跨渠道的多元数据展开分析，通过数据管理、用数据分析，全面掌握社会治理中热点、焦点、难点问题和变化趋势，建立人口分析、网格化管理、民生服务、城市管理等主题分析模型，提升政府决策和风险防范水平，提高社会治理的精准性和有效性。此外，还可以通过激活各级政府部门数据库里的数据信息，如人口、交通、卫生、社保、税收等方面的海量数据，实现跨层级、跨部门的数据共享和整合，强化决策的数据支持能力②。大数据所提供的"交叉复现"和"数据混搭"提供了科学化决策的可行方案，同时还改变了公共行政的决策思维、范式和方法③。

大数据能极大地缩短政府决策的时间。在大数据时代，实时连续的大规模轨迹数据的快速抓取和精细分析，为政府的精准决策提供重要的信息数据和技术支撑④，高效的信息集成和数据分析技术能够为更加科学的公共政策制定提供坚实的基础。以北京市价格监管信息化系统为例，平台依托数字监测手段，联动经营企业和单位，对菜市场、超市、家电卖场、医药等多种商品和服务进行价格采集，建立民生价格数据库，为信息服务、预警预报和调控监管提供了数据保障与市场参照。通过民生商品的晒价、比价，既方便市民理性消费，又能挤干虚假价格水分，进而达到稳价目的。该平台还通过价格形势分析、价格指数管理、应急调控管理、应急调控启动预警等手段对价格情况进行调控预警并及时作出反应。利用大数据分析工具，建立数据分析模型，将多来源的数据进行多维度的交叉使用，从而在监测、分析、预警、预测、决策等多方面得到综合性利用，能极大地缩短政府响应时间。

---

① 维克托·迈尔·舍恩伯格，肯尼思·库克耶.大数据时代：生活工作与思维的大变革[M].周涛，译.杭州：浙江人民出版社，2013.
② 李文彬，陈醉.大数据时代的地方政府数据应用[J].行政论坛，2016，23(6).
③ 高小平.借助大数据科技力量寻求国家治理变革创新[J].中国行政管理，2015(10)：10-14.
④ 李志刚.大数据：大价值、大机遇、大变革[M].北京：电子工业出版社，2012：53.

### 1.3.3 围绕大数据的研究与实践迭代

大数据将改变传统行政系统的封闭、分割状态,政府将由破碎化向整体化转变。政府部门间的物理界限将变得模糊,协作变得更为紧密,反应变得更加敏锐,牵一发而动全身,所有政府部门将以"统一"的面貌协同向社会公众提供公共管理和公共服务,从"碎片化政府"变成"整体政府"①。以浙江省"最多跑一次"为例,2014年6月,浙江省"政务服务网"正式上线,通过建立全省统一的政务服务互联网,为市民和企业提供咨询、办事和查阅等多种服务。与以往以部门为主体、以权力事项为依托的行政审批制度改革相比,"最多跑一次"改革形成了整体政府的改革模式。对外,它为老百姓提供了无缝隙而非碎片化的政务服务;对内,它增进了各部门的团结协作,在很大程度上减少了互相推诿现象②。截至2017年底,浙江省"最多跑一次"改革实现率和满意率分别达到87.9%和94.7%③。图1-5所示为一窗受理流程,前台为群众综合受理、后台分类审批、统一窗口出件,有效解决了服务碎片化的问题。

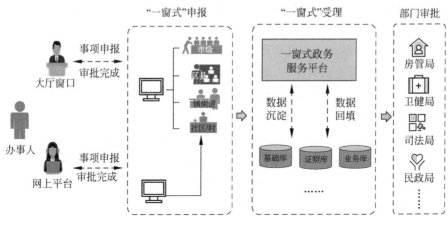

图1-5 一窗受理流程

大数据不仅是一场技术和产业革命,将推动政府治理向现代化、精准化

---

① 高华丽,闫建.政府大数据战略:政府治理实现的强力助推器[J].探索,2015(1).
② 郁建兴,高翔.浙江省"最多跑一次"改革的基本经验与未来[J].浙江社会科学,2018(4):76-85,158.
③ 大数据撞开"智慧政府"大门.新华网.http://www.xinhuanet.com/yuqing/2018-04/25/c_129858902.htm.

转变。首先是运作模式的改变,借助大数据分析技术,政府可以实现决策更精准、互动更透明、资源更开放、内部更协同的运作模式①;其次是政府治理精准化的改变,通过高效采集、有效整合、深化应用政府数据和社会数据,大数据提升政府决策和风险防范水平,提高社会治理的精准性和有效性;最后是政府服务个性化的转变,应用新技术进行管理创新,通过数据聚合推动决策科学化,通过扁平网络推动管理精细化,通过数据开放推动执政阳光化,通过个体预测推动服务个性化②。因此,大数据的公共治理对于改善政策技术、提升政府能力、推进国家治理体系现代化起到了显著作用③。

大数据支撑智慧城市建设,是智慧城市的重要资产。大数据在地方一级应用通常称为智慧城市,通过各种应用程序可以协助监测、分析和可视化社会经济与环境现象④。大数据、智能化、移动互联网、云计算以及物联网结合的"大智移云"代表了信息技术发展新阶段的时代特征⑤。智慧城市的未来发展,也将依赖于这些信息技术。如城市管理物联网平台的搭建:通过多种传感器以及社交媒体等感知终端实时采集城市管理数据,搭建城市管理的巨量数据的组织、存储和管理平台。又如基础综合网格治理:可运用人工智能和工作流技术,通过大量城市管理案件学习,对市民随手拍、城管通上报案件进行自动分类及转办,智能转办至责任部门专业网格,发出解决问题"指令",第一时间处置。还如分析预测管理:研发面向城市环境秩序管理的智能数据分析模型和工具,通过城市管理部门相关部门的数据共享和协同,针对事实数据进行科学分析,挖掘城市管理的内在规律,对公共突发事件构建基于大数据分析的预案选择策略机制。

全球多个城市已通过大数据开展智慧城市项目。2011 年,纽约市和意大利的锡拉丘兹市与 IBM 合作,推出了智慧城市项目,利用大数据帮助预测和

---

① 黄铧焕,薛丽芳.大数据,大政务,新网络——大数据时代电子政务网络的发展方向[J].电子政务,2013(5):104-109.

② 陈之常.应用大数据推进政府治理能力现代化——以北京市东城区为例[J].中国行政管理,2015(2).

③ 黄璜,黄竹修.大数据与公共政策研究:概念、关系与视角[J].中国行政管理,2015(10).

④ Jaakola A, Kekkonen H, Lahti T, et al. Open Data, Open Cities: Experiences from the Helsinki Metropolitan Area. Case Helsinki Region Infoshare www.hri.fi[J]. Statistical Journal of the Iaos Journal of the International Association for Official Statistics,2015.

⑤ 邬贺铨.大数据是智慧城市的重要资产[N].北京日报,2016-12-26(14).

防止住宅空置①。密歇根州信息技术部构建了一个数据库为公民提供统一的信息平台,以使政府机构和组织提供更好的服务。2018年上海市印发《全面推进"一网通办"加快建设智慧政府工作方案》,上海市将应用大数据、人工智能、物联网等新技术,提升政府管理科学化、精细化、智能化水平。对面向群众和企业的所有线上线下服务事项,逐步做到一网受理、只跑一次、一次办成,逐步实现协同服务、一网通办、全市通办②。广东省佛山市将推动区块链技术在政务服务中运用,打造出全国首个区块链政务应用创新平台,目前该市禅城区已发布了云务通、盘古健康平台、养老助残信息化平台等一系列民生应用成果③。

面对日益增长的数据和不断延伸的应用场景,本书将试图从理论、方法和应用三个层面为读者初步勾勒政策信息学这一新兴研究领域的初步形态、前沿探索和典型应用,以期抛砖引玉,吸引更多学科背景、方法源流的学者围绕大数据时代的公共管理与公共政策问题展开基于数据分析的研究和探索。

---

① IBM. IBM's Smarter Cities Challenge: Syracuse. Dec. 2011. http://smartercitieschallenge.org/city_syracuse_ny.html.

② 市政府新闻发布会介绍上海全面推进"一网通办"、加快智慧政府建设相关情况. 中国上海. http://www.shanghai.gov.cn/nw2/nw2314/nw9819/nw9823/u21aw1302263.html.

③ 蒋余浩,贾开. 区块链技术路径下基于大数据的公共决策责任机制变革研究[J]. 电子政务, 2018(2).

# 第 2 章 政策信息学的缘起与进展

## 2.1 政策信息学的概念演进

### 2.1.1 起源与发展

计算机技术和互联网的普及与发展,使得信息传递变得更加即时、便捷,并且通信成本更加低廉,网络成为公民信息交流、表达需求与参与政治意愿的新空间,政府网站、微博、微信等网络化平台加快了信息传播的速度和范围。根据国际电信联盟(ITU)的数据,截至 2016 年,全球移动手机保有量达 101.5 亿部,全球范围内能使用互联网的人数达到 45.9 亿。政策制定者传统上依赖直觉、经验、小样本访谈、民意调查和媒体评估社会的"脉搏",这些方法的准确性在大数据时代均受到挑战。[①] 政府管理者面临的社会问题会更加富信息化、多样化、复杂化,问题间相互依赖,而传统的科层制治理、专家驱动决策、机构控制和中心化政府治理形式亟须借助新的方法寻求改变。

2012 年,美国亚利桑那州立大学(Arizona State University)提出了政策

---

① Zeng D. Policy Informatics for Smart Policy-making[J]. IEEE Intelligent Systems, 2015, 30(6): 2-3.

信息学(policy informatics)研究方向。政策信息学可以看作一个以面向如何利用公共政策相关海量信息,利用计算和通信技术来更好地理解与解决复杂的公共政策和管理问题,从而实现治理流程和制度创新为目标的跨若干学科研究组成的崭新领域①。该学科希望深度融合计算科学与公共政策,以推进政策决策流程创新、组织制度变革、探索有效治理的新形式,从而促进社会发展、提升公共价值。

事实上,运用数学模型和经验数据来解决复杂的社会问题并不新鲜。20世纪70年代,在公共政策制定过程中使用定量模型促进了政策建模领域的发展,但这种传统的政策建模观点强调政策方案选择及效果评估,并在过去40多年中以经济学为导向②。政策信息学是通过利用新的建模和分析技术,如数据捕获、仿真、文本挖掘等处理海量政策数据,对复杂政策问题进行更广泛、更深入的研究与分析。除了对新兴建模技术和海量数据处理之外,政策信息学还促进利益相关者的参与,以及政策问题的跨学科分析。

### 2.1.2 主要研究方向

尽管政策信息学是相对比较新的概念,但三个不同的研究方向正在形成,即分别聚焦于分析、管理和治理体系的研究③。

分析研究关注理论和方法论层面,具体侧重于:①支撑公共管理与公共政策的证据和观点库的建构,②异构信息集合与其关系的可视化,③通过复杂环境下的模拟分析预测各种情景下管理行为和政策干预的有效性。信息通信技术的发展与网络社会数据的激增,以及数据分析方法的进步,使得决策者能够以新的方式分析和解决过往造成长期困扰的旧问题和网络时代产生的新问题。更准确的数据、更精细颗粒度上的分析使决策者能够更好地利用复杂系统建模和可视化工具来发现并解决公共管理与公共政策问题。其中,系统动力学在公共管理和政策信息学的背景下有发挥更加重要作用的潜力,其不仅能对当前状态进行描述性或预测性解释,而且有望解释复杂环境

---

① Erik W J, Kevin C D. Governance in the Information Era: Theory and Practice of Policy Informatics [C]. Taylor & Francis Ltd, 2015.

② Zhang J, Luna-Reyes L F, Pardo T A, et al. Information, Models, and Sustainability [M]. Springer International Publishing, 2016.

③ Johnston, E. W. (Ed.). Governance in the Information era: Theory and Practice of Policy Informatics. Routledge. 2015.

系统中出现的新现象[1],包括提出有违直觉的新问题、扩大理论假设及适用边界、发现政策干预的非预期效应[2][3][4]。

管理研究关注管理实践与具体实施策略层面,侧重于技术引进如何改变个人和组织在政策过程中运作流程、行动主义思路的参与式管理实践学习过程和协作治理等方面的问题[5][6]。参与模拟模型为利益相关者提供了一种共同的语言和框架来处理同一问题,并有可能产生移情效果,从而就共享的公共物品或资源产生更有效的协作决策[7]。例如 Ahrweiler 等人提出了一个由科学家团队开发的基于主体的创新政策模型,用以模拟政策制定对科学研究和创新网络的结构、组成和产出方面的影响。它为政策制定者提供了分析特定科技政策对社会影响的可能性,是欧洲范围最成功的政策模拟模型之一[8]。

治理体系研究关注计算和通信技术如何改变治理结构和流程设计,侧重于信息时代公共组织的建构、开放式、协作式、分布式的公共治理框架和平台的理念以及新体系应用技术的能力。网络社会中的治理体系包括一系列通信和计算技术、系统、人员、政策、实践等,其最为显著的特征是系统性和相互关联性[9]。人类社会对于网络通信等先进技术的持续依赖,使得信息能够快速传播,社会中各种要素彼此影响的速度也不断加快。部分政策信息学也在

---

[1] Axtell R, Axelrod R, Epstein J M, et al. Aligning Simulation Models: A Case Study and Results[J]. Computational & Mathematical Organization Theory,1996,1(2): 123-141.

[2] Forrester J W. Counterintuitive Behavior of Social Systems[J]. Theory & Decision,1971, 2(2): 109-140.

[3] Davis J P,Eisenhardt K M,Bingham C B. Developing Theory Through Simulation Methods[J]. Academy of Management Review,2007,32(2): 480-499.

[4] Ghaffarzadegan N,Lyneis J,Richardson G P. How Small System Dynamics Models Can Help the Public Policy Process[J]. System Dynamics Review,2011,27(1): 22-44.

[5] Lindgren R, Henfridsson O, Schultze U. Design Principles for Competence Management Systems: A Synthesis of an Action Research Study[J]. MIS,2004,Quarterly: 435-472.

[6] Ansell C, Gash A. Collaborative Platforms As a Governance Strategy[J]. Journal of Public Administration Research and Theory,2017,28(1): 16-32.

[7] Hu, Q,Johnston E, Hemphill,L. Fostering Cooperative Community Behavior with IT Tools: The Influence of a Designed Deliberative Space on Efforts to Address Collective Challenges[J]. Journal of Community Informatics,2013.

[8] Petra Ahrweiler,Andreas Pyka,Nigel Gilbert. Policy Modeling of Large-Scale Social Systems Lessons from the SKIN Model of Innovation[J]. Governance in the Information Era: Theory and Practice of Policy Informatics,2015.

[9] Johnston E W, Hansen D L. Design Lessons for Smart Governance Infrastructures[M]. In A. Balutis, T. F. Buss, & D. Ink (Eds.), Transforming American Governance: Rebooting the Publicsquare? Armonk,NY: M. E. Sharpe,2011: 197-212.

研究尝试建构更智能、更开放、协作更广泛的治理体系。例如，Barrett 在公共卫生、危机防范领域讨论了如何设计综合信息环境以实现对复杂系统的分布式治理①。最近兴起的群体智慧研究也是这一方向上的拓展②。

## 2.2 政策信息学与系统科学

### 2.2.1 从系统科学视角理解政策过程

随着经济全球化与政治多元化趋势加强及计算机技术的发展，人们处于一个高复杂性、非线性、相互关联的世界，在有序和混沌的边缘，科学家们提出用复杂系统科学的视角来认知世界，1994 年美国圣塔菲研究所（SFI）的 Holland 教授做了"隐藏的秩序"（Hidden Order）著名演讲，提出了复杂适应性系统（complex adaptive systems，CAS）理论来研究系统复杂性③。这一变化在公共政策系统也得到体现，从政策涉及的主体，到主体所处的环境，再到政策施行的过程，各个环节都充满了高度不确定性和复杂性，从这个意义上说，公共政策处于或包括无数复杂性系统④。

首先，政策主体是异质的智能体。公共政策的主体是差异化的，不同的利益群体有不同的诉求，也会因教育、资源禀赋和拥有的信息差异表现出不同的行为特征⑤。

其次，政策环境更加复杂多变性。科技通信的迅速发展、经济全球化、政治的多元化、政府与市场关系的变化、服务型政府构建、经济改革等因素一起

---

① Christopher Barrett, Stephen Eubank, Achla Marathe, et al. Synthetic Information Environments for Policy Informatics: A Distributed Cognition Perspective[J]. Governance in the Information Era: Theory and Practice of Policy Informatics, 2015.

② Glenn J C. Collective Intelligence Systems and an Application by the Millennium Project for the Egyptian Academy of Scientific Research and Technology[J]. Technological Forecasting and Social Change, 2015(97): 7-14.

③ Holland J H. Hidden Order: How Adaptation Builds Complexity[J]. Leonardo, 1995, 29(3).

④ 李大宇, 米加宁, 徐磊. 公共政策仿真方法: 原理、应用与前景[J]. 公共管理学报, 2011, 8(4): 8-20, 122-123.

⑤ 同上。

影响了政府政策的制定,政策外部环境的变化使得政策系统日益复杂化①。

最后,政策演进具有高度的复杂性。问题的存在是政策产生的前提,政策演进的动力来源于政策需求和政策供给的矛盾运动,于是政策演进通常表现为"失衡→需求→供给→均衡"的逻辑演绎模型②。

随着政策系统复杂性提升、数据量激增,传统的政策研究方法似乎变得无能为力。假设演绎法与归纳分析法是政策分析中常用的定性分析思路,但是由于政策主体和政策环境的复杂性,一般规律适用性存在较大不确定性,且自治的利益相关者会根据环境与他人行为改变自身决策。而传统的定量分析也面临着类似的问题,数理模型方法运用数学运算推论出一般性结论,统计数据实证分析运用统计模型对社会现象进行分析和预测,但如何分析复杂性对象和非线性关系,传统的定量分析方法存在一定的不足。

得益于仿真模型和计算机技术的发展,政策信息学能够对复杂系统的非线性、随机性、高阶次复杂性问题、长周期演化进行深入研究。政策信息学每个研究领域的核心都是对处理、驾驭复杂系统的理解,这种观点的核心是如何将政策信息学方法与更加线性的政策分析方法区分开来。仿真模型是在研究对象进行数学建模的基础上,利用电脑的计算模拟技术推演社会现象的发展过程,使得社会科学家可以进行现象演化的过程分析。20世纪60年代,伴随着计算机技术的发展,仿真方法开始应用于社会科学研究。至20世纪90年代,这一研究思路才被社会科学研究领域所接受③。一般来说,仿真模型发展历程可分为三个阶段:宏观导向模拟阶段、微观导向模拟阶段和基于主体建模模拟阶段④。

## 2.2.2 系统科学与仿真

### 1. 宏观仿真

宏观导向的仿真模型直接在宏观系统层面建模,不涉及具体的微观个体

---

① 任卫东.基于复杂科学的公共政策优化研究[J].知识经济,2008(6):74-75.
② 陈潭.公共政策变迁的理论命题及其阐释[J].中国软科学,2004(12):10-17.
③ 罗卫东,程奇奇.社会仿真研究:中国社会科学跨越式发展的可能路径[J].浙江社会科学,2009(2):2-7,125.
④ Cy M W, Willer R. From Factors to Factors: Computational Sociology and Agent-based Modeling[J]. Annual Review of Sociology, 2002, 28(1):143-166.

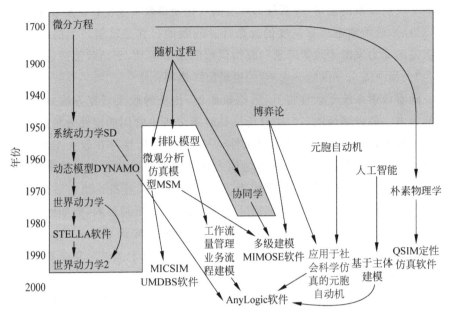

**图 2-1　社会科学仿真方法的演进**[①]

注：灰色部分是基于方程的建模，白色部分是基于对象、事件或主体的建模。

行为，其典型代表是系统动力学。系统动力学（system dynamic，SD）由美国麻省理工学院（MIT）的福瑞斯特（J W Forrester）教授于1958年提出，是基于系统论并结合控制论、信息论、一般系统论及计算机模拟技术的综合学科，是对复杂巨系统开展"定性到定量综合集成"的研究[②]。20世纪70年代系统动力学进入蓬勃发展阶段，1972年罗马俱乐部发表《增长的极限》，75名罗马俱乐部科学家运用系统动力学方法设计世界模型（world model）研究人口增长与自然资源、工业、农业等因素的相互关系，并预测各种灾难性后果的可能性。而后福瑞斯特教授领导的美国国家模型研究小组，将美国的社会经济作为一个研究整体，第一次从理论角度阐述了通货膨胀和失业等长期困扰经济学家的问题。这一成就引起了社会的重视，也使系统动力学于20世纪80年代初在理论和应用研究两方面都取得了飞跃的进展，达到了更加成熟的阶段。

---

[①] 李大宇,米加宁,徐磊.公共政策仿真方法：原理、应用与前景[J].公共管理学报,2011,8(4)：8-20.

[②] 钱学森.一个科学新领域——开放的复杂巨系统及其方法论[J].城市发展研究,2005(5)：1-8.

### 2. 微观仿真

微观导向的仿真方法主要包括微观仿真、CA(cellular automata, CA)模型。相较于宏观仿真，微观仿真是将个体作为分析对象，基于大量的抽样调查数据分析微观个体随时间的变化规律[①]。CA模型，也称元胞自动机，是最具代表性的微观离散模型。在CA模型中，分布在规则网格中单个元胞(cell)处于有限离散状态，遵循一定的作用规则，以及局部元胞交互规则行动。在社会科学领域，CA模型为分析流行现象、群体隔离提供了有效的模型工具。

微观导向的模拟基于微观个体行为，但未能解决个体行为相互间的影响问题。在元胞自动机[②]或社会网络[③]的环境下，基于系统动力学模型探索了各决策者接受一体化程度（或对不同一体化政策方案偏好程度）的演化规律，但没有从博弈论的角度探索各行为决策者（基于自身利益）在策略选择上的主动性和适应性，只是考虑各决策者的一体化态度（或政策偏好）会受到其他成员的"被动性"影响，即一种群体压力；而基于主体建模很好地解决了这个问题。

## 2.2.3 多主体建模仿真与社会网络分析

1994年，涵盖微观和宏观思想的多层建模(multi-level modelling)方法被发展出来，美国圣塔菲研究所(SFI)的Holland教授提出研究复杂适应性系统(complex adaptive system, CAS)的建模技术，即基于主体建模方法(agent-based models, ABM)或多主体仿真(multi-agent simulation, MAS)。该方法从微观导向的主体入手，使其遵循主体间及与环境的互动规则，利用计算机模拟技术推演微观个体行为在宏观层次上的涌现属性。因此基于主体的建模是一种自下而上的建模策略。

人类社会是典型的复杂适应性系统。1996年Epstein和Axtell设计名为"糖域"(sugarscape)的模型用来研究社会分化、社会交换现象，并提出了"人工社会"的概念，并且认为ABM可以看作社会科学的实验室，可以帮助社

---

① 罗卫东，程奇奇.社会仿真研究：中国社会科学跨越式发展的可能路径[J].浙江社会科学，2009(2)：2-7,125.

② 罗杭.城市群一体化与政府互动的多智能体模拟[J].大连理工大学学报(社会科学版)，2013(2)：46-52.

③ 罗杭，张毅，孟庆国.基于多智能体的城市群政策协调建模与仿真[J].中国管理科学，2015(1)：89-98.

会科学进行可重复性实验①。人类社会是由大量具有独立决策、自我学习的个体组成的复杂系统,个体之间非线性、相互作用的互动关系可能涌现出人类社会演化的规律及均衡结果。而主体间的非线性交互是不能用传统的线性方程解释的,于是"人工社会"建模技术应运而生,结合人工智能技术对人类互动过程进行模拟,认为社会宏观现象可以通过社会行为自下而上地涌现。

由于基于主体建模方法的诸多优势,这一研究方法受到越来越多学者的关注。在计算经济学领域,ABM 运用有限理性、不断学习的主体设计模型,分析得到了非均衡的不断进化的市场经济。在社会学领域,得到 ABM 社会规则的形成与演化情况。诺贝尔奖得主 Ostrom 曾与 Janssen 建立基于主体建模的公共池塘分析模型②。

多主体建模经常假设各主体间行为是独立的,然而在真实场景中,这种独立性实际上很难保持。在社会网络纵横交错的复杂互动关系中,彼此影响其实是在所难免的。社会网络分析方法是由社会学家根据数学方法、图论等发展起来的定量分析方法,用以对社会网络的关系结构以及属性加以分析,它不仅关注作为社会网络中节点的行动者,也关注行动者之间的关系。融合社会网络分析的多主体建模可能是未来更新的发展方向。

## 2.3 政策信息学与文本分析

### 2.3.1 文本挖掘理解政策舆情

在公共管理领域,文本挖掘(text mining)的应用主要集中在信息数据分析中。随着信息时代的到来,公共信息的主要来源逐渐从现实转移到互联网

---

① Epstein J M, Axtell R. Growing Artificial Societies: Social Science from the Bottom Up[M]. Growing Artificial Societies: Social Science from the Bottom Up. Bradford Book Co Inc, 1996: 113-116 (4).

② Janssen M A, Ostrom E. Adoption of a New Regulation for the Governance of Common-pool Resources by a Heterogeneous Population[M]//J M Baland, P Bardhan, S Bowles(eds.), Inequality, Collective Action and Environmental Sustainability. Princeton University Press and Oxford University Press, India, 2007.

络。伴随着政府数据几何级的扩张,公共管理领域的学者更多地将研究视角放在了文本挖掘在网络舆情信息分析的应用中。目前,文本挖掘在信息数据分析中的应用主要有以下五个方面。

### 1. 对舆情信息进行概述

通过文本挖掘对舆情进行分析,以此了解公众对于某一公共事件的情绪、态度、观点等,从而构建关于该信息的总体概述性、描述性等特征。如利用文本挖掘语意提炼能够帮助研究者理解与舆情信息相应的具体社会问题、发现并跟踪社会上的热门话题和核心事件、利用文本分类技术可以判断该事件所反映的社会问题类别。

### 2. 对信息的关联性进行分析

通过文本挖掘,我们既可以在时间维度,亦可以在空间维度,对研究者想要研究的事件相关性进行分析,从而从时间和空间的两个视角观察事件发生的规律及趋势。如政府通过文本挖掘可以明晰网络信息相关者与网络信息特点间的关联状况,如此一来,研究人员就可以通过分析网络信息特点追溯舆情的来源。网络数据的话题检验和跟踪技术则可以在庞大的网络数据中,自主追寻突发事件相关的舆论话题。而文本挖掘可以跟踪突发事件的相关信息,实现网络舆情热点、焦点信息的自动汇总,从而有效地辅助预警不良信息,起到辅助决策支持的作用。

### 3. 对信息的真实性进行分析评判

网络信息数据在通常情况下都表现了公民真实的态度和情绪,通过社会公民在网络中对当下时政的探讨,可以借此判断其观点和立场。虚假信息和不良信息会导致信息分析的错误判断,而我们可以通过文本挖掘对其进行判定和掌控。比方说在文本挖掘信息过程中发现不同主体对同一信息发表的多条评论,其文本逻辑结构相同、信息大意相近,IP(互联网协议)地址也大致相同,也就是说有一定概率存在人为操控信息的可能。

### 4. 对信息生成的原因进行分析

文本挖掘可以利用多维分析对相关信息进行时间与空间双重维度的综合分析,从而描述起因事件发生时的全貌及其产生的影响。当前社会,网络中存在着一些歪曲、激进的观点信息，更存在一些别有用心之人在网上散布虚假信息。此时，公共管理人员可以依靠文本挖掘，从容比较网络信息流中获取的舆论数据与社会实际状况，追寻虚假信息的来源，及时清除虚假信息带来的错误舆论。

### 5. 预测网络民意的变化趋势

网络中，舆论信息自产生后便会一直保持不断的变化之中，对社会民意变化的趋势进行适时推测，对于公共政策决策者有着颇为重要的意义[①]。由于互联网具备覆盖范围大、信息获取快捷方便等特点，通过文本挖掘技术可以对一段时间内和政府管理者所关注的社会焦点相关的舆论信息进行追踪，便可以得到社会舆论产生、变化和最终衰落的规律，从而分析民意随时间发展的变化轨迹，进而实现对舆论环境的监测预警，方便政府管理人员对相应舆情监控引导。通常来讲，互联网络中出现的舆论突发事件是存在复杂原因的，也是难以避免的。如果政府管理者先行设定了相应的舆情监督和预警机制，就可以及时对社会舆论进行相应分析并对民意情绪进行合理的指引，防止事件向消极的一面演变。

## 2.3.2 文本分析与文本挖掘

如何去更好地理解政策过程中衍生数据并据此重构政府决策过程？实际上近年来数据挖掘与社会计算方面的若干研究进展为我们更好地实现对公共政策信息数据的分析及后续的政府过程模拟与评估提供了可能，文本挖掘方法则是涉及的主要领域之一。

文本挖掘是数据挖掘的一个新主题，它以信息系统领域中的语言学与数理统计中的基本统计分析为理论基础，结合机器学习和信息检索技术，通过对文本内容的策略性提取，最终转化为普通人可以理解的"知识"[②]。文本挖掘可以对研究者预先取得的文本数据进行特性提取、内容总结、分类聚类处理、关联情况分析、语义分析或利用其时序特点进行一定的未来趋势分析

---

① 刘毅.内容分析法在网络舆情信息分析中的应用[J].天津大学学报（社会科学版），2006(4)：308-310.

② 薛为民,陆玉昌.文本挖掘技术研究[J].北京联合大学学报，2005,19(4)：59-63.

等①。文本挖掘技术目前主要应用于主题跟踪、信息抽取等方面,在信息检索②、知识管理③以及科技情报分析④等领域也表现出了广阔的应用前景。

文本挖掘的流程通常包括文本预处理、特征抽取及删减、学习规则的提炼、知识模式评价四个步骤⑤,如图2-2所示。

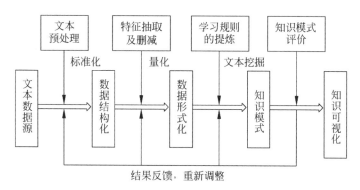

图2-2 文本挖掘流程⑥

文本挖掘是一项拥有广阔应用前景的研究技术。目前文本挖掘领域的主流研究方向包括网络搜索,文本的搜索、分类、聚类以及文档语意提炼五方面。

其中,网络搜索方向的研究主要指通过文本挖掘方法剖析网络用户的日常行为,进而更高效地协助用户找寻其所需要的信息;文本搜索主要研究文本挖掘方法对文本数据内语义知识的表达、储存、组织与访问,文本搜索可以按照研究者要求,从数据集合中查找出相关的信息数据,其主要的搜索方法包括通过严格匹配进行检索的布尔模型、利用概率相关性进行信息检索的概率模型以及借鉴几何空间中矢量匹配方法处理文本信息匹配过程的向量空间模型。

文本分类研究指按提前设定好的主题分类,将文本信息数据集合内的不同文档分别归档至一个类别。文本分类既能更加方便使用者浏览信息,还可以使用范围限制的方法使使用者找寻文档更加快捷。文本聚类研究与文本

---

① 黄晓斌.网络信息挖掘[M].北京:电子工业出版社,2005.
② 鹿小明.文本挖掘及其在信息检索中的应用[J].情报资料工作,2004(6):26-28.
③ 郑双怡.文本挖掘及其在知识管理中的应用[J].中南民族大学学报,2005(4):127-130.
④ 王卫东,郭长旺.文本挖掘在科技情报中的应用[J].中国科技产业,2004(12):35-37.
⑤ 薛为民,陆玉昌.文本挖掘技术研究[J].北京联合大学学报,2005,19(4):59-63.
⑥ 同上。

分类研究相对应,它是一种无参考的机器学习过程,通常并没有预先设定相应的主题类别,其最终目的是将文本数据集合拆分为若干个主题,使同一主题内文本数据尽可能的相似,同时降低不同主题间的内容相似程度。

最后一类研究方向即文档语意提炼。文档语意提炼指从文本信息中凝练关键信息要素,从而对文本数据内容进行简洁明了的概括与解释。文档语意提炼能够帮助使用者理解文本的大体内容而无须浏览全文。

### 2.3.3 文本挖掘与概率主题建模

主题建模方法是政策信息学的基础研究方法之一,被广泛应用于信息检索和自然语言处理领域[1][2],其目标是从大量文本信息中发现并提取文本主题信息的一种统计方法,而概率主题建模策略则是主题建模方法中的一种典型方法。

在文本挖掘方面,无法利用计算机理解海量文本中的语义信息是长期以来文本形式的非结构化数据无法像结构化数据一样被政策分析者充分利用的根本原因。概率主题建模一类方法则试图从大量文本信息中发现并提取主题信息,从而实现面对非结构化数据的辅助决策[3]。该方法起初应用于信息检索领域,随后概率潜在语义分析方法(pLSA)被提出用以在概率框架下生成信息主题集合[4]。通过间接对文档中包含的主题信息的处理、TF-IDF 建模和向量空间模型,为文本挖掘提供了一种粗略的描述和建模文档内容与主题相似度的解决方案[5][6]。为了解决此类模型和方法无法区分字面意思不相同而主题意义相同或相似情形的弱点,研究者引入了奇异值分解(singular value decomposition)并提出了潜在语义分析方法(latent semantic analysis,

---

① Bai J, Nie J. Adapting Information Retrieval to Query Contexts[J]. Information Processing & Management, 2008, 44(6): 1901-1922.

② Dunlavy D, O'Leary D, Conroy J, et al. QCS: A System for Querying, Clustering and Summarizing Documents[J]. Information Processing & Management, 2007, 43(6): 1588-1605.

③ Blei D M. Probabilistic Topic Models[J]. Communications of the ACM, 2012, 55(4): 77-84.

④ Hofmann T. Probabilistic Latent Semantic Analysis[C]//Proceedings of the Fifteenth Conference on Uncertainty in Artificial Intelligence. Morgan Kaufmann Publishers Inc., 1999: 289-296.

⑤ Sparck Jones K. A Statistical Interpretation of Term Specificity and Its Application in Retrieval[J]. Journal of Documentation, 1972, 28(1): 11-21.

⑥ Salton G, Wong A, Yang C S. A Vector Space Model for Automatic Indexing[J]. Communications of the ACM, 1975, 18(11): 613-620.

LSA),将高维的文档词语空间转化映射成了低维的主题向量空间①。潜在狄利克雷分配(latent dirichlet allocation,LDA)使用贝叶斯概率框架进一步改进了pLSA模型和方法,取得了更好的建模效果,并已在网络舆情分析中得到了一些应用②。相关应用能够帮助管理者快速理解海量文本中涉及的讨论主题,从而把握公众关切重点,形成有效决策③。在主题提取的基础上,近年来相关研究者陆续将研究重点转向对语义中情感表达的分析,也取得了一定的进展④⑤。情感分析有助于管理者判断不同主题下公众态度的烈度和极性,有利于进一步科学量化公众关切。

## 2.4　政策信息学的内涵与外延

　　由于政策信息学是一个刚刚兴起、正在不断变化和发展的新兴研究领域。其内涵与外延、基本科学问题和核心方法论体系均尚未形成广泛共识,边界和定义都较为模糊。不同学者从自身研究背景和知识结构出发,有着不同的观点和看法。这对于一个新兴的研究领域是非常正常的现象。也正是由于上述原因,迄今为止已经面世的两本政策信息学(policy informatics)相关的学术著作采用的都是同领域学者集体创作的模式⑥⑦,每组学者负责一个章节,介绍自己对政策信息学的概念理解和实践探索。从某种意义上来说,这更像是学术论文集。然而,从另一个方面来看,试图去更清晰地界定一个

---

　　① Deerwester S,Dumais S T,Furnas G W,et al. Indexing by Latent Semantic Analysis[J]. Journal of the American Society for Information Science,1990,41(6):391-407.
　　② Blei D M,Ng A Y,Jordan M I. Latent Dirichlet Allocation[J]. Journal of Machine Learning Research,2003,3(1):993-1022.
　　③ 马宝君,张楠,孙涛.智慧城市背景下公众反馈大数据分析:概率主题建模的视角[J].电子政务,2013,12:9-15.
　　④ Pang B,Lee L. Opinion Mining and Sentiment Analysis[J]. Foundations and Trends® in Information Retrieval,2008,2(1-2):1-135.
　　⑤ 赵妍妍,秦兵,刘挺.文本情感分析[J].软件学报,2010,21(8):1834-1848.
　　⑥ Erik W Johnston,Kevin C Desouza. Governance in the Information Era:Theory and Practice of Policy Informatics [C]. Taylor & Francis Ltd,2015.
　　⑦ Zhang J,Luna-Reyes L F,Pardo T A,et al. Information,Models,and Sustainability[M]. Springer International Publishing,2016.

研究领域的边界和重点又是对学科发展至关重要的。以下的相关探索可以看作我们站在自身角度对这一问题的思考,希望起到抛砖引玉的作用。

### 2.4.1 面向应用场景的视角

从应用场景来看,我们可能需要思考的是究竟何种公共管理与公共政策问题需要政策信息学的研究来解决,而政策信息学需要运用什么方法或者方法集合能够解决这些问题。只有实现从问题到方法再回到问题的闭环,才能体现这一新兴学科的理论价值和现实意义。

从这一角度来看,首先,政策信息学需要面对日益复杂的公共政策和公共管理问题。钱学森先生率先引入复杂巨系统的理论和方法探索城市层面与行业领域的管理问题,公共管理决策由于是综合考虑各方利益和诉求的多目标决策,其复杂性在管理学领域尤甚。随着网络信息技术的快速发展,社交媒体和 Web 2.0 应用广泛普及,公众在公共生活中表达诉求的渠道日益多元,这也对公共政策的制定、公共管理的运行带来新的挑战。公共管理领域面临着越来越多的"跷跷板"问题,各方利益的平衡点求解逐渐变为日益精细的科学问题,过往"一刀切"和"运动式治理"的模式越来越难适应这一新的局面。正是这种复杂性决定公共管理与公共政策问题需要政策信息学的探索和发展。

其次,政策信息学研究和探索的是基于信息通信技术发展所产生的解决方案。尽管我们认为基于网络与信息技术的管理转型是公共管理未来发展的大趋势,但必须承认,目前公共管理与公共政策领域的多数问题解决方案仍然基于传统治理模式和政策制定思路,与信息通信技术以及由此带来的大数据关系不大。这样的现实情况可能仍然会长期存在,基于此的传统公共政策研究的若干维度的探索仍是非常重要的,但这不是政策信息学所关注的重点。政策信息学关注的是那些已经具备一定条件采用基于新技术、大数据形成的政策过程和治理模式的转变的突破点,把技术推动公共决策从理念落到实践。

最后,政策信息学还包含对确保基于信息通信技术解决方案得以实现所必须的政策过程和治理模式创新的探索。从公共管理的视角来看,这方面的研究探索是至关重要的。作者长期从事电子政务、智慧城市等方面的研究,在太多案例中看到了在技术上足够先进的解决方案由于缺乏与之配套的管理制度而最终未能获得成功。"技术不是难题"这一电子政务领域的共识在大数据的环境下仍然有效。政策信息学作为连接量化分析与政策求索的交叉学科,显然不应仅仅满足于理想状态下的问题求解,而必须关心解决方案最终实现所需各种约束条件。

### 2.4.2 面向技术基础的视角

如果将政策信息学的边界延伸到信息科学在公共政策研究中的应用,其源头可追溯到 20 世纪 40 年代 Simon 关于决策中信息价值的讨论。目前来看,政策信息学至少会涉及行为经济学(behavior economics)、管理信息系统/决策支持系统(MIS/DSS)、复杂性科学(complexity)、数据挖掘/知识发现(data mining/knowledge discovering)等学科基础。而目前已有的政策信息学研究主要基于系统仿真、社会网络分析、自然语言处理等领域。

政策信息学最初的一些研究是基于系统仿真展开的[①],这是容易理解的。用量化的视角去设计、模拟、预测政策环境和政策效果是最直接的信息科学融入公共政策研究的方式。而在数据相对缺乏的情况下,系统仿真是常用且可行的方法。然而随着数据采集、存储和处理能力的飞速发展,数据激增的新环境给系统仿真的视角带来了新的挑战,许多基于海量真实数据的计算与预测成为可能,"真"与"仿真"的边界在模糊化,政策信息学可能需要在真实数据环境下构建自己未来的发展方向。

而针对包罗万象的大数据,拓宽传统概念中对数据认知的边界,更好地融入对文字、语言等人为社会事实材料的大规模量化分析,可能是政策信息学研究进一步贴近现实需求、解决现实问题的重要阶梯。从社会网络分析,到包含主题建模、情感分析等分支的更复杂的自然语言处理技术,政策分析学研究者逐渐从成熟工具使用者转变为能够自主掌握分析颗粒度,并能够以实际公共管理、公共政策问题的需求反哺方法论研究,不断调整和扩展现有方法论体系的适用性。这一过程虽然艰辛漫长,但必然是这一学科领域成长的范式。

---

① Erik W Johnston, Kevin C Desouza. Governance in the Information Era: Theory and Practice of Policy Informatics [C]. Taylor & Francis Ltd, 2015.

### 2.4.3 连接理论范式与治理活动的视角

陈国青等提出了管理决策情景下大数据研究的全景式 PAGE 框架①,从问题特征、内核逻辑和领域情景三个维度对研究领域进行了总体概括。其中 PAGE 核心包含理论范式(paradigm)、分析技术(analytics)、资源治理(governance)和使能创新(enabling)四个层次。具体如图 2-3 所示。

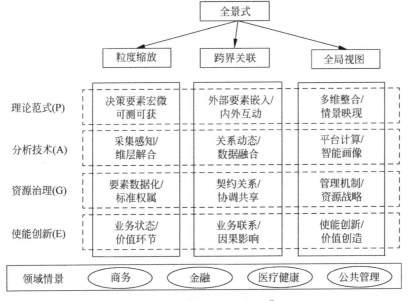

**图 2-3  全景式 PAGE 框架②**

政策信息学作为公共管理领域的大数据研究,关注的核心问题无疑主要集中在分析技术层面,力图探索面向公共管理与公共政策实践问题的核心问题分析方法创新。同时,在 PAGE 的框架下,政策信息学研究也必须构建对理论范式和资源治理两个层面的联结。对于理论范式层面,公共管理和信息科学既有的理论积累与研究范式为政策信息学的产生和发展奠定了坚实的基础,政策信息学将利用分析技术的创新对理论范式进行拓展;对于资源治理层面,各级政府部门实际的政策过程和治理活动是政策信息学广泛的研究

---

① 陈国青,吴刚,顾远东,等.管理决策情境下大数据驱动的研究和应用挑战——范式转变与研究方向[J].管理科学学报,2018(7):1-10.

② 同上。

场域与实验场域,政策信息学的分析结果需要通过在治理活动中发挥作用来体现其价值。通过上述的方法创新和联结构建,政策信息学以期实现 PAGE 流程中更高层面的公共管理使能创新。

本书的后续章节也将进一步细化对政策信息学内涵和外延的理解,进一步阐述相关研究场景、科学问题、基础方法和重要突破点。

# 第 3 章 开放数据环境下的政策分析

## 3.1 从信息公开到开放数据

### 3.1.1 信息公开

政府信息公开是指政府主动或被动地将在公共事务管理中掌握的公共信息依法定的程序、范围、方式、时间向社会公开,以便社会成员能够方便地获取和使用[1]。政府信息公开是保障公民、法人和其他组织依法获取政府信息,提高政府工作的透明度,促进依法行政,充分发挥政府信息对人民群众生产、生活和经济社会活动积极影响的一项重要的制度保障[2]。世界上许多国家都已确立了完整的信息公开制度,并制定了信息公开相关法律来保障公民知情与监督权利,如美国和英国的《信息自由法》。

我国于 20 世纪 80 年代开始逐步实施信息公开,而信息公开制度建立的标志是 2008 年《中华人民共和国政府信息公开条例》(以下简称《条例》)的实

---

[1] 韩大元,杨福忠.试论我国政府信息公开法治化[J].国家行政学院学报,2004(2):58-62.
[2] 关欣,李芳玲,张秀吉,等.基于"保管—实用性"原则的我国政府信息公开政策的内容体系研究[J].图书情报工作,2014,58(6):48-53.

施。《条例》第二条指出,政府信息是指行政机关在履行职责过程中制作或者获取的,以一定形式记录、保存的信息。《条例》第九条明确指出,行政机关对符合下列基本要求之一的政府信息应当主动公开:涉及公民、法人或者其他组织切身利益的;需要社会公众广泛知晓或者参与的;反映本行政机关机构设置、职能、办事程序等情况的;其他依照法律、法规和国家有关规定应当主动公开的。《条例》以国务院行政法规的形式,对我国政府信息公开的范围和主体、方式和程序、监督和保障等内容作出了全面规定,明确了各级政府施行政府信息公开的法定义务,标志着我国政府信息公开工作步入制度化建设的新台阶,成为我国发展现代民主政治、建设透明政府的关键举措,也为维护公民的知情权提供了法规依据[1]。自此,我国各级政府逐步建立起规范的信息公开制度,信息公开成为各级政府的常规性工作[2]。

### 3.1.2 开放数据

近年来,随着科学技术的发展以及人们对数据重要性认识的提高,世界各国掀起了开放数据的热潮。2009年,在奥巴马上任的第一天,他便签署了《透明与开放政府备忘录》,致力于建立一个透明的、鼓励公众参与的、合作的政府,并于同年建立了一站式开放政府数据平台Data.gov。2011年9月,奥巴马政府发布了《开放政府全国行动计划》,从增强政府诚信、有效管理公共资源、改进公共服务等方面提出了26项具体承诺。2013年5月,美国政府颁布了总统行政令,提出使政府信息公开并且可机读成为默认形式。除美国外,英国、加拿大、法国、挪威、澳大利亚等国也纷纷建立了开放政府数据平台。

何谓开放政府数据?开放政府工作组(open government working group)提出,政府数据在符合以下八项原则时可称为"开放"[3]。

(1) 完整性:除非涉及国家安全、商业机密、个人隐私或其他特别限制,

---

[1] 关欣,李芳玲,张秀吉,等.基于"保管—实用性"原则的我国政府信息公开政策的内容体系研究[J].图书情报工作,2014,58(6):48-53.
[2] 张秀吉,孟庆国.地方政府信息依申请公开研究——基于地级市数据的分析[J].公共管理评论,2016(3):88-104.
[3] Open Government Working Group. The Annotated 8 Principles of Open Government Data. http://opengovdata.org/,2007.

所有的政府数据都应开放。

（2）一手：数据应当是从源头采集到的一手数据，而不是被整合或加工过的数据。

（3）及时性：尽快开放数据以保存数据的价值。

（4）可获取性：数据可以被最大范围的用户（为了各种不同的目的）所获取。

（5）可机读：数据是结构化的，可被计算机自动处理。

（6）非歧视性：数据对所有人都开放，无须注册。

（7）非私有：任何实体对开放的政府数据都没有绝对的控制权。

（8）免于授权：数据不受版权、专利、商标或贸易保密规则的约束（除非涉及国家安全、商业机密、个人隐私或其他特别限制）。

麦肯锡全球研究院认为，开放数据具有四个特征：人人都可以获得、机器可读、免费的、可以反复使用和反复分发[①]。沈亚平和许博雅将"政府数据开放"定义为国家机关及经法律授权行使公共管理职能的各类社会组织依照法律规定向公众公开其所掌握的、用于记录与公共利益密切相关的各类事实的物理符号，公民可凭借制度化的合法途径，以便利顺畅的方式获知、取得和使用其中所需的数据，通过对这些数据进行比照分析，从中发现行政管理和决策活动中的问题或发现各种改善方案，并基于对数据分析结果的理解展开公共辩论或直接传达给各政府部门，要求其对此作出明确回应和改进[②]。

"政府数据开放"与"政府信息公开"既相互联系，又有所区别。郑磊从开放层面、开放目的、实施过程三个方面对这两个概念进行了辨析[③]。第一，在开放层面上，数据是一手的原始记录，未经加工与解读，而信息是经过连接、加工或解读之后被赋予了意义的数据；第二，在开放目的上，政府信息公开强调公众的知情权，公开的大多是文件或经过整合分析后的统计数据；政府数据开放除满足公众的知情权外，还强调数据的应用和创新，因而要求开放未

---

① Manyika J, Chui M, Farrell D, et al. Open Data：Unlocking Innovation and Performance with Liquid Information[EB/OL]. http://www.mckinsey.com/business-functions/business-technology/our-insights/open-data-unlocking-innovation-and-performance-with-liquid-information, 2013.

② 沈亚平,许博雅."大数据"时代政府数据开放制度建设路径研究[J].四川大学学报(哲学社会科学版),2014(5):111-118.

③ 郑磊.开放政府数据研究：概念辨析、关键因素及其互动关系[J].中国行政管理,2015(11).

经过加工的、可机读的、可下载的原始数据,以便公众、企业、社会组织等再利用;第三,在实施过程中,政府信息公开的工作重点在于政府一方,而政府数据开放则同时注重政府和用户两方面,强调二者之间的互动。

黄璜认为,数据开放无论从概念、法律、价值和管理上都是信息公开的一部分[1]。第一,无论是信息公开还是数据开放,政府对外发布(公开或开放)的都是"数据"资源,而信息是数据资源中蕴含的内容或意义。第二,无论社会主体是在信息公开体系下,还是在数据开放体系下获取数据、分析信息,其价值目标都是为获取或维护某种私人或者公共的利益。刻意用政治价值和经济价值区分两者,无论在理论逻辑还是在政策实践中都不可行。第三,数据开放是信息公开在大数据时代的新的发展阶段。在互联网出现之前,政府部门电子化数据积累少,无法提供大规模数据下载,只能主动发布有限的文本数据和统计数据,更多需要公众依申请公开。第四,数据开放范围不限于"原生"数据,而是政府数据(或信息)资源。虽然应鼓励政府尽可能开放"原生"数据,但是开放数据应基于信息公开的基本原则,要求开放政府各类数据(信息)资源,其中既包括"原生"数据,也包括经过"加工"后的数据资源。目前各国和我国地方政府已经开放的数据中许多都不是原生数据。沈亚平和许博雅认为,与政府信息公开相比,政府数据开放最直接、最核心的特点是精细化和互动性,源于"两股潮流的历史性交汇"[2]。一方面,公民对知情权的理解不断加深,笼统的信息公开已经不能满足公民的需求。另一方面,在大数据时代,收集和分析数据已不再是特定专业人员的独占领域,海量数据和功能强大、操作便捷的分析工具与平台技术的出现,使公众也可以进行数据收集和分析工作,并据此形成自己的理解。综上所述,从政府信息公开到政府数据开放是历史的必然,开放政府数据是政府信息公开在大数据时代的深入发展,将政府信息公开在深度和广度上都提升到了新的阶段[3][4][5]。

---

[1] 黄璜,赵倩,张锐昕.论政府数据开放与信息公开——对现有观点的反思与重构[J].中国行政管理,2016(11).

[2] 沈亚平,许博雅."大数据"时代政府数据开放制度建设路径研究[J].四川大学学报(哲学社会科学版),2014(5):113.

[3] 同[1]。

[4] 胡小明.从政府信息公开到政府数据开放[J].电子政务,2015(8):67-72.

[5] 郑磊.开放政府数据的价值创造机理:生态系统的视角[J].电子政务,2015(7):2-7.

## 3.2 开放数据助力政府变革

### 3.2.1 提升公共决策科学化

开放数据可以促进公众、专家、学者对政策制定的基础依据、合理性、社会后果等作出深入、全面的分析和判断,提出更为科学、可行的政策建议。此外,政府数据开放意味着政府角色从原来的生产者、直接供应方转变为"原料"提供者、服务监督方,不仅可以节省行政成本,还可以提高数据资源的利用效率,更好满足公众的个性化需求[①]。

2012年11月6日,在第57届美国总统大选中,奥巴马击败共和党候选人罗姆尼成功连任。《时代》周刊撰文指出,数据驱动的决策在奥巴马连任中起了巨大作用,数据挖掘团队为此立下了汗马功劳。通过大量的数据挖掘工作,数据挖掘团队建立了摇摆州选民的精细模型,帮助奥巴马在电视上精准投放广告并筹集到了10亿美元。在2012年竞选的前18个月里,该团队将多个分散数据库整合,创建了一个单一的大型数据系统,包括民调专家、筹款人、选战一线员工收集的信息、消费者数据库以及"摇摆州"民主党主要选民档案。通过这个数据库,竞选团队不仅能够联系到选民,而且能够针对不同类型的选民测试不同的宣传策略。通过数据挖掘,他们发现电影明星乔治·克鲁尼对于年龄在40~49岁的美西地区女性颇具吸引力,她们是最愿意为了和克鲁尼共进晚餐而掏腰包的人。他们的发现是正确的,乔治·克鲁尼为奥巴马举办的竞选筹资晚宴成功募集到了1 500万美元。

在筹资活动结束之后,数据挖掘团队转向了选情分析。他们通过四个来源的民调数据详细分析了关键州的选民。在总统候选人第一次辩论之后,利用俄亥俄州2.9万选民的民调数据,他们发现,大部分俄亥俄州选民并非是奥巴马的支持者,而是因为罗姆尼的失误而倒戈的人。数据团队每晚进行大约6.6万次模拟选举,通过这些模拟选举推算出了奥巴马在摇摆州的胜率,并根据这些结果合理分配了竞选资源。竞选团队对广告的购买也同样建立在数

---

① 谭海波,张楠.政府数据开放:历史、价值与路径[J].学术论坛,2016,39(6):31-34.

据挖掘结果的基础上。竞选团队通过建立模型精准定位了不同选民,没有采用在本地新闻时段购买广告的传统做法,而是购买了《行尸走肉》等电视剧的广告时段。芝加哥竞选总部的数据证明,广告效率相比2008年提高了14%。数据驱动的竞选为奥巴马赢得了连任,它同时也释放出一个信号:基于直觉与经验的决策优势在急剧下降,取而代之的是数据分析专家与电脑程序员,因为他们可以从大数据中获取信息,使决策趋向于科学化、智能化。

### 3.2.2 促进大众创新和简政放权

数据开放意味着数据在社会的自由流动、知识向大众的自由流动,通过数据的分享、利用和开发,可以吸引社会各界人士参与公共事务的治理,激发民间智慧和大众创新[1],同时促进政府部门简政放权。譬如,在美国,民间程序员利用交通部开放的全美航班数据开发出航班延误时间的分析系统,任何人都可以通过它查询全国各次航班的延误率及机场等候时间,为用户出行节省了时间,创造了良好的社会效益。再如,在美国政府数据开放后,出现了一款名为RAIDS Online的App应用,该应用通过对政府开放的数据进行分析,告知公众在哪些区域容易出现盗窃、抢劫等犯罪现象,公众根据这些信息可以提前做好预防或者减少在这些区域的活动,从而降低了犯罪率,增强了社会的安全性。

2014年,在"云上贵州"大数据商业模式大赛总决赛现场,"东方祥云"项目脱颖而出。"东方祥云"是用大数据技术建设的为全球水库、水电站提供预报调度服务的通用性平台。它从全球收集免费、开放的数据资源,基于对海量专业数据的分析和运算,为全球水电站、水库提供高精度、全面、实时、运作成本极低甚至免费的来水预报和优化调度服务[2]。其精确度历经修文县40年水文数据的实测检验,准确率超过85%;与国际使用量最大的丹麦MIKE水分析软件相比,运算速度快300倍[3]。在决赛现场,"东方祥云"项目负责人提供了一组来源于2015年4月11日上午8时整的贵州省二郎坝水库的实时水位监测数据(实测水位392.80米),与前一日评委掌握的预测数据(预报水

---

[1] 谭海波,张楠.政府数据开放:历史、价值与路径[J].学术论坛,2016,39(6):31-34.
[2] 孟庆国.云上贵州:贵州省大数据发展探索与实践[M].北京:清华大学出版社,2016.
[3] 李易淋."云上贵州"大数据商模赛落幕东方祥云摘走云端500万.多彩贵州网.http://news.gog.com.cn/system/2015/04/12/014244752.shtml.

位 392.83 米)相比,误差仅有 0.03 米。"东方祥云"项目依托精准的预报技术和大量的开放数据,改变了传统来水预报模式,让来水监测变得简单、高效。

### 3.2.3 提高政府透明度和公信力

政府数据开放能够让公众获得更多有关政府运作的信息,提高公众参与公共事务的程度,提高政府的透明度和公信力。Janssen 等人认为开放政府数据的作用包括三个方面:政治和社会的、经济的、科技的[1]。其中,在政治和社会方面,开放数据有利于增强政府透明度和责任感,加强政府信任,改进政策制定方式,提高服务质量和数量[2]。麦肯锡全球研究院认为,政府数据的开放增强了政府的透明度和责任感[3]。Worthy 认为,开放数据可以促进社会监督,公众通过开放的数据可以发现腐败行为[4]。

2015 年,欧盟委员会启动了运用开放数据惩治腐败的项目 TACOD(Towards a European Strategy to Reduce Corruption by Enhancing the Use of Open Data),英国是该项目的试点国家之一。TACOD 英国团队将已公布的腐败案例按照腐败行为(贿赂行为、诈骗行为、未声明的利益冲突与滥用公共资金、不当游说行为)进行了分类,重点关注了腐败行为被揭露的方式,揭示了不同数据集对不同腐败行为的作用和价值。该项目共运用腐败案例 95 个,包括 2009—2014 年透明国际英国团队所运用的腐败案例以及 2012—2014 年每日腐败新闻(Daily Corruption News Alert)中出现过的英国案例。TACOD 研究团队发现,揭露腐败行为最多的是执法部门(34%),然后依次是调查记者(25%)、信息自由请求(14%)、举报(13%)、开放数据(7%)。虽然开放数据揭露的腐败行为只占到 7%,但是开放政府数据有潜力成为反腐败的重要工具。如果某些关键数据及早公开,那么大量腐败行为可以更早地被

---

① Janssen M, Charalabidis Y, Zuiderwijk A. Benefits, Adoption Barriers and Myths of Open Data and Open Government[J]. Information Systems Management, 2012, 29(4): 258-268.

② 同上。

③ Manyika J, Chui M, Farrell D, et al. Open Data: Unlocking Innovation and Performance with Liquid Information[EB/OL]. http://www.mckinsey.com/business-functions/business-technology/our-insights/open-data-unlocking-innovation-and-performance-with-liquid-information, 2013.

④ Worthy B. The Impact of Open Data in the UK: Complex, Unpredictable, and Political[J]. Public Administration, 2015, 93(3): 788-805.

发现和侦测①。

以贿赂行为为例。根据透明国际的定义,贿赂是指提供、承诺、给予、接收或索取好处以获取更大利益的不合法、不道德的行为。根据英国2010年《反贿赂法》和1977年《刑事法》的规定,贿赂是一种违法行为。贿赂行为具体包括现金支付、过度的招待、恩惠等,也包括以慈善捐助、佣金、雇佣等作为掩饰的行为。在贿赂案件中,执法机关声明是最主要的揭发手段。64%的贿赂案件是由警察局或重大欺诈调查局告知公众。以非公开举报形式揭发的贿赂案件占15%,说明了贿赂行为的隐藏之深。通过对贿赂案件的分析,TACOD团队发现,提早掌握一些相关数据会大大促进侦破工作的进行。例如,在2/3的案件中,礼物与接待登记簿与被揭露的贿赂案件高度相关。如果当初公开了礼物与接待登记簿中的数据,则可能会抑制贿赂行为的发生,或迫使罪犯撒谎,从而降低调查的难度。此外,游说数据(51%的案件)与合同数据(41%的案件)的公开也有助于贿赂行为的揭发。2012年,英国两名国防部高级官员因收受贿赂、偏袒北爱尔兰有线电视供应商而被判刑。在这个案件中,礼物与接待登记簿、利益登记簿以及员工工资与职责表的公开会为本案的破获提供更翔实的证据。游说集会记录、会议记录以及完整的政府支出与绩效信息也会提高决策的透明度,给未中标的公司和公众一个说法②。

## 3.3 开放政府数据现状

### 3.3.1 全球总体情况

2011年,巴西、印度尼西亚、墨西哥、挪威、菲律宾、南非、英国、美国成立了开放政府合作伙伴联盟(the Open Government Partnership,OGP),共同承诺增强政府信息公开度、支持公民参与、履行职业诚信、并运用新技术增强政府责任。2013年,美国、英国、法国、德国、意大利、加拿大、日本、俄罗斯(G8)

---

① 赵雪娇,张楠,孟庆国.基于开放政府数据的腐败防治:英国的实践与启示[J].公共行政评论,2017,10(1):92.
② 同上。

签署了《开放数据宪章》,明确了开放数据的五大原则和三项共同行动计划。五大原则分别是:使开放数据成为默认规则,注重数据的质量与数量,让所有人都能够使用,开放数据以改善政府治理,开放数据以鼓励创新。三项共同行动计划包括:发布国家行动计划,开放高价值数据,促进元数据映射。目前,越来越多的国家和地区加入到了开放政府数据的行列,开放政府合作伙伴联盟已有70个参与国。

万维网基金会的"开放数据晴雨表"(open data barometer)和英国开放知识基金会的"全球开放数据指数"(global open data index)是各国政府和国际组织广泛认可的两项评估政府数据开放程度的指标[①][②]。开放数据晴雨表主要从三个方面来衡量政府数据开放的程度:准备度、执行力、影响力。根据《第四版(2017)全球数据2017年开放数据晴雨表》,排在前十位的国家分别为英国、加拿大、法国、美国、韩国(并列第五)、澳大利亚(并列第五)、新西兰、日本(并列第八)、荷兰(并列第八)、挪威(图 3-1)。而全球开放数据指数更关注国家和地区是否公开了那些与政府透明、公众生活紧密相关的数据,共包括15类数据:政府预算、政府支出、政府采购、选举结果、公司登记表、土地归属、全国地图、行政边界信息、定位信息、全国统计信息、法律草案、全国法律、天气预报、空气质量和水质[③]。根据2017年最新排名,排在前十位的国家和地区为中国台湾、澳大利亚(并列第二)、英国(并列第二)、法国、芬兰(并列第五)、加拿大(并列第五)、挪威(并列第五)、新西兰、巴西、北爱尔兰[④]。综合这两项权威指标的排名结果,走在开放政府数据前列的主要是以发达国家和地区为主。

以美国为例,2009年,美国建立全国性数据开放平台 Data.gov(图 3-2)。Data.gov 是一个一站式数据开放平台,公众在这个平台上可以找到美国各级政府发布的所有数据,也可以在这个平台上发布数据。截至2018年5月,Data.gov 上共有280 593 个数据集,范围涉及14大类,包括农业、气候、消费者、生态系统、教育、能源、金融、健康、地方政府、制造业、海事、海洋、公共安全以及科学研究。用户可以在搜索栏中直接查找所需要的数据,也可以在侧

---

① 夏义堃.国际组织开放政府数据评估方法的比较与分析[J].图书情报工作,2015(19):75-83.
② 郑磊,高丰.中国开放政府数据平台研究:框架、现状与建议[J].电子政务,2015(7):8-16.
③ 这里指的是2016年全球开放数据指数再次调整后的评估指标。全球开放数据指数最初考察10类数据:交通时刻表、政府预算、政府支出、选举结果、公司登记表、全国地图、全国统计信息、法律、邮政编码、污染物排放。2015年,全球开放数据指数调整了评估指标,增加了政府采购情况、天气预报、定位信息和水质四个数据集,去掉了交通时刻表。
④ http://index.okfn.org/place/.

| 国家 | 排名 | 得分 | 名次变化 | 趋势 | 准备度 | 执行力 | 影响力 |
|---|---|---|---|---|---|---|---|
| 英国 | 1 | 100 | 0 | - | 99 | 100 | 94 |
| 加拿大 | 2 | 90 | 2 ▲ |  | 96 | 87 | 82 |
| 法国 | 3 | 85 | -1 ▼ |  | 100 | 71 | 88 |
| 美国 | 4 | 82 | -2 ▼ |  | 96 | 71 | 80 |
| 韩国 | 5 | 81 | 3 ▲ |  | 95 | 59 | 100 |
| 澳大利亚 | 5 | 81 | 5 ▲ |  | 85 | 78 | 78 |
| 新西兰 | 7 | 79 | -1 ▼ |  | 92 | 58 | 99 |
| 日本 | 8 | 75 | 5 ▲ |  | 84 | 60 | 89 |
| 荷兰 | 8 | 75 | -1 ▼ |  | 94 | 64 | 68 |
| 挪威 | 10 | 74 | 7 ▲ |  | 77 | 71 | 73 |

图 3-1　2017 年开放数据晴雨表排名情况①

图 3-2　美国开放数据平台 Data.gov

---

①　图中数据来源于 https://opendatabarometer.org/? _year＝2016&indicator＝ODB；2017 年发布报告，根据 2016 年数据排名。

边栏来根据话题、数据集种类(地理空间类、非地理空间类)、标签、数据格式、组织类型(如联邦政府、州政府、大学)、具体组织、发布者等来选择感兴趣的数据。数据的格式种类繁多,包括 pdf、html、zip、xml、originator data format、jpg、csv、tiff、json 等。以消费者投诉数据库(consumer complaint database)为例,它由消费者金融保护局发布,包括消费者关于金融产品和服务的所有投诉。它的公开级别为完全公开,共提供四种文件格式:csv、json、xml 以及 web page。关于这个数据库的标签有银行账户、银行服务、投诉、消费者、信用卡、信用报告、讨债、金融、贷款、转账、抵押以及学生贷款。此外,这个数据库还提供了元数据,包括数据集类型、数据更新时间、数据更新频率、数据发布者、数据维护者、数据维护者电子邮箱地址等。

大量的可机读的、免费的数据公布在 Data.gov 平台上,为公众的生活和政府决策带来了极大的便利。一家独立机构运用上文提到的消费者投诉数据库中自 2011 年以来的 409 808 条投诉数据,创办了一个名为 BankRank 的网站(https://www.bankrank.org),对全美 2 505 个金融机构进行评估、排序,为公众选择合适的金融服务提供建议。此外,美国教育部运用全国教育统计中心和中等教育数据系统的数据,设计了大学学费比较网站(http://collegecost.ed.gov),为学生和家长提供了更全面的择校信息。在这个网站上,学生可以根据兴趣、学校地点、学校招生规模等来选择学校,家长可以运用净价计算器(net price calculator)来估算在扣除奖学金后实际需要支付的费用。地方政府部门也可利用此网站对比在教育方面的支出,借鉴其他州的政策和经验。

### 3.3.2 我国开放政府数据的现状

自 2014 年 3 月将"大数据"首次写入《政府工作报告》以来,我国政府通过了一系列推动政府数据开放和大数据发展的政策文件,如《关于运用大数据加强对市场主体服务和监管的若干意见》《促进大数据发展行动纲要》《关于全面推进政务公开工作的意见》《公共信息资源开放试点工作方案》《科学数据管理办法》等。2012 年 6 月,上海市首先上线试运行"上海市政府数据服务网"。随后,北京市、湛江市、无锡市、武汉市等也陆续推出了开放数据平台网站。截至 2018 年上半年,我国已陆续上线 44 个符合政府数据开放基本特征的地级市及以上平台(图 3-3),特别是 2017 年上半年以来,我国新增了 27 个地方平台,仅2018年上半年就推出了21个新平台,其中,山东省与省内各地市同时上线了政府数据开放平台(包括山东省省级平台)①。

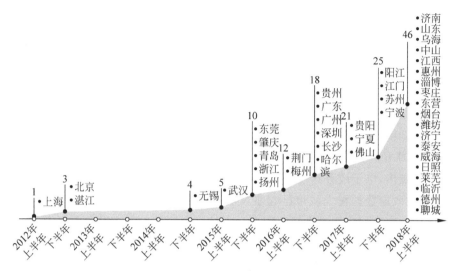

图3-3 我国符合政府数据开放基本特征的地级市及以上平台

以上海市政府数据服务网为例。上海市政府数据服务网是上海市人民政府办公厅、上海市经济和信息化委员会牵头,相关政府部门共同参与建设的政府数据服务门户。据其网站介绍,其目标是促进政府数据资源的开发利用,发挥政府数据资源在上海市加快建设"四个中心"和具有全球影响力科技创新中心、产业结构调整和经济结构转型中的重要作用,满足公众和企业对政府数据的"知情权"和"使用权",向社会提供政府数据资源的浏览、查询、下载等基本服务,同时汇聚发布基于政府数据资源开发的应用程序等增值服务。截至2018年5月,上海市共开放25 662条数据项,涉及开放的部门达42个。其中,上海市统计局、上海市交通委、上海市卫计委开放的数据最多。每个数据集均提供csv、xls、xlsx等格式,并提供API(应用程序接口)。此外,每个数据集都含有元数据,包括摘要、应用场景、关键字、领域、国家主题分类、部门主题分类、公开属性、更新频度、首次发布日期、更新日期、数据提供方。用户可以根据熟悉的场景来查询和下载相关数据,具体场景包括社会保险、

---

① 复旦大学数字与移动治理实验室.中国地方政府数据开放平台报告(2018 NO.03).http://ifopendata.fudan.edu.cn/static/papers/2018%E4%B8%AD%E5%9B%BD%E5%9C%B0%E6%96%B9%E6%94%BF%E5%BA%9C%E6%95%B0%E6%8D%AE%E5%BC%80%E6%94%BE%E6%8A%A5%E5%91%8A.pdf.

婚育、学校教育与终身教育、培训与就业、就医与保健、交通出行、社区周边生活服务、残疾人、离退休、城市安全、政府办事。下载量排在前三位的数据为：1978年以来住宅投资和竣工建筑面积、体育设施对外开放学校名录、上海市高等教育机构名单。在应用方面，上海市政府数据服务网提供了诸如统计年检查询、二手房出售出租信息查询、"早餐工程"网点、公共信用信息查询等服务，受到了公众的好评。

当前，我国的开放政府数据实践仍处于起步阶段，主要在地方政府层面展开，而且主要集中在政府数据的供应端（而不是应用端）。根据最新排名，我国在2016年开放数据晴雨表中位于第71位（共114个国家和地区），在2015全球开放数据指数中位于第93位（共122个国家和地区）①。孙艳艳和吕志坚指出，电子政务建设和政府信息公开为我国的政府数据开放奠定了基础，开放政府数据在大城市已起步发展，但尚未形成全面开花的格局。我国在开放政府数据方面存在以下问题。①缺乏全国性的战略规划和政策环境；②信息公开机制不成熟，开放政府数据根基不稳固；③信息化水平有待提高且各地信息化发展不平衡②。郑磊和高丰依托"开放数据晴雨表"和"开放数据指数"两项指标的分析框架，结合我国国情，建立了基于基础、数据、平台三大层面、共13个维度构成的评估框架，对北京市、上海市、贵州省、武汉市、无锡市、湛江市、宁波市海曙区、佛山市南海区的开放政府数据实践情况进行了比较研究。研究显示，我国开放政府数据实践目前主要存在六个方面的问题：①数据量少、价值低、可机读比例低，②开放的多为静态数据，③数据授权协议条款含糊，④缺乏便捷的数据获取渠道，⑤缺乏高质量的数据应用，⑥缺乏便捷、及时、有效、公开的互动交流③。张勇进认为我国数据开放推进进程与经济发达程度相关，各地开放的数据的数量和范围差别很大④。贺睿和刘叶婷在综合分析全球10多个国家与地区公共数据开放建设水平的基础上，选取了6个维度将政府数据开放程度划分为成熟、发展和起步3个阶段。他们认为，我国目前公共数据开放程度较低，处于起步阶段的初端，对数据开放的关注度不断增加，已加入了世界公共开放数据的队列中，建设了中国政府公开信息整合服务平台，但与严格意义上的提供标准统一、可供机读的政府数据开放仍存在一定差距。我国政府数据开放存在的主要问题包括相关法律

---

① 2016年全球开放数据指数未包含中国。
② 孙艳艳,吕志坚.中国开放政府数据发展策略浅析[J].电子政务,2015(5)：18-24.
③ 郑磊,高丰.中国开放政府数据平台研究：框架、现状与建议[J].电子政务,2015(7)：8-16.
④ 张勇进.我国地方政府数据开放现状研究[J].中国行政管理,2016(11)：19-23.

法规尚未形成、相关行政体系尚未建立、数据公开的挖掘度不够、再利用率不足、可用度不高、公众参与度有限①。周军杰也认为,按照美国政府数据开放平台Data.gov的建设标准,我国还没有真正意义上的国家级政府数据开放平台。我国目前仅开通了中国政府公开信息整合服务平台,主要用于整合各种会议及政府公报,仍然属于政府信息公开范畴②。

## 3.4 政策分析在开放数据环境下面临的机遇与挑战

### 3.4.1 数据开放带来的机遇

#### 1. 开放数据使基于大数据的政策分析成为可能

开放数据是运用大数据的前提。如果数据不开放,大数据技术就是无源之水、无本之木。如前所述,开放数据对所有人都免费开放,不受版权、专利、商标或贸易保密规则的约束(除非涉及国家安全、商业机密、个人隐私或其他特别限制);此外,开放数据是结构化的,可以被计算机自动处理。开放数据的这些特质使得基于大数据的政策分析成为可能并十分必要。政策过程(policy process)是指从政策问题提上议程、形成政策选择、作出政策决定、实施政策内容、评估和反馈政策效果、政策修正等一系列政策循环周期的总和③。任何一个错误的公共政策都将会给公众、企业、社会带来不可挽回的损失。以往政府决策的"痛点""难点",往往是数据的"盲点"。大数据能够揭示传统技术方式难以展现的关联关系,极大提升政府整体数据分析能力,为有效处理复杂社会问题提供新的手段。"数据是推动公共政策分析创新的关键",不论多么周密的统计方法也不能弥补数据匮乏而带来的问题④。"丰富的数据为公共政策分析提供了观察真实社会运转的窗口",有利于政府进行

---

① 贺睿,刘叶婷.我国公共数据开放的程度、问题及建议[J].领导科学,2013(29):63-64.
② 周军杰.需求导向的中国政府数据开放研究[J].电子政务,2014(12):61-67.
③ 薛澜,陈玲.中国公共政策过程的研究:西方学者的视角及其启示[J].中国行政管理,2005(7):99-103.
④ 石婧,艾小燕,操子宜.大数据是否能改进公共政策分析?——基于系统文献综述的研究[J].情报杂志,2018(2):161-168.

基于证据的政策制定(evidence-based policymaking)[①]。Picot 和 Piraino 展示了在分析加拿大移民的收入时,使用公开的政务数据在队列研究(cohort study)中的价值。他们将税收数据与移民入境记录进行了连接,税收数据中涵盖了详细的年度就业收入信息,入境记录包含移民的具体特征,从而可以更有效地估算移民收入的变化,并比较移民与在加拿大出生的人之间的收入差距。这项研究标明,在缺乏社会调查数据的情况下,公开的行政记录和数据可以使研究顺利进行[②][③]。

### 2. 开放数据有助于提升政策分析的时效性

政府部门根据自身职能创建的业务数据库,使得行政记录数据大规模增长。商业领域对数据信息的高度重视,使得大规模的交易记录数据得到了妥善保存。社交媒体的兴起,使得获取大量足以描述用户特征的行为数据成为可能。这些数据极大丰富了以往以统计调查为主的政府数据来源渠道,而移动互联网和物联网的发展使得实时获取这些数据成为可能。将这些数据开放后,将大大提高政策分析的时效性。由于数据获取和信息输入的完整性与便利性,开放数据使得公共政策的问题触发越来越敏感,政策诉求的输入、调适与选择更为迅速。此外,基于开放数据建立政府决策触发机制,将特定的政策问题、焦点人群、社会环境、利益需求和区域定位等各个层面的活动状态进行描述、记录、汇聚、分析和展示,形成实时监控、智能预测的决策辅助系统,将及时准确清晰定位决策动议的输入内涵,提示政策"机会之窗"开启的时机[④]。

### 3. 开放数据有利于提高政策分析的准确性

传统统计学处理的主要是样本,而在大数据时代,政策分析者能得到的数据可能是总体本身。全样本将解决抽样带来的样本代表性问题,使政策分析更加精准。一般来说,政策问题可概括为两类,即"雨伞"问题和"降雨"问题[⑤]。所谓"雨伞"问题,即判断是否会下雨以决定是否带雨伞,这类问题也称

---

① 石婧,艾小燕,操子宜. 大数据是否能改进公共政策分析?——基于系统文献综述的研究[J]. 情报杂志,2018(2):161-168.

② Picot G, Piraino P. Immigrant Earnings Growth: Selection Bias or Real Progress? [J]. Canadian Journal of Economics/revue Canadienne Déconomique,2013,46(4):1510-1536.

③ Connelly R, Playford C J, Gayle V, et al. The Role of Administrative Data in the Big Data Revolution in Social Science Research[J]. Social Science Research,2016,59:1.

④ 刘淑妍. 大数据时代政府决策机制的变革[N]. 学习时报,2016-03-28.

⑤ 同上.

预测问题或者对策问题。所谓"降雨"问题,即依据所需的降雨量决定采取何种措施,如向空中打多少干冰,这类问题也称干预问题,需要掌握降雨措施和降雨量之间的因果关系。以往的社会科学研究主要关注因果问题,预测问题没有得到应有的重视,而数据开放和大数据技术的发展使得预测更加便利与有效。刘涛雄和尹德才认为,现实中政策问题往往是因果问题和预测两类问题的结合(图3-4)①。假设政府为取得某一效果决定进行政策干预,效果的好坏受 $Y$ 和 $Z$ 影响,$X$ 是 $Z$ 变化的原因但并非 $Y$ 变化的原因。政府可以通过外生干预 $X$ 来调节 $Z$,对 $Y$ 却无能为力。如何恰当地干预 $X$ 来改变 $Z$ 并最终影响政策效果是一个因果问题,但仅仅抓住因果关系未必能取得理想的政策效果,因为 $Y$ 同样影响政策效果。因此,唯有 $Y$ 值预测基础上的政策干预,才能取得理想的政策效果。通过结合大数据预测方法,对一些制约政策效果又不可控的因素进行预测,并在此基础上选择更合理的政策措施和时机,可以帮助改进政策效果②。

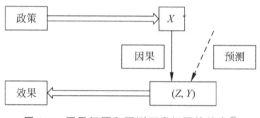

**图 3-4　因果问题和预测两类问题的结合**③

### 4. 开放数据有利于提高政府决策的民主化

2014年联合国电子政务报告指出,开放政府数据为政府发布信息提供了一种全新的途径,有利于在政府和公众之间架起一道桥梁。开放数据使得所有利益相关者都有权免费获取完整的公共数据,并对公共政策作出更加理性的判断。开放数据创造了平等交流和分享信息的平台,打破了政策博弈中的囚徒困境,合作与共赢成为公共政策制定的价值取向④。在利益表达和资源输入端,开放数据为公众提供了了解政府的渠道和平台,导致政策问题的触发更为迅捷;在政策议程平台,开放数据促进了信息在政府、专家与公民间更

---

① 刘淑妍.大数据时代政府决策机制的变革[N].学习时报,2016-03-28.
② 同上。
③ 刘涛雄,尹德才.大数据时代与社会科学研究范式变革[J].理论探索,2017(6).
④ 刘淑妍.大数据时代政府决策机制的变革[N].学习时报,2016-03-28.

具包容性和平等性的互动交融;在政策输出与管理端,开放数据提供了国家与社会力量整合的有效工具,一个动态均衡的多元主体参与的决策评估机制成为可能①。

### 3.4.2 公共政策面临的挑战

#### 1. 隐私问题

开放数据在为政策分析提供机遇的同时,也带来了挑战。隐私问题便是最大的挑战之一。政府数据开放网站中包含大量的公民个人信息,主要包括:①政府公共数据库中自带的公民个人信息;②政府通过cookies抓取的公民浏览政府数据开放网站的相关信息;③公民为获取公共服务,在政府网站进行注册所提供的个人信息。随着大数据技术的广泛应用,数据挖掘技术可以将看似不相关的碎片化信息进行分析,建立相关关系。大数据还促进了数据内容的交叉检验,仅靠技术手段保护个人隐私将越发困难②。此外,由于开放数据通常可以免费获取,这为社会公众提供便利的同时,也为一些不法分子和无良商家提供了可乘之机。例如,浙江政务服务网的"信用信息"专题公开了企业、政府部门、事业单位、社会组织和个人的信用情况如图3-5所示。"个人"一栏包括了公民从业资格信息,包括教师资格认定信息、建造师执业资格信息、文化经纪人从业信息、药师执业注册信息等。已开放的数据包括获得资格人员的姓名、身份证号前4位或6位、执业机构名称等。在电话实名制背景下,为达到商业目的,一些企业可在得知公民姓名的前提下通过通信公司获取公民的详细信息,泄露公民个人隐私③。

#### 2. 歧视问题

在政策分析过程中,大数据还有可能导致对某些个人和群体的歧视。这种歧视可能是由大数据的结构和使用方法而产生的非有意的结果,也有可能

---

① 刘淑妍.大数据时代政府决策机制的变革[N].学习时报,2016-03-28.
② 张建彬,黄秉青,隽永龙,等.政府数据开放网站的个人隐私保护政策比较研究[J].知识管理论坛,2017(5):390-397.
③ 张建彬,黄秉青,隽永龙,等.政府数据开放网站的个人隐私保护政策比较研究[J].知识管理论坛,2017(5):390-397.

当前位置：首页 > 个人 > 建造师执业资格信息 > 详细信息

建造师执业资格信息

| 姓名 | 证件号码 | 注册类型与等级 | 注册证书编号 | 发证日期 |
|---|---|---|---|---|
| 执业印章号 | 注册有效期 | 发证机关 | 注册截止日期 | |
| 董明君 | 330682************ | 建设工程专业高级工程师 | G3300249904 | 2016-01-26 |
| | | 杭州市工程技术人员高级工程师资格第三评审委员会 | | |

(a)

当前位置：首页 > 个人 > 文化经纪人从业信息 > 详细信息

文化经纪人从业信息

| 姓名 | 身份证号 | 人员类型 | 证件号码 | 有效期开始 | 有效期结束 | 年检日期 | 年检单位 |
|---|---|---|---|---|---|---|---|
| 向成林 | 3425********** | 演出经纪人 | 3307000396 | 2014-05-19 | 2019-05-19 | | 中国演出行业协会 |

(b)

当前位置：首页 > 个人 > 药师执业注册信息 > 详细信息

药师执业注册信息

| 姓名 | 身份证号 | 学历 | 专业技术职务 | 执业机构名称 | 执业机构地址 | 执业类型 | 有效起始 | 有效截止 |
|---|---|---|---|---|---|---|---|---|
| 赵年庆 | | | | 台州市椒江科方大药房 | | 药学 | | |

(c)

**图 3-5　浙江政务服务网的“信用信息”专题（部分）**

是源于一些"掠夺弱势阶层的意图"①。一个美国波士顿市的例子展现了如何在大数据技术的使用中消除无意中产生的歧视。美国波士顿市市长办公室下辖的城市力学办公室(Mayor's Office of New Urban Mechanics)开发了一款叫作 Street Bump 的 App,它利用智能手机的加速计和 GPS(全球定位系)收集路面坑洞等道路情况,并将其报告至城市公共工程局。但是 Street Bump 团队在研发过程中发现,由于低收入阶层和老人可能没有智能手机或者不会下载手机程序,Street Bump 提供的服务可能会集中于拥有智能手机的人群居住的社区。值得称道的是,波士顿市和 Street Bump 的开发者在推出该程序之前就想到了这一点。他们首先为服务于全市各个区域的城市道路观察员安装了 Street Bump,然后将公众提供的道路信息作为补充数据,力争使数据全面、客观,帮助波士顿司机解决了行车的最大障碍。

---

① Executive Office of the President. Big Data: Seizing Opportunities, Preserving Values [EB/OL]. https://obamawhitehouse.archives.gov/sites/default/files/docs/big_data_privacy_report_may_1_2014.pdf,2014.

# 第 4 章 政策信息学的关键科学问题

## 4.1 科学问题界定

政策信息学可以看作一个以面向如何利用公共政策相关的海量信息,更好地理解和解决复杂的公共政策与管理问题,从而实现以治理流程和制度创新为目标的若干跨学科研究组成的崭新领域[①]。因为有可能为政策制定者与利益相关者提供前所未有的知识和决策依据,政策信息学有可能成为未来公共政策过程分析的一个重要学科基础。

大数据浪潮给公共管理与公共政策分析研究领域带来了全新的机遇和挑战。通过对大数据分析方法的探索、修正及扩展;围绕特定公共议题相关的公共衍生大数据展开分析,从分析结果中提炼关键知识规律;重构政府决策范式与过程;并探索与之相配套的政策过程评估方法与社会选择模拟方法。这一系列研究挑战构成了面向公共衍生大数据分析和政府决策过程重构的崭新领域——政策信息学。在大数据与政策科学两方面理论、方法的进展的基础上,不难发现在二者交汇的研究领域仍存在真空地带,许多关键科

---

① Johnston E, Kim Y. Introduction to the Special Issue on Policy Informatics[J]. The Innovation Journal: The Public Sector Innovation Journal,2011,16(1):1-4.

学问题亟待解决，包括：如何整合现有数据挖掘方法，实现更好的分析公共衍生大数据的目的？从公共衍生大数据中获取的知识如何影响政府决策，需要何种模式与过程的改进？如何基于公共衍生大数据评估政府决策过程与决策本身的效果，尤其是前瞻性预测关键决策的中长期效果？回答这些问题，可能需要有面向公共衍生大数据分析与政府决策过程重构的新学科出现。

美国亚利桑那州立大学（Arizona State University）提出了政策信息学研究方向并成立了专门研究机构。目前，相关学者已开展了若干政策信息学的研究工作，例如 Kim 等学者利用空间分析方法来监测公共产品欺诈，并用类似的方法研究了俄亥俄州的医疗补助支出变化的案例[1][2]。贝叶斯模型也被用于分析公共环境政策问题[3]。2015 年，国际公共政策分析领域的顶级期刊 Journal of Policy Analysis and Management（JPAM）集中发表了三篇在政策信息学方向上的最新探索，即包括利用大数据分析和仿真建模方法对教育、医疗领域政策的研究[4][5]，也包括如何利用社交网络优化政策过程的探索[6]。政策信息学勾勒出一个充满前途的研究方向，同时目前也面临着一系列研究科学问题。

首先是日益复杂的公共政策和管理问题。以北京市 PM（颗粒物）2.5 为例，北京市空气质量问题一段时间内曾是北京城市治理的痼疾。对于造成北京污染的原因众说纷纭，一些学者认为是与汽车尾气有关，其他说法还有北京气候、低洼地势及三北防护林造成空气不流通等，图 4-1 所示为从不同角度罗列的可能造成北京雾霾的不同因素。对于某一公共管理问题，产生原因之

---

[1] Kim Y. Using Spatial Analysis for Monitoring Fraud in a Public Delivery Program[J]. Social Science Computer Review,2007,25(3)：287-301.

[2] Desai A,Greenbaum R T,Kim Y. Incorporating Policy Criteria in Spatial Analysis[J]. The American Review of Public Administration,2009,39(1)：23-42.

[3] Chun Y,Kim Y,Campbell H. Using Bayesian Methods to Control for Spatial Autocorrelation in Environmental Justice Research：An Illustration Using Toxics Release Inventory Data for a Sunbelt County[J]. Journal of Urban Affairs,2012,34(4)：419-439.

[4] Martin E G,MacDonald R H,Smith L C,et al. Policy Modeling to Support Administrative Decisionmaking on the New York State HIV Testing Law[J]. Journal of Policy Analysis and Management,2015,34(2)：403-423.

[5] Sirer M I,Maroulis S,Guimera R,et al. The Currents Beneath the "Rising Tide" of School Choice：An Analysis of Student Enrollment Flows in the Chicago Public Schools[J]. Journal of Policy Analysis and Management,2015,34(2)：358-377.

[6] Frank K A,Penuel W R,Krause A. What Is a "Good" Social Network for Policy Implementation? The Flow of Know-how for Organizational Change[J]. Journal of Policy Analysis and Management,2015,34(2)：378-402.

# 第4章
## 政策信息学的关键科学问题

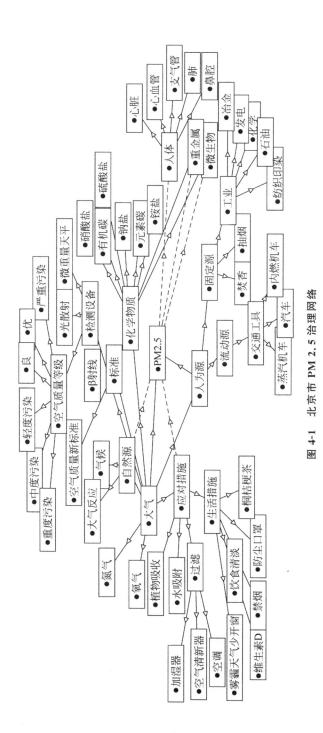

图 4-1 北京市 PM 2.5 治理网络

间可能彼此存在联系、互为因果,同时主要产生机理尚未被发现,此类公共管理问题则可称为复杂公共管理问题。对于复杂公共管理问题的治理,传统治理如中央政府发文、各级政府的政治动员会、反复强调、绩效考核指标列入等运作方式治理效果不尽如人意。

其次是基于信息通信技术发展寻求解决方案。面对复杂的公共政策管理问题,当前,基于实际技术和数据能够提供新的解决方案。如美国疾控中心(CDC)根据大量在线查询的数据有助于在实验室分析之前就可以检测出流行病的爆发[①]。我国北京市东城区也通过借助电子档案数据挖掘提升季节性流行病预警能力[②]。这方面最经典的案例是2008年谷歌公司将5 000万条美国人检索最频繁的词条与美国疾控中心2003—2008年季节性流感传播时期的数据进行了比较,通过对4.5亿个数学模型的处理发现了45条检索词条的组合,以此为依据预测流感病例的发生,发现预测结果与美国疾控中心数据的相关性高达97%,而对于流感源头的判断甚至比疾控中心更为及时[③]。

最后是政府决策过程的嬗变。从政府决策相关理论的视角来看,公共政策过程是政策问题从议程设置、实施到评估反馈和修正等一系列政策循环周期的总和[④]。国内外学者对其进行了大量的研究,其视角包括强调权利结构下的利益博弈,强调公共目标的理性学习及强调社会理念作用,等等[⑤]。其中应用最为广泛的是多源流理论和触发机制理论[⑥⑦⑧]。中国的公共政策议程有其内在的特点,基于多种理论视角与观点的融合。王绍光在分析了中国公共政策议程设置的六种模式后,也指出在当今的议程设置过程中,精英专家、

---

[①] Misuraca G, Mureddu F, Osimo D. Policy-making 2.0: Unleashing the Power of Big Data for Public Governance[M]. Open Government. Springer New York, 2014: 171-188.

[②] 陈之常. 应用大数据推进政府治理能力现代化——以北京市东城区为例[J]. 中国行政管理,2015(2).

[③] 刘嵩,刘宇,胡霞敏. 运用大数据提升食药监管水平[J]. 学习与实践,2017(5):87-92.

[④] 薛澜,陈玲. 中国公共政策过程的研究:西方学者的视角及其启示[J]. 中国行政管理,2005(7):99-103.

[⑤] 薛澜,林泽梁. 公共政策过程的三种视角及其对中国政策研究的启示[J]. 中国行政管理,2013(5):43-48.

[⑥] Kingdon J W, Thurber J A. Agendas, Alternatives, and Public Policies[M]. Boston: Little, Brown, 1984.

[⑦] Gerston L N. Public Policy Making: Process and Principles[M]. Routledge, 2014.

[⑧] 于永达,药宁. 政策议程设置的分析框架探索——兼论本轮国务院机构改革的动因[J]. 中国行政管理,2013(7):29-33.

传媒、利益相关群体和人民大众发挥的影响力越来越大①。推广到政府的决策模式,鄢一龙等提出"十五"以来决策过程的集思广益模式,体现在普通公众参与日益增多,决策过程日益开放,而网络的兴起与普及应用无疑加剧了这一趋势②。国内外均有学者指出了信息时代的诸多特点将对公共政策过程和政府决策过程带来影响。相关研究主要体现在初步定性分析了网络舆情热点及网民政策态度的形成过程③④⑤;在政策议程设置环节,尝试探索信息时代政府、媒介和公众三者关系的变化⑥⑦⑧;部分学者结合案例试图描述网络影响政府决策的过程⑨⑩。然而上述研究考虑网络能技术环境影响时仍主要采取事件触发的视角;由于方法论所限也尚未涉及对网络公众表达大数据进行真正分析和利用的问题。

一方面大数据带来的冲击会加剧信息时代对政府决策过程的影响,另一方面政府能否完善决策过程以适应时代和利用大数据带来的机遇也决定了影响的正负极性。基于多源流理论等经典框架来分析和解构大数据带来的影响,有助于我们在相关理论基础上探索政府决策过程的重构策略和数据驱动机制。这也是公共政策研究可能反作用于大数据发展的贡献。

---

① 王绍光.中国公共政策议程设置的模式[J].中国社会科学,2006(5):86-99.
② 鄢一龙,王绍光,胡鞍钢.中国中央政府决策模式演变——以五年计划编制为例[J].清华大学学报(哲学社会科学版),2013(3):114-122.
③ 陈姣娥,王国华.网民政策态度形成机制研究——从"网议宁波"说起[J].中国软科学,2010(5):57-64.
④ 李彪.微博中热点话题的内容特质及传播机制研究——基于新浪微博6 025条高转发微博的数据挖掘分析[J].中国人民大学学报,2013(5).
⑤ 喻国明.大数据分析下的中国社会舆情:总体态势与结构性特征——基于百度热搜词(2009—2012)的舆情模型构建[J].中国人民大学学报,2013,27(5):2-9.
⑥ Shanahan E A, McBeth M K, Hathaway P L, et al. Conduit or Contributor? The Role of Media in Policy Change Theory[J]. Policy Sciences,2008,41(2):115-138.
⑦ 陈姣娥,王国华.网络时代政策议程设置机制研究[J].中国行政管理,2013(1):28-33.
⑧ 王金水.网络舆论与政府决策的内在逻辑[J].中国人民大学学报,2012,26(3):127-133.
⑨ Procter R, Vis F, Voss A. Reading the Riots on Twitter: Methodological Innovation for the Analysis of Big Data[J]. International Journal of Social Research Methodology,2013,16(3):197-214.
⑩ Yapeng Z, Cheng J Y S. The Emergence of Cyber Society and the Transformation of the Public Policy Agenda-building Process in China[J]. China Review,2011:153-181.

## 4.2 科学问题涵盖的主要内容

政策信息学仅是一个刚刚勾勒出框架的新方向,针对其重方法轻理论、重描述轻分析、重制定过程轻评估过程等现状和不足,作者认为其未来亟待研究的科学问题主要分为以下四类。

### 4.2.1 大数据基础分析方法

公共衍生大数据的复杂特性要求相关分析必须在现有分析方法基础上进行创新与整合。如何将政府处理公共事务时面对的多来源、不同结构化程度的网络舆情、政策文本及系统生成数据为主要对象,探索对其具有较好分析和解释效果的文本挖掘方法与多方法、工具组合,为后续研究中特定政策议题的分析挖掘、决策效果模拟与评估中的关键指标计算奠定方法基础。其主要包括以下几个方面。

(1) 探索以关键主题提取与多维度情感分析为重点的海量文本数据挖掘方法。在主题提取方面,基于概率主题建模等方法快速、准确地抽取海量文本中的有价值关键主题信息,并设计主题热度、离散度等关键计算指标;在情感分析方面,尝试从态度极性(正面、负面、中性)、烈度(激动、平和)、观点确定性(清晰、迷茫)等情感属性对海量文本展现的群体情感进行量化判断。

(2) 探索和相关开源分析算法或工具的对接与整合技术。在当前数据挖掘方法细分化和模块化的前提下,通过与中文分词技术、社会网络分析、潜在类别分析、关联分析、分类聚类分析等现有成熟算法,Weka、R等分析工具的整合,增强前述创新方法的分析效能,形成能够应对复杂分析需求的方法组合。

(3) 探索与传统定性研究方法的整合技术。在大数据环境下对传统定性研究方法中的编码技术进行扩展,通过机器学习实现对海量文本的快速编码、概念构建以及概念间关系的发现,通过人工与方法计算相结合的方式增强方法组合的综合理解能力。

### 4.2.2 基于大数据分析的公共管理与决策知识挖掘

在大数据热潮之初,甚至更早的时间,我们已经能够见到围绕某一公共话题的数据分析研究,如用数据表征公共卫生、公共交通,以及非传统安全较量中的若干实例[1][2][3][4][5]。几乎所有展望大数据应用前景的研究都非常重视政府或公共部门相关数据的价值[6][7]。这在很大程度上是因为这些数据关乎国计民生,有可能得到一些可能解决重大问题的重要分析结果。但实际上,基于大数据解决大问题并不那么容易。无论在国外还是国内,真正意义上的系统性大数据分析探索均率先出现在电子商务领域[8][9][10]。如果说商业领域的大数据分析大多附着在体现企业核心价值的交易数据上是因为这是客户行为的记录,那么公共领域的大数据分析也同样关注"客户反馈",如社交媒体上更易获得的网络公众舆情[11]。当然,面对通常被认为是多目标决策的公共管理复杂问题,单一的网络舆情分析往往得到的知识是有限的,分析对象的边界亟待拓展[12][13]。

从公共衍生大数据中发现对政府决策真正有价值的关键知识是政策信

---

[1] Gillespie M. BBC Arabic, Social Media and Citizen Production: An Experiment in Digital Democracy Before the Arab Spring[J]. Theory, Culture & Society, 2013, 30(4): 92-130.

[2] Procter R, Vis F, Voss A. Reading the Riots on Twitter: Methodological Innovation for the Analysis of Big Data[J]. International Journal of Social Research Methodology, 2013, 16(3): 197-214.

[3] Wonodi C B, Privor-Dumm L, Aina M, et al. Using Social Network Analysis to Examine the Decision-making Process on New Vaccine Introduction in Nigeria[J]. Health Policy and Planning, 2012, 27(suppl_2): ii27-ii38.

[4] 陈美. 大数据在公共交通中的应用[J]. 图书与情报, 2012(6): 22-28.

[5] 王飞跃. 社会计算的基本方法与应用[M]. 杭州: 浙江大学出版社, 2013.

[6] Joseph R C, Johnson N A. Big Data and Transformational Government[J]. It Professional, 2013, 15(6): 43-48.

[7] 王新才, 丁家友. 大数据知识图谱: 概念、特征、应用与影响[J]. 情报科学, 2013(9): 10-14.

[8] McAfee A, Brynjolfsson E, Davenport T H, et al. Big Data: The Management Revolution[J]. Harvard Business Review, 2012, 90(10): 60-68.

[9] 冯芷艳, 郭迅华, 曾大军, 等. 大数据背景下商务管理研究若干前沿课题[J]. 管理科学学报, 2013, 16(1): 1-9.

[10] 蔚赵春, 凌鸿. 商业银行大数据应用的理论、实践与影响[J]. 上海金融, 2013(9): 28-32.

[11] Thomsa H D. Analytics 3.0[J]. Havard Business Review, 2013, 12: 65-72.

[12] 同[6]。

[13] 喻国明. 大数据分析下的中国社会舆情: 总体态势与结构性特征——基于百度热搜词(2009—2012)的舆情模型构建[J]. 中国人民大学学报, 2013, 27(5): 2-9.

息学试图探索的核心。通过对多来源数据的综合分析,围绕特定的公共管理与公共政策问题,寻找那些对公共管理者至关重要的知识,从而揭示由大数据分析驱动政府决策优化的可行路径至关重要。其主要包括:①针对公共政策过程分析各环节相关的公众态度与趋势变化。根据政策议程设置、政策实施、政策效果评估等阶段的关键环节,选取和城市管理、环境、交通等热点领域对公共品调价、空气质量等问题展开分析,重点关注政策议程设置阶段的网络舆情变化及其受主管部门行动与各类媒介报道的影响。②针对政府日常管理决策和突发事件应急处置等场景分析公众舆论热点与决策反馈。通过政府信息化主管部门,重点监测城市相关日常舆情,跟踪热点事件、部门流转机制、相关部门处置方式及效果,选取其中典型事件进行有公共衍生大数据分析支撑的案例研究。

### 4.2.3 大数据时代政策过程设计

大数据时代赋予公共管理者的机遇与挑战不仅来自特定案例中挖掘出的管理知识,它还催生了管理模式和决策过程的深刻变革。结合公共政策过程与公共管理行为的研究积累,探索并重构政府决策过程,提出有效的重构策略并重点探讨若干重要问题。研究应侧重于政策过程和体制机制的探索,主要包括以下几个方面。

(1) 探索公共衍生大数据分析对公共政策过程各环节的影响以及相应的重构策略。重点在于大数据时代全新的公众意见表达渠道和公众态度获取方式对政策议程设置模式带来的影响与变化;以及在政策实施过程中如何通过若干关键公众态度指标的计算和监测,判断政策效果和调整方向。

(2) 探索公共衍生大数据分析中发现的舆情热点进入政府决策流程的模式及处置机制。重点在于构建以数据驱动的日常业务流程,并在此新环境下探讨政府跨部门协作、突发事件应急处置等经典公共管理问题,寻求提升政府运作绩效的有效途径。

(3) 分析数字鸿沟可能引发的新型公众态度偏差。为了确保在存在数据鸿沟情况下网络大数据驱动的政府决策模式的合理性,项目还将通过对网上与网下公众态度的对比分析,探索不同特征人群由于表达渠道限制在大数据时代呈现的公众态度偏差,并设计相应的测算办法与修正机制,以保证相关决策过程重构策略对全社会尺度的合理性。

### 4.2.4 政策效果的评估与预测

政府决策与公共衍生大数据分析的深度融合需要经历复杂的互动过程，本节研究目标只在于探索这样的互动模式，即通过基于多智能体仿真等社会计算基础方法尝试进行公共重大议题的选择模拟及其决策效果的中长期评估，据此将数据分析驱动决策的过程模块化和工具化，切实提升政府决策过程的科学性。其中主要研究问题应围绕探索大数据驱动的多智能体群决策仿真与公共选择模拟，形成若干基于公共衍生大数据计算的决策评估指标并探索其应用机制的展开。作为研究的最终落脚点，应着重于对各模块成果的整合与工具化实现，包括以下两个方面。

（1）探索大数据驱动的多智能体群决策仿真与公共选择模拟。重点在于大数据时代全新的公众意见表达渠道和公众态度获取方式对政策议程设置模式带来的影响与变化；以及在政策实施过程中如何通过若干关键公众态度指标的计算和监测，判断政策效果和调整方向。

（2）形成若干基于公共衍生大数据计算的决策评估指标并探索其应用机制。重点在于构建以数据驱动的日常业务流程，并在此新环境下探讨政府跨部门协作、突发事件应急处置等经典公共管理问题，寻求提升政府运作绩效的有效途径。

在方法论层面，方法融合与学科交叉是未来科学研究的总体趋势，相关研究进行的方法论探索对基于大数据丰富公共管理与公共政策研究的范式具有前瞻意义。在实践层面，面对政府与社会共同关注的诸多实际公共问题，尝试各种分析方法、设计的过程机制、构建的评估体系均为实际影响和应用效果导向，可望对切实提升当前政府决策过程的科学性和有效性有所裨益。

## 4.3 迭代循环与关键点

在政策信息学框架下四类研究问题密切相关，彼此分割，中间包含三个有机结合的研究循环，如图 4-2 所示。

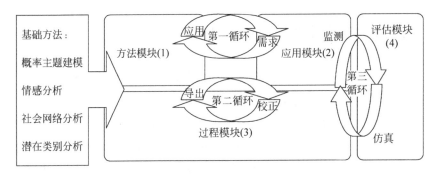

图 4-2　政策信息学迭代循环

围绕技术方法与应用场景的第一研究循环。在正向维度,研究将基于 R 语言分步实现概率主题建模、情感分析中若干分析算法模块,并应用于网络舆情、政策文本等公共衍生大数据的分析;在逆向维度,根据公共政策与政府决策特定应用场景下产生的更为聚焦的分析需求,修正和改进分析算法模块,通过与社会网络分析、潜在类别分析等成熟模块的对接,以及对定性分析中编码技术的规模扩展,逐渐凝练具有普遍适用性的大数据分析方法集。

围绕知识发现与重构策略的第二研究循环。此循环主要是第一循环的方法模块、应用模块与过程模块的互动。在正向维度,研究将基于第一循环的分析结果,总结提炼与政策相关的舆情规律,在此基础上结合多源流理论导出政府决策过程,特别是公共政策议程设置过程不同主体行动策略的影响差异;在逆向维度,根据政府部门多渠道获取的公众反馈校正决策过程策略,结合线上、线下的问卷调查,估算数字鸿沟偏差,明晰公共衍生大数据分析产生知识的适用范围。

围绕机制设计与效果评估的第三研究循环。此循环则是第一循环、第二循环的模块与评估模块的互动。与前两重循环的实证研究(empirical research)思路不同,本循环遵循行动研究(action research)的范式,在正向维度,研发与观测前述策略建议为特定政府部门采纳后的决策效果指标,在逆向维度,根据一些政策可能面临的阶段性反弹,以实际政策效果数据为基点,引入社会计算领域的多智能体仿真方法,模拟公众选择变化,从而修正政府决策,进而构建分析→决策→评估→再决策的迭代机制。

## 4.4 主要研究方法基础

如何去更好地理解公共衍生大数据并据此重构政府决策过程？实际上近年来数据挖掘与社会计算方面的若干研究进展，为我们更好地实现对政策信息大数据的分析及后续的政府过程模拟与评估提供了可能，有学者按照大数据的分析层次分为统计、挖掘、发现、预测与集成5种，共有17种相关研究方法[1]。美国大数据分析专家Devenport和Harris在他们的《分析学》一书中列举的分析工具包括电子表格、在线分析处理(OLAP)、统计或定量算法、规则引擎、数据挖掘工具、文本挖掘工具、模拟工具、文本分类、遗传算法、信息提取、群智能等[2]。按照Castellani提出的学科分类[3]，作为连接自然科学(科学计算)与社会科学(政策学)的方法手段，简要介绍文本挖掘分析、社会网络分析、计算社会科学与多智能体仿真等方法。

文本挖掘分析：即第2章提及的文本挖掘技术，由于目前的大多数信息(80%)是以文本形式来保存的，文本分析被认为具有较高的商业潜在价值。而无法利用计算机理解海量文本中的语义信息是长期以来文本形式的非结构化数据，无法像结构化数据一样被政策分析者充分利用的根本原因[4]。文本分析主要有自动文本分析、概率潜在语义分析方法(pLSA)等。目前潜在狄利克雷分配(latent Dirichlet allocation,LDA)在文本挖掘领域应用较广，该算法是自动文本分析的一种，由Blei David、吴恩达和Jordan Michael于2003年提出[5]，如孟天广采用LDA算法实现自动文本分析对政府新媒体的传播内

---

[1] 江信昱,王柏弟.大数据分析的方法及其在情报研究中的适用性初探[J].图书与情报,2014(5):13-19.

[2] 曾忠禄.大数据分析:方向、方法与工具[J].情报理论与实践,2017,40(1):1-5.

[3] Castellani B, Hafferty F W. Sociology and Complexity Science: A New Field of Inquiry[M]. Springer Science & Business Media,2009.

[4] 张楠.公共衍生大数据分析与政府决策过程重构:理论演进与研究展望[J].中国行政管理,2015(10).

[5] Blei D M, Ng A Y, Jordan M I. Latent Dirichlet Allocation[J]. Journal of Machine Learning Research,2003,3(Jan.):993-1022.

容、传播功能和影响效应进行分析[①]。目前在文本挖掘领域包括文本主题识别、文本分类以及文本相似度计算方面都有应用。

社会网络分析：社会网络指的是社会行动者（social actor）及他们之间的关系的集合[②]。与文本挖掘不同的是，社会网络分析侧重于"关系"的研究，将个体与所在的社会情景联系起来。在社会网络分析方面，尽管公共管理研究者和实践者很早即认同社会的网群关系，但近年来社会网络分析在大规模计算和工具化、可视化方面的进展才逐渐奠定了其在公共管理与公共政策分析领域的应用基础。相关方法主要针对社会科学里对社会结构和社会关系的研究需求，其源头可追溯到数学家Euler的图论工作，其基本思路是以结点和结点间联系分别代表行动者与行动者的关系，在这框架下测度与分析各行动主体间由于资源、信息的流动形成的动态关系，引入小世界（the small world）、结构洞（structural holes）等理论后使社会网络分析有能力描述和解释更为复杂的社会现象与问题[③]。此外，格兰诺维特"弱关系的强度"假设[④]、Burt数据洞理论[⑤]等的提出使得社会网络分析得以解释和描述复杂的社会关系问题。社会网络分析由于其结论可视化强等方面的优势在文献关系及网络舆情分析中得到了广泛的应用[⑥][⑦][⑧]，社会网络分析与文本挖掘的叠加有助于发现网络舆情的扩散规律，从而更准确地判断政府决策与网络舆情间的互动关系。

计算社会科学与多智能体仿真：大数据同样为传统的建模、仿真领域带来了新的生机。计算社会科学为社会计算（social computing）的子学科，主要

---

① 孟天广，郑思尧.信息、传播与影响：网络治理中的政府新媒体——结合大数据与小数据分析的探索[J].公共行政评论，2017，10(1)：29-52.
② 刘军.整体网分析讲义[M].上海：上海人民出版社，2009：1.
③ 王飞跃，李晓晨，毛文吉，等.社会计算的基本方法与应用[M].杭州：浙江大学出版社，2013.
④ Granovetter M. The Strength of Weak Ties: A Network Theory Revisited[J]. Sociological Theory, 1983: 201-233.
⑤ Burt R S. Structural Holes: The Social Structure of Competition[M]. Harvard University Press, 2009.
⑥ Angus D, Rintel S, Wiles J. Making Sense of Big Text: A Visual-first Approach for Analysing Text Data Using Leximancer and Discursis[J]. International Journal of Social Research Methodology, 16(3): 261-267.
⑦ Wonodi C B, Privor-Dumm L, Aina M, et al. Using Social Network Analysis to Examine the Decision-making Process on New Vaccine Introduction in Nigeria[J]. Health Policy and Planning, 2012, 27(suppl_2): ii27-ii38.
⑧ 康伟.突发事件舆情传播的社会网络结构测度与分析——基于"11·16校车事故"的实证研究[J].中国软科学，2012(7)：169-178.

研究领域是社会模拟,使用计算机建立人工实验环境,研究复杂社会系统,模拟方法包括基于方程的模型和计算模型,主要计算方式是在个体代理或多个代理系统观点下进行社会模拟[①]。计算社会科学的发展不仅滞后,2014年世界上第一本计算社会科学的教材《计算社会科学概述：原理与应用》才得以出版[②]。但其应用前景广阔,计算社会科学完全有可能让人类的许多重大决策能够更加基于客观的大数据和计算机模拟[③]。王飞跃等在融合多种建模、仿真方法进展后提出的若干社会计算方法通常被认为有助于更好地研究社会选择[④][⑤]。近年来的社会选择研究主要集中在两个方面：一方面,引入人工智能领域的概念和方法解决社会选择问题；另一方面,将社会选择理论引入人工智能领域,其中多智能协商的相关研究属于两种思路的融合[⑥]。在公共管理与公共政策领域,互动的行为体、结构、过程出现不可控的混乱。通过社会选择模拟辅助研究,界定范围来限制模型中政策议题的复杂度显得尤为重要[⑦]。多智能体仿真可以模拟凸显性、不确定性、多态均衡和非现象条件下的多利益群体,多阶层在复杂政策环境下的行为反应,从而实现对政策效果的评估以及得到了一定应用[⑧]。与大数据分析的有机结合可望赋予多智能体仿真更广阔的空间。

大数据带来的冲击会加剧信息时代对政府决策过程的影响,同时,政府能否完善决策过程以适应时代和利用大数据带来的机遇也决定了影响的正负极性[⑨]。结合上述大数据分析方法的进展,面向公共衍生大数据的分析需求将进一步推动研究方法论的整合与创新。通过大数据分析方法的引入,公共政策分析相关学科有望突破原有边界,应对更为复杂的科学问题。将数据挖掘、社会计算与传统公共政策过程中经济学、社会学方法融合,将极大地丰

---

① 孟小峰,李勇,祝建华.社会计算：大数据时代的机遇与挑战[J].计算机研究与发展,2013,50(12)：2483-2491.
② 郝龙,李凤翔.社会科学大数据计算——大数据时代计算社会科学的核心议题[J].图书馆学研究,2017(22)：20-29.
③ 唐世平.计算社会科学与决策科学.https://www.thepaper.cn/newsDetail_forward_1605926.
④ 王飞跃,李晓晨,毛文吉,等.社会计算的基本方法与应用[M].杭州：浙江大学出版社,2013.
⑤ 王飞跃.社会计算的基本方法与应用[M].杭州：浙江大学出版社,2013.
⑥ 罗杭,孟庆国.安理会改革与大国博弈的多智能体模拟[J].行政论坛,2013(6)：34-38.
⑦ Desai A. Simulation for policy inquiry[M]. Springer Science+Business Media,2012.
⑧ 同⑥。
⑨ 张楠.公共衍生大数据分析与政府决策过程重构：理论演进与研究展望[J].中国行政管理,2015(10)：19-24.

富相关领域研究方法论,从而更好地应对不断发展和变化的复杂公共政策问题。这是大数据分析可能为公共政策分析领域带来的贡献。

## 4.5 从基础方法到决策支撑

大数据除了具有超规模、大容量的特征外,还有多样性特征。我们经常说,大数据不仅指体量大,但对于包含公共管理在内的管理学领域,恰恰最难处理的就是体量大的问题。例如存储对于管理学者来说就有可能是难以逾越的问题,还有运算能力的限制,等等。因此,更多的管理学领域大数据研究着眼点或突破点更多在于大数据的多样性。涉及文本、图像、视频等非结构化数据的处理,特别是文本的挖掘。

从数据驱动视角的研究主要展现某种方法可以带来哪些管理可能性,属于方法可用性的展现。而从管理和决策的视角来看,光有可能性是不够的,还在于是否能够切中管理者在管理实践中的关注。两者之间是有差异的,其间存有一个庞大的真空地带。基于文本挖掘算法的结果与有价值的管理知识之间存在着"中间层"。这一"中间层"需要有一套逐渐完善的方法论以及方法评价体系,例如,是不是所有的分析对象都适合用某种方法进行分析?分析方法使用范围有无边界?等等。在传统的统计分析中,我们有一套完整的方法论体系,什么样的数据可以分析,需要满足何种分布,什么样的数据可以用二项回归,什么样的数据可以用对数回归……都有相应的判别的标准。政策信息学未来也需要发展类似的方法论的中间层。

以概率主题建模为例,它本质上是将看上去不可描述的,但却可能承载了很多情感和个人特征的文字表达进行量化。这个量化过程可以理解为在合理的范围内进行降维,转换成相对易于理解的数学模型,在丰富度和可理解性中求得平衡。而得到这些结果后我们能做什么呢?可能至少可以做两类事情:一是描述现象,二是刻画规律。

(1)描述现象,即通过语义判断能够看到一些主题相应的变化。但在方法论层面面临的挑战是这个主题到底与公共管理定义的主题有何种关系?仍然需要依靠研究者的主观判断。看似客观数据分析的过程也存在主观臆断部分,这里面有很多值得探索的地方。目前的解决办法有:构建基于本体论(ontology)的通用关系词表,即构建语义关系的通用性规则,可以理解为把所有的语义关系都进行字典化的过程,类似于图书馆书目分类的标准;或者引入人为干涉的判断机制,对代表性的文章或话题进行标签筛选。人工辅助机器学习,将无监督学习扩展为有监督学习或半监督学习。

(2)刻画规律。个体的网络行为可能就是从其发表言论的频率或内容等方面体现的。通过各种行为刻画进而可以探究行为差异的影响因素。例如,我们可以利用概率向量在各主题间的标准差衡量个体参与网络话题的广泛程度。标准差越小即各话题间分布的越均匀,说明他是一个涉猎广泛的人,反之则说明他有一个相对突出的关注领域,得到这样类似的测度就有条件计算彼此间的影响关系了。在此基础上,提炼行为建模的通识知识对以辅助建模过程极为重要。

总之,在"中间层"进行方法论的探索是非常重要的。政策信息学分析方法已经突破了原来的传统学科界限,但举例真正广泛应用于公共管理与公共政策领域还有很长的路要走。在这样的探索中离不开公共管理领域的研究者与实践者的知识贡献。后续章节我们会进一步梳理政策信息学的方法论基础,并基于作者已开展的实际研究案例进行更深入的讨论。

# 第二部分 基础方法篇

# 第 5 章
## 系统仿真建模

本章通过对政策信息学视域内的系统仿真建模进行基础概念、建构过程以及使用方法的相关介绍,展示了社会系统中利用仿真模拟的方式获取信息、辅助决策的过程,该方法构建了计算机科学、信息科学与决策科学的有机结合途径,有效拓展了公共管理学科内突破信息障碍、纠正偏差的政策制定与预测的研究范围。本章主要分为三个部分:首先在 5.1 节中对系统仿真建模的相关概念、流程与方法进行了介绍。政策信息学的研究框架将仿真建模的对象框定为最具代表性的社会系统。因此,在 5.2 节与 5.3 节中,我们对两种主流的建模方式——系统动力学模型与基于主体(agent)建模模型——进行了简要介绍,通过概念、特点与表达方式三个部分对这两种方式进行了解读,旨在为政策信息学领域的研究者提供一种辨识或构造研究方法的指导。出于这种方法论的目的,我们在 5.4 节中使用了典型例子与软件,展示了一个简单系统仿真的过程。更加具体、规范的研究范例将在本书的第三部分中以案例的形式进行展现。

## 5.1 系统仿真建模：基础概念

### 5.1.1 系统：规定仿真系统的边界与约束条件

根据 Schmidt 和 Taylor(1970)的定义，系统(system)是某个实体的集合，最形象的例子是人或机器。这些实体为了实现某种特定逻辑而产生行为，并相互作用。在实际应用中，"系统"的含义往往取决于一个特定研究的目标。因此，我们可以将系统的状态定义为某些变量的集合。通常来说，可以将系统分为两类：离散系统和连续系统。

离散系统是指状态变量在一些离散时间上发生瞬时变化的系统。例如，当我们将银行的一部分作为研究对象时，其状态变量（客户个数）只有在客户到达或离开时才会发生变化，因此是离散的。连续系统是指状态变量随着时间的变化而连续变化的系统。最直接的例子是一辆在公路上行进的汽车，因为其速度与位置等变量可以随着时间变化而连续变化。

在真实世界中，很难存在单纯的离散系统或连续系统，绝大多数系统都是混合型的，当离散系统/连续系统占据主导地位时，就称其为连续系统/离散系统。

### 5.1.2 模型：概念与分类

模型的本质是一组可以与真实系统相对应的行为数据，可以由文字、符号、图形和数学公式（如微分方程、差分方程、状态方程等）组成。模型本身并不能产生行为数据，而是被用于提供说明，产生数据或行为的主体是人或计算机，而系统仿真的本质就在于使用模型行为模拟系统行为。

模型通常被分为两类：物理模型与数学模型。在政策信息学的范畴中，物理模型（或者说形象模型）并不是我们关注的典型模型，该概念多指实物世界的具体映射，例如，一个餐馆的全尺度物理模型等。数学模型主要指的是用逻辑或数量关系来描述一个系统，通过操作或改变这些关系观察模型的反应,从而观察系统反应,这就是我们在系统仿真建模中所要建立的"模型"。一个数学模型,虽然可能采用不同的描述形式,但其基本组成部分都遵循着"一个参数模型及一组参数值"的规律,这为我们通过模型对系统进行刻画提供了可能。

在数学模型中,根据上一节对系统的分类,我们可以将模型分为连续模型与离散模型,二者本质区别仍是状态变量随时间进行离散变化或是连续变化。状态随时间连续变化的模型被称为连续模型,这种模型通常用微分方程或状态方程进行表征。离散化后的模型被称为离散化模型,一般使用差分方程或离散时间状态方程进行表示。注意,由于计算机的离散性,我们使用计算机进行仿真建模时,一般需要对连续模型进行离散化。

### 5.1.3 仿真问题的基本框架:建模—试验—分析

由于政策信息学的模拟对象主要是社会系统,因此有必要在此对社会系统的特性加以概述。作为一类特殊的系统,社会系统除了具有一般系统的特点外,还具有自组织特征、动态演化特征、涌现特征、复杂性特征、开放性特征等特点[1]。这也是我们在政策信息学的研究范围中使用系统仿真建模方法的原因。

根据以上特点,我们在识别并处理社会系统中的仿真问题时,主要通过建模、试验与分析三个步骤完成。

在对系统进行建模仿真之前,首先要对研究的系统进行阐述,明确研究问题的目标和条件,描述目标系统的主要参数(也就是上文提到的状态变量)和测量标准,同时界定系统的边界与范围。上述三个步骤都需要在建立模型的过程当中予以体现。

1. 建模

根据之前对模型的定义,构造仿真模型的目的是对系统的本质属性进行抽象描述。在离散系统仿真建模中,主要根据随机发生的离散时间、系统中的实体流及其推进机制,按照系统的运行进程建立模型[2]。并且在进行构造

---

[1] 刘德贵,费景高.动力学系统数字仿真算法[M].北京:科学出版社,2000.
[2] 康凤举.现代仿真技术与应用[M].北京:国防工业出版社,2001.

模型的过程中,需要充分考虑使用的仿真语言。

## 2. 试验

在进行试验之前,首先需要进行的步骤是数据采集。这些数据通常是按照某种概率分布的随机变量的抽样结果,因此需要对真实系统的相应参数进行调查估计,确定其概率密度函数,使得我们输入仿真模型的数据能够实现"模拟真实"的功能。此外,为实现上述功能,所构造的仿真模型能否代表真实系统,也需要通过多种方式进行评估与验证,例如试运行等。

试验的本质是对系统运行的一次抽样,因此多次独立重复的仿真运行才能得到仿真输出响应的分布规律。因此,在进行试验的过程中,必须强调的是:在相同的初始条件与输入数据下,采取相互独立的随机数据流进行仿真。而确定主要的决策变量取决于试验目的,因此需要在运行多次包含不同决策变量取值的组合中进行比较,选择满意的方案。

## 3. 分析

通过对仿真模型进行多次独立重复运行,可得到一系列输出响应和系统性能的参数数据,通过这些数据,我们可以对系统的总体分布参数进行必要的统计推断,从而刻画系统的统计推断。

系统仿真流程如图 5-1 所示。

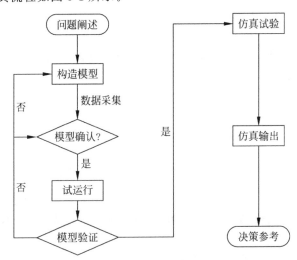

图 5-1 系统仿真流程

## 5.2 基于系统动力学的仿真建模

系统动力学方法是一种以反馈控制理论为基础,以计算机仿真技术为手段,用于研究复杂的社会经济系统的定量方法,由美国麻省理工学院的 Jay W Forrester 教授创立。它已成功地应用于企业、城市、地区、国家甚至世界规模的许多战略与决策等分析中,被誉为"战略与决策实验室"[1]。系统动力学的主要研究对象是社会、经济、生态等复杂系统,它提供了处理非线性、高阶次复杂性问题的解决方案。系统动力学认为系统内部的信息反馈机制决定系统的功能、行为模式,从系统的整体出发研究系统内部要素之间的因果关系及反馈环的动态行为特征,应用计算机模拟技术求得系统的宏观行为,建立各要素及其相互作用的流图与模拟模型,实施不同的政策调控,从而寻求解决问题的途径,实现系统的优化控制[2]。其基本思路是将复杂的非线性时变问题转化为大型差分方程,以趋势外推为研究方法,模拟变量随时间变化的轨迹,从而达到预测的目标[3]。系统动力学的模拟软件经过几代的发展已经非常成熟,这将在文末进行简要介绍。

在复杂系统建模和仿真领域,动力学建模技术无疑是应用最为广泛的技术。系统动力学本身是一门研究非线性及动态反馈的科学,因此特别适合解决复杂系统的建模和求解问题[4]。系统动力学思想和方法的出现,大大增强了人们对于复杂系统问题的认知和求解能力。系统动力学方法用于复杂系统建模,最初也是由工业领域开始的。当这种思想应用于公共政策的研究时,仍然表现出优秀的仿真性能,在经济政策、环境政策、人口政策、城市发展政策的研究中,都充分发挥了其解决复杂问题的能力[5]。

---

[1] 王其藩.高级系统动力学[M].北京:清华大学出版社,1995.
[2] 张波,袁永根.系统思考和系统动力学的理论与实践[M].北京:中国环境科学出版社,2010.
[3] 米加宁.大数据与社会科学量化研究[A].实证社会科学(第三卷)[C].上海交通大学国际与公共事务学院,2017:20.
[4] 原毅军,田宇,孙佳.产学研技术联盟稳定性的系统动力学建模与仿真[J].科学学与科学技术管理,2013,34(4):3-9.
[5] 同[4]。

### 5.2.1 系统动力学的相关概念

系统动力学的主要观点为：系统的行为模式和特性主要取决于其内部的动态结构与反馈机制，系统在内外动力和制约因素的作用下按一定的规律发展演化[①]。

在系统动力学视角下，以反馈回路来描述系统的结构，把一阶反馈回路作为系统的基本结构或称基本单元。所谓反馈回路是耦合系统的状态、速率（或称行动、决策）与信息的闭合通道。它们对应于系统的三个组成部分：单元、运动与信息。状态变量的改变取决于决策或行动的结果，而决策（行动）的产生可分为两种：一种是依靠信息反馈的自我调节；另一种是在一定条件下不依靠信息的反馈，而是按照系统本身的某种特殊规律。系统动力学模型是建立在描述系统内在的动态机制基础上的结构型模型。

系统动力学的特性为：由于系统内部非线性因素的作用和存在复杂的反馈因果、生克关系，高阶次复杂时变系统往往表现出反直观、千姿百态的动力学特性，在一定条件下还可能产生混沌现象。

动态系统的数学描述称动力学方程，通常不是微分方程就是差分方程，系统动力学模型中尽管有流位方程、流率方程、辅助方程，但究其实质还是一阶微分方程组。显然，系统动力学模型是一种微分数学模型，其一次仿真的结果（图或表）就是该微分方程的一个特解。所谓模型上的实验实质就是改变系统条件（初始值、参数、结构和输入函数等）来分析、研究其特解变化的情况。

### 5.2.2 系统动力学的建模特点

系统动力学研究处理复杂系统问题的方法是定性与定量结合，系统整体思考与分析、综合与推理的方法。这是一种定性—定量—定性、螺旋上升、逐渐深化推进，认识与解决问题的方法。因此可以将其特点概括为以下几点[②]。

---

① 迈克尔·C.杰克逊.系统思考——适于管理者的创造性整体论[M].北京：中国人民大学出版社，2005.
② 王伟.电网投资规划的系统动力学建模与中压配电网络结构优化[D].北京：华北电力大学，2007.

(1) 适用于处理长期性和周期性的问题。如自然界的生态平衡、人的生命周期和社会问题中的经济危机等都呈现周期性规律，并需通过较长的历史阶段来观察，已有不少系统动力学模型对其机制作出了较为科学的解释。

(2) 适用于对数据不足的问题进行研究。建模中常常遇到数据不足或某些数据难于量化的问题，系统动力学借各要素间的因果关系用有限的数据和一定的结构仍可进行推算分析。

(3) 适用于处理精度要求不高的复杂的社会、经济问题。上述问题常因描述方程是高阶非线性动态的，应用一般数学方法有时很难求解。系统动力学则借助于计算机及仿真技术仍能获得主要信息。

(4) 有条件预测。系统动力学方法强调产生结果的条件，采用"如果……则……"的形式，对预测未来提供了手段[①]。

### 5.2.3 系统动力学的表达方式

作为一种连续型仿真模型，系统动力学模型着重从总体层面对系统进行考察，因此是一种自上而下的系统建模方法，因此可以为决策提供更具战略意义的参考。系统动力学模型一般有三种表达方式：因果关系图、栈流图、方程公式[②]。

(1) 因果关系图。因果关系图侧重表达变量之间的相互作用和联系，是最基础也是最直观的模型。

(2) 栈流图。栈流图以系统动力学特有的"栈—流"图形符号表达了更为具体细致的变量相互作用，可以清晰区别状态变量、辅助变量以及反馈关系，简称流图。

(3) 方程公式。方程公式是以微分方程或差分方程为基础的一系列数学公式来精确表达模型中所有变量的关系，它是最为完备和严密的系统动力学模型表达方式[③]。从具体的软件应用上来看，主要可以使用 AnyLogic、iThink、Powersim 和 Vensim 等软件进行开发。

---

① 王其藩，李旭. 从系统动力学观点看社会经济系统的政策作用机制与优化[J]. 科技导报，2005(5)：34-36.
② 周德群. 系统工程概论[M]. 北京：科学出版社，2005.
③ 王其藩. 复杂大系统综合动态分析与模型体系[J]. 管理科学学报，1999，2(2)：15-19，27.

## 5.3 基于主体的仿真建模

从博弈论特别是进化博弈论的视角论述不同决策者之间的动态博弈关系(相关研究主要用博弈论描述企业主体的互动关系[1],也较少描述政府主体[2]),往往存在以下缺陷:首先,这一假设无疑默认他们都是具有自主性、并追求个人利益最大化的博弈主体(Agent),且其博弈过程往往不是单期的,而是在多期互动的过程中不断学习、相互适应、协同进化[3];其次,特别是缺乏专门讨论信息化、网络化背景下的多主体博弈互动关系,如应结合小世界网络等社会网络模型而非元胞自动机等空间地理模型[4]描述博弈主体之间的互动关系;最后,没有考虑博弈主体之间在客观上的差异性和异质性[5],简单设置了收益、成本完全对称的博弈模型。事实上,多主体互动与协作是一个动态演变、异质构成、自组织、自适应的典型性复杂博弈系统,由多个具有独立决策权力和独自利益诉求的博弈主体构成[6],博弈论特别是进化博弈理论是分析复杂世界中多主体互动的一个最好框架。且受制于社会网络结构、机会成本制约、信息的不完全性等因素,各个博弈主体的决策者在特定时空环境下往往仅受有限范围内其他决策者的影响(如借助电子政务和移动政务等政务模式,通过移动终端设备就特定的社会经济事务与建立了"社会网络关系"的部分决策者及时沟通),而不可能随时随地实现全部决策者的全局互动[7]。例如,全体城市政府决策者共同参与的城市群联席会议(全局交互)虽然提供了

---

[1] 蒋国银,胡斌,王缓缓.基于 Agent 和进化博弈的服务商动态联盟协同管理策略研究[J].中国管理科学,2009,17(2):86-92.

[2] 蒋国银,胡斌.集成博弈和多智能体的人群工作互动行为研究[J]管理科学学报,2011,14(2):29-41.

[3] Jorgen W. Evolution Rationality and Equilibrium in Games[J]. European Economic Review, 1998(42):641-649.

[4] 罗杭.城市群一体化与政府互动的多智能体模拟[J].大连理工大学学报(社会科学版),2013(2):46-52.

[5] 同①。

[6] 同④。

[7] 罗杭,张毅,孟庆国.基于多智能体的城市群政策协调建模与仿真[J].中国管理科学,2015(1):89-98.

一个区域协调合作的理想框架,但受制于高昂的时间和机会成本,不可能成为区域政府合作的唯一形式,更多还是需要依靠各城市政府之间日常性、自发性、灵活性的工作交流和沟通协调(局部交互),并依托于信息技术和设备的发展(网络会议、办公自动化 OA 系统、移动数字终端等),通过电子政务和移动政务,以更低的成本、更便捷的方式实现城市政府之间跨空间限制、随时随地的信息交流、沟通合作①。在这一局部交互模式下,宏观系统的整体特征是通过微观个体之间的动态局部交互而涌现出来的,并往往呈现出突现性、不确定性、多态均衡、非线性结构复杂性等特征。因此,定性研究、传统的数学建模和统计研究难以有效地解释城市群多政府多期互动的复杂性机理,有必要借鉴复杂性理论,应用多智能体建模与仿真技术(ABMS)。

基于有限理性和信息的不完全性,传统研究方法往往难以有效剖析和呈现这一复杂系统的动态机理、演变过程和内在规律。因此,有必要集成多智能体②、计算群体决策、进化博弈等理论从一种超脱还原论的、自下而上的、从微观互动到宏观涌现的视角,动态模拟组织行为的演化过程,预测其决策结果,并通过可视界面呈现和数据统计分析博弈系统在演化中的现象与涌现出的规律③。基于复杂适应系统(特别是多智能体系统)建模,并结合博弈论(特别是进化博弈)理论,是分析组织行为及决策的一个契合框架。

近几年出现的基于 Agent 的建模与仿真,是研究复杂系统的一种自下而上的建模仿真方法,它把智能体作为系统的基本抽象单位,通过对系统中大量的个体进行建模,虽然个体具有相对简单的行为,但通过个体之间的交互,就可以涌现出系统的整体行为。而在这失衡/均衡过程中,主体对于政策的"反应—行动"的过程以及在这个过程中的节点的涌现状态,决定了政策的演进路径。尽管公共政策常常表现为路径依赖,但"依赖"的是哪一条路径,却是由涌现状态决定的,而涌现的过程又是主体在采取行动的非线性复杂过

---

① 关于本例,将会在后续章节进行详细阐述。

② 多智能体技术由美国麻省理工学院计算机科学家马文·明斯基(Marvin Minsky)提出,是分布式人工智能研究的一个前沿分支。智能体即一个具有自主性、社会能力、反应性、协作性和分布性的软件实体,而多智能体系统则是多个独立单智能体的集合,智能体之间通过相互通信产生协作行为,同时还能同周围的环境交互信息,最终形成各个智能体之间,以及智能体与环境之间的共同适应和协同进化。研究和建立多智能体系统的目的就是把多个单智能体有机地组织起来,通过一定的通信方式,协调它们之间的行为,使其共同协作完成单个智能体无法完成的任务。近年来,多智能体仿真在国际学术前沿得到广泛推广,已经被大量应用到社会、经济、军事和工业工程等领域中,模拟人类的行为、观念变化以及合作关系变化等。

③ Nigel Gilbert. Agent-based Models[M]. Los Angeles:SAGE Publications,Inc.,2008.

程,因此,公共政策的演进就呈现出高度的复杂性[①]。

在 ABMS 方法中,Agent 模型既可以是定量的,也可以是定性的[②]。它代表了主流的方法论研究方向,指的是将目标系统中各个仿真实体用 Agent 的方式或者思想来建模,试图通过分析特定个体的行为及其之间的关系,将规则进行封装,来描述和观察目标系统的宏观行为[③]。这是一种自底向上的建模方法,而这正是 ABMS 的核心思想,即通过微观层面主体间的交互作用,涌现出宏观系统的行为,因而该方法特别适用于对复杂社会系统中的非线性行为进行仿真,所以也适合将其运用于公共政策领域[④]。当然,虽然通过构造"人工社会",可以为非线性的社会交互建模提供实现"社会"均衡的过程信息,但是,这种方法的技术门槛较高,对人类社会的仿真不可能做到完全复制,特别是在政策分析中难以涵盖诸多不确定性。

### 5.3.1 基于主体的相关概念

由于没有一个可获得共识的具体定义,通常将 Agent 翻译为主体或智能体,主要指的是具有自主性的"实体",在政策信息学的研究范围内,其多为具有决策能力的个体或组织。在社会系统中,它可以感知周围的环境,以及对其他智能体作出反应,并根据已获得的信息作出(理性或非理性的)决策。从 Agent 的行为规则来考虑,其主要特点包括学习机制和演化行为。前者指的是随着时间的推移,行为者可以更好地理解其他主体的行为与交互环境;后者则是指行为者将会根据理解的改善优化自身行为。

不同于还原论认为宏观现象是微观个体的线性组合,ABMS 认为宏观现象往往是一种"出乎意料的情况"[⑤],是系统层面互动的均衡结果。这种特征的系统被称为复杂适应性系统,而均衡结果被称为"涌现"(emergence)。复杂适应性系统是非线性、复杂、自适应的,其基本元素是个体,计算机科学将其

---

① 李大宇,米加宁,徐磊.公共政策仿真方法:原理、应用与前景[J].公共管理学报,2011,8(4):8-20.

② 徐庚宝,曾莲芝.仿真软件[J].计算机仿真,2007,24(10):1-6,24.

③ 高宝俊,戴辉,宣慧玉.基于 Agent 的股票市场仿真[J].系统工程理论方法应用,2005,14(6):497-501.

④ 毕贵红,王华,李强,等.基于 Agent 的居民环境行为动态演化与政策仿真模型[J].广西师范大学学报(自然科学版),2008,26(1):198-202.

⑤ 道格拉斯·诺斯.理解经济变迁过程[M].钟正生,邢华,等译.北京:中国人民大学出版社,2008:48-49.

翻译为智能体,主体具有主动性、有限理性、交互性和学习能力,能够在环境中学习,积累经验,改进自身规则适应复杂环境。ABMS借鉴了"分布式人工智能"(distribute intelligence)和"机器学习"(machine learning)技术,使得主体能够对外部刺激作出反应及相互交流、相互学习,推进了复杂系统的研究进程,如图5-2所示。

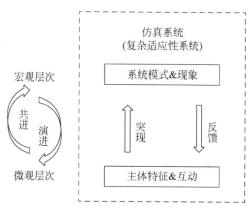

图5-2 复杂系统的研究进程

现有研究表明,基于主体的仿真从属于离散事件仿真的类别。因此,我们可以采用一种自下而上的方式对其进行建模仿真,重点是要对各主体的行为和主体间、主体与环境间的交互性进行刻画。随着时间的推移,由于决策的不断进步,低级别的行为主体将会趋于某种特征,从而聚合为整个系统的涌现行为。最经典的涌现例子是John Conway在1970年发表的著作《生命游戏》中对"滑翔机"的涌现。对此相关描述,将会在后文的案例中着重呈现。

### 5.3.2 基于主体的建模特点

基于主体的建模技术与其他建模技术的显著不同在于Agent的智能性、适应性和社会性,当其应用于公共政策系统仿真时,可以更好地反映公共政策的复杂性、适应性、动态演进性。而且主体间是相互影响的,拥有自己的意图和行为准则,能够相互交流、相互学习,根据外部环境改变自身的行为规则,这也就是圣塔菲研究所提出的"适应性造就复杂性",政策主体的差异化及相互影响使得政策过程更加复杂。对于基于主体的公共政策仿真而言,必须合理地分解整体任务,恰当地设置主体、主体的属性和行为,准确地表征主体之间、主体与环境之间的博弈关系[①]。

因此,使用基于 Agent 的仿真模型的研究具有特点如下。

(1)需要模拟系统中的行为主体能够与其他行为主体及周围环境产生交互行为。

(2)行为主体的学习能力能够体现为自身行为的演化。

(3)行为主体的行为演化轨迹主要依赖于对交互环境的感知而不是最初设定的规则。

### 5.3.3 基于主体建模的表达方式

基于主体建模的过程发端于对象的认知,是一种自下而上的建模方法。随着对于对象理解的不断深入,主体的性能和行为特征被抽象出来,并得以在计算机平台上仿真[②]。当表征系统的全部主体和主体之间的关系确定下来以后,基于主体的建模过程也就圆满完成[③]。基于 Agent 的建模方式大多参考复杂自适应系统(CAS)的特征,鉴于主体行为的复杂性和多样性,因此,并不存在一个固定范式对建模过程进行表达,其表达方式根据编程手段的变化而变化。具体到软件使用过程,基于 Agent 的仿真主要使用如下三个软件。

1. AnyLogic

由于对系统动力学方法的强大支持,在 AnyLogic 中,主体行为可以通过状态表、流程图或者系统动力学方程(参见 5.2.3 节)进行表述,也可以使用 Java 语言进行刻画,因此行为主体可以在网格、连续空间、网络以及地理信息系统(GIS)所显示的地图中进行移动和交互。

2. MASON

MASON 作为一款开源的免费软件,主要使用下一时间推进法的方式进行时间的推进,并可进行二维与三维空间的模拟。

3. NetLogo

NetLogo 作为最广泛应用的系统仿真模拟软件之一,可以支持基于主体

---

① 周勇.公共政策仿真有效性研究[D].哈尔滨:哈尔滨工业大学,2014.
② 李群,雷永林,侯洪涛,等.仿真模型设计与执行[M].北京:电子工业出版社,2010.
③ 同①。

与基础系统动力学的仿真模型,与 AnyLogic 类似,其模型可以构建在网格、连续空间、网络以及地理信息系统上,但其时间推进法只能依靠固定步长法进行推进。我们将在下一节(5.4 节)对 NetLogo 的使用方法进行简单展示。

## 5.4 仿真建模软件和平台

在应对大规模模拟问题时,能否对真正系统进行有效建模、模拟运行与统计分析,是决定模拟试验价值的关键因素。任何具有现实意义的模拟项目都对强大的信息计算技术有着较高的要求,因此,可以说模拟软件的选择和应用是关系到试验运行的重要问题。由于模拟方法本身所需要的计算量要求非常高,例如,大量独立的随机数或随机变量序列的生成、实践推演机制的计算、多次独立重复试验和多次独立运行的需要、大量状态变量的数值计算和更新、输出数据的统计计算和分析等[①]。基于前文,本节将对主要流行的若干仿真系统应用软件程序和应用语言进行介绍,并通过一个实例简要展示操作过程。

系统建模过程是寻求系统的数学表达,即建立数学模型的过程,仿真过程则可以看作所建模型的求解,而仿真软件与程序语言就是我们选择用来求解的工具和平台。理论上讲,任何具有科学计算能力的计算机语言都可以作为系统仿真的软件平台,因此,仿真软件平台之间并不存在本质区别,用户可以通过仿真模型的类别与层次的不同,在满足计算要求的前提下,尽可能地选择自己熟悉的平台。通常把建模过程简单地分成四个环节:①研究需求,②模型设计,③模型编码,④运行模型。仿真软件在其中是一个技术密集点,也是仿真系统的灵魂,所以对仿真软件倍加重视[②]。

从适用性上讲,一般用于仿真的计算机语言有 C、C++、Fortran、Python 等。利用 MATLAB/Simulink 系统满足建模需求,是目前实践过程中较为流行的方式。Simulink 是 MATLAB 中的一个可视化方框图系统建模和仿真平台,系统建模过程较为直观,更加贴合系统工程学的思维方式,通过脚本和函

---

① 卫强,陈国青. 管理系统模拟[M]. 北京:高等教育出版社,2008.
② 徐庚宝,曾莲芝. 仿真软件[J]. 计算机仿真,2007,24(10):1-6,24.

数文件的编写将程序语言与 MATLAB 混合使用,可以最为直观地了解和掌握系统建模过程。与此相对应的,是对用户编程能力和模型建构能力的较高要求,因此不作为本书的重点内容,相应代码也可以根据建模类型的不同进行搜索与查询,读者可以按需使用。

由于模拟语言的学习成本较高,对模拟过程进行标准化描绘的仿真软件适用性更高,可以大大简化建模试验过程,节约成本。目前可以用于建模的软件很多,并且很多是开源的免费软件,读者可以自行下载并学习。

本节主要通过对 NetLogo 软件进行简单的操作与示范,对系统仿真建模过程进行展示,具体的研究过程将在案例篇进行展示。

本案例主要参考 NetLogo 软件模型库中最为经典的模型——捕食模型[①],该实例是关于智能体交互的复杂非线性行为的模拟过程,在 AnyLogic、Repast Simphony 等软件中也包含此模型。在这个例子中,狼群与羊群在一个有网格构成的生态系统中共存,该网格的单位元为面积为 $51 \times 51$ 的草地。我们假设初始条件下,所有草地的存活概率为 0.5,相应的,死亡概率也为 0.5。

模型的假设条件如下。

(1) 起初,网格中随机分布 100 只羊与 50 匹狼,每个动物的前进方向随机。

(2) 羊的初始能量均匀分布在集合 $\{1,2,3,\cdots,7\}$ 中。

(3) 狼的初始能量均匀分布在集合 $\{1,2,3,\cdots,39\}$ 中。

(4) 按照固定步长法的设定,每个动物在一个固定钟段(tick)内移动一次,但并不一定到达新的草地。

(5) 羊吃掉草时,增加 4 单位能量,移动一步消耗 1 单位能量。

(6) 狼吃掉羊时,增加 20 单位能量,移动一步消耗 1 单位能量。

(7) 任意动物死亡的表征为能量小于等于 0。

(8) 每次移动,羊繁衍后代的概率增加 0.04,而繁衍后代将会消耗一半能量。

(9) 每次移动,狼繁衍后代的概率增加 0.05,而繁衍后代将会消耗一半

---

[①] Wilensky U. NetLogo Wolf Sheep Predation Model[EB/OL]. http://ccl.northwestern.edu/netlogo/models/WolfSheepPredation,Center for Connected Learning and Computer-Based Modeling, Northwestern University,Evanston,Illinois,1999.

能量。

（10）任意动物每向新的前进方向移动一次，都会在其前一次前进方向的基础上增加一个随机值，该随机值服从范围在[−50,50]间的对称三角形分布，也就是其"视角锥"。

（11）新生动物的前进方向服从范围在[0,360]间的均匀分布，以正北为起点，沿顺时针递增。

（12）青草从枯萎到再生需要30个钟段，但规定初始条件下，每块草地的再生时间相互独立，服从$\{0,1,2,3,\cdots,29\}$的均匀分布。

（13）当狼与羊处于同一块草地上时，狼会随机吃掉一只羊。

如图5-3所示，当在执行1 530个固定时间钟时，基于初始禀赋设定的生态系统达到了一定的平衡。羊群、狼群和1/4草块的数量趋于一个相对稳定的状态。

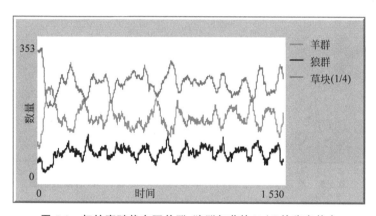

图5-3　初始禀赋状态下羊群、狼群与草块（1/4）的稳定状态

当我们更改初始设定，将狼群可获取的单位能量数量更改为30，而其他参数值固定不变时，如图5-4所示，我们可以观测到虽然种群数目产生了较大波动，但依然趋于相对稳定的状态。

当我们保持其他参数假设不变，将草地的再生时间更改为10个时钟时，根据图5-5的演化结果显示，虽然狼群数目在一段时间内有所上升，但很快就趋近于0，随之，羊群与草地的数量也进入新的平衡状态。

根据上述三轮模拟过程，我们可以观察到在"狼吃羊—羊吃草"这个简单生态系统内，智能体之间交互作用产生了不同的结果。

值得注意的是，与常识性预期相反的是，当我们将草的更迭时间缩短时，

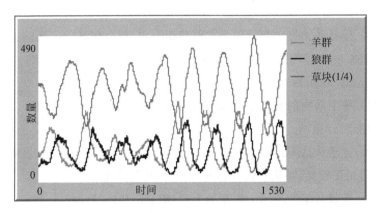

图 5-4  更改狼群获得单位能量后羊群、狼群与草块(1/4)的稳定状态

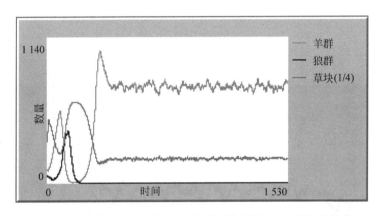

图 5-5  改变草地再生时间后羊群、狼群与草块(1/4)的稳定状态

原本设想观测到的结果——羊群数目增多而狼群数目增多——并没有出现！这种"差异"或者说意料之外正是我们需要考察的问题，一个有力的解释是：初始资源的丰富导致了羊群与狼群的急剧增加，膨胀速度远超资源更迭速度时，一种"类公地悲剧"现象出现了：在资源禀赋较为丰富而没有规则限制时，无节制的扩张导致了系统中较高级主体的消亡，这也就要求政府加以规制。应用到政策信息学的研究范围内，我们可以通过初始禀赋的设置，观测到系统的不同反应，进而对政策模拟效果产生预判。通过对不同主体行为的刻画，就可以寻找到实验者所关心的问题。

# 第6章 社会网络分析

## 6.1 社会网络分析概念及发展

社会网络分析(social network analysis,SNA),是由社会学家根据数学方法和图论等定量分析方法,提出的一套规范的用于社会关系与社会结构分析的方法,其分析对象是由不同社会行为者的内在联系构成的网络结构[1]。社会网络分析以系统的经验数据为基础,非常重视关系图形的绘制,且依赖于数学或计算模型的使用。通过映射和分析团体、组织等内容个体与个体之间的关系,强调行为者之间的相互影响和依赖,从而分析得到整体的行为,为社会关系网络提供了丰富系统的描述和工具方法[2]。

社会网络分析的思想起源于20世纪30年代西方心理学和人类学的研究,主要沿以下三个方向发展。

### 1. 社会计量学派使用图论进行社会网络分析

社会网络分析方法的基础是社会计量学(sociometrics)和图论。Jacob

---

[1] Wasserman S, Faust K. Social Network Analysis: Methods and Applications[M]. Cambridge University Press,1994.
[2] Scott J. Social Network Analysis[M]. 4th ed, SAGE Publications Ltd,2017.

Moreno 利用社群图对社会关系图进行构造,社群图中地点代表行动者,线代表不同行动者之间的关系[1]。此外他还提出"明星"的概念,用以表示整个社群图网络中最核心的角色,即与其他成员联系非常密切的行动者。18 世纪瑞士的数学家 L Eular 提出图论,来分析成对行动者之间的相互关系模式[2]。20 世纪中叶,图论与社会网络分析相结合,成为一种十分有用的结构化分析工具[3]。

### 2. 哈佛学派对人际模式和"团伙"形式的研究

20 世纪 30 年代,哈佛学派强调将社会关系看作一种网络团体。社会学家 George Homans 在对小团体的研究中,将社会计量学和群体动力学相结合,在理论和方法上深化了对小团体人际关系的研究[4]。

### 3. 曼切斯特学派将社会网络分析技术应用到人际关系的研究

20 世纪 50 年代,Barnes 对挪威某渔村的社会结合和亲属群体间的联系进行了社会网络分析,深层次研究了这个渔村的社会结构[5];Mitchell 从系统的角度对社会网络进行了总结,解释了整体网络和自我中心网络的概念,包括社会网络的形态特征和互动特征[6]。

自 20 世纪 70 年代以来,新哈佛学派逐步完善社会网络分析方法,以 White 为核心的新哈佛学派提出社会结构是由关系和网络构成的,认为网络的概念可以为构建社会结构的类型描述提供独特的方式,并且对所有类型的社会结构进行模型化整理,并结合数值理论进行了网络分析[7]。

从 20 世纪 90 年代至今,计算机技术迅速发展,网络分析理论研究逐步深

---

[1] Gelléri P, Élö G. Some Thoughts about Personal Network Management[J]. Periodica Polytechnica Social and Management Sciences, 1994, 2(1): 45-55.

[2] Diestel R. Graph Theory[M]. 5th ed. Springer Publishing Company, Incorporated, 2018.

[3] West D B. Introduction to Graph Theory[M]. Prentice Hall Upper Saddle River, 2001.

[4] Homans G C. The Dark Angel: The Tragedy of Herman Melville[J]. The New England Quarterly, 1932. 5(4): 699-730.

[5] Barnes J A. Class and Committees in a Norwegian Island Parish[J]. Human Relations, 1954, 7(1): 39-58.

[6] Mitchell J C. The Kalela Dance: Aspects of Social Relationships among Urban Africans in Northern Rhodesia. Published on Behalf of the Rhodes-Livingstone Institute by the Manchester Univ. Pr, 1959.

[7] White H C, Boorman S A, Breiger R L. Social Structure from Multiple Networks. I. Blockmodels of Roles and Positions[J]. American Journal of Sociology, 1976, 81(4): 730-780.

入,社会网络分析模型得到进一步优化,社会网络分析方法成为当前流行的社会学领域较为成熟的分析方法。现阶段,这种方法不仅应用于社会科学领域,在新经济时代,社会网络分析在经济管理、公共管理等领域也得到了应用[①]。

常用的统计分析方法通常处理和分析属性数据,例如人的性别、年龄、工作年龄、年收入等,而社会网络分析处理的是关系数据,从"关系"的角度来研究社会现象与社会结构,从而发现由社会结构引发的行为和形成的态度。社会网络分析应用于"关系"的研究,在数据挖掘领域中有 Web 分析、关联分析等,典型的案例是"啤酒—尿布故事"。

社会网络分析的主要表现形式是矩阵和图。构建社会网络的基础是矩阵,用(0,1)矩阵来表示社会网络,0 表示两个行为者之间没有直接关系,1 表示两个行为者之间存在直接关系,利用计算机矩阵解析技术可得到社会网络中关系的分布和特征。网络图能直观地展示社会网络的全貌,显示各个节点之间的结构以及信息流动的方向。

在社会网络分析中,代表行动者的点与代表行动者之间关系的线构成了网络图,一个网络图即一种社会网络模型。用点和线来表示网络,这也是对社会网络的可视化界定。

## 6.2 社会网络分析的步骤及方法

### 6.2.1 社会网络分析的步骤

#### 1. 确定研究对象

社会网络分析的首要任务是确定研究对象和网络边界。当分析对象是较小的个体网络时,对网络边界的界定较为容易;当分析对象是规模较大的群体网络时,由于各个行为者之间的关系较为分散,网络边界的界定存在较大难度。

---

① Scott J. Social Network Analysis[M]. 4th ed. SAGE Publications Ltd,2017.

2. 数据收集

在确定好研究对象之后,需要对所研究的行动者之间的关系进行收集和整理。

3. 数据处理

将整理好的数据转化为一个矩阵,可借助 UCINET 等软件进行绘制。

4. 数据分析

利用软件绘制网络图,并根据需求计算各个部分的指标,如网络密度、中心性、凝聚子群等指标,之后再利用这些信息对研究对象进行分析。

5. 解释结论

对计算得出的定量结果做定性解释,得到最终研究结论。

### 6.2.2 社会网络分析的常用方法

社会网络分析是研究社会中各个社会实体及其之间的活动与关系的学问,下面主要介绍四种常用的社会网络分析方法:中心性、凝聚子群、核心—边缘结构以及权威性分析方法[1][2],这些社会网络分析方法都可以对于社会网络中参与者的重要程度进行度量。

1. 中心性分析方法

中心性(centrality)是在社会网络分析中用来区别网络地位的概念,单个行为者或组织在社会网络中具有何种权利或居于怎样的中心地位,对于信息在网络中如何传播以及其传播效果如何都具有重要意义[3]。

对网络中心性的描述主要包括两个角度的测量方法:中心度和中心势。

---

[1] Liu B. Web Data Mining: Exploring Hyperlinks, Contents, and Usage Data[M]. 2nd ed. Data-centric Systems and Applications, ed. M. J. Carey and S. Ceri: Springer-Verlag Berlin Heidelberg, 2011: 622.

[2] Srinivas V, Mitra P. Link Prediction in Social Networks: Role of Power Law Distribution[M]. Springer, 2016.

[3] 同[1]。

中心度表示某个节点在整个网络中处于怎样的核心地位,反映了该节点在图中的重要性;中心势描述整个网络的紧密程度或者集中趋势,代表一个图的中心度,刻画了整个网络中各个节点的差异性。一个社会网络图的中心性可分为三种:点度中心性(point centrality)、中间中心性(betweenness centrality)和接近中心性(closeness centrality)。根据不同的计算方式,中心度和中心势又可划分为以下几种,如表 6-1 所示。

表 6-1  中心度与中心势的指标表述

| 指　　标 | 中　心　度 | 中　心　势 |
|---|---|---|
| 点度中心性 | 绝对中心度 | 图的点度中心势 |
|  | 相对中心度 |  |
| 中间中心性 | 绝对中心度 | 图的中间中心势 |
|  | 相对中心度 |  |
| 接近中心性 | 绝对中心度 | 图的接近中心势 |
|  | 相对中心度 |  |

1) 点度中心性

在一个社会网络中,如果某行动者与其他多个行动者之间存在直接关系,则该行动者处于网络的中心地位。点度中心度刻画的是网络局部的中心指数,网络中某个点的点度中心度,可以用网络中与这个点相联系的点的数目来衡量。

点度中心势是指整个网络中点的集中趋势。先找出整个图中最大中心度的数值,计算该数值与其他点的中心度的差值,并将差值加和,用这个总和除以各个差值总和的最大可能值,就能得到图的点度中心势。

2) 中间中心性

如果一个节点存在于多个其他两个节点之间的路径上,也就说明该节点可以控制其他两个节点之间的联系,那么这个节点在网络图中就处于很重要的地位。中间中心度即根据这一描述来刻画行动者的各种中心度,测量了行动者对资源控制的程度。一个节点在网络图中占据这样的路径越多,就表示有越多的节点需要通过该节点才能发挥作用,也说明这个节点的中间中心性越高。

中间中心势是分析整个网络结构的指数,是网络中间中心度最高的节点的中间中心度值与其他节点之间的差值,差值越大,说明网络的中间中心势越高,表明该网络中的节点可能过分依赖于某一个节点来传递关系,该节点在整个网络中处于非常重要的地位。

3) 接近中心性

接近中心性也称整体中心性。接近中心度表示一个节点和其他所有节点的接近程度,也可看作节点不受其他节点控制的程度,可通过该节点与其他所有节点的距离之和进行计算,在计算中通常关注捷径而不是直接关系。如果一个点通过较短路径就能与其他点相连接,那么这个点就具有较高的接近中心度。

接近中心势表示整个网络的接近集中趋势。对一个社会网络来说,接近中心势越高,表明网络中各个节点的差异性越大。

## 2. 凝聚子群分析方法

当网络中某些节点之间的关系十分紧密,以至于形成一个次级团体,这个团体就称为社会网络中的凝聚子群。大体上,凝聚子群就是一个行动者的子集合,在子集中的各个行动者之间都具有直接、紧密或积极的关系,对凝聚子群的描述应包含以下几个方面。

(1) 关系互惠性。

(2) 子群之间的接近性或可达性。

(3) 子群之间关系的频次。

(4) 子群成员之间的关系相对于内、外部成员之间的关系的强度。

凝聚子群分析是社会网络分析对社会结构的网络研究,是对行动者之间实际存在或者潜在的关系的研究。简言之,凝聚子群分析就是分析网络中凝聚子群的个数、子群内部各个节点之间的关系特点、子群与子群之间的关系特点以及一个子群与其他子群内部的节点之间的关系特点等[1][2]。

根据理论思想和计算方法的不同,存在不同类型的凝聚子群分析方法。

(1) 派系。派系(clique)是建立在关系互惠性基础上的凝聚子群,指在一个无向图中,至少有三个节点的最大完备子图。这个概念有三层含义:一个派系至少要包含三个节点;派系必须是完备的,派系中任何两点之间都必须存在直接联系;派系是"最大的",即一旦向这个子图增加一个点,将会改变其

---

[1] Zhu B, Watts S, Chen H. Visualizing Social Network Concepts[J]. Decision Support Systems,2010,49(2):151-161.

[2] Kumar P, Gupta S, Bhasker B. An Upper Approximation Based Community Detection Algorithm for Complex Networks[J]. Decision Support Systems,2017,96:103-118.

完备性。同时,派系也存在四个缺点:①派系的定义太过严格,②派系的规模受到点的度数的限制,③现实社会中出现的派系规模都比较小,④派系中的成员之间没有任何区别。

(2) $n$-派系。$n$-派系(n-clique)是建立在距离基础上的凝聚子群,指任意两个节点之间的距离最大不超过 $n$ 的子图,即在总图中不存在和子图中任一点距离超过 $n$ 的点。$n$-派系存在以下几个方面的不足:①当 $n>2$ 时,很难给出社会学解释;②$n$-派系作为一个子图,当某些边被去掉后其直径可能大于 $n$;③$n$-派系可能是不关联图。

(3) $n$-宗派。$n$-宗派(n-clan)是指满足子图中任意两个节点之间的捷径距离不超过 $n$ 的 $n$-派系。$n$-宗派的概念比 $n$-派系更严格,但其克服了 $n$-派系在应用方面后两个缺点,但当 $n>2$ 时,依然很难给出 $n$-宗派的社会学解释。

(4) $k$-丛。$k$-丛(k-plex)是建立在点度基础上的凝聚子群,在这样一个子群中,每个点都至少与除了 $k$ 个点之外的其他点直接相连。即当这个凝聚子群的规模为 $n$ 时,其中每个点至少都与该凝聚子集中 $n-k$ 个点有直接联系,即每个点的度数都至少为 $n-k$。

凝聚子群密度(external-internal index,E-I 指数)主要用来衡量一个大的网络中小团体现象是否十分严重。这在分析组织管理等问题时十分有用。最糟糕的情形是大团体很散漫,核心小团体却有高度内聚力。另外一种情况就是大团体中有许多内聚力很高的小团体,很可能就会出现小团体间相互斗争的现象。凝聚子群密度的取值范围为$[-1,1]$。该值越向 1 靠近,意味着派系林立的程度越大;该值越接近 $-1$,意味着派系林立的程度越小;该值越接近 0,表明关系越趋向于随机分布,看不出派系林立的情形。

E-I 指数可以说是企业管理者的一个重要的危机指数。当一个企业的 E-I 指数过高时,就表示该企业中的小团体有可能结合紧密而开始图谋小团体私利,从而伤害到整个企业的利益。其实 E-I 指数不仅仅可以应用到企业管理领域,也可以应用到其他领域,比如用来研究某一学科领域学者之间的关系。如果该网络存在凝聚子群,并且凝聚子群的密度较高,则说明处于这个凝聚子群内部的这部分学者之间联系紧密,在信息分享和科研合作方面交往频繁,而处于子群外部的成员则不能得到足够的信息和科研合作机会。从一定程度上来说,这种情况也是不利于该学科领域发展的。

### 3. 核心—边缘结构分析方法

核心—边缘(core-periphery)结构分析的目的是研究社会网络中哪些节点处于核心地位,哪些节点处于边缘地位。核心—边缘结构分析具有较广的应用性,可用于分析精英网络、科学引文关系网络以及组织关系网络等多种社会现象中的核心—边缘结构。

根据关系数据的类型(定类数据和定比数据),核心—边缘结构有不同的形式。定类数据和定比数据是统计学中的基本概念,一般来说,定类数据是用类别来表示的,通常用数字表示这些类别,但是这些数值不能用来进行数学计算;而定比数据是用数值来表示的,可以用来进行数学计算。如果数据是定类数据,可以构建离散的核心—边缘模型;如果数据是定比数据,可以构建连续的核心—边缘模型。而离散的核心—边缘模型根据核心成员和边缘成员之间关系的有无及关系的紧密程度,又可分为三种:①核心—边缘全关联模型,②核心—边缘局部关联模型,③核心—边缘关系缺失模型。

下面介绍适用于定类数据的四种离散的核心—边缘模型。

(1)核心—边缘全关联模型。网络中的所有节点分为两组,其中一组的成员之间联系紧密,可以看成是一个凝聚子群(核心);另外一组的成员之间没有联系,但是,该组成员与核心组的所有成员之间都存在关系。

(2)核心—边缘无关联模型。网络中的所有节点分为两组,其中一组的成员之间联系紧密,可以看成是一个凝聚子群(核心),而另外一组成员之间则没有任何联系,并且同核心组成员之间也没有联系。

(3)核心—边缘局部关联模型。网络中的所有节点分为两组,其中一组的成员之间联系紧密,可以看成是一个凝聚子群(核心),而另外一组成员之间则没有任何联系,但是它们同核心组的部分成员之间存在联系。

(4)核心—边缘关系缺失模型。网络中的所有节点分为两组,其中一组的成员之间的密度达到最大值,可以看成是一个凝聚子群(核心),另外一组成员之间的密度达到最小值,但是并不考虑这两组成员之间关系密度,而是把它看作缺失值。

### 4. 权威性分析方法

权威性(prestige)相比于前文介绍的中心性而言,是对于参与者重要性的一个更加精妙、准确的度量。权威性的度量需要在有向图上进行,需要区分出度(链出链接)和入度(链入链接),一个有权威的参与者被定义为被大量链接指向的参与者[1]。因此,为了计算一个参与者的权威性,我们通常只考虑指向该参与者的链接(链入链接)。

以下介绍三种度量参与者权威性的方法,其中第三种权威性度量方法——等级权威(rank prestige)是包含 PageRank 和 HITS 在内的大多数网页链接分析算法的基础。

1) 度权威

如果一个参与者有许多的链入链接或者被很多其他参与者所推荐,那么就可以认定该参与者是具有权威性的。因此,度量一个参与者 $i$ 的权威性 $P_D(i)$ 的最直接办法即为考察其(相对、标准化的)入度,即

$$P_D(i) = \frac{d_I(i)}{n-1} \tag{6-1}$$

式中,$d_I(i)$ 为参与者 $i$ 的入度(指向节点 $i$ 的边的数目);$n$ 为该网络中参与者的总数。度权威(degree prestige)值的取值范围将在 0 和 1 之间,当其他所有的参与者都指向节点 $i$ 时,$i$ 的度权威值达到最大值 1。

2) 邻近权威

度权威参数只考虑与参与者相邻的那些其他参与者,而邻近权威(proximity prestige)在此基础上进行扩展,同时考虑与参与者 $i$ 直接联系以及间接联系的所有参与者,即考虑每一个能到达参与者 $i$ 的参与者 $j$,只要从参与者 $j$ 到参与者 $i$ 有一条有向路径。

用 $I_i$ 表示能到达参与者 $i$ 的所有参与者集合,该集合也被称为参与者 $i$ 的影响域(influence domain)。邻近性被定义为其他参与者到参与者 $i$ 的接近度或距离。用 $d(j,i)$ 表示从参与者 $j$ 到参与者 $i$ 的最短有向路径长度,可以用平均距离计算邻近权威参数,即

$$\frac{\sum_{j \in I_i} d(j,i)}{|I_i|} \tag{6-2}$$

为使邻近权威参数的值域控制在[0,1]区间内,可以用能够到达参与者 $i$ 的其他参与者的比例,除以它和这些参与者之间的平均距离来表示,即

$$P_P(i) = \frac{|I_i|/(n-1)}{\sum_{j \in I_i} d(j,i)/|I_i|} \tag{6-3}$$

---

[1] Thelwall M. Link Analysis: An Information Science Approach[M]. Elsevier Academic Press, 2004.

式中，$|I_i|/(n-1)$ 为能够到达参与者 $i$ 的其他参与者的比例。当每一个其他参与者都可以到达参与者 $i$ 且都和参与者 $i$ 相邻，那么 $|I_i|/(n-1)=1$，同时式(6-3)的分母也为 1；如果没有其他参与者能够到达 $i$，那么 $|I_i|=0$，$P_P(i)=0$。

3）等级权威

上述介绍的度权威和邻近权威参数都是基于入度与距离的，但没有考虑能够到达参与者 $i$ 的其他参与者自身的权威性或重要性。例如，当参与者 $i$ 和参与者 $j$ 具有相同数量的其他参与者可以达到，且具有相似的网络结构及到达路径，但到达二者的其他参与者的重要性差异很大，那么二者的权威性也将会有很大的差异。如果一个参与者的影响域中充满了其他有权威性的参与者，那么他自身的权威性显然也应该很高。因此可以递归定义等级权威参数 $P_R(i)$ 为指向参与者 $i$ 的链接所对应的那些参与者等级权威的线性组合，即

$$P_R(i)=A_{1i}P_R(1)+A_{2i}P_R(2)+\cdots+A_{ni}P_R(n) \qquad (6\text{-}4)$$

如果参与者 $j$ 指向参与者 $i$，那么 $A_{ji}=1$，否则 $A_{ji}=0$。式(6-4)表明，一个参与者的等级权威是其他为该参与者投票或者选择该参与者的人的等级权威的函数。

## 6.3 社会网络分析的主要算法

### 6.3.1 PageRank 算法

PageRank，即网页排名，又称网页级别、佩奇排名或 Google 左侧排名，由 Google 创始人拉里·佩奇和谢尔盖·布林于 1997 年建立早期搜索系统原型时提出的链接分析算法。它是一种社会网络分析用于静态网页的评级算法，也是目前很多链接分析算法的基础①。PageRank 是 Google 公司用来标识网页等级或重要性的一种方法，也是衡量网站好坏的重要考虑标准。该算法将

---

① Brin S, Page L. The Anatomy of a Large-scale Hypertextual Web Search Engine[J]. Computer Networks and ISDN Systems, 1998, 30(1-7): 107-117.

网页的等级分为 0~10 级,等级越高说明该网页越受欢迎或越重要。Google 通过该算法使那些更具"等级"或"重要性"的网页,在搜索结果中的排名提升,进而提高搜索结果质量和搜索结果的相关性[1]。

### 1. 算法假设

早期有研究者提出,可采用一个网页接入的链接的数量来衡量该网页的重要性,或称权威性,即假设一个网页的入链数越高,则说明这个网页越重要(详见前文介绍的"权威性分析方法")。PageRank 不仅考虑键入数量,也考虑网页的质量因素,即指向一个页面的其他页面质量不同,质量高的页面往往能给该页面输入更大的权重,此时根据链入页面的质量能够确定该页面的质量,因此 PageRank 有以下两个假设[2]。

数量假设:一个网页的链入数量越多,则这个网页越重要。

质量假设:链入该页面的其他页面质量越高,则该页面就越重要。

PageRank 首先根据链接关系构建 Web 图,并对每个页面初始化相同的 PageRank 值,即开始时假设每个页面的重要性相同。一般情况下,PageRank 值的物理意义表示一个网页被访问的概率,所以初始值一般取 $1/n$,$n$ 表示图中页面的总个数。通过迭代计算不断更新每个页面的重要性,待计算得到的值趋于稳定时,即得到最终网页的 PageRank 值。在每一轮的迭代更新中,每个页面将其当前的 PageRank 值平均分配到本页面的链出链接上,使每个链接都获得相应的权值,而每个页面入链权值的和就是该页面的 PageRank 值。PageRank 计算的是这个页面的重要性,与用户搜索的主题无关,即完全采用 PageRank 来进行网页的排序,则无论用户搜索的主题是什么,最终返回的页面排序都相同。

### 2. 算法原理

根据链入链出,可将整个 Web 看作一个有向图,记作 $G=(V,E)$,$V$ 表示所有网页的集合,$E$ 表示所有网页的有向链接的集合。如果网页 $j$ 存在一个链接指向网页 $i$,则表明 $j$ 认为网页 $i$ 是重要的,从而会将一部分权值分配给

---

[1] Boldi P, Santini M, Vigna S. PageRank: Functional Dependencies[J]. ACM Transactions on Information Systems, 2009, 27(4): 1-23.

[2] Wu X, et al. Top 10 Algorithms in Data Mining[J]. Knowledge and Information Systems, 2008, 14(1): 1-37.

网页 $i$。以此类推，网页 $i$ 的重要性值等于多个网页分配给该网页的权值的总和，即一个页面的重要性是由所有链入页面的重要性经过递归计算而来的。用 $PR(j)$ 表示网页 $j$ 的 PageRank 值，$Q_j$ 表示网页 $j$ 的链出数量，则网页 $i$ 的 PageRank 值可表示为

$$PR(i) = \sum_{(j,i) \in E} \frac{PR(j)}{Q_j} \qquad (6\text{-}5)$$

所有页面的 PageRank 值可以组成一个 $n$ 维列向量

$$\mathbf{PR} = (PR(1), PR(2), \cdots, PR(n))^T \qquad (6\text{-}6)$$

当一个网页有较多链入页面时，其重要性较高；相反，如果一个页面没有链入页面，则其重要性为 0。用 $\mathbf{A}$ 表示该有向图的邻接矩阵，则有

$$A_{ij} = \begin{cases} \dfrac{1}{Q_j}, & (i,j) \in E \\ 0, & \text{其他（无链入页面）} \end{cases} \qquad (6\text{-}7)$$

其中，$A_{ij}$ 表示由网页 $i$ 指向网页 $j$ 的概率，也表示链路权重。若存在由网页 $i$ 指向网页 $j$ 的链路，则 $\sum_{j=1}^{n} A_{ij} = 1$；否则 $A_{ij} = 0$。

则整个 Web 网络的 $n$ 个等式系统可统一写作

$$\mathbf{PR} = \mathbf{A}^T \mathbf{PR} \qquad (6\text{-}8)$$

其中，**PR** 的解是相应的特征值为 1 的特征向量，可通过幂迭代（markov chain）求得。对式(6-8)，可以通过马尔可夫链进行公式的推导。

### 3. 基于马尔可夫链的公式推导

对于式(6-7)，如果用 $Q_j$ 表示每个节点 $j$ 的链出数量，$1/Q_j$ 可表示浏览者的状态转移概率，那么 $\mathbf{A}$ 即可表示网络的状态转移概率矩阵

$$\mathbf{A} = \begin{bmatrix} A_{11} & A_{12} & \cdots & A_{1n} \\ A_{21} & A_{22} & \cdots & A_{2n} \\ \vdots & & & \vdots \\ A_{n1} & A_{n2} & \cdots & A_{nn} \end{bmatrix} \qquad (6\text{-}9)$$

对每个用户浏览网页的状态都初始化一个初始概率分布向量 $\mathbf{pr}_0 = [pr_0(1), pr_0(2), \cdots, pr_0(n)]^T$，则 $\sum_{i=1}^{n} pr_0(i) = 1$。

假设 $\mathbf{A}$ 是一个马尔可夫链的随机矩阵，则一个浏览者在状态 $j$ 的概率可表示为

$$pr_1(j) = \sum_{i=1}^{n} A_{ij}(1) pr_0(i) \quad (6\text{-}10)$$

$A_{ij}(1)$ 表示第 1 步状态转移后,从页面 $i$ 到页面 $j$ 的概率,且 $A_{ij}(1) = A_{ij}$,则式(6-10)可表示为

$$\boldsymbol{pr}_1 = \boldsymbol{A}^{\mathrm{T}} \boldsymbol{pr}_0 \quad (6\text{-}11)$$

因此,第 $k$ 步状态转移的概率分布向量为

$$\boldsymbol{pr}_k = \boldsymbol{A}^{\mathrm{T}} \boldsymbol{pr}_{k-1} \quad (6\text{-}12)$$

该式与式(6-8)类似。

### 4. PageRank 算法修正

由于存在链出值为 0 的页面,即不链接其他页面的网页,使得很多网页可能不能被访问到,因此需要对 PageRank 公式进行修正。修正方法是增加阻尼系数 $d$(damping factor),也称衰减系数,取值范围在 0 到 1 之间。

$$\mathrm{PR}(i) = (1-d) + d \cdot \sum_{(j,i) \in E} \frac{\mathrm{PR}(j)}{Q_j} \quad (6\text{-}13)$$

阻尼系数 $d$ 一般定义为用户随机点击某个链接继续浏览的概率,根据经验一般取 $d=0.85$,$(1-d)$ 代表不考虑入链的情况而随机跳到另一个网页上的概率。

除此之外,假设在该有向图中共存在 $n$ 个节点,即共 $n$ 个网页,则修正方法还可以写作

$$\mathrm{PR}(i) = \frac{(1-d)}{n} + d \cdot \sum_{(j,i) \in E} \frac{\mathrm{PR}(j)}{Q_j} \quad (6\text{-}14)$$

根据马尔可夫链,可将式(6-14)写作

$$\boldsymbol{PR} = \begin{bmatrix} (1-d)/n \\ (1-d)/n \\ \vdots \\ (1-d)/n \end{bmatrix} + d \begin{bmatrix} A_{11} & A_{12} & \cdots & A_{1n} \\ A_{21} & A_{22} & \cdots & A_{2n} \\ \vdots & \vdots & & \vdots \\ A_{n1} & A_{n2} & \cdots & A_{nn} \end{bmatrix} \boldsymbol{PR} \quad (6\text{-}15)$$

可简写为

$$\boldsymbol{PR} = (1-d)\frac{\boldsymbol{E}}{n} + d\boldsymbol{A}^{\mathrm{T}} \boldsymbol{PR} \quad (6\text{-}16)$$

PageRank 值可以通过幂迭代法求得。首先给每个页面随机赋予 PageRank 值,根据 $\boldsymbol{PR}_{n+1} = \boldsymbol{A}^{\mathrm{T}} \boldsymbol{PR}_n$ 进行迭代,当满足 $|\boldsymbol{PR}_{n+1} - \boldsymbol{PR}_n| < \varepsilon$ 时,

即可获取所有页面的 PageRank 值,其中 ε 指一个预设的阈值。

**5. 算法优缺点**

PageRank 的优点在于,它是一个与查询无关的静态算法,所有网页的 PageRank 值都可通过离线计算并保存下来,能够有效减少在线查询的计算量,极大降低了查询响应时间。此外,PageRank 能够防止作弊,因为一个网页的拥有者不会允许他人强行向自己重要的网页中加入其他网页链接。

但与查询无关这一特点也是该算法遭受批评的一大原因。通常,人们的查询会有主题特征,而 PageRank 忽略了各主题的相关性,不能分辨出网页在广泛意义上是重要的还是在特定的查询主题下才是重要的,降低了结果的相关性和主题性。存在时间长的旧的网页等级往往会比新的网页等级高,即使是一个非常好的新网页,也不会有很多上游的连接链入。

PageRank 并不是唯一的基于链接的静态排序算法。一般情况下,每个搜索引擎都有自己的排序算法,如 BrowseRank 是一种基于用户搜索日志建立的浏览图的算法。

### 6.3.2　HITS 算法

HITS(hyperlink indeced topic search)算法与用户查询相关,由康奈尔大学博士 Jon Kleinberg 于 1997 年首次提出,是 IBM 公司研究项目"CLEVER"的一部分[①]。HITS 算法是链接分析中非常重要和基础的算法,目前已被 Teoma 搜索引擎使用。

**1. Hub 与 Authority**

Hub(中心)页面和 Authority(权威)页面是 HITS 算法的两个基本定义。Hub 页面,也称中心网页,指一个网页有很多链出,说明该网页将众多相关主题或内容的网页集合到了一起,起到信息组织者的角色。Authority 页面,也称权威网页,指一个网页有很多链入,说明该网页中含有某领域或与某主体相关的高质量的信息,从而使很多网页链接到该网页。当用户进入到一个

---

① Kleinberg J M. Authoritative Sources in a Hyperlinked Environment[J]. Journal of the ACM,1999,46(5):604-632.

Hub 页面后,会看到许多与自己查询主题相关的网页链接,如图 6-1 所示。HITS 算法的目的是在用户提交一个查询请求时,返回给用户一个高质量的 Authority 页面。

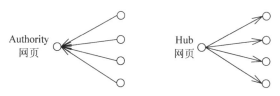

图 6-1 Authority 网页(左)与 Hub 网页(右)

### 2. 算法假设

HITS 算法有以下两个假设。

假设 1:一个高质量的中心网页必定指向很多高质量的权威页面。

假设 2:一个高质量的权威页面必定被很多高质量的中心网页指向。

对"高质量"的定义由每个网页的 Hub 值和 Authority 值确定,即一个网页的 Hub 值为它指向的所有网页的 Authority 值的和,一个网页的 Authority 值为所有指向它的网页的 Hub 值的和。Hub 页面与 Authority 页面之间存在互相促进的关系。

### 3. 算法原理

用户先提出一个查询请求 $q$,搜索引擎根据查询内容收集相关的排名在前 $t$(一般取 $t=200$)名的网页并形成一个集合,称为根集 $W$,根集 $W$ 中包含的网页的内容都与查询请求 $q$ 具有高度相关性。然后通过收集指向 $W$ 内部的网页或者由 $W$ 内部指向外部的网页形成一个更大的集合 $S$,称为基集。对集合 $S$ 的大小,算法通过限制集合 $W$ 中每个网页最多只能将不超过 50 个指向自己的网页并入集合 $S$ 来进行控制。此时形成的集合就是待评级的网页集合,接下来就需要 HITS 算法对集合中的每一个网页进行处理。

假设此时集合 $S$ 中有 $n$ 个网页,网页所形成的有向链接图可用图 $G=(V,E)$ 来表示,其中 $V$ 为网页节点集合,$E$ 为各个网页之前的有向链接的集合,用 $L$ 来表示图的邻接矩阵

$$L_{ij} = \begin{cases} 1, & (i,j) \in E \\ 0, & \text{其他} \end{cases} \quad (6\text{-}17)$$

对于集合 $S$ 中的网页,并不知道其中哪些网页质量高,因此需要分别计

算两个权值来记载每个页面是好的 Authority 页面或好的 Hub 页面。

HITS 算法先对集合 $S$ 中所有的网页初始化一个 Authority 值和一个 Hub 值,一般初始化为 1,即 $a_0=1,h_0=1$。用 $a(i)$ 来表示网页的权威度,$h(i)$ 表示网页的中心度

$$a(i) = \sum_{(j,i) \in E} h(j) \tag{6-18}$$

$$h(i) = \sum_{(i,j) \in E} a(j) \tag{6-19}$$

用 $\boldsymbol{a}$ 表示所有网页权威值的列向量,$\boldsymbol{a}=(a(1),a(2),\cdots,a(n))^\mathrm{T}$,用 $\boldsymbol{h}$ 表示所有网页中心值的列向量,$\boldsymbol{h}=[h(1),h(2),\cdots,h(n)]^\mathrm{T}$,则存在

$$\boldsymbol{a} = \boldsymbol{L}^\mathrm{T} \boldsymbol{h} \tag{6-20}$$

$$\boldsymbol{h} = \boldsymbol{L} \boldsymbol{a} \tag{6-21}$$

对 $a(i)$、$h(i)$ 数值的迭代计算与 PageRank 算法的迭代方法类似

$$\boldsymbol{a}_k = \boldsymbol{L}^\mathrm{T} \boldsymbol{L} \boldsymbol{a}_{k-1} \tag{6-22}$$

$$\boldsymbol{h}_k = \boldsymbol{L} \boldsymbol{L}^\mathrm{T} \boldsymbol{h}_{k-1} \tag{6-23}$$

在每一步的迭代过程中,对 $a(i)$、$h(i)$ 的数值都要进行归一化处理,将所有网页的中心度都除以最大的中心度,所有网页的权威值都除以最大的权威值,以将其归一化

$$a(i) = \frac{a(i)}{\max |a(i)|} \tag{6-24}$$

$$h(i) = \frac{h(i)}{\max |h(i)|} \tag{6-25}$$

如此不断迭代,并计算本轮迭代计算中的权值与上一轮迭代后的权值之间的差异,如果发现差异不大,说明此时已经达到稳定状态,即 $a(i)$、$h(i)$ 收敛,算法结束。

### 4. 算法优缺点

HITS 算法的优点在于它能够根据用户搜索的内容对网页进行评级,使其能够提供更为高质量的中心网页和权威网页。

HITS 算法的缺点主要有以下几个方面。

1) 计算效率低

HITS 算法与查询相关,所以需要在接受用户查询之后再进行计算,而该算法本身就需要进行多轮的迭代计算才能获取最终结果,这就使得计算效率较低。

2）主题漂移问题

在用户提交了查询请求后，HITS 算法会先展开一个由搜索引擎返回的相关网页列表，并给出两个扩展网页集合，如果在扩展网页集合中出现了部分与主题没有关系的网页，而且网页之间存在很多链入和链出的相关关系，那么 HITS 算法就会分配给这样的网页较高的分值，并在搜索结果中给出较高的排名，导致最终的搜索结果与用户的查询主题没有关系，导致发生主题漂移。

3）反作弊能力差

如果一个作弊者建立以一个网页，在网页中链入很多高质量的权威网页，那么该网页就会变成一个 Hub 值很高的网页，作弊者再将这个网页指向作弊网站，HITS 算法就会给这个作弊网站分配较高的权威值。

4）结构不稳定

在扩展网页包中，如果增加或删掉几个网页，或者改变某几个网页之间的链接关系，HITS 算法给予各个网页的分值会改变很大，导致最终返回的网页排名会有很大的变化。

HITS 算法和 PageRank 算法都是搜索引擎中应用社会网络分析的最基本的算法。除此之外，还有其他社会网络分析方法，如模拟退火算法、人工神经网络算法、遗传算法、拉普拉斯聚类等。

## 6.4 社会网络分析工具

### 1. Gephi

Gephi 是一款开源免费跨平台基于 JVM 的复杂网络分析软件，其主要用于各种网络和复杂系统、动态和分层图的交互可视化与探测开源工具[1]。Gephi 常被用于探索性数据分析、链接分析、社会网络分析、生物学网分析等。它是传统统计数据的补充工具，可以识别具有交互式界面的视觉思维以促进推理。Gephi 不仅能够处理大规模数据集并生成漂亮的可视化图形，还能对数据进行清洗和分类，其使用也相对比较复杂。

---

[1] https://gephi.org/.

## 2. UCINET

UCINET(University of California at irvine network)是菜单驱动的 Windows 程序,是当前最知名和应用最多的用于处理社会网络数据及其他类似数据的综合性分析的软件工具[①]。最早是由加州大学欧文分校的一群网络分析者编写的,目前由斯蒂芬·博加提、马丁·埃弗里特和林顿·弗里曼组成的团队对 UCINET 软件进行更新与维护。

UCINET 能够处理的原始数据为矩阵格式,包含了将数据转化为矩阵型数据的功能。该程序本身不含网络可视化图形程序,但与之捆绑的 Pajek、Mage 和 NetDmw 三个软件可将输入的数据转化为可视化图形;Network 菜单中有很多网络分析工具,可供进行凝聚子群分析、密度分析、中心性分析、成分分析以及个人网络分析等。此外,UCINET 还包含一些基于过程的分析程序,如聚类分析、二模标度、多维标度等。

## 3. Pajek

Pajek 是一个网络分析和可视化程序,主要用于处理大规模数据集,可以分析节点数超过 100 万个的超大型网络,也可处理二模网络和时间事件网络[②]。Pajek 提供了纵向网络分析工具及基于过程的分析方法,如探测结构平衡和聚集性、分层分解和团块模型等。处理的数据文件中可包含知识行动者在某一观察时刻的网络位置的时间标志,从而生成一系列交叉网络,可对这些网络进行分析并考察网络演化。上述数据分析属于非统计性分析,Pajek 中包含少数基本的统计程序。

## 4. NetMiner

NetMiner 是一种应用软件,用于基于 SNA 的大型网络数据的探索性分析和可视化。它可以用于社交网络中的一般研究和教学[③]。该工具允许研究人员以可视化和交互方式探索其网络数据,帮助他们检测网络的基础模式和结构。它具有数据转换、网络分析、统计、网络数据可视化、图表和基于 Python 脚本语言的编程语言。

---

① https://sites.google.com/site/ucinetsoftware/home.
② http://vlado.fmf.uni-lj.si/pub/networks/pajek/.
③ http://www.netminer.com/.

## 5. StOCNET

StOCNET 是 Windows 环境下的开放软件系统,包含多种统计方法,且每种统计方法都可以作为单独的模块嵌入到其中,适用于社会网络的统计分析[①]。StOCNET 含有六个统计模块:BLOCKS 随机块模型;ULTRAS 超度量模型;P2 拟合指数随机图模型;SIENA 纵向网络数据分析;ZO 模型,用于确定随机图统计量的分布概率;PACNET,用于构造和拟合基于偏代数结构的结构模型。

---

① http://stocnet.gmw.rug.nl/content/dl_frame.htm.

# 第 7 章 自然语言处理：文本分析基础

自然语言处理(natural language processing,NLP)是利用计算机科学和语言学知识对人类语言进行处理的过程，是计算机科学、人工智能、语言学关注计算机和人类(自然)语言之间的相互作用的领域，主要关注自然语言理解以及自然语言生成等重要问题。自然语言通常表示为文本形式，因此文本分析是自然语言处理最基础、最常用的方法。本章将介绍文本处理的基础方法与工具，主要包括文本特征表示、文本预处理以及常用的文本分析工具软件和语料库等内容。

## 7.1 文本表示

文本表示是指将原始的文本内容转化为计算机可以处理的结构。基于表达机制的不同，可以将文本表示模型分为三类[1]：①基于集合论的模型，即运用集合论和布尔逻辑，将文本以单词或短语的形式表示，包括布尔模型以及衍生的扩展布尔模型等；②基于代数的模型，将文本表示成向量、矩阵或元

---

[1] Manning C D,Raghavan P,Schütze H. Introduction to Information Retrieval[M]. Cambridge, England: Cambridge University Press,2008.

组,通过空间量度计算文本之间的相似度,包括向量空间模型和主题模型等;③基于概率统计的模型,将概率推理引入文本表示过程,包括概率模型以及统计语言模型等。

### 7.1.1 基于集合论的模型

布尔模型(Boolean model of information retrieval,BIR)是最早被提出的一种完全基于集合论的严格匹配检索模型[1],其核心思想是将检索转化为包括检索词项以及与(and)、或(or)、非(not)三种逻辑运算符的布尔表达式,并将其与文档进行逐一匹配,最终返回取值为"真"的文档。

假设词汇表 $V=\{t_1,t_2,t_3\}$,文档集 $D=\{d_1,d_2,d_3\}$,其中 $d_1=\{t_1,t_2\}$, $d_2=\{t_1,t_3\}$, $d_3=\{t_2,t_3\}$,而查询 $Q=\neg t_1 \wedge (t_2 \wedge t_3)$,则 $\text{sim}(Q,d_3)=1$ 而 $\text{sim}(Q,d_1)=\text{sim}(Q,d_2)=0$[2]。通过对文档的逐一匹配最终返回文档 $d_3$。

布尔模型中将文档表示成关键词的集合,将查询表示成为有确切语义的关键词的布尔表达式。布尔模型假定关键词在文档中是出现或者不出现的二元情况,因此关键词的权值为二值数据,同时返回的文档与查询的相似度也是二元的,使系统无法对检索的文档进行优劣的排序以及筛选,也容易返回过多或过少的检索结果。

后续有学者对布尔模型进行了改进,如 Salton 等学者提出扩展布尔模型(extended Boolean model,EBM),通过加入词项权重将文档向量化,并基于检索词项的布尔值建立坐标系,将词项权重加入检索表达语义关系,提高了检索的准确度[3]。

### 7.1.2 基于代数的模型

#### 1. 向量空间模型

向量空间模型(vector space model,VSM)是 Salton 等人于 20 世纪 70 年

---

[1] Wartick S. Boolean Operations [M]. in Information Retrieval: Data Structures and Algorithms,W B Frakes, R Baeza-Yates,Editors. Prentice Hall: Englewood Cliffs,NJ,USA,1992.

[2] "¬"表示"非(not)","∧"表示"与(and)",$Q=\neg t_1 \wedge (t_2 \wedge t_3)$ 表示查询不包含 $t_1$ 但同时包含 $t_2$ 和 $t_3$ 的文档。

[3] Salton G,Fox E A,Wu H. Extended Boolean Information Retrieval[J]. Communications of the ACM,1983,26(11): 1022-1036.

代提出的,也是最早应用于信息检索领域的通过词向量表示文本的模型[1][2]。VSM 将文档看作一个无序词条的集合,以词汇向量的形式表示文档,通过计算向量的相近程度来判断文档的相关性。该模型假设词项之间相互独立,即词项出现的次序是不重要的。

假设向量空间为 $D$,用 $d$ 表示文档,则对于任意文档 $d \in D$,都可将文档 $d$ 表示为一个 $n$ 维的特征向量 $\mathbf{V}(d) = ((t_1,w_1),(t_2,w_2),\cdots,(t_n,w_n))$,其中 $(t_i,w_i)(i=1,2,\cdots,n)$ 表示第 $i$ 个词特征项 $t_i$ 在文档 $d$ 中的权重值为 $w_i$。

文档中词项的词频反映了词项在文档中的重要性,可用于词项权重的分配。词频分为相对词频和绝对词频两种,相对词频是指归一化的词频,主要应用 TF-IDF 词项加权模式进行计算;绝对词频是指使用词在文本中出现的频率来表示文本。目前,通常采用 TF-IDF 公式来计算词特征项的权重。TF 表示词频,词项在文本中出现的次数越多,则该词项对文本内容表达的贡献程度越高,权重就越大。假设文档的长度为 doc_length,某个特征词在该文本中出现的次数为 tf,可以通过式(7-1)计算 TF 值。

$$\text{TF} = \frac{\text{tf}}{\text{doc\_length}} \tag{7-1}$$

IDF 表示逆文档频率,IDF 越大,该词特征项分布越集中,对文档内容类别的区分能力越弱。IDF 能够弱化高频词特征项的重要程度,同时增强低频词特征项的重要程度,其计算公式为

$$\text{IDF} = \log\left(\frac{N}{\text{df}}\right) + 1 \tag{7-2}$$

其中,df 表示文档频率,即包含某个词的文档数目;$N$ 表示训练集中文本的总数。

特征权重计算的目的是最大限度地区分不同的文档,因此通常将 TF 和 IDF 联合使用。TF-IDF 权重计算公式的归一化表示为

$$w = \frac{\text{tf} \times \log\left(\frac{N}{\text{df}} + 0.01\right)}{\sqrt{\sum_{t \in d}\left[\text{tf} \times \log\left(\frac{N}{\text{df}} + 0.01\right)\right]^2}} \tag{7-3}$$

---

[1] Salton G. The SMART Retrieval System—Experiments in Automatic Document Processing [M]. Prentice-Hall, Inc., 1971.

[2] Salton G, Wong A, Yang C S. A Vector Space Model for Automatic Indexing [J]. Communication of the ACM, 1975, 18(11): 613-620.

将文本进行量化之后即可通过欧拉距离、闵氏距离、夹角余弦相似度、Jaccard 相关性等测度来计算文本的相似程度或距离[①][②]。其中夹角余弦相似度测度是应用于文本向量最常用也最有效的相似度测度之一,它也被广泛地应用于信息检索、文本分析等领域,具体计算公式为

$$\mathrm{sim}(d_m,d_k)=\cos(d_m,d_k)\frac{\sum_{m=1}^{n}w_{m_i}\cdot\sum_{k=1}^{n}w_{k_i}}{\sqrt{\left(\sum_{m=1}^{n}w_{m_i}^2\right)\cdot\left(\sum_{k=1}^{n}w_{k_i}^2\right)}} \qquad (7\text{-}4)$$

其中,$d_m$,$d_k$ 表示两篇文档;$w_{m_i}$,$w_{k_i}$ 表示词特征项 $t_i$ 在相应文档中的权重值。

向量空间模型的优点在于,能够将词汇的权重特征融合到模型中,计算简单、易实现,使文本的可操作性、可计算性和匹配效率得到较大提升,且支持部分匹配和近似匹配,检索结果可以排序;但由于其假设词汇具有独立性,使在提高计算效率的同时失去文本结构和语义信息,对处理具有语义关系的检索项效果不理想;对向量的相关操作等大都基于经验公式,缺乏理论支撑[③]。

### 2. 主题模型

主题模型运用数学方法抽象出文档集合中隐含的主题。最早的主题模型采用奇异值分解(SVD)方法对词项—文档矩阵降维来抽象概念上的主题,但这种方法产生的主题并没有实际的含义。基于概率统计的主题模型认为,一个主题下的词项总是以一定的概率频繁出现。本节将基于主题模型的发展脉络,简单介绍三种主题模型的基本思想和优缺点。

最早出现的潜在语义索引(latent semantic index,LSI)模型建立在 SVD

---

① Huang A. Similarity Measures for Text Document Clustering[C]//in Proceedings of the Sixth New Zealand Computer Science Research Student Conference(NZCSRSC 2008). Christchurch, New Zealand,2008.

② Korenius T,Laurikkala J,Juhola M. On Principal Component Analysis,Cosine and Euclidean Measures in Information Retrieval[J]. Information Sciences,2007,177(22):4893-4905.

③ Manning C D,Raghavan P,Schütze H,Introduction to Information Retrieval[M]. Cambridge, England:Cambridge University Press,2008.

方法上[1][2],其基本思想为:运用 SVD 方法,以 $k$ 个奇异值近似描述词项—文档矩阵:$A_{m*n} \approx U_{m*k} \sum V_{k*n}^{T}$。一次 SVD 可以同时完成近义词识别和文档分类,并且得到每类文档与词项的相关性,检索效果很好。LSI 模型在一定程度上解决了词项同义或歧义的问题,但由于 SVD 矩阵的维数不固定且难以用计算方法确定、模型本身对于概念空间的建立过于依赖 SVD 等原因,导致 LSI 模型扩展性较低。

随后出现的概率潜在语义索引(pLSI)模型引入概率统计,假设一篇文档隐含多个主题,每一个主题都是词项上的概率分布,通过一种统计混合隐含变量模型来表示词项—文档关系[3]。用 $p(d_i)$ 表示单词出现在文档 $d_i$ 中的概率,$p(z_k|d_i)$ 表示文档 $d_i$ 中出现主题 $z_k$ 下的单词的概率,$p(w_j|z_k)$ 表示给定主题 $z_k$ 出现单词 $w_j$ 的概率。pLSI 的基本算法思想就是用期望最大化(expectation maximization,EM)算法[4]迭代出式(7-5)中的 $p(w_j|z_k)$ 和 $p(z_k|d_i)$。

$$p(w_j \mid d_i) = \sum_{k=1}^{K} p(w_j \mid z_k) p(z_k \mid d_i) \quad (7-5)$$

pLSI 是 LSI 在概率统计上的扩展,明显提高了主题抽取的准确性,但它仍存在主题产生依赖于训练文档集合、在新样本推断中无法产生很好的效果等缺陷。

潜在狄利克雷分配模型(laten Dirichlet allocation,LDA)克服了 pLSI 模型对于训练集的依赖[5],它是一种无监督学习模型,其模型假设内容与 pLSI 基本相同,但在 pLSI 模型中加入了 $p(z_k|d_i)$ 的先验分布参数 **α** 和 $p(w_j|z_k)$ 的先验分布参数 **β**,构建出了基于 **α**、**β** 的联合概率分布。

---

① Furnas G W, et al. Information Retrieval Using a Singular Value Decomposition Model of Latent Semantic Structure[C]//Proceedings of the 11th Annual International ACM SIGIR Conference on Research and Development in Information Retrieval. ACM: Grenoble, France, 1988: 465-480.

② Deerwester S, et al. Indexing by Latent Semantic Analysis[J]. Journal of the American Society for Information Science, 1990, 41(6): 391-407.

③ Hofmann T. Probabilistic Latent Semantic Indexing[C]//Proceedings of the 22nd Annual International ACM SIGIR Conference on Research and Development in Information Retrieval. ACM: Berkeley, California, USA, 1999: 50-57.

④ Dempster A P, Laird N M, Rubin D B. Maximum Likelihood from Incomplete Data Via the EM algorithm[J]. Journal of the Royal Statistical Society, Series B(Methodological), 1977, 39(1): 1-38.

⑤ Blei D M, Ng A Y, Jordan M I. Latent Dirichlet Allocation[J]. The Journal of Machine Learning Research, 2003, 3: 993-1022.

$$p(w,z \mid \boldsymbol{\alpha},\boldsymbol{\beta}) = p(w \mid z,\boldsymbol{\beta})p(z \mid \boldsymbol{\alpha})$$
$$= \prod_{k=1}^{K} \frac{\Delta(\varphi_k + \boldsymbol{\beta})}{\Delta(\boldsymbol{\beta})} \prod_{m=1}^{M} \frac{\Delta(\theta_m + \boldsymbol{\alpha})}{\boldsymbol{\alpha}} \qquad (7\text{-}6)$$

求出 $z$ 和 $w$ 的联合概率后可进一步求出某个词 $w_i$ 对应的主题 $z_i$ 的条件概率分布 $p(z_i = k \mid z_{\neg i}, w)$，然后进行吉布斯采样得到所有词项的主题，并通过统计所有词项的主题计数来得到各个主题的词项分布，进而得到每个文档的主题分布。LDA 模型的主题分布能够自动调整，且主题的自动产生无须训练，但也存在不适合对非高斯分布的样本进行降维等缺陷。

### 7.1.3 基于概率的模型

基于概率的模型主要包括概率模型和语言模型。概率模型的词项相关性也称词项的概率权重，将词项在文本中的权重转换为概率的形式表示，可以认为是 TF-IDF 词项权重在概率上的扩展。

#### 1. 概率模型

概率模型是按照相关概率的降序排列规则对文档进行处理的模型，基本思想是基于概率排序原则，针对给定用户的查询 $Q$，对所有文本计算概率，并按照文档概率的大小对文档从大到小进行排序[1][2]。概率模型主要利用词条之间以及词条与文档之间的概率相关性来进行文本的表示。

概率模型中，用特征向量 $\boldsymbol{d}_i = (w_{i1}, w_{i2}, \cdots, w_{in})$ 来表示文本 $d$，特征向量 $\boldsymbol{q}_i = (w_{q1}, w_{q2}, \cdots, w_{qm})$ 表示用户的查询字符串 $q$，其中向量 $\boldsymbol{d}_i, \boldsymbol{q}_i$ 的权重值一般采用二值计算方法进行计算，即 $w_{ij} \in \{0,1\}, w_{qj} \in \{0,1\}$，若特征词出现则记为 1，特征词不出现记为 0。文本 $d$ 与用户查询字符串 $q$ 的概率相关性可通过式(7-7)计算。

$$p(d,q) = \sum \log \frac{p_i(1-q_i)}{q_i(1-p_i)} \qquad (7\text{-}7)$$

其中，$p_i = r_i/r, q_i = (N_i - r_i)/(N - r)$；$N$ 为训练集中文档的总数；$r$ 为训练集文档中与用户查询相关的文档数；$N_i$ 表示训练文档集中包含词特征项

---

[1] Maron M E, Kuhns J L. On Relevance, Probabilistic Indexing and Information Retrieval[J]. Journal of the ACM, 1960, 7(3): 216-244.

[2] Robertson S E, Jones K S. Relevance Weighting of Search Terms[J]. Journal of the American Society for Information Science, 1976, 27(3): 129-146.

$t_i$ 的文档数；$r_i$ 表示 $r$ 个相关的文档中包含特征项 $t_i$ 的文档数。

概率模型的文档可以按照相关概率递减的顺序来进行文本表示，克服了向量空间模型和布尔模型忽略词相关性的缺点；但该模型需要事先将文档分为相关和不相关两个集合，该模型实际上并没有考虑到索引术语在文档中的频率，而索引术语都是相互独立的。

### 2. 语言模型

早期的自然语言处理基于人工撰写的规则。这种方法费时费力，且不能覆盖各种语言现象。为了解决这一问题，统计语言模型（statistical language model）应运而生[①]。简单地说，统计语言模型就是用来计算一个句子的概率的模型，借此可以确定哪个词序列的可能性更大，或者给定若干个词，可以预测下一个最可能出现的词语。那么如何计算一个句子的概率呢？给定长度为 $t$ 的词序列 $w_1, w_2, \cdots, w_t$，它的概率可以表示为

$$P(w_1, w_2, \cdots, w_t) = P(w_1) P(w_2 \mid w_1) \cdots P(w_t \mid w_1 w_2, \cdots, w_{t-1}) \tag{7-8}$$

式(7-8)中参数过多，因此需要近似的计算方法。常用的方法有 n-gram 模型、决策树、最大熵模型、最大熵马尔可夫模型、条件随机场、人工神经网络等。目前统计语言模型已被广泛应用于各类自然语言处理问题，如语音识别、机器翻译、分词、词性标注等。

1) n-gram 模型

n-gram 模型也称 n−1 阶马尔可夫模型，它基于一个有限历史假设：当前词的出现概率仅仅与其前面 n−1 个词相关[②]，因此公式可以近似表达为

$$P(w_1, w_2, \cdots, w_t) = \prod_{i=1}^{t} P(w_i \mid w_{i-n+1}, \cdots, w_{i-1}) \tag{7-9}$$

在 $n$ 元模型中，传统的方法通过频率计数的比例来估算 $n$ 元条件概率

$$P(w_i \mid w_{i-n+1}, \cdots, w_{i-1}) = \frac{\text{count}(w_{i-n+1}, \cdots, w_{i-1}, w_i)}{\text{count}(w_{i-n+1}, \cdots, w_{i-1})} \tag{7-10}$$

其中，$\text{count}(w_{i-n+1}, \cdots, w_{i-1})$ 表示句子 $w_{i-n+1}, \cdots, w_{i-1}$ 在语料库中出现的

---

① Ponte J M, Croft W B. A Language Modeling Approach to Information Retrieval[C]// Proceedings of the 21st Annual International ACM SIGIR Conference on Research and Development in Information Retrieval. ACM: Melbourne, Australia, 1998: 275-281.

② Manning C D, Raghavan P, Schütze H. Introduction to Information Retrieval [M]. Cambridge, England: Cambridge University Press, 2008.

次数。$n$ 越大，模型越准确，但是所需计算量也越大。

当 $n$ 取 1 时，n-gram 模型分别被称为一元模型（unigram model），整个句子的概率变为：$P(w_1,w_2,\cdots,w_t)=P(w_1)P(w_2)\cdots P(w_t)$。在一元模型中，句子的概率为其中各词概率的乘积。也就是说，一元模型假设句子中各个词之间是相互独立的，句子中的词序信息完全丢失。一元模型计算简单方便但表现一般。

常用的还有 $n=2$ 的二元模型（bigram model）和 $n=3$ 的三元模型（trigram model），这两种方法均保留了一定的词序信息。一般在百万词级别的语料中，三元模型是比较常用的选择[1]，同时也需要配合相应的平滑算法，进一步降低数据稀疏带来的影响。为了较好地保留语料的词序信息，构建更加有效的语言模型，一般希望在 $n$ 元模型中选用更大的 $n$。

当 $n$ 较大时（$n$ 取 4，5 甚至更大时），语料库中长度为 $n$ 句子出现的次数会非常少，在估算 $n$ 元条件概率时，会遇到数据稀疏性问题，也就是 Bengio 论文中提到的 n-gram 模型存在的维度灾难（curse of dimensionality）的弊端[2]。维度灾难，即数据稀疏性问题，在高维下，由于数据的缺失，导致统计语言模型存在很多为零的条件概率。传统的统计语言模型需要通过平滑、插值、后退等方法来解决处理零概率问题。除此之外，还存在参数爆炸和没有衡量词间相似性两大弊端。参数爆炸是指语言模型的参数个数随 $n$ 的增大呈指数增长，所以一般情况统计语言模型使用的 $n$ 不会很大，这导致 n-gram 语言模型无法建模更多的时序信息和上下文信息；没有衡量词与词之间的相似性，例如在训练集中有这样的句子"The cat is walking in the bedroom"，但用 n-gram 测试时，遇到"A dog was running in a room"这个句子，并不会因为两个句子非常相似而让该句子的概率变高。

随着神经网络算法和深度学习技术的发展，n-gram 模型的以上这些问题和缺陷，催生了学者将深度学习和神经网络应用于语言模型的想法，希望能够自动学习上述句子的句法和语义特征，并通过利用深度神经网络来克服维度灾难。

2）基于神经网络和深度学习的语言模型

（1）神经网络语言模型（neural network language model，NNLM）。

---

[1] Lesher G W, Moulton B J, Higginbotham D J. Effects of N-gram Order and Training Text Size on Word Prediction[C]//In Proceedings of the RESNA'99 Annual Conference, Citeseer, 1999.

[2] Bengio Y, et al. A Neural Probabilistic Language Model[J]. Journal of Machine Learning Research, 2003, 3(Feb.): 1137-1155.

2000年，Xu等人首次提出使用神经网络构建二元语言模型，即$P(w_t|w_{t-1})$[①]。2001年，Bengio正式提出神经网络语言模型[②]，该模型在学习的过程中，得到了词向量。

NNLM模型也是对$n$元语言模型进行建模来估算$P(w_i|w_{i-n+1},\cdots,w_{i-1})$的值，但与传统方法不同，NNLM不是通过计数的方法来估算$n$元条件概率，而是通过神经网络进行的。图7-1展示了NNLM的基本结构。

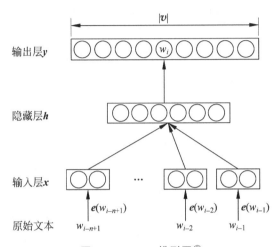

图7-1　NNLM模型图[③]

具体而言，对语料中一段长度为$n$的序列$w_{i-n+1},\cdots,w_{i-1},w_i$，$n$元语言模型需要最大化以下似然函数

$$P(w_i \mid w_{i-n+1},\cdots,w_{i-1}) \tag{7-11}$$

其中，$w_i$为通过模型预测的目标词。对于整个NNLM模型而言，输入为条件部分的词序列：$w_{i-n+1},\cdots,w_{i-1}$，输出为目标词的分布。$e(w)$表示词$w$所对应的词向量，存在矩阵$C$（一个$|V|\times m$的矩阵）中。其中$|V|$表示词表的大小（语料库中词的总数），$m$表示词向量的维度。

神经网络语言模型采用三层前馈神经网络结构，第一层为输入层。模型使用各词的词向量作为输入，输入层为词：$w_{i-n+1},\cdots,w_{i-1}$的词向量的顺序

---

① Xu W, Rudnicky A. Can Artificial Neural Networks Learn Language Models? [J]. In Sixth International Conference on Spoken Language Processing, 2000.

② Bengio Y, et al. A Neural Probabilistic Language Model [J]. Journal of Machine Learning Research, 2003, 3(Feb.): 1137-1155.

③ 同②。

拼接,形成一个 $(n-1)m$ 维的向量

$$x = (e(w_{i-n+1}), \cdots, e(w_{i-2}), e(w_{i-1})) \tag{7-12}$$

当输入层完成对 $x$ 的表示之后,模型将其送入剩下的神经网络,依次得到隐藏层 $h$ 和输出层 $y$

$$h = \tanh(d + Hx) \tag{7-13}$$

$$y = b + Wx + Uh \tag{7-14}$$

其中,$H \in R^{|h| \times (n-1)|e|}$ 为输入层到隐藏层的权重矩阵;$U \in R^{|V| \times |h|}$ 为隐藏层到输出层的权重矩阵;$|V|$ 为词表的大小;$|e|$ 为词向量的维度;$|h|$ 为隐藏层的维度;$d$、$b$ 均为模型中的偏置项;矩阵 $W \in R^{|V| \times (n-1)|e|}$ 为从输入层到输出层的直连边矩阵(当没有直连边时,将 $W$ 设置为 $0$ 矩阵)。

由于神经网络的输出层并不直接保证各元素之和为 1,输出层的 $y$ 并不是概率值。因此,在输出层 $y$ 之后,需要利用 softmax 函数,将 $y$ 转化为对应的概率值

$$P(w_i \mid w_{i-n+1}, \cdots, w_{i-1}) = \frac{\exp(y(w_i))}{\sum_{k=1}^{|V|} \exp(y(v_k))} \tag{7-15}$$

对整个语料库而言,语言模型需要最大化

$$\sum_{w_{i-n+1}, i \in D} \log P(w_i \mid w_{i-n+1}, \cdots, w_{i-1}) \tag{7-16}$$

模型训练时,神经网络语言模型使用随机梯度下降法来优化上述训练目标。每次迭代,随机从语料 $D$ 中选取一段文本 $w_{i-n+1}, \cdots, w_{i-1}, w_i$ 作为训练样本,使用式(7-17)进行一次梯度迭代

$$\theta \leftarrow \theta + \alpha \frac{\partial \log P(w_i \mid w_{i-n+1}, \cdots, w_{i-1})}{\partial \theta} \tag{7-17}$$

式(7-17)中,$\alpha$ 为学习速率;$\theta$ 为模型中的所有参数,包括词向量和网络结构中的权重 $U$、$H$、$d$、$b$。

(2) 循环神经网络语言模型(recurrent neural network based language model,RNNLM)。

不同于 NNLM 模型使用 $P(w_i \mid w_{i-n+1}, \cdots, w_{i-1}) \approx P(w_i \mid w_{i-n+1}, \cdots, w_{i-1})$ 进行简化,Mikolov 等人提出的循环神经网络语言模型直接对 $P(w_i \mid w_1, w_2, \cdots, w_{i-1})$ 进行建模[1]。因此,RNNLM 可以利用所有的上文信

---

[1] Mikolov T, et al. Recurrent Neural Network Based Language Model[C]//in Conference of the International Speech Communication Association(INTERSPEECH-2010). Makuhari, Chiba, Japan, 2010.

息,预测下一个词(具体模型如图 7-2 所示)。

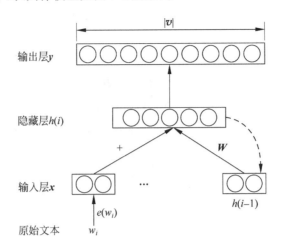

图 7-2　RNNLM 模型结构①

RNNLM 的核心体现在其隐藏层算法

$$h(i) = \phi(e(w_i) + \mathbf{W}h(i-1)) \tag{7-18}$$

其中,$\phi$ 为非线性激活函数,该式对应于 NNLM 的式(7-13)。与 NNLM 不同的是,RNNLM 使用迭代的方式直接对所有上文进行建模。$h(i)$ 表示文本中第 $i$ 个词所对应的隐藏层,该隐藏层由当前词的词向量 $e(w_i)$ 及上一个词对应的隐藏层 $h(i-1)$ 结合而得到。

隐藏层的初始状态为 $h(0)$,随着模型逐个读入语料库中的词 $w_1, w_2, \cdots$,隐藏层逐步更新为 $h(1), h(2), \cdots$,每一个隐藏层包含了当前词的信息以及上一个隐藏层的信息。通过这种迭代推进的方式,每个隐藏层实际上包含了此前所有上文的信息,相比 NNLM 采用上文 $n$ 元短语作为近似,RNNLM 包含了更丰富的上文信息,也有潜力达到更好的效果。RNNLM 的输出层计算方法与 NNLM 的输出层一致。

(3) Word2vec。

2013 年,Google 的 Tomas Mikolov 领导的研究团队开源了一款用于生成词向量的工具——Word2vec,引起了工业界和学术界的广泛关注②。首先,

---

① Mikolov T, et al. Recurrent Neural Network Based Language Model[C]//Conference of the International Speech Communication Association ( INTERSPEECH-2010), Makuhari, Chiba, Japan, 2010.

② Mikolov T, et al. Word2vec. https://code.google.com/p/word2vec. 2014-04-15.

Word2vec 可以在百万量级的语料和上亿的数据集上进行高效的训练；其次，Word2vec 的训练结果——词向量，可以很好地度量词与词之间的相似性。Word2vec 是一个计算词向量的开源工具，其背后依靠的是 CBOW (continuous bag of words)模型和 Skip-gram 模型。以下对这两个模型进行简要介绍。

CBOW 和 Skip-gram 模型是由 Mikolov 等人在 2013 年提出的[①]，这两个模型的主要目的是用更高效的方法获取词向量。因此，他们根据前人在 NNLM、RNNLM 和 C&W 模型[②]上的工作，对现有模型进行了简化，保留核心部分，得到了这两个模型。二者的不同在于 CBOW 模型是用上下文来预测当前词，而 Skip-gram 模型使用当前词来预测上下文。

CBOW 模型结构如图 7-3 所示，该模型以一段文本的中间词 $w_i$ 作为目标词，同时以 NNLM 为蓝本，在其基础上做了两个简化：首先，CBOW 没有隐藏层，模型从神经网络结构转化为 log 线性结构，与 Logistic 回归一致。log 线性结

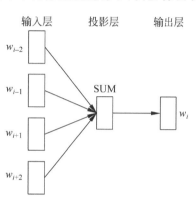

图 7-3　CBOW 模型结构图[③]

构比三层神经网络结构少了一个矩阵运算，大幅度地提升了模型的训练速度。其次，CBOW 模型去除了上下文各词的词序信息，使用上下文各词词向量的平均值。CBOW 模型对于一段训练文本序列 $w_{i-n+1},\cdots,w_i$，其输入为

$$x = \frac{1}{n-1}\sum_{w_j \in c} e(w_j) \quad (7\text{-}19)$$

由于没有隐藏层，CBOW 模型的输入层直接就是上下文的表示。CBOW 模型根据上下文的表示，直接对目标词进行预测。

$$P(w \mid c) = \frac{\exp(e'(w)^\mathrm{T} x)}{\sum_{w' \in \mathbf{W}} \exp(e'(w)^\mathrm{T} x)} \quad (7\text{-}20)$$

对于整个语料而言，与神经网络语言模型类似，CBOW 的优化目标为最

---

① Mikolov T, et al. Efficient Estimation of Word Representations in Vector Space[J]. CoRR, 2013. abs/1301.3781.

② Collobert R, et al. Natural Language Processing(almost) from Scratch[J]. The Journal of Machine Learning Research, 2011, 12: 2493-2537.

③ 同①。

大化。

$$\sum_{(w,c)\in D} \log P(w\mid c) \quad (7\text{-}21)$$

CBOW 模型的输出层对应着一棵霍夫曼树，它以语料中出现的词当叶洁点，以各词在语料中出现的次数为权值。

与 CBOW 模型一样，Skip-gram 模型也没有隐藏层。与之不同的是，Skip-gram 模型每次从目标词 $w$ 的上下文 $c$ 中选择一个词，将其词向量作为模型的输入 $x$，也就是上下文的表示。Skip-gram 模型通过目标词预测上下文，对于整个语料的优化目标为最大化

$$\sum_{(w,c)\in D}\sum_{w_j\in c} \log P(w\mid w_j) \quad (7\text{-}22)$$

Skip-gram 模型的输出层同样对应着一棵霍夫曼树，如图 7-4 所示。

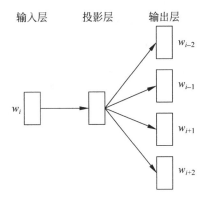

图 7-4　Skip-gram 模型结构图[①]

## 7.2　文本预处理

### 7.2.1　中文文本分词

**1. 中文分词基本概念**

中文分词是进行中文文本处理的基本步骤，也是中文自然语言交互的基础模块。由于中文句子中没有词的界限，在进行中文的自然语言处理时，需要先进行分词，且分词的效果将直接影响词性、句法等模块的效果。

中文分词，即将汉字序列切分成单独的词，即把连续的字序列按照一定的规范重新组合成词序列的过程，其需要解决的关键问题是通过词表和切分规范解决切分歧义与登录词识别。登录词主要指包括人名、地理名、机构名

---

① Mikolov T, et al. Efficient Estimation of Word Representations in Vector Space[J]. CoRR, 2013. abs/1301.3781.

等专有名词、由多媒体和网络产生的流行词以及在语料库中没有出现的词汇[1]。

在分词算法设计中,中文的分词有两种标准:粗粒度和细粒度。粗粒度是指将词作为语言处理的最小基本单位进行切分;细粒度不仅对词进行切分,且对词的内部进行切分,如"清华大学的学生",采用粗粒度分词结果为"清华大学/的/学生",而采用细粒度分词结果为"清华/大学/的/学生"。粗粒度通常应用于自然语言处理,细粒度通常应用于搜索引擎。

中文分词有以下几个基本原则[2]。

(1) 颗粒度越大越好:分词结果的颗粒度越大,即单词的字数越多,所能表示的含义越确切,越有利于进行语义分析的文本分词。

(2) 切分结果中非词典词越少越好,单字字典词数越少越好:这里的"非词典词"即为不包含在词典中的单字,而"单字字典"指的是可以独立运用的单字,例如"你""我""和""他"等。

(3) 总体词数越少越好:在相同字数的情况下,总词数越少,说明语义单元越少,那么相对的单个语义单元的权重会越大,因此准确性会越高。

### 2. 中文分词流程

对中文文本的分词主要有以下步骤[3]。

(1) 句子切分。在进行中文分词流程之前,需要先进行句子的切分。句子切分属于中文的预处理阶段,即以标点、分隔符等为分割点,将文本字符串分成若干个短句子。

(2) 导入词典。根据输入的配置信息,导入相应的词典。

(3) 进入初分阶段。首先将句子切分为单个 UTF-8 编码的字符数组,再进行一元切分。根据输入的字符串查询核心词典,将此时分词的结果与词典中的词语进行最大匹配。匹配的结果包括词性、词频等信息形成的一元网,再对一元网进行原子切分,按照模式合并由英文和数字构成的原子词。将一元切分的结果与二元词典进行最大匹配,匹配结果形成一个词图。对词图中每个匹配结果,按平滑算法计算二元分词的词频数得到每个节点的概率,取概率的倒数作为该节点的权值,采用 NShort 算法,累加词图中每个节点构成

---

[1] 宗成庆.统计自然语言处理[M].2版.北京:清华大学出版社,2013.
[2] LIU J,魏程.中文分词算法研究[J].网络新媒体技术,2008,29(8):11-16.
[3] Han.LP 自然语言处理[EB/OL]. http://hanlp.linrunsoft.com/.

的所有路径的权值,并取权值最小的路径所对应的词节点作为初分的结果。

(4) 对初分结果执行处理应用规则。对初分结果根据应用规则进行处理,如识别时间名词或其他专用名词等。

(5) 识别未登录词。采用隐马尔可夫模型(hidden Markov model, HMM)对未登录词进行识别。将初分结果与人名、地名词典进行匹配,采用Viterbi算法进行识别;根据组织、机构名词典,采用Dijikstra算法识别机构名。

(6) 进入细分阶段。将命名实体识别后的分词结果加入词图中,对词图再次进行分词。

(7) 进行词性标注。采用合适的词性标注模型对分词结果进行词性标注。

(8) 输出分词结果。将所求权值最小(概率最大)的路径转化为分词结果,并输出。

## 3. 中文分词方法及原理

目前,中文分词方法大致可以分为基于机械式分词方法、基于理解的分词方法、基于统计的分词方法三种[1][2]。

1) 基于机械式分词方法

由于中文文本中词与词之间没有用空格或标点隔开,在进行切分时很容易产生歧义问题,因此早期的学者研究出机械分词方法来解决分词歧义的问题。

基于机械式分词方法,也称基于字符串匹配或基于字典的分词方法,其原理是将文本中的字符串与已建好的充分大的词典中已有的词条进行依次匹配,若在词典中找到某个字符串,则匹配成功。机械式分词方法不考虑具体的语言环境和定义,具有易于理解、实现简单且实用性强、切分速度较快等优点,是当前分词方法中最为流行的方法。但它也存在不能处理多词冲突和新词、依赖于词表、词典的完备性不能保证、受长度限制、掩盖分词歧义等缺陷。

根据匹配不成功时进行重新切分的策略区分,机械匹配分词方法又可分为增字匹配法和减字匹配法,其中减字匹配法通常与最大匹配法相结合。目

---

[1] 梁喜涛,顾磊. 中文分词与词性标注研究[J]. 计算机技术与发展,2015,25(2):175-180.
[2] 张启宇,朱玲,张雅萍. 中文分词算法研究综述[J]. 情报探索,2008(11):53-56.

前机械分词方法包括以下四种。

（1）正向最大匹配法。正向最大匹配法通常采用减字匹配的方法，其基本思想是：从左到右将待分词文本中的几个连续字符与词表匹配，如果匹配成功，则切分出一个词并从文本字符串中去掉，再对剩下的字符串进行新一轮匹配。但并非第一次匹配就可以做切分，而是在下一个扫描到不是词表中的词或其前缀时才可切分。

如待分词文本为"中华民族的未来"，而词典中已有的包括"中华""民族""中华民族"，在进行匹配过程中，当扫描到"中华"时发现"中华"已在词典中，但还不能切分出来，而需要继续扫描；当扫描到"中华民"，是"中华民族"的前缀，继续扫描，当扫描到"中华民族的"时，发现"中华民族的"并不在此表中，也不是词的前缀，因此停止扫描，并且进行切分。

（2）逆向最大匹配法。逆向最大匹配法与正向最大匹配法基本思想大体相同但方向相反：当扫描中文字符串时，根据词典中最长词条的长度，从句末自右向左开始扫描，截取出中文字符串中的词与词典中的词条匹配，逐步去掉切分出的词，并对剩余的字符串进行新一轮的匹配。

据统计结果表明，只使用正向最大匹配方法的切分错误率为 0.005 9，而只使用逆向匹配算法的切分错误率为 0.004 08，因此逆向最大匹配分词法在切分准确率上较正向最大匹配分词法有较大的提高。

（3）双向最大匹配法。双向最大匹配法侧重于在分词过程中检测错误以及纠正错误，其基本原理是对待切分字符串采用正向最大匹配和逆向最大匹配方法，分别进行正向、逆向扫描和初步切分，并将正向最大匹配初步切分的结果和逆向最大匹配初步切分的结果进行对比。如果两种方法的结果相同，则判定分词的结果正确，如果分词结果中存在不同，则视为存在切分歧义，采取相应的技术手段来消除这种歧义。

经研究表明，有 90% 的中文文本在使用正向和逆向最大匹配分词法后得到的结果相同，且能够保证分词正确；有 9% 存在切分歧义，但其中一定有一个是正确的；还有不到 1% 的文本字符串是这两种方法同时出现的相同的切分错误，即这两种方法给出的切分结果相同且都是错误的。因此，在实际的文本切分处理中，双向最大匹配分词法能够很好地避免上述情况，几乎在所有的场景中都能适用。

（4）最少切分法。最少切分法的基本思想是使文本字符串中的每一句都切分出最少的词。该方法依据最少切分原则，从集中分词算法和切分的结果中取出切分后词数最少的一种。例如,若采用正向最大匹配分词法和逆向最大匹配分词法进行分词,则选择两者中最后切分结果中词数最少的方案,当两者分词词数相同时,选择其中一种策略即可。

最少切分法的优点与最大匹配分词法相似,但当最终可供选择的策略较多时,对如何选择最终策略没有标准。

2) 基于理解的分词方法

基于理解的分词方法,是指通过让计算机模拟人在阅读文本时对文本的理解,得到识别词语的效果,其基本思想是在分词的同时进行句法、语义分析,利用句法信息及语义信息来进行词性标注,以解决分词歧义现象。这种分词方法通常包括三部分:分词子系统、句法语义子系统和总控部分。由总控部分协调支配,使分词子系统可以获得有关词语和句子等的句法与语义信息,并依此对分词歧义进行判断。

语义分词法引入了语义分析,对自然语言本身具有的语言信息进行更多处理,如知识分词语义分词法、扩充转移网络、后缀分词法、语法分析法、特征词库法等。基于规则的分词法是一种机械切分和语义校正相结合的方法,包括建立绝对切分标志符表等。

这种分词方法的步骤包括:①读入文本字符串;②根据绝对切分标志符表进行第一次扫描,对文本添加绝对切分标志符"∧";③计算两个标志符"∧"之间字段的长度 $M$ 以及领头字词长度 $N$,若 $M<N$,则 $K=M$,否则 $K=N$;④若 $K \geqslant 4$,则进行第二次扫描,即采用变长度最大匹配法,取长度为 $K$ 的最大匹配法,对长度为 4 及大于 4 的字词进行匹配;⑤若长度$\leqslant 4$,则按照 2-3-1 优先规则进行机械分词;⑥若出现歧义切分标志,则做第三次扫描,进行语义校正。

这种分词方法需要大量的语言语法知识和信息,但由于现有语法知识、句法规则比较笼统和复杂,使用基于语法和规则的分词方法能达到的精度不够高,目前这种分词系统还在试验阶段。

3) 基于统计的分词方法

中文词语是由固定的字组成的,在文本中相邻的字同时出现的次数越多,构成一个词的概率就越大,因此计算文本中字与字相邻且同时出现的频率,能较好地反映它们能构成词的概率。基于统计的分词方法以概率论为理论基础,其思路是先切分出与词表匹配的所有可能得到的词,然后根据字符串在语料库中出现的统计频率来决定其是否构成词,采用的原理包括互信息、N 元统计模型及其他如隐马尔可夫模型、条件随机场模型、最大熵模型或神经网络等的统计模型。

基于统计的分词,其统计样本内容通常来自标准的语料库。从统计的角度,其基本原理如下。

对于字符串 $S$,在未规定用哪种具体分词方式时,它有 $m$ 种分词选项

$$
\begin{matrix}
A_{11} & A_{12} & \cdots & A_{1n_1} \\
A_{21} & A_{22} & \vdots & A_{2n_2} \\
\vdots & \vdots & \vdots & \vdots \\
A_{m1} & A_{m2} & \cdots & A_{mn_m}
\end{matrix}
\tag{7-23}
$$

下标 $n_i(i=1,2,\cdots,m)$ 表示第 $i$ 种分词的词的个数。

如果从中选取最优的第 $x$ 种分词方法,那么这种分词方法对应的统计分布概率应该最大,即 $x=\arg\max_i P(A_{i1},A_{i2},\cdots,A_{in_i})$,其中概率 $P$ 是 $n_i$ 个分词的联合概率分布。

在自然语言处理中,为简化计算,通常假设每一个分词出现的概率仅与前一个分词有关,即 $P(A_{ij}|A_{i1},A_{i2},\cdots,A_{i(j-1)})=P(A_{ij}|A_{i(j-1)})$。

通过标准语料库,可近似计算所有分词的二元条件概率,如计算两个词 $s_1$ 和 $s_2$,这两个词的条件概率分布可近似表示为

$$P(s_2|s_1)=\frac{P(s_1,s_2)}{P(s_1)}\approx\frac{F(s_1,s_2)}{F(s_1)} \tag{7-24}$$

$$P(s_1|s_2)=\frac{P(s_1,s_2)}{P(s_2)}\approx\frac{F(s_1,s_2)}{F(s_2)} \tag{7-25}$$

其中,$F(s_1,s_2)$ 表示两个词 $s_1$ 和 $s_2$ 在语料库中相邻共现的次数;$F(s_1)$ 和 $F(s_2)$ 分别表示两个词 $s_1$ 和 $s_2$ 在语料库中出现的总次数。

通过联合分布找到的最大概率值所对应的分词,就是最优分词。

基于统计的分词方法不依赖于特定的词典,不受待处理文本领域的限制,能够较好地处理切分歧义和识别未登录的新词。缺点在于在建立统计模型时,需要采用大量的训练文本来训练模型参数,方法的计算量较大,对于一些常用词的识别精度较低,且分词精度与所采用的训练文本有关,会存在共现频率高但并不为词的常用字组合。

## 7.2.2 英文文本预处理

英文文本具有单词以空格或符号隔开的特点,容易按照空格或符号,如

",""?"."等进行分词,但有时也存在需要将多个单词分为一个词的情况,如"New York"等地理名称。英文文本的预处理方法和中文文本的预处理方法有部分区别,英文文本在预处理方面需要注意单词拼写问题,将拼写错误的单词加以纠正。此外,由于英文单词在形式上存在单数、复数、时态等,一个词可能有多种写法,例如"worked""working""works"都表示"work"一词,因此对英文文本的预处理还包括对词的词根化处理。

英文文本预处理可大致分为以下几个步骤。

### 1. 根据标点符号进行单词拆分

英文句子在构成上基本上是由标点符号、空格和词构成的,因此只需要根据空格和标点符号将句子分割成数组即可。

通常获取英文文本的途经分为使用已有的语料库和自己进行数据爬取。对于使用爬取的数据所构成的语料,往往包含部分html标签或如"α""ζ"等特殊符号的少量非文本内容,因此需要使用Python中的正则表达式或beautiful soup库进行初步删除。

### 2. 检查单词拼写

由于英文文本中可能存在拼写错误,一般需要对单词拼写进行检查。

### 3. 英文文本词根化处理[1][2][3]

词根化处理包括词干提取(stemming)和词形还原(lemmatization),是进行西方语言预处理的特有步骤,也是其最主要的部分。对英文文本,单词有单复数的变形,-ing和-ed的变形,但计算相关性时,不同形式的词应当视为同一个单词。词干提取的目的就是将不同形式的词还原成最基本的原形,包括删除词缀的过程(包括前缀、后缀、中缀、环缀),从而得到词干。词形还原能够捕捉基于词根的规范单词形式。

---

① Porter M F. An Algorithm for Suffix Stripping[J]. Program,1980,14(3):130-137.
② Hull D A. Stemming Algorithms: A Case Study for Detailed Evaluation[J]. Journal of the American Society for Information Science,1996,47(1):70-84.
③ Singh J, Gupta V. Text Stemming: Approaches, Applications, and Challenges[J]. ACM Computing Surveys,2016,49(3):1-46.

### 4. 转化为小写

英文文本中有大小写的区分,例如"Today"和"today"表示同一个词,因此需要将所有的词都转化为小写。

### 5. 排除停用词

停用词(stop words)是指在英文中经常出现的"a""and""the""or"等使用频率较高的字或者词,通常为一些冠词、介词、副词或者连词。如果搜索引擎将这些词进行索引,则几乎每个网站都会被索引,使工作量巨大。因此需要对文本进行停用词的排除。目前网络上有较多公开的英文停用词表可供使用。类似地,中文文本的预处理也包括排除停用词的过程。

## 7.3 词性标注

### 7.3.1 词性标注的概念

词性(part-of-speech,POS)是词汇的基本语法属性,也被称为词类。词性标注(part-of-speech tagging),又称词类标注或简称标注,主要工作是依据句子的上下文,在给定的句子中确定分词结果中的每个词语的词性,即一个确定每个词是名词、动词、形容词或其他词性的过程,是自然语言处理的重要基础性问题[1][2]。词性标注是很多自然语言处理的预处理步骤,进行词性标注会给接下来的文本挖掘带来便利性。目前,词性标注不仅应用于句法分析、词汇获取和信息抽取等预处理中,也广泛应用于信息检索、自然语言处理以

---

① Toutanova K, Manning C D. Enriching the Knowledge Sources Used in a Maximum Entropy Part-of-speech Tagger[C]//Proceedings of the Joint SIGDAT Conference on Empirical Methods in Natural Language Processing and Very Large Corpora(EMNLP/VLC-2000),Hong Kong,2000.

② Allan J, Raghavan H. Using Part-of-speech Patterns to Reduce Query Ambiguity[C]//Proceedings of the 25th Annual International ACM SIGIR Conference on Research and Development in Information Retrieval. ACM: Tampere,Finland,2002:307-314.

及语音识别等领域[1]。

词性标注的难点在于一词有多个词性,例如"工作""表演"等词语既可以做名词也可以做动词,被称为兼类词,且这类词在常用词中出现的频率较高。

在20世纪60年代的词性标注中,通常采用规则来归纳语言,通过简单的最大概率标注法来为兼类词赋予可能性最大的词性标记,但其没有考虑到上下文。自HMM提出后,学者开始将HMM应用到兼类词词性标注的问题中,具体通过HMM的图模型得到由一个词到每一个词的概率,以及从一个词性到另一个词性之间的转移概率,并采用动态规划Veterbi算法记录从起点词到第$i$个词性标记的路径中概率最大的一条路径,即获取累积最大概率的路径,并找到这条累积概率最大的路径上每一个词的最佳词性标记,从而得到这个词的词性[2]。

### 7.3.2　词性标注的常用方法

通常,词性标注的方法可分为基于规则的标注方法、基于随机标注的方法和混合型标注方法[3]。

基于规则的标注方法一般包括一个手工制作的歧义消解规则库;基于随机标注的方法会使用一个训练语料库来计算在给定的上下文中某一给定单词具有某一给定标记的概率,如基于HMM的标注方法;混合型标注方法具有以上两种标注方法的特点。

下面介绍几种常用的词性标注方法。

### 1. 基于统计模型的词性标注方法

在统计模型方面,通常采用HMM实现词性标注。HMM包括隐藏状态集合、观察符号集合、初始概率图、状态转移矩阵、混淆矩阵。

HMM将词性标记序列作为隐藏状态,把句子中的每个单词作为观察符

---

[1]　宗成庆. 统计自然语言处理[M]. 2版. 北京:清华大学出版社,2013.
[2]　同上.
[3]　Church K W. Methods for Part-of-speech Determination and Usage[P]. Google Patents,1992.

号,形成观察序列,利用词典信息约束模型参数。在进行词性标注时可以利用词典信息约束模型参数,若输出的词序列中,某个对应的"词性/词语"在词典中不存在,那么该词汇将被标记为概率等于0;如果存在,将会被标记为某词汇标记的概率为其可能被标记的所有词性的个数的倒数,即

$$b_{jt}^* = \begin{cases} 0, & \text{若 } t^j \text{ 不是词 } \omega^l \text{ 所允许的词性} \\ \dfrac{1}{T(\omega^l)}, & \text{其他} \end{cases} \quad (7\text{-}26)$$

根据训练语料给定词性标记生成词的概率,对于某词性标记 $j$ 生成词 $\omega^l$ 的概率,用词 $\omega^l$ 出现的次数 $C(\omega^l)$ 乘以该词汇被标记为该词汇标记的概率 $b_{jl}^*$ 并作为分子,将在语料库训练范围内被标记为该词汇的概率乘以该词出现的次数的值求和作为分母,即可求得某词性标记 $j$ 生成词 $\omega^l$ 的概率,即

$$b_{jl} = \dfrac{b_{jl}^* C(\omega^l)}{\displaystyle\sum_{\omega^m} b_{jm}^* C(\omega^l)} \quad (7\text{-}27)$$

该公式考虑词出现的次数,一方面因为有些词是不能由特定的词性标记输出,需要乘以概率0,在累加时会被忽略;另一方面在模型参数估计时考虑到词可能对应的标记的个数,在计算特定词性标记的生成概率时,需要对词性标记较少的词给予概率倾斜。基于 HMM 的词性标注方法实际上相当于采用最大似然估计来估计概率以初始化 HMM,并假设每个词与每个可能的词性标记出现的概率相等。

另一种方法是将词汇划分为若干等价类,以类为单位进行参数统计,从而避免为每个单词单独进行调参,能大幅度减少参数的个数。在初始化完成后,即可按照 HMM 前向后向算法进行训练。需要注意不同领域语料库中词语出现的概率不同,模型的参数会随语料的变化而改变。因此,若对作为训练集的语料库新增语料,模型的参数便需要重新调整,此时对 HMM 的前向后向算法进行微调即可。

前向后向算法需要根据初始化好的模型计算转移概率的期望值,再根据期望值估计模型参数。得到模型训练结束后的各个参数估计,同时也保留前一步参数的取值结果。此时,当新的语料引入时,可以将原来模型中保存的期望值与用新的语料训练得到的期望值相加,即可得到反映此时语料期望值变量的值,通过计算可得到新的模型,从而解决语料的利用问题。

## 2. 基于规则的词性标注方法

基于规则的词性标注方法其基本思想是按兼类词的搭配关系和上下文语境来构建词类消歧规则。这种规则往往由人来制定和编写,但由于语言发展越来越丰富,语料库规模的不断扩大,完全靠人工编写或提取规则已不能适应当前庞大的数据量,因此人们提出了基于机器学习的规则提取方法。

基于规则的机器学习方法基本思想(图 7-5)是先通过初始状态标注器表示未标注的文本,由此产生已标注的文本,并将其与正确的标注文本进行比较。学习器可以从错误中学到一些规则,从而形成一个有序规则集,使其能够修正一开始生成的文本标注,使标注的结果向正确的标注结果靠拢。在所学习到的规则中,将那些使已标注文本中错误减少得最多的规则加入到规则集中,并将该规则用于修正已标注的文本,再对已标注的语料重新统计错误数。不断重复上述过程,直到没有新的可加入到规则集中的规则产生,即没有产生新的能使标注的语料错误减少的规则,此时的规则集就是学习得到的最终规则结果。

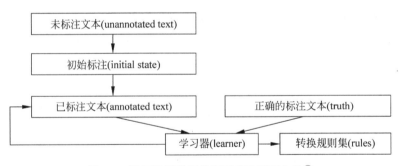

**图 7-5　基于机器学习的规则自动提取方法**[①]

用这种方法进行标注,速度快于人工,但仍然存在训练速度慢、消耗时间长的问题。改进的办法是在算法的每次迭代中,只调整受到影响的小部分规则,而不需要对所有的规则都进行调整。

## 3. 统计方法与规则方法相结合的词性标注方法

起初人们提出一种词性标注方法,对于文本的初始词性标注结果,先通

---

① https://www.jianshu.com/p/cceb592ceda7.

过规则集将其中最明显的或者最常见的词性标注错误修正，以达到初步排歧的效果，再通过统计方法处理剩余的兼类词歧义的问题以及未登录词的词性判断，最后进行分工校对，从而得到正确的标注结果。这种方法最大的问题在于不能保证统计的可信度，在过程中需要人工校对所有统计排歧的结果，标注时间长且人工工作量大，因此又有人提出了统计方法与规则方法相结合的词性标注方法。

这种方法通过计算词被标注为所有词性的概率，来给出用统计方法得到的词性标注结果的可信度。由此，对于所有语料，先经过统计方法进行标注，再对其中信度小于阈值或错误率高于阈值的统计结果进行人工校对和采用规则的方法进行排歧。

### 4. 词性标注的一致性检查与自动校对

词性标注的一致性检查和自动校对是语料库建设中的重要环节。

一般，语料库中出现词性标注不一致的情况分为以下两种情况：一种是词汇在词典中本身不是兼类词，词性标注只有一个，但在语料库中却有不同的词性标注；另一种是词汇本身是兼类词，有不同的词性标注，但在语境相同的情况下却出现了不同的词性标记。

当出现第二种词性标注不一致的情况时，可采用基于聚类和分词的词性标注一致性检查方法解决。解决办法遵循的基本观点是，同一个词在相似的上下文语境中应该有相同的词性。因此，根据训练语料，可以对每个兼类词分别计算出词性标注相同的上下文语境向量的平均值 $\bar{x}$，再计算词兼类词被标注为其他词性时的上下文语境向量与 $\bar{x}$ 之间的关系，若与 $\bar{x}$ 的距离大于某个阈值，就认为出现了词性标注不一致的现象。

另外，在计算机进行自动词性标注的语料中，标注不一致的错误情况通常表现为：一种是对同样的情况，若一个词的标注错误，则在文中出现的所有该词都会被标注错误；另一种是只有部分出错，在上述基于聚类和分词的词性标注的方法中已经得到了解决方案。

对于同一词在全文中词性标注错误的问题，解决的基本思路是通过机器学习方法，从训练语料中抽取每个兼类词在特定语境下的词性标注并形成一个词性标注校对表。对于被校对的词，首先查看每个兼类词的上下文语境是否与校对表中的对应的语境相匹配，若匹配，则该词的语境与校对表中的一致，就认为此时该兼类词的词性也一致。否则，反之。

## 7.4 常用工具软件

### 7.4.1 常用中文分词及词性标注工具

常用中文分词工具有结巴(jieba)分词[①]、哈工大分词[②]及 Stanford 分词[③]等。

#### 1. 结巴分词

jieba 分词是 Python 中比较流行的中文分词工具之一,也是国内使用最多的中文分词工具之一。jieba 分词的基本逻辑是先使用概率无向图,获得最大概率路径,其中概率无向图的构建依赖于字典,最大概率路径的求解依赖于字典中的词频;最后使用 HMM 模型处理未登录词问题。该分词综合了机械分词法和基于统计的分词方法,可以在快速分词的同时保持较高的切分精度,且可以有效地解决在字符串匹配过程中无法识别新词的问题。分词步骤如下。

(1) 初始化。先加载词典文件,并获取每个词及其出现的次数。

(2) 切分短语。通过正则将文本字符串切分为若干语句,再对语句进行分词。

(3) 构建有向无环图(DAG)。通过字符串匹配来构建所有可能的分词情况的 DAG。

(4) 构建汉字节点的最大路径概率以及结束的位置。采用动态规划计算每个汉字节点到字符串末尾的所有路径中概率最大的路径,并记录概率最大路径在 DAG 中对应的汉字构成词语的结束位置。

(5) 构建基于词频的最大切分组合。根据汉字节点路径,得到切分分词结果。

---

① https://pypi.org/project/jieba/.
② https://ltp.readthedocs.io/zh_CN/latest/.
③ https://nlp.stanford.edu/software/segmenter.shtml.

(6) 使用 HMM 对未登录新词进行处理。对于新词,即字典中不存在的词语,通常采用统计方法来处理,jieba 中采用 HMM 来处理。

(7) 返回分词结果。通过 yield 函数将切分好的词语逐一返回。

jieba 分词支持三种分词模式:全模式、精确模式和搜索引擎模式。全模式指把文本字符串中所有可能形成词的词语扫描出来,速度快但不能解决歧义问题;精确模式实体将文本进行最精确的区分,适合文本分析;搜索引擎模式是在精确模式的基础上,对长度较长的词语进行再次切分,适用于搜索引擎。

### 2. 哈工大分词

哈工大社会计算与信息检索研究中心开发了一套中文语言处理系统——语言技术平台(language technology platform,LTP),提供了一系列中文自然语言处理工具,用户可以使用这些工具对中文文本进行分词、词性标注和句法分析等。LTP 制定了基于 XML 的语言处理结果表示,并在此基础上提供了一整套自底向上的高效正文处理模块,包括词法、句法、语义等六项中文处理核心技术,以及基于动态链接库(dynamic link library,DLL)的应用程序接口和可视化工具,并且能够以网络服务的形式进行使用。

### 3. Stanford 分词

Stanford Segmenter 是 Stanford 大学的开源分词工具,支持中文,其原理是根据字构成词,把分词当作字的词位分词问题。Stanford Segmenter 是基于机器学习算法条件随机场(conditional random field,CRF)的分词方法,通过 Java 实现,包括中国宾州树组织标准和北京大学标准两种不同分割标准的模型。

Stanford NLP tools 提供了处理中文的分词、句法分析(parser)工具。分词包较大,运行时需要的内存也大。Parser 是根据输入的训练库的不同,既可以处理英文,也可以处理中文。输入的是分词之后的句子,输出的是词性、句子的语法树,即一种依赖关系。Parser 包含的中文解析器提供了五个中文语法,且用户通过访问合适的训练数据,可以训练其他版本的中文语法。其中 parser 包括 PCFG、Factored,PCFG 解析器更小、速度更快,但 Factored 解析器对中文来说效果更好。

### 4. 其他分词工具

除上述中文分词工具外,还有很多其他分词器。

SnowNLP[①]是一个可进行中文文本分词、词性标注、文本相似度计算和情感分析等操作的Python类库,只能处理Unicode编码,该类库最大的特点是容易上手,但功能方面比较简单。

THULAC(THU lexical analyyzer for chinese)[②]是清华大学自然语言处理与社会人文计算实验室研究推出的中文词法分词工具包,只能处理UTF-8编码的中文文本,可同时进行中文分词和词性标注,速度较快,其分词模型是采用目前世界上最大的人工分词和标注中文语料库训练而成的,标注能力强,且标注的准确率高。

NLPIR(ICTCLASS)分词工具[③],是北京理工大学张华平博士研发的中文分词系统,能对原始文本集进行中文分词、词性标注、关键词提取等功能,并且能对处理进行可视化展示,也可对小规模的文本数据进行加工处理。目前在Python中通过PyNLPIR包即可调用该分词工具。

Paoding分词器[④],Lucene中文分词的"庖丁解牛",支持不限个数的用户自定义词库,纯文本格式,一行一词,使用后台线程检测词库的更新,自动变异更新过的词库到二进制版本并加载。

Imdict智能分词程序[⑤],Imdict智能词典所采用的智能中文分词程序,暂时不支持用户自定义词库,支持用户自定义stop words。

Mmseg4j中文分词器[⑥],用Chih-Hao Tsai的MMSeg算法实现的中文分词器,自带sogou词库,支持名为wordsxxx.dic、编码为UTF-8的文本格式的用户自定义词库,一行一词,不支持自动检测。

### 7.4.2 常用英文分词及词性标注工具

#### 1. NLTK

NLTK[⑦]是基于Python的自然语言处理前沿平台,为英文分词提供了更为专业的分词工具,相较于Python的内置函数,NLTK中的英文分词工具在

---

① https://github.com/isnowfy/snownlp.
② http://thulac.thunlp.org/.
③ http://ictclas.nlpir.org/.
④ https://code.google.com/archive/p/paoding/.
⑤ https://github.com/stevendaniels/imdict-chinese-analyzer.
⑥ https://code.google.com/archive/p/mmseg4j/.
⑦ https://www.nltk.org/.

处理英文文本时不仅能进行分词,且在删除停用词和词形词干化处理方面效果更优。

NLTK 包括 tokenize 分词包,可以识别引文词汇和标点符号,对文本进行分句、分词处理,对于包含比较复杂词型的字符串,也可以使用正则表达式,按照正则表达式指定的规则对字符串进行分割。

#### 2. NLTK tag 词性标注包[①]

NLTK 包含的 tag 包不仅定义了一些词性标注的类或词性标注器,且提供了部分词性标注的接口。大部分词性标注器根据语料构建,以分词结果列表作为输入,并返回每个分词相应的分词结果,对于语料库中不存在的词汇,其词性标注为"None"。

#### 3. POS tagger

POS tagger[②] 是 Jesus Gimenez,Lluis Marquez 开发的使用 SVM 进行英文词性标注的工具,有 C++、Perl 语言的软件包,目前只能在线上试用。

## 7.5 语 料 库

### 7.5.1 语料库简介

语料库(corpus,复数形式为 corpora)是经过科学取样和加工的规模较大的电子文本库,是进行语料库语言学研究的资源基础,主要应用于自然语言处理中基于统计或实例的研究、词典编写等[③]。

语料库根据不同的研究目的和用途,有多种分类方法。

根据语料库内容加工程度可以分为生语料库和标注语料库。生语料库是指没有经过任何加工处理的原始语料数据。标注语料库根据加工程度的

---

① https://www.nltk.org/api/nltk.tag.html.
② http://www.lsi.upc.es/~nlp/SVMTool/.
③ https://baike.baidu.com/item/%E8%AF%AD%E6%96%99%E5%BA%93/11029908?fr=aladdin.

不同，又可分为分词库、词性标注库、命题库、树库等。其中分词库的主要目的是训练和测试汉语的自动分词系统，命题库以谓词—论元结构信息为主要标注内容，树库以句法结构信息为主要标注内容。

根据语料库用途可将语料库分为通用库和专用库。专用库是专门应用于某一领域或包括专有名词的语料库，包含科技语料库、北京口语语料库、地名标注语料库等。通用领域与专用领域是一个相对的概念。

根据语料代表性和平衡性可将语料库分为平衡语料库和平行语料库。平衡语料库侧重于语料的代表性和平衡性。语料库具有代表性是指根据该语料库分析的结果可以概括为这种语言整体或其某个部分的特性；语料采集需要遵循语料的真实性、可靠性、科学性、代表性等七项原则。由于语言是动态发展的，对代表性和平衡性迄今还没有较为认可的定义。平行语料库是指两种或多种语言之间的平行采样和加工，如中英文翻译器中对文本的双语对齐语料库。

除此之外，按照语料的语种可分为单语、双语和多语语料库，按语料的采集单位还可分为篇语、语句和短语的语料库，如图7-6所示。

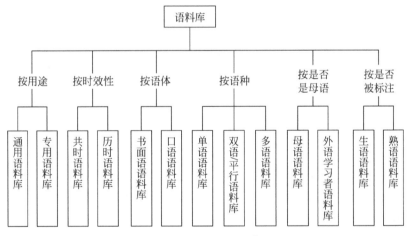

图7-6　语料库分类①

语料库具有三个特征：①语料库中存储的是在实际的语言使用中真实出现过的语言材料；②语料库是承载知识的基础资源，不等同于语言知识；③真实语料库需经分词和处理才能成为有用的资源②。

---

① 宗成庆.统计自然语言处理[M].2版.北京：清华大学出版社，2013.
② 同上。

## 7.5.2 常用语料库

语料库目前已经过三代发展①。

第一代语料库在1970—1980年,包括Brown语料库、LOB语料库和LLC语料库。Brown语料库是20世纪60年代初由美国Brown大学创建的,包含100万词次,可用于词性标注,该语料库中标记集有87个,关于英文文本的其他标记集多数从该标记集发展而来。LOB语料库是20世纪70年代初,由英国Lancaster大学和挪威Oslo大学、Bergen大学创建的。LLC语料库是20世纪60年代初,由London大学Randolph Quirk主持的,包含2 000小时的谈话和广播等口语素材并整理成书面材料,由瑞典Lund大学J Svartvik主持全部录入计算机,并于1975年建成语料库。第一代语料库具有百万词级的特点,可供进行语言研究。

第二代语料库在1980—1990年,包括COBUILD语料库、Longman语料库。COBUILD语料库由英国Brirmingham大学与Collins出版社于20世纪80年代合作完成,规模达到2 000万词次。Longman语料库于1980年建立,包括三个语料库:LLELC语料库(Longman/Lancaster英语语料库)、LSC语料库(Longman口语语料库)、LCLE(Longman英语学习语料库)。该语料库主要为外国人学习英语服务,词次达到5 000万词次。第二代语料库具有千万词级、可用于编纂词典的特点。

第三代语料库在1990年至今,包括ACL/DCI语料库、UPenn树库和LDC。ACL/DCI语料库的建立,源自美国计算语言学会倡议发起"数据采集计划",由宾州大学M Liberman主持,保存了语料原始文本形式以及SGML标注信息。UPenn树库由美国Pennsylvania大学于20世纪80年代末发起,1993年完成了近300万英语词的句子语法结构标注,2000年发布中文树库第一版,2004年发布4.0版本。LDC语言数据联合会,有163个语料库,包括文本和演讲的语料。

下面介绍几种典型语料库②。

---

① https://wenku.baidu.com/view/7cba4a1d910ef12d2bf9e719.html。
② https://blog.csdn.net/u013272948/article/details/53693716; https://www.sohu.com/a/196504864_236505。

LDC中文树库①是美国宾夕法尼亚大学负责开发的中文句法树库,库中的语料来自新华社和香港新闻等媒体,由2 400个文本文件构成,包括45 000个句子、110万个词和165万个汉字。文件存储编码格式为GBK和UTF-8两种。

### 1. 命题库、名词化树库和语篇树库

命题库(PropBank)②、名词化树库(NomBank)③和语篇树库(Penn Discourse Tree Bank)④是对宾夕法尼亚树库的扩展。PropBank主要是对宾夕法尼亚英文树库中的动词词义以及每个词义相关论元信息的标注,包括81 009个动词实例,14 525个名词实例。NomBank与PropBank标注的是同一批树库,区别在于NomBank标注的是该书库中的名词论元,包括被名词化的词语和其他名词。语篇树库主要应用于标注与语篇连通方式相关的一致关系,包括语义区分信息、论元修饰关系特征等,包含40 600个语篇关系,其中包括18 459个明确关系、16 053个隐含关系和5 210个实体关系。

### 2. BTEC口语语料库⑤

BTEC口语语料库是基于书面词、句、篇章等的处理而建立的,其中包含中、日、韩三国合作开发的语料,三方各自拥有35万句英、汉、日、韩四种语言的口语语料。

### 3.《人民日报》语料库⑥

北京大学计算语言学研究所编写的《人民日报》切分/标注语料库,该语料库中一半是1998年上半年的语料,共1 300万字,已通过《人民日报》公开提供许可使用权,其中1998年1月的近200万字在互联网上公布,且供学者等自由下载。

---

① https://catalog.ldc.upenn.edu/LDC2013T21.
② https://propbank.github.io/.
③ https://nlp.cs.nyu.edu/meyers/NomBank.html.
④ https://www.seas.upenn.edu/~pdtb/.
⑤ http://iwslt2010.fbk.eu/node/32/.
⑥ http://opendata.pku.edu.cn/dataverse/clkb.

### 4. 国家语委[①]

国家语委发布了现代汉语语料库和古代汉语语料库。

现代汉语语料库是在线的查询网站,包括分词和词性标注语料,提供在线免费检索的语料约 2 000 万字,在检索的同时也提供检索结果的下载。古代汉语语料库中包含 1 亿字的古汉语生语料,可应用于古代汉语的研究,同时提供了分词、词频统计、字频统计、词性标注软件,基于国家语委语料库的字频词频统计结果和发布的词表等,以供研究者使用。

### 5. 哈工大语料库[②]

哈尔滨工业大学信息检索研究室对外共享语料库资源。该语料库是汉英双语语料库,有 10 万对文本文件格式的双语句子对;同义词词林包括 77 343 个词语;多文档自动文摘语料库,包含 40 个主题,同一个主题下为对同一个事件的不同报道;单文档自动文摘语料库,包括 211 篇不同体裁的文章,已进行了分词、词性、句法、浅层语义分词等处理。

### 6. 其他语料库

BNC(British national corpus),英国国家语料库[③]。

COCA(corpus of contemporary American english),美国当代英语语料库[④]。

CLEC,中国英语学习者语料库[⑤]。

THUOCL,清华大学开放中文词库[⑥]。

中文对白语料库,可用作聊天机器人训练语料[⑦]。

更多的自然语言处理领域的语料库可以参见如下网页的介绍:https://nlpforhackers.io/corpora/。

---

① http://corpus.zhonghuayuwen.org/.
② http://ir.hit.edu.cn/hit-cdtb/Project%20Introduction.html#download.
③ http://www.natcorp.ox.ac.uk/.
④ https://corpus.byu.edu/coca/.
⑤ http://www.engelska.uu.se/research/english-language/electronic-resources/chinese-learner-english/.
⑥ http://thuocl.thunlp.org/.
⑦ https://github.com/candlewill/Dialog_Corpus.

# 第 8 章 情感分析与主题建模：理解复杂语义

本章将介绍两类用于理解复杂语义环境的文本分析方法：情感分析和主题模型。

## 8.1 情感分析

### 8.1.1 情感分析的概念

情感分析(sentiment analysis, SA)，也称意见挖掘或倾向性分析，是对包含情感的主观文本内容进行分析、处理、归纳和推理的过程。情感分析也是一种常见自然语言处理方法的应用，特别是在以提取文本的情感内容为目标的分类方法中，同时情感分析也被视为利用一些情感指标来量化定性数据的方法[1]。

情感分析可细分为情感极性分析、情感程度分析和主客观分析等。情感

---

[1] Liu B. Sentiment Analysis and Opinion Mining[M]. Synthesis Lectures on Human Language Technologies, ed. G Hirst. Morgan & Claypool Publishers, 2012.

极性分析的目的是对文本进行褒、贬、中立的判断,在大多数应用场景下只分为两类:正和负。情感程度分析是对同一个情感极性的词语进行情感强度的细分,例如"喜爱"和"敬爱"都是表示喜欢的积极词汇,但在情感的程度上,"敬爱"的情感强度高于"喜爱"。主客观分析的目的是确定文本中哪一部分是不含情感的客观描述,哪一部分是含有情感的主观描述[1]。该领域的快速发展得益于电商购物平台、微博微信等社交媒体的发展[2][3]。情感分析以主观情绪为分析对象,将情感进行量化分析,已应用于很多实践场景,如企业用户反馈、在线商品评论的分析等[4][5][6][7][8][9][10]。

根据处理文本的粒度不同,情感分析按照分析粒度从小到大可以大致分为词语级、句子级和篇章级三个层次[11]。

## 1. 词语级情感分析

词语级情感分析是进行句子级和篇章级情感分析的基础,指对评价词进行抽取,并对其情感倾向进行分析。早期的情感分析主要在于判断文本的正负极性。

---

[1] Pang B, Lee L. Opinion Mining and Sentiment Analysis[J]. Foundations and Trends in Information Retrieval, 2008, 2(1-2): 1-135.

[2] Giachanou A, Crestani F. Like It or Not: A Survey of Twitter Sentiment Analysis Methods[J]. ACM Computing Surveys, 2016, 49(2): 1-41.

[3] Zhu L, et al. Tripartite Graph Clustering for Dynamic Sentiment Analysis on Social Media[C]//2014 ACM SIGMOD International Conference on Management of Data, ACM, 2014.

[4] Bai X. Predicting Consumer Sentiments from Online Text[J]. Decision Support Systems, 2011, 50(4): 732-742.

[5] Hu Y H, Chen Y L, Chou H L. Opinion Mining from Online Hotel Reviews a Text Summarization Approach[J]. Information Processing & Management, 2017, 53(2): 436-449.

[6] Wang J H, Liu T W. Improving Sentiment Rating of Movie Review Comments for Recommendation[C]//2017 IEEE International Conference on Consumer Electronics-Taiwan(ICCE-TW), 2017.

[7] Yadollahi A, Shahraki A G, Zaiane O R. Current State of Text Sentiment Analysis from Opinion to Emotion Mining[J]. ACM Computing Surveys, 2017, 50(2): Article No. 25.

[8] Chen C C, Tseng Y D. Quality Evaluation of Product Reviews Using an Information Quality Framework[J]. Decision Support Systems, 2011, 50(4): 755-768.

[9] Xu K, et al. Mining Comparative Opinions from Customer Reviews for Competitive Intelligence[J]. Decision Support Systems, 2011, 50(4): 743-754.

[10] Zhai Z, et al. Clustering Product Features for Opinion Mining[C]//The Fourth ACM International Conference on Web Search and Data Mining, ACM, 2011.

[11] Liu B. Sentiment Analysis and Opinion Mining[M]. Synthesis Lectures on Human Language Technologies, ed. G. Hirst: Morgan & Claypool Publishers, 2012.

基于词语的情感分析可以分为三类：基于词典的分析方法、基于网络的分析方法和基于语料库的分析方法。基于词典的分析方法主要根据词典中的近义词、反义词关系以及词典的层次结构等来计算词语与正、负词性词语之间的相似程度，再根据语义进行情感分类；基于网络的分析方法是通过搜索引擎获取查询的结果，计算词语与正、负性词语之间的相似性，从而进行情感的分类；基于语料库的分析方法主要采用机器学习方法，使用语料库中的词语训练一个情感分类模型，再用训练好的模型对数据进行预测分类。

### 2. 句子级情感分析

句子由词语构成，因此句子级情感分析依赖于词语级的情感分析。

句子级情感分析方法可分为基于知识库的分析方法、基于网络的分析方法和基于语料库的分析方法。在对句子的情感进行识别时，通常会创建包含感情符号、感叹词、修饰词等的情感数据库。在具体的实验中，需要定义几种情感，对句子标注其中一种情感类别以及该类别情感的强度，来实现对句子的情感分类。

### 3. 篇章级情感分析

对篇章的情感分析是指确定整篇文章的情感倾向，例如判断一段在线商品评论表达的情感整体上是正面的还是负面的。这种情况相当于一个二分类问题，即分为好评还是差评。但由于文章往往包含多个评论对象或多个评论主题，使得篇章级的文本情感分析技术还不能适用于大多数的实践场景，通常篇章级的情感分析是基于句子级情感分析和词语级情感分析的结果进行汇总处理。

除上述分类方法外，还可根据文本类别的不同，将情感分析分为基于新闻评论的情感分析、基于产品评论的情感分析等。

## 8.1.2　情感分析的过程

基于文本的情感分析属于交叉方向的研究，涉及自然语言处理、数据挖掘和人工智能等多个领域。一般地，一个典型的情感分析问题的分析步骤如图 8-1 所示[①]。

---

① 周立柱，贺宇凯，王建勇.情感分析研究综述[J].计算机应用,2008,28(11): 2725-2728.

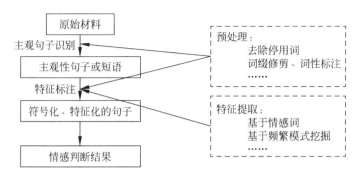

图 8-1　典型情感分析问题解决步骤

## 1. 收集材料

大部分进行情感分析的数据来自移动电商平台、微博博客等自媒体、专业的点评网站等,以在线商品评论、博文为主要的情感分析对象。

## 2. 预处理

为减少噪声,提高情感分类的准确率,需要对分析对象进行预处理。根据分析对象的特点或所采用的算法需求的不同,需要采用不同的预处理方法。一般预处理的内容包括去除停用词、进行词缀的修剪、词性标注、简化替代等,其中简化替代是指如用"产品名"来替代"照相机""手机"等产品名称的替换。

## 3. 特征抽取

特征抽取就是将代表情感的词汇抽取出来,是情感分类的前提,最直接的方法就是选择抽取如"好""good""棒""不错"等这种表示情感的特征词。特征词可以进行自动抽取,但有时也需人工参与情感词表的构建,尤其是针对特定领域、产品或话题。

## 4. 情感分类

对文本的情感分类,一般采用支持向量机(support vector machine, SVM)或者朴素贝叶斯(naive Bayes,NB)等分类算法实现。此外也有使用基于规则的分类器实现,如使用较为明显的特征直接进行判断。

### 8.1.3 情感信息的抽取

情感信息的抽取是指在分析的情感文本中找到有价值的信息,包括评价词语、评价对象和观点持有者。

#### 1. 对评价词语的抽取和判别

评价词语是指极性词或情感词,指带有情感倾向的词语,如"好用""不错"等词。对于评价词语的抽取一般采用基于语料库和基于词典两种方法[1]。

基于语料库的评论词语抽取和判别是依据大量的语料库数据的统计特性,来挖掘语料库中的评价词语并判断其极性。早有学者发现,通过连词,如"and"或"but"连接的词语,其极性往往具有相关关系,例如"beautiful and lovely"中由"and"连接的"beautiful"和"lovely"两个词的极性相同,"beautiful but unnatural"中由"but"连接的"beautiful"和"unnatural"两个词的极性相反。针对这种现象,Hatzivassiloglou和McKeown从《华尔街日报》的语料库中发掘了大量形容词性的评价词语[2],Wiebe也采用了基于相似度分布的聚类方法发掘了形容词性的评价词语[3],但这些都仅仅用于形容词的情感评价,忽略了其他带有感情的词语。因此,Riloff便通过迭代的方式获取了名词性的评价词语[4],Turney等人提出了通过点互信息(pointwise mutual information,PMI)的方法判定某个词是否是评价词[5]。点互信息可以用于计算两个词语之间的相关性,假设有两个词语$x,y$,则这两个词语的相关性可

---

[1] Rao D, Ravichandran D. Semi-supervised Polarity Lexicon Induction [C]//The 12th Conference of the European Chapter of the Association for Computational Linguistics. Association for Computational Linguistics, 2009.

[2] Hatzivassiloglou V, McKeown K R. Predicting the Semantic Orientation of Adjectives[C]// The 35th Annual Meeting of the Association for Computational Linguistics and Eighth Conference of the European Chapter of the Association for Computational Linguistics. Association for Computational Linguistics, 1997.

[3] Wiebe J. Learning Subjective Adjectives from Corpora[C]//Seventeenth National Conference on Artificial Intelligence and Twelfth Conference on Innovative Applications of Artificial Intelligence. AAAI Press, 2000.

[4] Riloff E, Wiebe J. Learning Extraction Patterns for Subjective Expressions[C]//The 2003 Conference on Empirical Methods in Natural Language Processing. Association for Computational Linguistics, 2003.

[5] Turney P D, Littman M L. Measuring Praise and Criticism: Inference of Semantic Orientation from Association[J]. ACM Transactions on Information Systems(TOIS), 2003, 21(4): 315-346.

通过如下公式进行计算

$$\text{PMI}(x,y) = \log_2 \left[ \frac{P(xy)}{P(x)P(y)} \right] \tag{8-1}$$

其中，$P(xy)$指两个词共同出现的概率，$P(x)P(y)$指在条件独立的情况下两个词同时出现的概率。通过$P(xy)/P(x)P(y)$即可衡量两个词的统计相关性。一般地，PMI的值越大代表词的情感倾向越明显。假设有一短语A，其语义或情感倾向（sentiment orientation，SO）可以通过计算它与正面参考词"P"的关联度以及与负面参考词"N"的关联度得到[1]

$$\text{SO}(A) = \text{PMI}(A,P) - \text{PMI}(A,N) \tag{8-2}$$

但这种采用点互信息的方法非常依赖于褒/贬词语集合。基于语料库的评价词抽取较为简单，但存在其可用的评论语料库有限、评价词语在大语料库中的分布等不易归纳等缺陷和问题。

基于词典的评价词语抽取及判别主要通过词典中词语之间的词义联系来挖掘评价词语，一般采用的词典是WordNet[2]或HowNet[3]等。可以通过计算词语与词典中词语的关联度值来判断该词是不是评价词，但并不是所有语种的情感资源都和英文一样丰富，有些语种的情感词典资源稀缺。部分学者通过将已知情感的英文评价词翻译成相应稀缺的语种再进行分析，分析结果反而与实际情况偏差很大甚至极性完全相反[4]。这也印证了Wiebe的观点："词语的词义与其极性有一定关系，但词义相同并不意味着有相同的极性[5]。"因此，基于词典的方法虽然在获取评价词上非常可观，能获取规模很大的评价词，但由于存在一词多义的情况，构建的情感词词典可能含有很多歧义词，如"好"可以作为一个正面的评价词，也可以作为修饰词。

此外也有学者提出采用图的方法来获取评价词，将要分类的词语作为图

---

[1] Liu B. Web Data Mining: Exploring Hyperlinks, Contents, and Usage Data[M]. 2nd ed. Data-Centric Systems and Applications, ed. M. J. Carey and S. Ceri. Springer-Verlag Berlin Heidelberg, 2011: 622.

[2] https://wordnet.princeton.edu.

[3] http://www.keenage.com.

[4] Mihalcea R, Banea C, Wiebe J. Learning Multilingual Subjective Language Via Cross-lingual projections[C]//The 45th Annual Meeting of the Association of Computational Linguistics, 2007.

[5] Wiebe J, Mihalcea R. Word Sense and Subjectivity[C]//The 21st International Conference on Computational Linguistics and the 44th annual meeting of the Association for Computational Linguistics. Association for Computational Linguistics, 2006.

中的节点,词与词之间的关系作为连线,再采用迭代的方法求解①。

### 2. 对评价对象的抽取和判别

评价对象是指一段文本中所讨论的主题,具体表现为用评价词语进行修饰的某个对象,例如商品评论中的"照相机""手机屏幕"等,新闻中的"事件"等。大部分将评价对象限定于名词或名词短语上,然后再对限定后的词进行抽取和判别。

有学者采用基于规则/模板的方法来抽取评价对象,制定的规则包括词序列规则、词性规则、句法规则等,如 Ni 和 Lin 等学者采用基于句法分析的关联规则挖掘来进行评价对象的抽取,但该方法只能找到频繁项集,而不能发掘出非频繁项集中的评价对象②。对此,Hu M 使用含有评价词语和评价对象槽的词序列模板进行评价对象的挖掘,这种方法针对性强,但缺点在于规则/模板的可扩展性差,且人工编写的工作量大,成本高③。

Popescu 等人将评价对象看作产品属性的一种表现形式,如"手机屏幕的大小"就是手机的一个属性,然后再考察候选对象与领域指示词之间的关联程度,从而获取真正的评价对象④。这种抽取方法效果好于基于规则/模板的方法,但难点在于领域指示词的获取。近年来也有很多学者将话题模型(topic model)应用到评价对象的抽取中⑤,可以在理论上提高对评价对象抽取的召回率。

### 3. 对观点持有者的抽取和判别

观点持有者是指如"国家政府""台湾当局"等词汇,隶属于观点或评论,对于观点持有者的抽取在对新闻的情感分析中非常重要。

---

① Takamura H, Inui T, Okumura M. Extracting Semantic Orientations of Words Using Spin Model[C]//The 43rd Annual Meeting on Association for Computational Linguistics. Association for Computational Linguistics, 2005.

② Ni M, Lin H. Mining Product Reviews Based on Association Rule and Polar Analysis[C]//The NCIRCS-2007, 2007.

③ Hu M, Liu B. Mining Opinion Features in Customer Reviews[C]//National Conference on Artificial Intelligence, 2004.

④ Popescu A M, Etzioni O. Extracting Product Features and Opinions from Reviews, in Natural Language Processing and Text Mining[M]. Springer, 2007: 9-28.

⑤ Lafferty J D, Blei D M. Correlated Topic Models[J]. Advances in Neural Information Processing Systems, 2006, 18: 147.

通常，可以采用借助命名实体识别技术或予以角色标注等依赖于自然语言处理技术的方法来进行抽取，但这种方法的领域适用性较低、语言覆盖现象也较低①。也有学者将其看作一个分类问题、序列标注问题等，视角不同所采用的方法也不同，如 Choi 等学者采用条件随机场模型融合各种特征来完成观点持有者的抽取②，Kim 和 Hovy 将所有名词短语都视为候选观点持有者，并使用最大熵模型来计算③。

在产品评论中一般认为评论者本身就是观点持有者，因此在对在线商品评论的研究中很少有人会对观点持有者的抽取进行研究。

## 8.1.4 情感分析的主流方法

词语是进行情感分析的最小粒度，但由于只分析词语的情感，会忽略词与词之间的联系，且一个词语没有所指向的分析对象，因此仅仅分析词语的情感用以确定整体的情感是不太合理的。对于整篇文章来说，由于可能存在多个分析对象或多个讨论的主题，用于情感分析可能导致最终的结果出现很大偏差，因此对整篇文章进行情感分析也不是一种合适、高效的方法。词语能够构成句子，以句子为基本的情感分析粒度就较为合理，且通过对句子的情感分析，也能计算整篇文章或者段落的情感。

根据情感分析所用的研究方法，可将情感分析归纳为基于规则的方法和基于统计学习的方法④。其中前者的大部分工作都体现在语义规则的制定上，不仅无法处理结构复杂的语句，而且所指定的规则与研究目标高度相关，迁移性较差。因此，大多情感分析的研究均采用了基于统计学习的方法，设定相关特征来对文本的情感倾向进行判别。按照所用的统计学习方法，可将

---

① Kim S M, Hovy E. Determining the Sentiment of Opinions[C]//The 20th International Conference on Computational Linguistics. Association for Computational Linguistics, 2014.

② Choi Y, et al. Identifying Sources of Opinions with Conditional Random Fields and Extraction Patterns[C]//The Conference on Human Language Technology and Empirical Methods in Natural Language Processing. Association for Computational Linguistics, 2005.

③ Kim S M, Hovy E. Identifying and Analyzing Judgment Opinions[C]//The Main Conference on Human Language Technology Conference of the North American Chapter of the Association of Computational Linguistics. Association for Computational Linguistics, 2006.

④ 朱少杰. 基于深度学习的文本情感分类研究[D]. 哈尔滨：哈尔滨工业大学, 2014.

情感分析研究归为有监督学习、无监督学习和半监督学习三类①。下面将从以上三个方面出发,对于情感分析中的常用算法和模型进行介绍。

### 1. 有监督学习

有监督方法,是基于大量有标注的数据通过不断训练与迭代来建立模型的一种情感分析方法。传统的有监督机器学习算法,如朴素贝叶斯和支持向量机等,在情感分析领域得到了广泛的应用②③。Wang 等人还曾结合朴素贝叶斯和支持向量机两种模型的特点,提出了 NBSVM 模型,在许多标准数据集上都取得了良好的效果④。此外,其他有监督学习方法也在情感分析相关研究中取得了良好的效果。Tong 等将针对特定领域的词和词组作为先验的词典知识,运用聚合方法进行情感分析⑤。Nakagawa 将一种基于条件随机场(conditional random field,CRF)的依存树方法运用到了情感分析领域中⑥。Bickerstaffe 提出了一种基于类间相似度计算的多层分类器模型,并将其运用到了情感分析的研究工作中⑦。Wang 按照主题分布将推特数据划分到不同子集当中,并在各个子集上单独训练模型,对推文的情感标签进行预测⑧。

---

① 朱少杰. 基于深度学习的文本情感分类研究[D]. 哈尔滨:哈尔滨工业大学,2014.
② Pang B, Lee L, Vaithyanathan S. Thumbs up? Sentiment Classification Using Machine Learning Techniques [C]//The ACL-02 conference on Empirical Methods in Natural Language Processing-Volume 10. Association for Computational Linguistics,2002.
③ Wiebe J,Bruce R,Ohara T. Development and Use of a Gold-standard Data Set for Subjectivity Classifications[C]//Meeting of the Association for Computational Linguistics,1999.
④ Wang S, Manning C D. Baselines and Bigrams: Simple, Good Sentiment and Topic Classification[C]//Meeting of the Association for Computational Linguistics,2012.
⑤ Tong R M,Tong R M. An Operational System for Detecting and Tracking Opinions in On-line Discussions[C]//The Acm Sigir Workshop on Operational Text Classification,2001.
⑥ Nakagawa T, Inui K, Kurohashi S. Dependency Tree-based Sentiment Classification Using CRFs with Hidden Variables[C]//Human Language Technologies: Conference of the North American Chapter of the Association of Computational Linguistics,Proceedings,June 2-4,2010,Los Angeles,California,USA,2010.
⑦ Bickerstaffe A,Zukerman I. A Hierarchical Classifier Applied to Multi-way Sentiment Detection[C]//COLING 2010,International Conference on Computational Linguistics,Proceedings of the Conference,23-27 August 2010,Beijing,China,2010.
⑧ Wang X, et al. Topic Sentiment Analysis in Twitter: A Graph-based Hashtag Sentiment Classification Approach[C]//The 20th ACM International Conference on Information and Knowledge Management(CIKM'11),Glasgow,Scotland,UK:2011,10:24-28,1031-1040.

在特征选择上，情感分析中运用最为广泛的特征为词袋模型[1]。在词袋模型中，每篇文档对应一个向量，向量维度为语料中所有出现的词，各个维度上的值则为该篇文档中对应词所出现的次数。由于词袋模型一般都没有考虑文本的上下文信息以及词语之间的相似度，许多研究开始尝试运用其他特征值来代替词袋模型中的词频，如 TF-IDF[2]、Delta TF-IDF[3]、IR 词汇权重[4]等。此外，许多语义特征的加入，如 $n$ 元短语（n-gram）、词性标注、语义依赖关系、情感词典等，使得情感分析的效果得到了进一步提升。

随着数据收集方式与存储技术的不断发展，获取海量的无标注数据正在变得越发容易，但是对这些数据进行分类标记却是一项相当困难和耗时的工作，使得有监督学习模型在情感分析的相关研究中遇到了前所未有的瓶颈。此外，通过有监督学习算法所训练得到的模型过分依赖训练集数据的质量，且在领域迁移方面的性能较差。为了有效解决这一问题，无监督学习算法开始在情感分析领域逐渐得到关注和重视。

## 2. 无监督学习

无监督方法有效地避免了有监督方法所需的大量数据标注工作，在情感分析领域得到了越来越广泛的重视与应用。一般来说，无监督学习算法在情感分析中的应用主要基于以下两种解决思想，即基于固定句法的模式和基于情感词典的模式[5]。其中，以 SO-PMI 算法为代表的基于固定句法的模式在 8.1.3 节中已经有了比较详细的论述，在此处将主要对基于情感词典的模式进行介绍。

基于词典的分析方法的思路是通过制定情感词典和规则，对文本进行拆句、分析和匹配字典，一般包括词性分析和句法分析等，计算句子的情感值，最后用情感值作为文本的情感倾向判断的依据。

该方法的大致步骤如下。

---

[1] Zhang K, et al. Keyword Extraction Using Support Vector Machine[C]//Lecture Notes in Computer Science, 2006.

[2] Wu H C, et al. Interpreting TF-IDF Term Weights as Making Relevance Decisions[J]. ACM Transactions on Information Systems, 2008, 26(3): 13.

[3] Martineau J, Finin T. Delta TF-IDF: An Improved Feature Space for Sentiment Analysis[C]//International Conference on Weblogs and Social Media, 2009.

[4] Paltoglou G, Thelwall M. A Study of Information Retrieval Weighting Schemes for Sentiment Analysis[C]//Meeting of the Association for Computational Linguistics, 2010.

[5] 朱少杰. 基于深度学习的文本情感分类研究[D]. 哈尔滨：哈尔滨工业大学，2014.

(1) 先进行文本分块,对大于句子粒度的文本进行拆句操作,以句子作为最小的分析单元。

(2) 分析句子中出现的词语,并与情感词典进行匹配。

(3) 处理否定逻辑和转折逻辑。

(4) 计算整句情感词得分,根据词语、极性和情感程度等因素的不同进行加权求和。

(5) 根据情感得分输出句子的情感倾向。

如果是对篇章或者段落级别的情感分析任务,根据情况可以对每个句子进行单一的情感分析,最后再进行融合,或者也可以先抽取篇章中的主题句子再进行情感分析,从而得到最终的情感分析结果。

情感词典即是指各类情感词的集合。从狭义上来说,它只包含带有情感含义的词语;从广义上来说,带有情感倾向的短语或句子也可认为属于情感词典的一部分。情感词典往往是由两部分组成,即正向情感词典与负向情感词典。作为情感分析研究的基础资源与重要工具,情感词典的好坏对于情感分析的效果具有很大的影响作用,因为文本的情感倾向与情感强度大多是通过情感词来体现的。下面对常见的几种情感词典的现有资源进行总结和梳理。

(1) SentiWordNet。基于 WordNet 的实现,SentiWordNet 是一款最为常用的英文情感词典[①]。它根据每个词的不同语义划分到对应的同义词词集中,并标注了其在正向、负向及中性三种情感倾向上的情感强度。

(2) General Inquirer。General Inquirer 是最早出现的情感词典,其所包含的情感词来源于《哈佛词典》与《拉斯韦尔词典》[②]。它共包含 1 915 个正向情感词与 2 291 个负向情感词,这些词的情感强度与词性都得到了标注[③]。

(3) Opinion Lexicon。Hu 和 Liu 构建了该词典[④],共包含了针对商品属性的 2 006 个正向情感词与 4 783 个负向情感词。此外,它还包含了拼写错误、语法变形等相关信息。

---

① Baccianella S,Esuli A,Sebastiani F. Sentiwordnet 3.0: An Enhanced Lexical Resource for Sentiment Analysis and Opinion Mining[C]//International Conference on Language Resources and Evaluation,Lrec 2010,17-23 May 2010,Valletta,Malta,2010.

② 王科,夏睿.情感词典自动构建方法综述[J].自动化学报,2016,42(4): 495-511.

③ Stone P J,Dunphy D C,Smith M S. The General Inquirer: A Computer Approach to Content Analysis[J]. American Sociological Review,1968,4(4): 375-376.

④ Hu M,Liu B. Mining and Summarizing Customer Reviews[C]//The Tenth ACM SIGKDD International Conference on Knowledge Discovery and Data Mining. ACM,2004.

（4）MPQA 主观词典。MPQA 主观词典来源于 OpinionFinder 系统，属于 MPQA 语料集的一部分，共包括 2 718 个正向情感词与 4 912 个负向情感词，每个词还包含了其对应的情感强度与标注词性。Wilson 等人就曾利用该词典进行情感分析研究[①]。

（5）LIWC 情感词典。该词典由 Pennebaker 等人构建[②]，将 6 862 个词划分到 72 个类别当中，其中与情感相关的类别有 positive emotion，negative emotion，anxiousness，anger 和 sadness。此外，该词典还包括了影响情感因素的其他相关词，如副词、否定词等。

（6）知网情感词典。知网（HowNet）是由中科院董振东教授所发布的情感分析用语词集，是当前中文领域应用最为广泛的情感词典[③]。2007 年 10 月 22 日，知网在其官网上发布了"情感分析用语词集（beta 版）"，包括"中文情感分析用语词集"与"英文情感分析用语词集"两个部分，共计词语 17 887 个。同时，中文用语词集与英文用语词集均包含了"正面评价""负面评价""正面情感""负面情感""主张词语"以及"程度词语"六种类型，为中英文情感分析的研究工作提供了丰富的情感资源。

（7）台湾大学情感词典。台湾大学情感词典（National Taiwan University Sentiment Dictionary，NTUSD）于 2007 年发布[④]，通过机器学习与人工标注的方法构造而成，共包含繁体中文和简体中文两个版本，每个版本均包含 2 812 个正向情感词以及 8 276 个负向情感词。本研究即选用 NTUSD 作为基本情感词典，用于隐性情感词的计算与提取。

（8）大连理工情感词汇本体库。大连理工情感词汇本体库由大连理工大学信息检索研究室独立整理标注完成[⑤]。该词典从词性、情感类别以及情感强度等多个角度出发，对于情感词汇及短语进行了比较全面的描述。该词典的情感分类体系是在 Ekman 情感分类体系的基础上构建而成的，对于正负两种情感倾向做了更为细致的划分，包括 7 大类 21 小类，共包含 11 229 个正向

---

① Wilson T，Wiebe J，Hoffmann P. Recognizing Contextual Polarity in Phrase-level Sentiment analysis[J]. International Journal of Computer Applications，2005，7(5)：347-354.

② Pennebaker J W，Booth R J，Francis M E. Operator's Manual Linguistic Inquiry and Word Count[C]//LIWC 2007，2007.

③ http://www.keenage.com.

④ Ku L W，Lo Y S，Chen H H. Test Collection Selection and Gold Standard Generation for a Multiply-annotated Opinion Corpus[C]//ACL 2007，Proceedings of the Meeting of the Association for Computational Linguistics，June 23-30，2007，Prague，Czech Republic，2007.

⑤ http://ir.dlut.edu.cn/EmotionOntologyDownload.

情感词与 10 783 个负向情感词。相比于其他情感词典，大连理工情感词汇本体库在多类别情感分析的研究中能够得到更加有效的应用。

在实际情况中，任何一种情感词典都不可能是通用和完整的，它只是对于最基本的情感词或情感短语进行了汇总和整理，难以覆盖所有领域的情感表达。特别是随着近年来网络用语的发展与普及，越来越多的网络词汇开始作为一种表达情绪的词语出现，这对于基于网络文本的情感分析研究工作带来了极大的困难。因此，情感词典的构建与扩充开始受到学术界的高度关注。鉴于人工标注情感词的成本太高，许多学者开始研究运用各类方法进行情感词典的自动构建，主要有基于知识库的方法、基于语料库的方法以及知识库与语料库相结合的方法三种[1]。

早在20世纪90年代初，国外就有相关学者通过情感词典进行文本的情感分析。Riloff 与 Shepherd 是最早进行相关研究的学者，他们提出了基于语料库数据来构建语义词典的方法[2]。Hatzivassiloglou 和 McKeown 在考虑了大规模语料数据中形容词语义情感倾向的限制性影响的基础上，尝试对单词的情感倾向进行判断[3]。在此之后，越来越多的研究开始关注情感词或情感短语与特征词之间的关联。我国在这方面的研究也取得了较大进展。朱嫣岚等人基于 HowNet 情感词典，分别提出了基于语义相似度和基于语义相关场的词汇语义倾向性计算方法，判别准确率可达80%以上[4]。李钝、曹付元等人从语言学的角度出发，采用"情感倾向定义"权重优先的计算方法获取短语中各词的语义倾向度，同时分析短语中歌词组合方式的特点，提出"中心词"的概念来对各词的倾向性进行计算来识别短语的倾向性和倾向强度[5]。

---

[1] 王科,夏睿. 情感词典自动构建方法综述[J]. 自动化学报,2016,42(4):495-511.

[2] Riloff E, Shepherd J. A Corpus-based Approach for Building Semantic Lexicons[J]. ArXiv Preprint Cmp-lg/9706013,1997.

[3] Hatzivassiloglou V, McKeown K R. Predicting the Semantic Orientation of Adjectives[C]// The 35th Annual Meeting of the Association for Computational Linguistics and Eighth Conference of the European Chapter of the Association for Computational Linguistics. Association for Computational Linguistics,1997.

[4] 朱嫣岚,闵锦,周雅倩,等. 基于 HowNet 的词汇语义倾向计算[J]. 中文信息学报,2006,20(1):14-20.

[5] 李钝,曹付元,曹元大,等. 基于短语模式的文本情感分类研究[J]. 计算机科学,2008,35(4):132-134.

## 3. 半监督学习

相比于有监督方法,无监督方法的情感分析效果相对更差。为了在有效结合这两种方法优点的同时避免其上述缺陷,半监督方法应运而生。依靠大量的有标注数据和少量的无标注数据,半监督学习方法在较短的时间内便能训练得到泛化能力较强的模型,在学术界受到了越来越多的重视,得到了快速发展。

Dmitry Davidov 运用半监督方法对讽刺性句子的主客观信息进行了分类,提出了一种比较健壮的主客观分类算法 SASI(semi-supervised sarcasm identification)[1]。虽然此算法在实验结果中取得了较好的结果,但是其跨领域适用性较差,面对不同类型的数据时需要选取不同的特征。Su 提出了一项基于 WordNet 词典及语义关系的半监督最小割算法,对语料中各个词语的主观性进行判别[2]。相比于各种传统的有监督算法,该方法虽然在情感分类中能够获取更好的结果,但是其所得结果的质量受词典质量的影响较大,实现难度相对较高。此外,Wan[3] 和 Li[4] 也曾先后运用 Co-Training 半监督算法在不同环境下的情感分类问题进行了运用,并取得了良好的效果。虽然各类半监督模型在情感分析领域得到了较为普遍的应用,但由于其实现周期较长且开发难度较大,目前学术界开始更多地考虑将语义规则运用到半监督模型当中,来提高情感分析研究工作的效果。Dasgupta 和 Ng 在总结得到语料中所存在规律的基础上,利用其细分语料并针对语料的不同类别来进行区分学习,并运用半监督学习模型来进行情感分类[5]。在他们的研究中,首先运用谱聚类的方法将所收集的语料分为清晰(easy)和模糊(hard)两种类型。随后,针对清晰类型的语料,运用聚类的方法将其分为两类,并进行少量标注。而针对模糊类型的语料,将所标注的清晰类型语料作为训练样本,并运用主动

---

[1] Davidov D, Tsur O, Rappoport A. Semi-supervised Recognition of Sarcastic Sentences in Twitter and Amazon[J]. Conll,2010:107-116.

[2] Su F, Markert K. Subjectivity Recognition on Word Senses Via Semi-supervised Mincuts [C]//North American Chapter of the Association for Computational Linguistics,2009.

[3] Wan,Xiaojun. Co-training for Cross-lingual Sentiment Classification[C]//Proceedings of the Joint Conference of the 47th Annual Meeting of the ACL and the 4th International Joint Conference on Natural Lauguage Processing of the AFNLP: Volume1 — Volume1. Association for Computationed Linguistics,2009:235-243.

[4] Li S, et al. Semi-supervised Learning for Imbalanced Sentiment Classification [C]. International Joint Conference on Artificial Intelligence,2011.

[5] Dasgupta S, Ng V. Mine the Easy, Classify the Hard: A Semi-supervised Approach to Automatic Sentiment Classification[C]//Meeting of the Association for Computational Linguistics,2009.

学习和集成学习的方法使得情感分析的准确率得到了一定提高。

## 8.1.5 情感分析新兴趋势：深度学习方法的融合

以上介绍的情感分析方法，都是较为常见的统计学习算法在情感分析当中的应用。这些算法由于所用函数以及计算方法较为简单，在大样本量上的性能受到制约与影响，因此都可以归类为浅层算法。深度学习（deep learning）的出现有效地弥补了浅层算法本质上所存在的不足。它最早是由 Hinton 于 2006 年提出[1]，能够通过多层非线性网络结构的不断学习与训练来实现对于复杂函数的逼近，并以底层特征组合的形式形成更为抽象的更高层表示形式，获取数据的分布式表征[2][3]。由于深度学习的优越性与有效性，其在语音、图像等许多领域都取得了巨大的成功[4]，并在自然语言处理领域也开始得到广泛运用。下面将对深度学习在情感分析领域中的相关应用与研究进行介绍。

相比于其他深度学习模型，递归自编码（recursive autoencoders，RAE）方法在情感分析问题中的应用较为广泛和成功[5][6][7]。Sashihithlu 将 RAE 模型与 Stanford Parser 句法分析工具结合在一起，通过分析句子结构及语义关系，对其主观性及情感倾向进行判别[8]。Socher 等人则提出了一项基于 RAE 方法的机器学习框架，用于对句子级别情感标签的分布状况进行预测[9]。该

---

[1] Hinton G E, Salakhutdinov R R. Reducing the Dimensionality of Data with Neural Networks[J]. Science, 2006, 313(5786): 504-507.

[2] Bengio Y. Deep Learning of Representations: Looking Forward[M]. Statistical Language and Speech Processing, Springer, 2013: 1-37.

[3] Bengio Y, Lee H. Editorial Introduction to the Neural Networks Special Issue on Deep Learning of Representations[J]. Neural Networks, 2015, 64(C): 1-3.

[4] Deng L, Yu D. Deep Learning: Methods and Applications[J]. Foundations and Trends in Signal Processing, 2014, 7(3-4): 197-387.

[5] Sashihithlu S. Complex Sentiment Analysis Using Recursive Autoencoders[EB/OL]. https://core.ac.uk/display/23426251, 2013.

[6] Socher R, et al. Recursive Deep Models for Semantic Compositionality Over a Sentiment Treebank[C]//Proceedings of the Conference on Empirical Methods in Natural Language Processing (EMNLP). Citeseer, 2013.

[7] Socher R, et al. Semi-supervised Recursive Autoencoders for Predicting Sentiment Distributions[C]//Proceedings of the Conference on Empirical Methods in Natural Language Processing. Association for Computational Linguistics, 2011.

[8] 同[5]。

[9] Socher R, et al. Semi-supervised Recursive Autoencoders for Predicting Sentiment Distributions[C]//Proceedings of the Conference on Empirical Methods in Natural Language Processing. Association for Computational Linguistics, 2011.

方法的核心思想是采用无监督的 RAE 方法学习得到句子的特征结构,使用有监督方法学习得到语料所对应的情感极性,不仅预测结果更为准确,同时无须考虑情感词典与分词,并且不局限于正负两种情感倾向的判别,情感标签更为复杂和多元化。他还在之后的研究中提出了 Matrix-Vector RNN(recursive neural network)模型,能够更好地理解句子中较长短语的组成含义以及否定语义[1]。虽然该模型在情感分析中的应用更为有效,但其所包含的参数量较大,且对词典规模有较大的依赖,计算量相当庞大。因此,Socher 又提出了 RNTN(recursive neural tensor network)方法,引入张量进行坐标变换,以实现整体参数数量的减少[2]。相比于 RNN 模型与 Matrix-Vector RNN 模型,RNTN 方法在情感倾向分类、细粒度情感分析以及否定语义判断等多方面效果更佳。除此之外,作为深度学习模型中最为常见的模型,深度信念网络(deep belief network,DBN)在情感分析的研究中也开始受到越来越多的重视。Tang 等人运用 DBN 模型对带有表情图的微博数据进行了情感分析[3]。结合 DBN 模型所得的句子表征以及其他基本特征,如标点符号、情感词、拟声词等,其准确率相对其他模型要高出不少。Zhou 等人提出了一项集主动学习、半监督学习与 DBN 于一体的方法,将主动学习方法的选择能力与深度学习模型的分类能力整合在一起,运用于情感分析领域[4]。实验结果表明,相比于传统的机器学习方法 SVM 与深度信念网络模型,该方法的情感分类准确率更高。在随后的研究工作中,他们还对该方法进行了多种方式的优化,如在 DBN 中加入卷积限制玻尔兹曼机(convolutional restricted Boltzmann machine,CRBM)[5],以及将模糊集分类函数引入到深度信念网络的输出层[6],运用相同的模型训练方法,均取得了更好的分类效果。

---

[1] Socher R,et al. Semantic Compositionality Through Recursive Matrix-vector Spaces[C]//Joint Conference on Empirical Methods in Natural Language Processing and Computational Natural Language Learning,2012.

[2] Socher R, et al. Recursive Deep Models for Semantic Compositionality Over a Sentiment Treebank[C]//Proceedings of the Conference on Empirical Methods in Natural Language Processing (EMNLP). Citeseer,2013.

[3] Tang D,et al. Learning Sentence Representation for Emotion Classification on Microblogs,in Natural Language Processing And Chinese Computing[C]//NIPCC 2013,G. Zhou,et al. Editors,2013: 212-223.

[4] Zhou S S,Chen Q C,Wang X L. Active Deep Learning Method for Semi-supervised Sentiment Classification[J]. Neurocomputing,2013,120: 536-546.

[5] Zhou S S,Chen Q C,Wang X L. Active Semi-supervised Learning Method with Hybrid Deep Belief Networks[J]. Plos One,2014,9(9).

[6] Zhou S S,Chen Q C,Wang X L. Fuzzy Deep Belief Networks for Semi-supervised Sentiment Classification[J]. Neurocomputing,2014,131: 312-322.

相比于情感倾向判别,深度学习在词语表征学习领域的应用更为广泛。早在 1986 年,Hinton 就提出了向量表征(distributed representation)的概念①。虽然尚未涉及对词向量(word vectors)的训练与学习,但是却为后续相关研究奠定了坚实的理论基础。随后,各类基于统计的语言模型开始出现并取得了不错的应用效果,但仍然存在维数灾难、词语相似性难以表达、模型泛化能力较差等相关问题。Bengio 所提出的神经网络语言模型在一定程度上解决了这些不足②。其基本思想是通过对模型的不断训练与优化,从语料中学习出一定上下文内的语义和语法信息,使得语料库中的每个单词获取一个分布式表示,不仅去除了维度灾难,还可以让模型能够了解语义相近的句子的数量。此后,随着对各类语言模型的研究不断深入,基于 Mikolov 等人的研究③④⑤,2013 年 Google 公司开发了一款深度学习模型 Word2vec。该模型可以根据给定的语料库,通过不断优化训练模型的方式获取语料库中每个词语的向量表达形式,发现词与词之间的语义相关性。Word2vec 的出现,有效地推动了自然语言处理领域相关研究的发展。Wolf 等人将 Word2vec 模型运用在多语言词向量表征的研究中⑥。他们发现,使用 Word2vec 训练所得到的词向量,不仅能够消除词的歧义,同时在词语的聚类和分类中有良好的应用。在情感分析领域,Word2vec 既可以通过扩展情感词典来使情感的计算与分析更为准确⑦,也可以作为特征选择与提取的计算方法,来实现对文本情感倾向的判别⑧。Bai 等人在运用 Word2vec 将语料中的所有词转换为词向量后,

---

① Hinton G E. Learning Distributed Representations of Concepts[C]//Proceedings of the Eighth Annual Conference of the Cognitive Science Society. Amherst, MA, 1986.

② Bengio Y, et al. A Neural Probabilistic Language Model[J]. The Journal of Machine Learning Research, 2003, 3: 1137-1155.

③ Mikolov T, et al. Distributed Representations of Words and Phrases and Their Compositionality[J]. Advances in Neural Information Processing Systems, 2013.

④ Mikolov T, et al. Efficient Estimation of Word Representations in Vector Space[J]. arXiv preprint arXiv: 1301.3781, 2013.

⑤ Mikolov T, Le Q V, Sutskever I. Exploiting Similarities among Languages for Machine Translation[J]. arXiv preprint arXiv: 1309.4168, 2013.

⑥ Wolf L, et al. Joint Word2vec Networks for Bilingual Semantic Representations[J]. Int. J. Comput. Linguistics Appl., 2014, 5(1): 27-42.

⑦ Bai X, Chen F, Zhan S. A Study on Sentiment Computing and Classification of Sina Weibo with Word2vec[C]//2014 IEEE International Congress on Big Data, 2014.

⑧ Zhang D, et al. Chinese Comments Sentiment Classification Based on Word2vec and SVMperf[J]. Expert Systems with Applications, 2015, 42(4): 1857-1863.

使用基于 SO-PMI 方法[①]所改进的 SO-SD 算法与 Hownet 情感词典,通过计算语料中各个词与情感词之间的语义距离,判断词的情感倾向,构建微博情感词典[②]。随后,基于所构建的微博情感词典,结合语料的副词、感叹词、否定词以及表情图标等基本特征,对微博的情感倾向进行分类。其结果表明情感强度越高的微博,分类效果越好。Zhang 等人则运用 Word2vec 筛选获取特征词,作为情感分类模型的输入特征[③]。首先对语料文本进行词频统计,将词频大于 5 的词作为候选特征。随后,根据 Word2vec 所训练得到的各个词的词向量,结合情感词典中情感词及对应权重,通过计算语义余弦距离的方法来获取特征词,并将这些特征词以及通过词性来筛选得到的其他特征词作为模型输入,运用 SVM 算法能够取得较高的分类准确率。

利用 Word2vec 词向量对短篇推文进行分析能够取得不错的效果,因为一个短篇推文总共只有十几个单词,在分析的时候可以打乱词的顺序,即使将词进行平均化处理也可以保持其相关性。而当我们开始分析段落数据时,如果忽略上下文和单词的顺序信息,就会丢掉很多重要信息,此时有学者基于 Word2vec 提出 Doc2vec 来创建输入信息。

Doc2vec,或称 Paragraph2vec,sentence embeddings,是 Google 的 Quoc Le 和 Tomas Mikolov 在 2014 年提出的一种非监督式学习算法,可以获得词语、段落、文章的向量表达,是 Word2vec 方法的拓展,得到的向量可以通过计算距离来找出词语、段落、文章之间的相似性,可以用于文本聚类,对于有标签的数据,还可以用监督学习的方法进行文本分类,例如情感分析[④]。

Doc2vec 方法的主要步骤如下。

(1) 训练模型:在训练数据中得到词向量、相关参数以及句子向量、段落向量。

(2) 推断过程:对于新的段落,得到其向量的表达。具体通过在矩阵中添加更多的列,再进行训练,使用梯度下降的方法得到新的段落的向量表达。

---

① Turney P D. Thumbs up or Thumbs Down?: Semantic Orientation Applied to Unsupervised Classification of Reviews [C]//Proceedings of the 40th Annual Meeting on Association for Computational Linguistics. 2002. Association for Computational Linguistics. 2002.

② Bai X, Chen F, Zhan S. A Study on Sentiment Computing and Classification of Sina Weibo With Word2vec[C]//2014 IEEE International Congress on Big Data, 2014.

③ Zhang D, et al. Chinese Comments Sentiment Classification Based on Word2vec and SVMperf [J]. Expert Systems with Applications, 2015, 42(4): 1857-1863.

④ Le Q, Mikolov T. Distributed Representations of Sentences and Documents[C]//International Conference on Machine Learning, 2014.

在模型训练中,训练句子向量的方法与训练词向量的方法非常类似。训练词向量的核心思想是根据每个单词的上下文进行预测,即上下文的单词对是有影响的,同理,可以采用相同的训练方法训练 Doc2vec 模型,如图 8-2 所示。

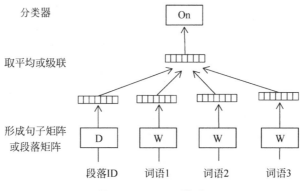

图 8-2　Doc2vec 模型

每个句子或者段落都被映射到向量空间中,可以用矩阵的一列表示。每个单词同样被映射到向量空间中,可以用矩阵的一行表示。然后将句子或者段落向量和词向量级联或求平均得到特征,预测句中的下一个单词。这个句子或者段落向量也可以认为是一个单词,作用相当于是上下文的记忆单元或者这个段落的主题,所以也称这个方法为段落向量的分布式记忆模型(distributed memory model of paragraph vectors,PV-DM)。通常在训练的时候需要固定上下文的长度,用滑动窗口的方法来产生训练集,句子或段落向量在该文章的上下文中共享。近年来,有越来越多的学者开始关注使用 Doc2vec 模型进行情感分析的相关研究工作[1][2][3][4][5]。

---

[1] Lee S,Jin X,Kim W. Sentiment Classification for Unlabeled Dataset Using Doc2vec with Jst [C]//Proceedings of the 18th Annual International Conference on Electronic Commerce:e-Commerce in Smart Connected World. ACM,2016.

[2] Lee H,Yoon Y. Engineering Doc2vec for Automatic Classification of Product Descriptions on O2O Applications[J]. Electronic Commerce Research,2018,18(3):433-456.

[3] Araque O,et al. Enhancing Deep Learning Sentiment Analysis with Ensemble Techniques in Social Applications[J]. Expert Systems With Applications,2017,77:236-246.

[4] Zhang W,et al. Collaborative Multi-level Embedding Learning from Reviews for Rating Prediction [C]//Proceedings of the Twenty-Fifth International Joint Conference on Artificial Intelligence(IJCAI-16),2016.

[5] Avinash M,Sivasankar E. A Study of Feature Extraction Techniques for Sentiment Analysis [M]. Emerging Technologies in Data Mining and Information Security,Springer 2019:475-486.

### 8.1.6 情感分析的相关应用

互联网上的评论信息呈爆炸式增长,使得情感信息在企业分析消费者对产品的情感和态度以改进产品、促进营销等方面产生了巨大价值。目前情感分析主要应用于以下几个方面[①]。

#### 1. 用户评论分析与用户决策

这是目前情感分析技术应用最为频繁的场景。人们在网上购买商品时,总会查看相关的在线评论来辅助自己作出决策,但由于消费者没有足够的时间或者精力去浏览全部的评论信息,导致在线购物具有风险性。而情感分析技术就能解决这一问题,可以爬取线上大量的评论信息作为分析的原始数据,挖掘出其主要的产品属性和评价词语,通过统计和归纳,为用户提供该产品的各个属性的评价意见,辅助用户作出最终购物决策。

#### 2. 舆情监控

由于网络具有开放性、随意性、虚拟性等特征,越来越多的网民乐意通过这种渠道来发表自己的观点,逐渐成为舆情话题产生和传播的主要场所。网络信息和社会信息的交融对社会甚至国家的治安都有重要影响,因此需要社会管理者对这些舆论进行反馈。依靠情感分析技术可以自动对网络中的舆情信息进行监控,虽然在此方面的研究成果尚且不多,但这也将成为一个有价值的应用场景。

#### 3. 信息预测

网络使得新发生的事件和对某个事件的热议迅速发布到人群中,进而左右着人们的思维和行动,例如在金融市场上,人们对某只股票的热议在很大程度上会左右其他股民的行为;国外总统的大选,参选者也希望通过汇总选民的网络言论来预测自己是否有希望当选。因此信息预测显得非常重要。情感分析技术就可以帮助用户通过对互联网的新闻、帖子等信息进行分析,进而预测某一时间的未来状况。

---

① 赵妍妍,秦兵,刘挺. 文本情感分析[J]. 软件学报,2010,21(8): 1834-1848.

## 8.2 主题模型

### 8.2.1 主题模型的基本概念

利用自然语言处理技术进行文本分析时,往往需要判断文本之间的相似性。传统的方法如 TF-IDF 等,其算法思想是通过计算两个文本中共同出现的单词数的多少来衡量文本的相似程度。这些方法无法挖掘词语背后的语义关联,容易将那些共用词汇虽少但语义上关系紧密的文本判断为相似程度低的文本。进行复杂语义环境下的文本分析与挖掘,主题模型是一类很好的工具[①]。

在自然语言处理中,"主题"可以看作词项(词语)的概率分布,描述同一主题的词项往往以较大概率同时出现。而主题模型就是一种模拟文档生成过程,通过参数估计来发现文档隐含的主题的机器学习模型[②]。假定每一个文档都是以一定的概率选中某个主题,而每一个主题又是以一定的概率选择特定的词项,那么给定一个文档,该文档中出现某个词汇的概率的计算公式如下

$$p(词项|文档) = \sum_{主题} p(词项|主题) \times p(主题|文档) \quad (8-3)$$

用矩阵来表示式(8-3),即如图 8-3 所示。

**图 8-3 主题模型的矩阵表示**

图 8-3 中,"文档—词项"矩阵表示每个文档中所有词语出现的频率,"主题—词项"矩阵表示每个主题下所有词语出现的频率,"文档—主题"矩阵表

---

① Blei D M, Lafferty J D. Topic Models, in Text Mining: Classification, Clustering, and Applications [M]. Srivastava A, Sahami M. Editors. Taylor & Francis Group: Boca Raton, FL, 2009: 71-93.

② Blei D M. Probabilistic Topic Models[J]. Communications of the ACM, 2012, 55(4): 77-84.

# 第 8 章
情感分析与主题建模：理解复杂语义

示每个文档中的若干主题出现的频率。主题模型的目标即为通过左边矩阵的训练学习，得出右边的两个矩阵。

主题模型的起源是 Deerwester 等学者于 20 世纪 90 年代初提出的潜在语义索引（latent semantic indexing，LSI），也称潜在语义分析[1][2]。但潜在语义索引并不是概率模型，因此算不上真正的主题模型。尽管如此，它的出现还是为主题模型的发展奠定了基础。1999 年，Thomas Hofmann 在 LSI 的基础上提出了概率潜在语义索引（probabilistic latent semantic indexing，pLSI）模型，也称概率潜在语义分析（probabilistic latent semantic analysis，pLSA）模型[3]。而后在 2003 年被提出的潜在狄利克雷分配模型较之 pLSI 则是更为完全的概率生成模型[4]。近几年来，随着文本分析任务种类的不断涌现，基于 LDA 扩展改进的概率主题模型也越来越多[5][6][7][8][9][10]。

---

[1] Furnas G W, et al. Information Retrieval Using a Singular Value Decomposition Model of Latent Semantic Structure[C]//Proceedings of the 11th Annual International ACM SIGIR Conference on Research and Development in Information Retrieval, ACM: Grenoble, France, 1988: 465-480.

[2] Deerwester S, et al. Indexing by Latent Semantic Analysis[J]. Journal of the American Society for Information Science, 1990, 41(6): 391-407.

[3] Hofmann T. Probabilistic Latent Semantic Indexing[C]//Proceedings of the 22nd Annual International ACM SIGIR Conference on Research and Development in Information Retrieval. ACM: Berkeley, California, USA, 1999: 50-57.

[4] Blei D M, Ng A Y, Jordan M I. Latent Dirichlet Allocation[J]. The Journal of Machine Learning Research, 2003, 3: 993-1022.

[5] Perina A, et al. Biologically-aware Latent Dirichlet Allocation(BaLDA) for the Classification of Expression Microarray[M]. Pattern Recognition in Bioinformatics, T H Dijkstra, et al., Editors. Springer Berlin Heidelberg, 2010: 230-241.

[6] Moghaddam S, Ester M. ILDA: Interdependent LDA Model for Learning Latent Aspects and Their Ratings from Online Product Reviews[C]//Proceedings of the 34th International ACM SIGIR Conference on Research and Development in Information Retrieval. ACM: Beijing, China, 2011: 665-674.

[7] Qingqiang W, et al. LDA-based Model for Topic Evolution Mining on Text[C]//The 6th International Conference on Computer Science & Education(ICCSE 2011), 2011.

[8] Wang Y, Agichtein E, Benzi M. TM-LDA: Efficient Online Modeling of Latent Topic Transitions in Social Media[C]//Proceedings of the 18th ACM SIGKDD International Conference on Knowledge Discovery and Data Mining. ACM: Beijing, China, 2012: 123-131.

[9] Zhang C, Sun J. Large Scale Microblog Mining Using Distributed MB-LDA[C]//Proceedings of the 21st International Conference Companion on World Wide Web. ACM: Lyon, France, 2012: 1035-1042.

[10] Zhai C, Peng J. Mining Latent Features from Reviews and Ratings for Item Recommendation[C]//2016 International Conference on Computational Science and Computational Intelligence(CSCI), 2016.

## 8.2.2 主题模型的组成部分

一个完整的主题模型通常包含模型的基本假设、输入、表示、参数估计和新样本推断五个部分[①]。其中,主题模型的基本假设和输入对于大部分主题模型来说都是相同或类似的,因此在以下各小节具体介绍时将不再赘述。而由于不同的主题模型在模型的表示、参数估计和新样本推断中都有所不同,因此后续具体的主题模型中将分别重点介绍下面这三方面内容。

### 1. 主题模型的基本假设

基础的主题模型的重要基本假设是词袋(bag of words)假设,即一篇文档中词项出现的顺序可以相互交换而不影响模型训练的结果,也被称为主题模型的"可交换性(exchangeability)"假设。可交换性假设并不等同于随机变量独立同分布的假设;相反,可交换性本质上可以被解释为"条件独立且分布相同",其中的条件是与概率分布的潜在隐参数有关的,可以简单理解为与顺序无关,这点也可以从下文"主题模型的表示"的式(8-4)中的似然函数里看出。但要注意的是,在 LDA 模型的一些扩展、派生模型中,可交换性假设并不一定成立。

### 2. 主题模型的输入

主题模型的主要输入是文档矩阵,由上述的"可交换性假设"可知,该输入矩阵等价于"词项—文档"矩阵。表 8-1 所示为一个"词项—文档"矩阵的实例。

表 8-1 "词项—文档"矩阵实例

| 词项\文档 | $d_1$ | $d_2$ | $d_3$ | $d_4$ | $d_5$ | $d_6$ |
|---|---|---|---|---|---|---|
| 天空 | 4 | 0 | 0 | 1 | 1 | 0 |
| 海洋 | 1 | 0 | 3 | 1 | 1 | 1 |
| 夏天 | 0 | 2 | 1 | 0 | 0 | 1 |
| 波浪 | 1 | 0 | 0 | 0 | 0 | 0 |
| 冲浪 | 0 | 1 | 0 | 2 | 2 | 0 |

---

① Blei D M, Lafferty J D. Dynamic Topic Models[C]//Proceedings of the 23rd International Conference on Machine Learning. ACM: Pittsburgh, Pennsylvania, 2006: 113-120.

从该矩阵中可以看出,整个语料共包括 6 篇文档,每篇文档可能出现的词项有 5 个,矩阵中的数字表示该词项在对应文档中出现的次数。如在文档 $d_3$ 中,词项"海洋"出现了 3 次,词项"夏天"出现了 1 次。

主题模型中另一个重要的输入是主题个数 $K$,$K$ 的大小通常在模型训练前依照一定的经验事先设定。寻找最优 $K$ 的简单方法是用不同的 $K$ 进行重复实验,在诸如困惑度等评价指标最优时认为此时的 $K$ 就是模型主题数目的最佳选择。

### 3. 主题模型的表示

主题模型的表示有图模型和生成过程两种。以潜在狄利克雷分配(LDA)模型为例,图 8-4 所示为 LDA 模型的图模型表示。

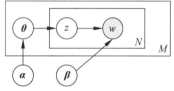

图 8-4 LDA 模型的图模型表示①

方框表示其中的内容重复进行,右下角的 $M$、$N$ 表示重复的次数;灰色节点表示观测值,空心节点表示隐含随机变量或者参数,箭头代表依赖关系。$\alpha$ 是 $\theta$ 的超参数,$\beta$ 是 $K \times V$ 的参数集合,其中 $K$ 是主题个数,$V$ 是词项个数,$\beta$ 中的每一行代表一个主题中词项的概率分布;$\theta$ 表示某一文档的主题概率分布,共 $M$ 个,$M$ 是文档的个数。$w$ 是单词,$z$ 是 $w$ 的主题标号。

图 8-5 为 LDA 模型中文档的生成过程。LDA 按照如图所示的过程生成一篇文档,重复 $M$ 次则生成整个语料。

> (1) 对一个文档选择主题概率分布:$\theta \sim p(\theta/\alpha)$。
> (2) 对一个文档中的每一个单词重复以下过程:
> ① 选择一个主题 $z \sim p(z|\theta)$;
> ② 生成一个单词 $w \sim p(w|z,\theta)$。

图 8-5 LDA 模型中文档的生成过程

### 4. 主题模型的参数估计

主题模型中最重要的两组参数分别是"文档的主题概率分布"和"各主题

---

① Blei D M, Ng A Y, Jordan M I. Latent Dirichlet Allocation[J]. The Journal of Machine Learning Research,2003,3:993-1022.

下的词项分布"。而主题模型最核心的功能就是在已知文档集的情况下,通过参数估计得到以上两组参数值,这些参数值就是整个训练过程要输出的结果。以 LDA 模型为例,根据图模型可以得到语料概率值为

$$p(D\mid\boldsymbol{\alpha},\boldsymbol{\beta})=\prod_{d=1}^{M}\int p(\boldsymbol{\theta}_d\mid\boldsymbol{\alpha})\Big(\prod_{n=1}^{N_d}\sum_{z_{dn}}p(z_{dn}\mid\boldsymbol{\theta}_d)p(w_{dn}\mid z_{dn},\boldsymbol{\beta})\Big)\mathrm{d}\boldsymbol{\theta}_d$$

(8-4)

其中,$D$ 表示整个语料,即所有文档的集合;$N_d$ 表示第 $d$ 篇文档的长度;$\boldsymbol{\theta}_d$ 表示第 $d$ 篇文档的主题概率分布;$w_{dn}$ 表示第 $d$ 篇文档的第 $n$ 个单词;$z_{dn}$ 表示 $w_{dn}$ 主题。该函数以 $\boldsymbol{\alpha}$ 和 $\boldsymbol{\beta}$ 作为参数,通过目标函数进行最大化来估计 $\boldsymbol{\alpha}$ 和 $\boldsymbol{\beta}$ 的值。

5. 主题模型的新样本推断

主题模型训练完成后,便可以利用主题模型进行新样本的推断,即把一个以词项空间表示的文档变换到低维的主题空间上,得到该文档的主题概率分布。新样本推断不仅可以针对新样本,还可以针对查询,应用于信息检索中。

### 8.2.3　潜在语义索引

潜在语义索引是一种通过奇异值分解(singular value decomposition, SVD)获得文档中的词项与主题之间关系的索引和获取方法[1]。而奇异值分解又与主成分分析(principal component analysis, PCA)密切相关,因此在介绍潜在语义索引方法之前,本节将先简单介绍主成分分析和奇异值分解的原理。

1. 主成分分析

主成分分析方法用于将高维向量变换到低维空间中,且保证低维空间中的各个维度不相关。假设有 $m$ 条 $n$ 维数据,其算法步骤如下。

(1) 将原始数据按列组成 $n$ 行 $m$ 列矩阵 $\boldsymbol{X}$。

(2) 将 $\boldsymbol{X}$ 的每一行(代表一个属性字段)进行零均值化,即减去这一行的

---

[1] Deerwester S, et al. Indexing by Latent Semantic Analysis[J]. Journal of the American Society for Information Science,1990,41(6):391-407.

均值。

（3）求出协方差矩阵 $C = \frac{1}{m} XX^T$。

（4）求出协方差矩阵的特征值和对应的特征向量。

（5）将特征向量按照对应特征值大小从上到下按行排列成矩阵，取前 $k$ 行组成矩阵 $P$。

（6）$Y = PX$ 即为降维到 $k$ 维后的数据。

主成分分析的本质是将方差最大的方向作为主要特征，并且在各个正交方向上将数据"离相关"，也就是让它们在不同的正交方向上没有相关性。这一思想在 LSI 中体现为：后者的算法中也需要构造原坐标间的相似度矩阵，通过特征向量对样本进行变换，新的坐标空间中各个坐标间统计不相关，且新空间的维度一般远小于原空间的维度。

### 2. 奇异值分解

奇异值分解是一种适用于任意矩阵的分解方法：$A = U\Sigma V^T$。假设 $A$ 是一个 $m \times n$ 矩阵，则 $U$ 是一个 $m \times m$ 的方阵，$U$ 中的向量是正交的，称为左奇异向量；$\Sigma$ 是一个 $m \times n$ 的对角阵，矩阵中对角线上的元素为奇异值；$V^T$ 是一个 $n \times n$ 的方阵，$V$ 中的向量也是正交的，称为右奇异向量（具体见图 8-6）。

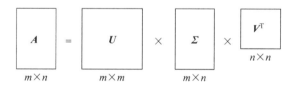

图 8-6 奇异值分解

奇异值、左奇异向量、右奇异向量的计算方法如下。

将一个矩阵 $A$ 的转置矩阵乘以矩阵 $A$，将得到一个方阵，用这个方阵求特征值可以得到：$(A^T A) v_i = \lambda_i v_i$，这里得到的 $v_i$ 就是上面所说的右奇异向量。此外还可以得到：$\sigma_i = \sqrt{\lambda_i}$，$u_i = \frac{1}{\sigma_i} A v_i$，这里的 $\sigma_i$ 和 $u_i$ 分别是上面所说的奇异值和左奇异向量。

奇异值 $\sigma$ 与特征值类似，在矩阵 $\Sigma$ 中也是从大到小排列，而且 $\sigma$ 减少得很快。通常情况下，前 10% 甚至前 1% 的奇异值之和就已占所有奇异值之和的

99%以上。也就是说,我们可以用前 $k$ 大的奇异值来近似描述矩阵 $A$,$k$ 是一个远小于 $m$ 和 $n$ 的数。

$$A_{m\times n} \approx U_{m\times k} \sum_{k\times k} V^{\mathrm{T}}_{k\times n} \qquad (8\text{-}5)$$

上述矩阵乘法可以表示成图 8-7。

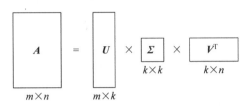

图 8-7 奇异值分解矩阵

右边的三个矩阵相乘的结果将会是一个接近于 $A$ 的矩阵,这里 $k$ 越接近于 $n$,则相乘的结果越接近于 $A$。而这三个矩阵的面积之和(从存储观点来说,矩阵面积越小,存储量就越小)要远远小于原始的矩阵 $A$,如果想要压缩空间来表示原矩阵 $A$,只要存下这里的三个矩阵 $U$、$\Sigma$、$V$ 即可。

## 3. 奇异值与潜在语义索引

潜在语义索引使用奇异值分解(SVD)来对"词项—文档"矩阵进行分解,其本质就是把每个特征映射到一个更低维的子空间。通常无论使用哪一种降维方法,都会造成信息损失,影响后续分类或聚类的准确性。所以降维的目的是希望在可接受的信息损失范围内大大提高运行效率、节省内存空间。

前文中 SVD 用 $k$ 个奇异值近似描述矩阵 $A$:$A_{m\times n} \approx U_{m\times k} \Sigma_{k\times k} V^{\mathrm{T}}_{k\times n}$,将此式引申到 LSI 中,就不难理解 LSI 的算法原理。

输入的"词项—文档"矩阵 $A_{m\times n}$ 有 $m$ 个词项,对应 $n$ 个文档。矩阵中的元素 $A_{ij}$ 对应第 $i$ 个词项的第 $j$ 个文档的特征值,这里最常用的是基于预处理后的标准化 TF-IDF 值。$k$ 是模型训练前设定的主题数,通常要小于文本数 $n$。经过奇异值分解后,$U_{il}$ 对应第 $i$ 类词中第 $l$ 个词项的重要性(或者说相关性),数值越大越相关;$V_{jm}$ 对应第 $j$ 个文档和第 $m$ 个主题的相关度;$\Sigma_{lj}$ 对应第 $l$ 个词项与第 $j$ 个文档之间的相关度。这样经过一次 SVD,我们就可以同时完成近义词分类和文档分类,并且得到每类文档和每类词的相关性。以上就是 LSI 的精髓内容。

## 8.2.4 概率潜在语义索引

尽管基于奇异值分解的潜在语义索引取得了一定的成功,但是其缺乏严谨的数理统计基础,且算法复杂耗时,因此 Hofmann 于 1999 年提出了基于概率统计的概率潜在语义索引,并且采用期望最大化算法来学习模型参数①。

### 1. 模型表示

pLSI 的概率图模型如图 8-8 所示。

图 8-8　pLSI 的概率图模型

其中,$D$ 表示文档;$Z$ 表示主题;$W$ 表示单词;$p(d_i)$ 表示单词出现在文档 $d_i$ 中的概率;$p(z_k|d_i)$ 表示文档 $d_i$ 中出现主题 $z_k$ 下的单词的概率;$p(w_j|z_k)$ 表示给定主题 $z_k$ 出现单词 $w_j$ 的概率。上述所有主题在全部词项均服从多项分布,所有文档在全部主题上也均服从多项分布。

pLSI 的文档生成过程如下。

(1) 以 $p(d_i)$ 的概率选中一个文档。

(2) 以 $p(z_k|d_i)$ 的概率选中该文档中的一个主题。

(3) 以 $p(w_j|z_k)$ 的概率选中该主题下的一个单词。

可以直接观察到的是文档和词项,即上述过程中的 $(d_i, w_j)$ 数据对,而 $z_k$ 是一个隐含变量。$(d_i, w_j)$ 的联合分布为

$$p(d_i, w_j) = p(d_i) p(w_j \mid d_i) \tag{8-6}$$

$$p(w_j \mid d_i) = \sum_{k=1}^{K} p(w_j \mid z_k) p(z_k \mid d_i) \tag{8-7}$$

其中,$p(w_j|z_k)$ 和 $p(z_k|d_i)$ 分别对应了两组多项分布,这两组分布的参数正是需要估计的。下文将给出使用 EM 算法估计 pLSI 参数的详细推导过程。

---

① Hofmann T. Probabilistic Latent Semantic Indexing[C]//Proceedings of the 22nd Annual International ACM SIGIR Conference on Research and Development in Information Retrieval. ACM: Berkeley,California,USA,1999: 50-57.

## 2. 参数估计

(1) EM 算法。常用的参数估计方法有最大似然估计、贝叶斯估计等,但在 pLSI 中,若试图用最大似然估计来进行参数估计,所得方程的自变量将包含在对数和中,求解起来非常困难,因此对于这种包含"隐含变量"或"缺失数据"的概率模型参数估计问题,需要采用期望最大化算法来求解。EM 算法是 Dempster 等人于 1977 年提出的,它是一种对具有隐含变量或缺失数据的概率模型寻找最大似然估计的一般性方法[①]。该算法通过迭代不断修改模型参数直至达到局部最优点,即每次都用现有的模型推断隐含变量的后验概率分布,然后对参数重新估计得到一个新的模型,如此反复直至满足终止条件。EM 的算法步骤如下。

① E 步骤:求隐含变量在当前估计的参数条件下的后验概率。

② M 步骤:最大化完备数据(complete data)对数似然函数的期望值,这一步使用 E 步骤里计算的隐含变量的后验概率,得到新的参数值。

在此有必要解释何为不完备数据(incomplete data)和完备数据:当原始数据的似然函数很复杂时,需要通过增加隐含变量来增强原始数据,即将不完备数据转换成完备数据,由于后者的似然函数更加简单,方便求取极大值。所以可以通过最大化完备数据的似然函数期望值来最大化不完备数据的似然函数,从而更加简单地求得后者似然函数的最大值。

(2) EM 算法在 pLSI 中的应用。在估计 pLSI 的参数时,在 E 步骤中直接使用贝叶斯公式计算当前参数取值条件下的后验概率,有

$$p(z_k \mid d_i, w_j) = \frac{p(w_j \mid z_k)p(z_k \mid d_i)}{\sum_{l=1}^{K} p(w_j \mid z_l)p(z_l \mid d_i)} \quad (8\text{-}8)$$

假定 E 步骤中所有的 $p(z_k \mid d_i)$ 和 $p(w_j \mid z_k)$ 都是已知的,初始时对其随机赋值,此后的迭代过程中将不断取前一轮 M 步骤中得到的参数值。

在 pLSI 中,不完备数据是能够直接观察的文档和词项,即 $(d_i, w_j)$ 数据对,隐含变量是主题 $z_k$,完备数据是三元数组 $(d_i, w_j, z_k)$,这个三元组的期望计算公式为

---

① Dempster A P, Laird N M, Rubin D B. Maximum Likelihood from Incomplete Data Via the EM algorithm[J]. Journal of the Royal Statistical Society. Series B(methodological), 1977: 1-38.

$$E[\mathcal{L}^c] = \sum_{i=1}^{N}\sum_{j=1}^{M}n(d_i,w_j)\sum_{k=1}^{K}p(z_k\mid d_i,w_j)\log[p(w_j\mid z_k)p(z_k\mid d_i)] \tag{8-9}$$

需要注意的是，式(8-9)中的 $p(z_k|d_i,w_j)$ 取的是 E 步骤中的估计值，所以是已知的。

接下来的期望值最大化是一个多元函数求极值的问题，通常用拉格朗日乘数法，拉格朗日乘数法能够将条件极值问题转化成无条件极值问题。在 pLSI 中目标函数就是 $E[\mathcal{L}^c]$，约束条件如下

$$\sum_{j=1}^{M}p(w_j\mid z_k)=1 \tag{8-10}$$

$$\sum_{k=1}^{K}p(z_k\mid d_i)=1 \tag{8-11}$$

据此可得拉格朗日函数为

$$H = E[\mathcal{L}^c] + \sum_{k=1}^{K}\tau_k\left(1-\sum_{j=1}^{M}p(w_j\mid z_k)\right) + \sum_{i=1}^{N}\rho_i\left(1-\sum_{k=1}^{K}p(z_k\mid d_i)\right) \tag{8-12}$$

式(8-12)是关于 $p(z_k|d_i)$ 和 $p(w_j|z_k)$ 的函数，分别对其求偏导数，可以得到

$$\sum_{i=1}^{N}n(d_i,w_j)p(z_k\mid d_i,w_j)-\tau_k p(w_j\mid z_k)=0, \quad 1\leqslant j\leqslant M, 1\leqslant k\leqslant K \tag{8-13}$$

$$\sum_{j=1}^{M}n(d_i,w_j)p(z_k\mid d_i,w_j)-\rho_i p(z_k\mid d_i)=0, \quad 1\leqslant i\leqslant N, 1\leqslant k\leqslant K \tag{8-14}$$

这一步进行过方程两边同时乘以 $p(w_j|z_k)$ 和 $p(z_k|d_i)$ 的变形，联立上面四组方程，即可求解出 M 步骤中通过最大化期望估计出的新的参数值

$$p(w_j\mid z_k) = \frac{\sum_{i=1}^{N}n(d_i,w_j)p(z_k\mid d_i,w_j)}{\sum_{m=1}^{M}\sum_{i=1}^{N}n(d_i,w_m)p(z_k\mid d_i,w_m)} \tag{8-15}$$

$$p(z_k\mid d_i) = \frac{\sum_{j=1}^{M}n(d_i,w_j)p(z_k\mid d_i,w_j)}{n(d_i)} \tag{8-16}$$

求解出方程组之后,使用更新后的参数值,再次进入 E 步骤,计算隐含变量 $z_k$ 在当前估计的参数条件下的后验概率,如此不断迭代,直至满足终止条件。

### 3. 新样本的推断

pLSI 中对于新样本的推断仍然采用 EM 算法,但由于只需得到新样本文档 $d^{new}$ 在主题空间的表达 $p(z|d^{new})$,无须修改 $p(w|z)$,故只要在 EM 算法中的 M 步骤更新 $p(z|d^{new})$ 且保持 $p(w|z)$ 不变。这与 LSI 的处理不同,因为后者在对新样本做降维空间变换时只需要做矩阵运算。

### 4. pLSI 和 LSI 的关系

pLSI 和 LSI 既有相似之处又有明显的差异。如果仅从词项空间向主题空间转换这一角度来看,两者是十分相似的:LSI 中的左奇异向量矩阵 $U$ 对应 pLSI 中的 $p(w_j|z_k)$,右奇异向量矩阵 $V$ 对应 $p(z_k|d_i)$,奇异值矩阵 $\Sigma$ 对应 $\text{diag}(p(z_k))$。但因 LSI 缺乏概率基础,所以 $U$、$V$ 矩阵中的元素可以取负值,而 pLSI 算法中的所有元素均为非负概率值。

两者的差异在于:首先,LSI 不是建立在概率统计基础之上的,因此无法引入不同类型的语义结构和语法角色,整个模型也无法用文档的生成过程来解释;而 pLSI 作为一个生成模型,具有概率基础,易于进行模型扩展。其次,两者的最优化目标函数也不同。LSI 以最优低秩逼近为优化目标函数,而 pLSI 以观测值的似然值为优化目标函数。最后,LSI 通过 SVD 尝试得到的是全局最优解,而 pLSI 得到的只是局部最优解,尽管如此,pLSI 模型的效果通常仍然优于 LSI 模型。

## 8.2.5 潜在狄利克雷分配模型

潜在狄利克雷分配是 2003 年 Blei 等学者提出的概率语言模型[①],该模型在文本分析范畴中的应用是以无监督学习的方法从文本中发现隐含的语义维度,即 "topic" 或 "concept"。潜在语义分析的实质是要利用文本中词项的共现特征来发现文本的主题结构,该方法不需要任何关于文本的背景知识,且

---

① Blei D M, Ng A Y, Jordan M I. Latent Dirichlet Allocation[J]. The Journal of Machine Learning Research, 2003, 3: 993-1022.

能够对"一词多义"和"一义多词"的语言现象建模,使得搜索引擎系统得到的搜索结果与用户的查询在"语义"层面上匹配,而非仅在词项层次上相交。

## 1. 模型表示

LDA是一种文档生成模型,它认为一篇文档是有多个主题的,每一个主题又对应着不同的词项。一篇文档的生成过程是先以一定的概率选择某个主题,然后再在这个主题下以一定的概率选中某个词项,不断重复这个过程,直到生成整篇文章。这里还是假设文档中的词项具有可交换性。LDA的使用正好是上述文档生成的逆过程,即根据一个已经获得的文档,去寻找这个文档的主题以及主题分别对应的词项。

LDA需要提前确定要划分的主题的个数$K$,其算法的输入与输出如下。

(1) 算法输入

① 分词后的文档集合(通常为每个文档一行)。

② 主题数$K$,超参数$\alpha$和$\beta$。

(2) 算法输出

① 每个文档中各个词项被指定的主题的标号。

② 每个文档的主题概率分布。

③ 每个主题下的词概率分布。

④ 程序中词项的id映射表。

⑤ 每个主题下根据词项概率分布排序从高到低得出的前$n$个特征词。

图8-9所示为LDA模型的概率图模型表示。

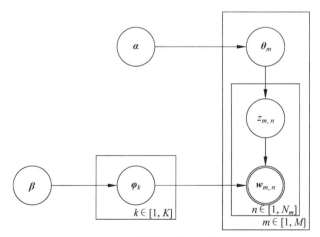

图8-9 LDA模型的概率图模型表示

图 8-9 中 $M$ 是文档数量,$K$ 是主题个数,$N_m$ 是第 $m$ 篇文档中的单词总数。$\alpha$ 是每个文档的主题分布的先验分布 Dirichlet 分布的参数,$\beta$ 是每个主题下的词项分布的先验分布 Dirichlet 分布的参数,这两个参数通常都是事先设定的。$z_{m,n}$ 是第 $m$ 个文档中第 $n$ 个词的主题,$w_{m,n}$ 是第 $m$ 个文档中的第 $n$ 个词。剩下的两个隐含变量 $\boldsymbol{\theta}_m$ 和 $\boldsymbol{\varphi}_k$ 分别表示第 $m$ 个文档下的主题分布与第 $k$ 个主题下的词项分布,前者是 $K$ 维向量,后者是 $V$ 维向量。

给定一个文档集合,$w_{m,n}$ 是可以直接观察到的变量,$\alpha$ 和 $\beta$ 是根据经验事先给定的先验参数,剩下的 $z_{m,n}$,$\boldsymbol{\theta}_m$,$\boldsymbol{\varphi}_k$ 都是未知的隐含变量,也是需要根据观察到的变量来学习和估计的。

LDA 的生成过程表示如图 8-10 所示。

> (1) 对主题采样 $\boldsymbol{\varphi}_k \sim \mathrm{Dir}(\boldsymbol{\beta})$,$k \in [1,K]$。
> (2) 对语料中的第 $m$ 个文档 $m \in [1,M]$:
> ① 采样概率分布 $\boldsymbol{\theta}_m \sim \mathrm{Dir}(\boldsymbol{\alpha})$;
> ② 采样文档长度 $N_m \sim \mathrm{Poiss}(\xi)$。
> (3) 对文档 $m$ 中的第 $n$ 个单词 $n \in [1,N_m]$:
> ① 选择隐含主题 $z_{m,n} \sim \mathrm{Mult}(\boldsymbol{\theta}_m)$;
> ② 生成一个单词 $w_{m,n} \sim \mathrm{Mult}(\boldsymbol{\varphi}_{z_{m,n}})$。

图 8-10　LDA 模型的文档生成过程

## 2. 参数估计

要理解 LDA 的参数估计过程首先要理解随机生成过程,用随机生成过程的观点来看,文本就是一系列服从一定概率分布的词项的样本集合。在 LDA 中,每个文档中词项的主题分布服从多项分布,其先验分布选取共轭先验,即 Dirichlet 分布;每个主题下的词项分布服从多项分布,其先验分布同样选取 Dirichlet 分布。

1) 多项分布和 Dirichlet 分布

多项分布和 Dirichlet 分布是概率语言模型中常用的两大分布,为了更好地理解 LDA 算法的参数估计过程,下面将简单介绍一下这两个分布。

多项分布的分布律如下

$$p(\boldsymbol{n} \mid \boldsymbol{p}, N) = \binom{N}{\boldsymbol{n}} \prod_{k=1}^{K} p_k^{n^{(k)}} \triangleq \mathrm{Mult}(\boldsymbol{n} \mid \boldsymbol{p}, N) \qquad (8\text{-}17)$$

多项分布来自 $N$ 次独立重复实验,每次实验可能出现的结果有 $K$ 种,式(8-17)中 $n$ 为实验结果向量,$N$ 为实验次数,$p$ 为每种实验结果出现的概率组成的向量,这个公式给出了计算每种实验结果出现概率的方法。当式(8-17)中的 $K=2$ 时,即为二项分布。

Dirichlet 分布可以看作"分布之上的分布",其分布律为

$$p(\boldsymbol{p} \mid \boldsymbol{\alpha}) = \mathrm{Dir}(\boldsymbol{p} \mid \boldsymbol{\alpha}) \stackrel{\Delta}{=} \frac{\Gamma\left(\sum_{k=1}^{K}\alpha_k\right)}{\prod_{k=1}^{K}\Gamma(\alpha_k)} \prod_{k=1}^{K} p_k^{\alpha_k-1} \stackrel{\Delta}{=} \frac{1}{\Delta(\boldsymbol{\alpha})} \prod_{k=1}^{K} p_k^{\alpha_k-1}$$

(8-18)

$$\Delta(\boldsymbol{\alpha}) = \frac{\prod_{k=1}^{\dim \alpha} \Gamma(\alpha_k)}{\Gamma\left(\sum_{k=1}^{\dim \alpha} \alpha_k\right)} \tag{8-19}$$

式(8-18)和式(8-19)中,$\boldsymbol{\alpha}$ 是 Dirichlet 分布的参数,通常根据经验事先给定;参数向量 $p$ 是服从分布的参数,称为超参数;$\Delta(\boldsymbol{\alpha})$ 是归一化参数。根据 Dirichlet 分布在 $p$ 上的积分为 1,这一概率基本性质可以得到以下重要公式

$$\int_{p} \prod_{k=1}^{K} p_k^{\alpha_k-1} \mathrm{d}\boldsymbol{p} = \Delta(\boldsymbol{\alpha}) \tag{8-20}$$

这个公式在 LDA 模型的参数估计中经常使用到。

2) 吉布斯采样算法

从上文介绍可知,LDA 模型中有三个未知的隐含变量 $z_{m,n}$,$\boldsymbol{\theta}_m$,$\boldsymbol{\varphi}_k$,需要根据观察到的文档集合中的词项来学习估计。LDA 模型的参数估计方法有变分贝叶斯推断、期望传播、折叠式吉布斯采样(collapsed Gibbs sampling)等①,每种参数估计方法各有利弊,选择一个合适的算法需要在准确性、复杂性、效率和概念间接性之间综合考虑。由于吉布斯采样方法描述简单且更容易实现,因此常在主题模型的参数估计过程中使用,本文也选择了吉布斯采样方法进行介绍。

吉布斯采样②是马尔可夫链蒙特卡洛方法(Markov-chain Monte Carlo,

---

① Blei D M. Probabilistic Topic Models[J]. Communications of the ACM,2012,55(4):77-84.
② Casella G,George E I. Explaining the Gibbs Sampler[J]. The American Statistician,1992,46(3):167-174.

MCMC)算法[1][2]的一个特例,该算法的运行方式是每次选取概率向量的一个维度,在其他维度的变量值不变的情况下对被选中的维度进行采样,不断迭代直至收敛输出待估计的参数。在吉布斯采样算法求解 LDA 模型的过程中,$\alpha$ 和 $\beta$ 是已知的先验输入,我们的目标是要得到 $z_{m,n}$,$w_{m,n}$ 对应的整体 $z$ 和 $w$ 的概率分布,即一个文档中主题的概率分布和一个主题下词项的概率分布。对于要求的目标分布,需要得到对应分布各个特征维度的条件概率分布。在 LDA 模型的参数估计中,文档集合下的词项向量 $w$ 是可以直接观察到的变量,而主题概率分布 $z$ 是未知分布。所以吉布斯采样求解 LDA 的思路就是:先求出 $w$ 和 $z$ 的联合分布 $p(w,z)$,进而求出某个词 $w_i$ 对应的主题 $z_i$ 的条件概率分布 $p(z_i=k|z_{\neg i},w)$,其中 $z_{\neg i}$ 表示去掉下标为 $i$ 的此后的主题分布。有了条件概率分布 $p(z_i=k|z_{\neg i},w)$,就可以进行吉布斯采样,最终在吉布斯采样收敛后得到第 $i$ 个词的主题。当通过采样得到了所有词项的主题之后,就可以通过统计所有词项的主题计数来得到各个主题的词项分布。最后统计各个文档对应词的主题计数,就可以得到每个文档的主题分布。

从上述求解 LDA 的思路中可以看出,得到条件概率 $p(z_i=k|z_{\neg i},w)$ 的表达式是整个算法的关键点,所以接下来的内容将展示这个表达式的求解过程。

3) LDA 解析之一

在图 8-10 中,$\alpha \rightarrow \theta_m \rightarrow z_{m,n}$ 这个过程表示在生成第 $m$ 个文档时,先抽取了一个"文档—主题"骰子 $\theta_m$,然后投掷这个骰子生成了文档中第 $n$ 个词的主题编号 $z_{m,n}$。

$\beta \rightarrow \varphi_k \rightarrow w_{m,n} \leftarrow z_{m,n}$ 这个过程表示从 $k$ 个"主题—词项"骰子 $\varphi_k$ 中挑选编号 $k=z_{m,n}$ 的骰子进行投掷,然后生成词项 $w_{m,n}$。

从前面的介绍中可以知道,LDA 模型也是采用词袋模型,$M$ 个文档对应 $M$ 个独立的 Dirichelet-Multinomial 共轭结构,$K$ 个主题对应 $K$ 个独立的 Dirichelet-Multinomial 共轭结构。

4) LDA 解析之二

前文中所说的 LDA 处理过程整体上来看是逐个文档来进行的,而实际细节处理却更加复杂。文档中的每个词项的生成都要经过两次随机抽取,第

---

[1] Černy V. Thermodynamical Approach to the Traveling Salesman Problem:An Efficient Simulation Algorithm[J]. Journal of Optimization Theory and Applications,1985,45(1):41-51.

[2] Metropolis N. The Beginning of the Monte Carlo Method[J]. Los Alamos Science. Special Issue Dedicated to Stanislaw Ulam,1987:125-130.

一次是投掷"文档—主题"骰子得到主题,第二次是投掷"主题—词项"骰子得到词语,每次生成一个文档中的一个词语时,这两次随机抽取的动作是紧邻轮换进行的。如果整个语料中共有 $N$ 个词项,那么投掷骰子的动作总共要进行 $2N$ 次,轮流投掷"文档—主题"骰子和"主题—词项"骰子。但由于词袋模型中词项之间具有可交换性,所以等价调整 $2N$ 次抛骰子的次序:前 $N$ 次只抛"文档—主题"骰子,得到整个语料中的所有主题,后 $N$ 次只抛"主题—词项"骰子,生成 $N$ 个单词。据此可以得到式(8-21)

$$p(\boldsymbol{w},\boldsymbol{z}\mid\boldsymbol{\alpha},\boldsymbol{\beta})=p(\boldsymbol{w}\mid\boldsymbol{z},\boldsymbol{\beta})p(\boldsymbol{z}\mid\boldsymbol{\alpha})=\prod_{k=1}^{K}\frac{\Delta(\boldsymbol{\varphi}_k+\boldsymbol{\beta})}{\Delta(\boldsymbol{\beta})}\prod_{m=1}^{M}\frac{\Delta(\boldsymbol{\theta}_m+\boldsymbol{\alpha})}{\boldsymbol{\alpha}}$$

(8-21)

5) 用 Gibbs Sampling 进行采样

根据式(8-21)的联合概率分布 $p(\boldsymbol{w},\boldsymbol{z})$,可以使用 Gibbs Sampling 对其进行采样。

语料库主题 $z$ 中的第 $i$ 个主题特征我们记为 $z_i$,其中 $i=(m,n)$ 是一个二维下标,对应于第 $m$ 个文档的第 $n$ 个词,用 $\neg i$ 表示去掉下标为 $i$ 的词。根据 Gibbs Sampling 算法可以知道,需要求解任意一个坐标 $i$ 对应的条件概率分布 $p(z_i=k\mid z_{\neg i},\boldsymbol{w})$。假设已经观测到的词 $w_i=t$,那么由贝叶斯法则可知

$$p(z_i=k\mid\boldsymbol{z}_{\neg i},\boldsymbol{w})\propto p(z_i=k,w_i=t\mid\boldsymbol{z}_{\neg i},\boldsymbol{w}_{\neg i}) \quad (8\text{-}22)$$

由于 $z_i=k,w_i=t$ 只涉及第 $m$ 个文档和第 $k$ 个主题,所以式(8-22)计算中实际上也只会涉及与之相关的两个 Dirichlet-Multinomial 共轭结构,其他的 $M+K-2$ 个 Dirichlet-Multinomial 共轭结构与 $z_i=k,w_i=t$ 是独立的。去掉一个词项并不会改变 $M+K$ 个 Dirichlet-Multinomial 共轭结构,只是某些地方的计数减少而已。所以有

$$p(\boldsymbol{\theta}_m\mid\boldsymbol{z}_{\neg i},\boldsymbol{w}_{\neg i})=\mathrm{Dir}(\boldsymbol{\theta}_m\mid\boldsymbol{n}_{m,\neg i}+\boldsymbol{\alpha}) \quad (8\text{-}23)$$

$$p(\boldsymbol{\varphi}_k\mid\boldsymbol{z}_{\neg i},\boldsymbol{w}_{\neg i})=\mathrm{Dir}(\boldsymbol{\varphi}_k\mid\boldsymbol{n}_{k,\neg i}+\boldsymbol{\beta}) \quad (8\text{-}24)$$

因此,LDA 模型参数估计中最核心的数学公式推导过程为

$$p(z_i=k\mid\boldsymbol{z}_{\neg i},\boldsymbol{w})\propto p(z_i=k,w_i=t\mid\boldsymbol{z}_{\neg i},\boldsymbol{w}_{\neg i})$$
$$=\int p(z_i=k,w_i=t,\boldsymbol{\theta}_m,\boldsymbol{\varphi}_k\mid\boldsymbol{z}_{\neg i},\boldsymbol{w}_{\neg i})\mathrm{d}\boldsymbol{\theta}_m\mathrm{d}\boldsymbol{\varphi}_k$$
$$=\int p(z_i=k,\boldsymbol{\theta}_m\mid\boldsymbol{z}_{\neg i},\boldsymbol{w}_{\neg i})p(w_i=t,\boldsymbol{\varphi}_k\mid\boldsymbol{z}_{\neg i},\boldsymbol{w}_{\neg i})\mathrm{d}\boldsymbol{\theta}_m\mathrm{d}\boldsymbol{\varphi}_k$$
$$=\int p(z_i=k\mid\boldsymbol{\theta}_m)p(\boldsymbol{\theta}_m\mid\boldsymbol{z}_{\neg i},\boldsymbol{w}_{\neg i})p(w_i=t\mid\boldsymbol{\varphi}_k)p(\boldsymbol{\varphi}_k\mid\boldsymbol{z}_{\neg i},\boldsymbol{w}_{\neg i})\mathrm{d}\boldsymbol{\theta}_m\mathrm{d}\boldsymbol{\varphi}_k$$

$$= \int p(z_i = k \mid \boldsymbol{\theta}_m) \mathrm{Dir}(\boldsymbol{\theta}_m \mid \boldsymbol{n}_{m,\neg i} + \boldsymbol{\alpha}) \mathrm{d}\boldsymbol{\theta}_m \cdot p(w_i = t \mid \boldsymbol{\varphi}_k) \mathrm{Dir}(\boldsymbol{\varphi}_k \mid \boldsymbol{n}_{k,\neg i} + \boldsymbol{\beta}) \mathrm{d}\boldsymbol{\varphi}_k$$

$$= \int \theta_{mk} \mathrm{Dir}(\boldsymbol{\theta}_m \mid \boldsymbol{n}_{m,\neg i} + \boldsymbol{\alpha}) \mathrm{d}\boldsymbol{\theta}_m \cdot \int \varphi_{kt} \mathrm{Dir}(\boldsymbol{\varphi}_k \mid \boldsymbol{n}_{k,\neg i} + \boldsymbol{\beta}) \mathrm{d}\boldsymbol{\varphi}_k$$

$$= E(\theta_{mk}) \cdot E(\varphi_{kt})$$

$$= \hat{\theta}_{mk} \cdot \hat{\varphi}_{kt} \tag{8-25}$$

最终得到的 $\hat{\theta}_{mk} \cdot \hat{\varphi}_{kt}$ 就是对应的两个 Dirichlet 后验分布在贝叶斯框架下的参数估计。根据 Dirichlet 参数估计的公式,有

$$\hat{\theta}_{mk} = \frac{n_{m,\neg i}^{(k)} + \alpha_k}{\sum_{k=1}^{K}(n_{m,\neg i}^{(k)} + \alpha_k)} \tag{8-26}$$

$$\hat{\varphi}_{kt} = \frac{n_{k,\neg i}^{(t)} + \beta_t}{\sum_{t=1}^{V}(n_{k,\neg i}^{(t)} + \beta_t)} \tag{8-27}$$

最终可以得到 LDA 模型的 Gibbs Sampling 公式

$$p(z_i = k \mid \boldsymbol{z}_{\neg i}, \boldsymbol{w}) \propto \frac{n_{m,\neg i}^{(k)} + \alpha_k}{\sum_{k=1}^{K}(n_{m,\neg i}^{(k)} + \alpha_k)} \cdot \frac{n_{k,\neg i}^{(t)} + \beta_t}{\sum_{t=1}^{V}(n_{k,\neg i}^{(t)} + \beta_t)} \tag{8-28}$$

有了以上公式,就可以用 Gibbs Sampling 去采样所有词的主题,当 Gibbs Sampling 收敛后,即可得到所有词的采样主题。再利用所有得到的词和主题的对应关系,就可以得到每个文档与主题的分布和每个主题下对应词项的分布。

### 3. 新样本的推断

有了训练学习完的 LDA 模型后,对于任意一个新文档 $d$,只要认为 Gibbs Sampling 公式中的 $\hat{\varphi}_{kt}$ 部分是稳定不变的,由训练语料得到的模型提供,在采样的过程中只需估计该文档的主题分布 $\boldsymbol{\theta}$ 即可。具体算法步骤如下。

(1) 对于当前所给新文档中的每个单词 $w$,随机初始化一个主题编号 $z$。

(2) 使用 Gibbs Sampling 公式,对每一个单词 $w$ 中心采样其所属主题。

(3) 重复以上过程直至 Gibbs Sampling 收敛。

(4) 统计文档中的主题分布,则该分布就是所求分布 $\boldsymbol{\theta}$。

### 4. LDA 和 pLSI 的关系

主题模型从 pLSI 发展到 LDA 是非常自然的。在 LDA 模型中，$p(z|d)$ 和 $p(w|z)$ 被看作随机向量，指定了先验概率分布，而在 pLSI 它们仅被当作参数来估计，所以说 LDA 是比 pLSI 更为彻底的生成模型。也即为，pLSI 是对参数做最大似然估计，而 LDA 是在参数有先验分布的情况下对参数做最大后验估计。有专家称 pLSI 是 LDA 模型在 $\alpha$ 先验为 1 时的最大后验或者最大似然估计，而对于 Dirichlet 分布来说，当 $\alpha$ 为 1 时先验失效，所以此时最大后验估计和最大似然估计等价，因此 pLSI 可以纳入 LDA 模型的框架中[①]。

## 8.2.6 主题模型的测度探索

LDA 建模中的一个关键问题是确定潜在主题 $K$ 的数量，这可能会对建模结果产生影响。尽管一些研究人员已经建议使用 $p$ 值$(w|K)$值[②]或困惑度(perplexity)[③]来评估主题建模，但评估最佳主题数的过程常受到过度拟合问题的干扰[④⑤]。在实践中，作者建议使用 10 折(ten-folds)交叉验证的困惑度来避免可能的过度拟合问题。

困惑度是一种衡量自然语言处理领域(NLP)中语言模型好坏的指标，困惑度在测试数据的可能性中单调递减，并且在代数上等于几何平均每个词的可能性的倒数[⑥]，表示为

$$\text{perplexity}(D_{\text{test}}) = \exp\left\{-\frac{\sum_{m=1}^{M} \log p(\boldsymbol{w}_m)}{\sum_{m=1}^{M} N_m}\right\} \tag{8-29}$$

其中，$w_m$ 表示文本文档 $m$；$N_m$ 表示文档 $m$ 中的单词数。此外，较低的困惑

---

① Girolami M, Kab A. On an Equivalence between pLSI and LDA[C]//Proceedings of the 26th Annual International ACM SIGIR Conference on Research and Development in Information Retrieval. ACM：Toronto, Canada, 2003：433-434.

② Griffiths T L, Steyvers M. Finding Scientific Topics[C]//Proceedings of the National Academy of Sciences of the United States of America, 2004, 101：5228-5235.

③ Blei D M, Ng A Y, Jordan M I. Latent Dirichlet Allocation[J]. The Journal of Machine Learning Research, 2003, 3：993-1022.

④ Blei D M. Probabilistic Topic Models[J]. Communications of the ACM, 2012, 55：77-84.

⑤ 同②。

⑥ 同③。

度分数表示更好的一般效能。

具体而言,为了进行10折交叉验证,先将整个文档数据集随机分成10等份子样本。在这10个子样本中,保留其中一个子样本作为测试模型数据集,其余9个子样本作为训练数据集。然后将交叉验证过程重复10次,每次使用不同的子样本作为测试数据集,即10个子样本均作为一次测试模型数据集。然后对10次交叉验证的困惑度取平均值来评估单个模型的效度。最优主题数可以由困惑度的最低均值确定。

此外,给定主题编号 $K$、文档总数 $M$、每个文档 $N$ 中的平均单词数和采样过程 $T$ 的最大迭代次数,采用 Gibbs 采样的 LDA 建模的时间复杂度(time complexity)为 $O(TKMN)$[1]。当考虑到词汇量大小 $V$ 时,虽然我们需要为 Gibbs 采样中每个文档中的单词特征(不是唯一词)进行潜在分配,意味着 $V<M \cdot N$,但很容易推导出 LDA 模型的时间复杂度,表示为 $O(TKV)$。

举个例子,在语义搜索系统中,为了找到24 000个公共评论文档的"最佳"主题数目,遵循10折交叉验证过程,我们将主题数目从20~400(每个20作为间隔)以获得困惑度变化(perplexity changes)随着主题数量而变化的曲线,如图8-11所示[2]。

图8-11中"测试1"到"测试10"分别表示相应分区样本测试结果,"平均情况"为整个数据集的平均结果。结果表明在大多数情况下,当主题数目在100~200的范围内时,测试1到测试10的困惑度达到相对较低的分数。此外,主题数为140时的均值曲线困惑度达最低点。因此,这些文档的LDA建模的"理论最优"主题数应为140。另外,该模型的词汇量数,即数据预处理后的唯一词的数量为314 305。

### 8.2.7 主题模型的发展趋势

目前,主题模型相关的研究工作大多是对LDA模型进行修改的,或者是将LDA模型作为整个概率模型的一个部件。虽然也存在一些和LDA模型无直接关系的主题模型,但其本质与LDA中的主题大多没有太大区别。

---

[1] Porteous I, Newman D, Ihler A, et al. Fast Collapsed Gibbs Sampling for Latent Dirichlet Allocation[C]//Proceedings of the 14th ACM SIGKDD International Conference on Knowledge Discovery and Data Mining, ACM. 2008:569-577.

[2] Ma Baojun, Zhang N, Liu Guannan, et al. Semantic Search for Public Comments on Urbam Affairs: A Probabilistic Topic Modeling-based Approach[J]. Information Processing & Management, 2016,52(3):430-445.

# 第 8 章
情感分析与主题建模：理解复杂语义

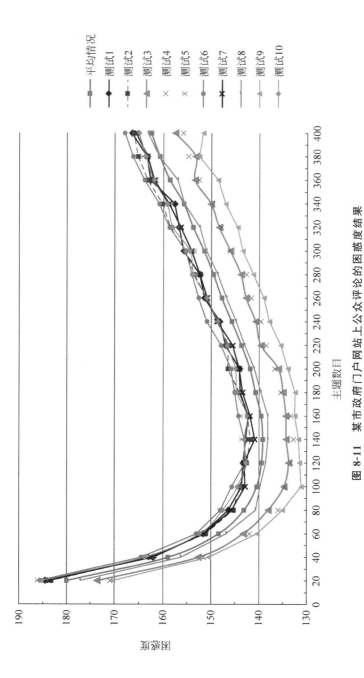

图 8-11 某市政府门户网站上公众评论的困惑度结果

近年来，主题模型的发展有了新的趋势。首先是出现了许多关注主题模型性能的工作，这一趋势预示着主题模型已经不再局限于理论研究阶段，它的实用性得到认可，因此就迫切需要更加高效的训练算法。Nallapati 等学者提出了并行的变分（variational）EM 算法来对训练过程进行加速，以便应用于多处理器和分布式环境①；Asuncion 等人为 LDA 模型和 HDP 模型提出了分布式算法，在保证全局正确性的前提下，各个处理单元能够独立进行 Gibbs 采样②；Hoffman 等人提出了 LDA 模型的在线变分贝叶斯方法（variational Bayesian）③。

另一个较为明显的趋势是主题模型和跨语言的结合，其中一个重要原因是机器翻译本身是自然语言处理的热点，积累了大量的跨语言语料，可供主题模型使用。例如，Ni 等学者提出了一个针对 Wikipedia 的 ML-LDA 模型，该模型适用于跨语言的网络，它能够从跨语言语料中抽取主题，每一个主题均对应多种语言，这使得不同语言的新文档能够用统一的主题来表示④。Mimno 等人提出的 PLTM 模型与上述模型非常相似⑤。由于上述两个模型所使用的语料是文档级对齐的，因此在语料上还有所限制，而 Jagarlamudi 等人提出的 JointLDA 模型突破了这一限制⑥。JointLDA 模型最大的特点是不需要对齐文档，它使用一个双语词典，能够同时对英语和西班牙语语料进行采样，模型训练结束后，每个主题可以是不同语言的混合主题，此模型在跨语

---

① Nallapati R, Cohen W, Lafferty J. Parallelized Variational EM for Latent Dirichlet Allocation: An Experimental Evaluation of Speed and Scalability[C]//Seventh IEEE International Conference on Data Mining Workshops(ICDMW 2007), 2007.

② Asuncion A, Smyth P, Welling M. Asynchronous Distributed Learning of Topic Models[C]//Proceedings of the 21st International Conference on Neural Information Processing Systems, Curran Associates Inc.：Vancouver, British Columbia, Canada, 2008：81-88.

③ Hoffman M D, Blei D M, Bach F. Online Learning for Latent Dirichlet Allocation[C]//Proceedings of the 23rd International Conference on Neural Information Processing Systems-Volume 1. Curran Associates Inc.：Vancouver, British Columbia, Canada, 2010：856-864.

④ Ni X, et al. Mining Multilingual Topics from Wikipedia[C]//Proceedings of the 18th International Conference on World Wide Web. ACM：Madrid, Spain, 2009：1155-1156.

⑤ Mimno D, et al. Polylingual Topic Models[C]//Proceedings of the 2009 Conference on Empirical Methods in Natural Language Processing：Volume 2-Volume. Association for Computational Linguistics：Singapore, 2009：880-889.

⑥ Jagarlamudi J, Daum H. Extracting Multilingual Topics from Unaligned Comparable Corpora[C]//Proceedings of the 32nd European Conference on Advances in Information Retrieval, Springer-Verlag：Milton Keynes, UK, 2010：444-456.

言的信息检索中取得了较好的效果。Boyd-Graber 等人提出的 MuTo 模型与该模型相似[①]。

  各种有新意的工作还有很多,本节就不一一列举。上述所列的这些工作在某种意义上说明了主题模型在深度和广度上仍进行着渗透,体现了主题模型强大的生命力。

---

① Boyd-Graber J,Blei D M. Multilingual Topic Models for Unaligned Text[C]//Proceedings of the Twenty-Fifth Conference on Uncertainty in Artificial Intelligence,AUAI Press:Montreal,Quebec,Canada,2009:75-82.

# 第三部分　分析案例篇

# 第9章
## 基于多智能体的城市群政府合作建模与仿真——嵌入并反馈于一个异构性社会网络[①]

## 9.1 案例背景与理论视角

统筹区域经济建设、促进地区协调发展是我国经济社会发展的重要目标：①中央层面，相继批准了一系列区域发展规划（如《长江中游城市群发展规划》《长江三角洲城市群发展规划》[②]等），并相继批复了多个国家综合配套改革试验区（如武汉城市圈、长株潭城市群"两型社会"试验区等[③]），以创新地方发展模式、促进区域一体化协调发展；②地方层面，不少经济发达地区也出现了基于经济集聚和协同优势的区域自发合作现象[④]（如长三角城市经济协调会、珠三角世界级城市群建设等）；③技术层面，伴随着无线网络技术和移

---

[①] 本章部分研究成果曾在本书作者参与的以下学术论文中发表：孟庆国，罗杭. 基于多智能体的城市群政府合作建模与仿真——嵌入并反馈于一个异构性社会网络[J]. 管理科学学报，2017，20(3)：182-206.

[②] 中华人民共和国国家发展与改革委员会. 国家发展改革委、住房城乡建设部关于印发长江三角洲城市群发展规划的通知[EB/OL]. http://www.ndrc.gov.cn/zcfb/zcfbghwb/201606/t20160603_806390.html.

[③] 中国新闻网. 发展改革委：已批准12个国家综合配套改革试验区[EB/OL]. http://www.chinanews.com/gn/2014/06-10/6263631.shtml.

[④] 同上。

动通信技术的迅猛发展,新一代的电子政务与移动政务模式的普及,使得跨地域的政府间信息共享与互动协作更加方便快捷、随时随地,最大限度地突破了时间环境和空间环境的限制①。当前我国的区域统筹与协同发展,无疑以城市群建设为重点和核心,长三角、珠三角、京津冀等城市群(都市圈)不仅是我国经济增长的重要引擎,也在发展转型和综合改革的进程中扮演着"排头兵"的角色②(若干个国家层面的区域发展规划和国家综合配套改革试验区都直接致力于城市群的建设与发展)。

然而,这些城市群或试验区横跨多个行政市乃至多个省,在实现协同合作与区域一体化的进程中仍面临着一系列问题和挑战。

(1) 政府管理层面,区域内各城市不存在直接的行政隶属关系,各市享有独立的行政权,难以协同合作。如长三角城市群中的上海虽为省级直辖市,但管不了作为地级市的苏州、无锡等,双方之间不是传统的纵向垂直型领导关系,而是横向的府际间协作关系。

(2) 经济发展层面,区域内各城市经济社会发展不平衡,面对区域共同问题的治理,各市的利益诉求与政策偏好可能差异显著,难以达成一致意见。如长三角城市群中上海市、江苏南部和浙江北部的一些城市的经济发展水平无疑要明显高于安徽省的一些城市,在环境优先还是经济优先等区域共同议题上,可能会存在不同的偏好。

(3) 决策协同层面,委托代理问题以及地方官员晋升锦标赛模式的存在③,使得各城市政府决策者(如市长、职能部门负责人等)的个人利益(如提拔、晋升)与其所任职的城市在其任期内的经济发展指标直接挂钩,因而易以个体利益和短期利益为出发点,忽略集体利益和长远利益,"各自为政""恶性竞争""产业同质""市场分割"、地方保护主义盛行等,易陷入发展的"囚徒困境"。目前,国内外相关学者从城市群政府合作模式、协调机制、发展困境、对策建议等方面展开了一系列研究,提出了不少有价值的论述和解释,但主要属于定性归纳分析或数学模型演绎,较少有研究采用多智能体系统等分布式人工智能模型和多期动态模拟的方法探讨城市群多政府政策协同、博弈互动的演化机理,或一些一般性的群体行为互动规律(虽不直接探讨城市群政府

---

① 中国新闻网.发展改革委:已批准12个国家综合配套改革试验区[EB/OL].http://www.chinanews.com/gn/2014/06-10/6263631.shtml.

② 罗杭.城市群政府博弈与调控机制的多智能体系统建模——集成进化博弈理论与小世界网络模型[J].系统科学学报,2016(4):105-110.

③ 周黎安.中国地方官员的晋升锦标赛模式研究[J].经济研究,2007(7):36-50.

协同问题,但能提出有借鉴意义的方法和模型)。

事实上,城市群多政府协同合作问题是一个动态演变、异质构成、自组织、自适应的典型性复杂博弈系统,由多个具有独立行政权力和独自利益诉求的城市政府决策主体构成,面对区域内的共同社会经济问题,他们在相互沟通的基础上不断互动,反复博弈,并在相对缺乏垂直领导(没有一级地方政府能直接管理跨省的各市)的情况下,实现各主体之间的协同效应,以及多主体与周围环境、整体目标之间的相互适应。受制于问题类型属性、社会网络结构、利益关联程度、技术条件限制、机会成本制约、有限理性、信息不完全性等因素,各城市政府决策者就某一特定的区域共同问题往往仅与利益直接相关的部分与其他城市展开协作治理。长江三角洲城市群中的太湖治理问题,主要在苏州、无锡、湖州等"湖畔"城市之间展开协作,而不需要由包括安徽省的合肥、安庆等市在内的城市群全体城市直接参与,而"主体功能分区""人口区域平衡""创新链产业链深度融合"等事关区域统筹与协调发展的整体性重大问题,则需要城市群全体城市的共同协作配合。另外,各城市政府决策者在展开协作与博弈的过程中会不断相互沟通、交互信息,且各决策主体在特定时间和空间环境下往往仅受有限范围内其他主体影响(可称之为局部信息交互),而不可能随时随地地实现城市群全体城市决策者之间的直接信息共享(可称之为全局信息交互),且有限的信息交互范围也随时空环境和问题对象而动态变化。

## 9.2 模型构建

### 9.2.1 系统:系统运行机理分析

城市群多政府合作是一种不同于传统垂直型领导模式的横向府际协同框架,各城市政府决策者不存在直接的行政隶属关系,面对区域内的共同问题和共同事务平等沟通、协同合作,作为互不隶属、利益各异的决策主体,各城市政府决策者在治理区域共同问题的过程中不断互动、反复博弈,为谋求自身利益的最大化,既可能选择合作策略(如积极承担区域共同责任、参与区域经济社会问题的治理、遵守区域发展规划和主体功能分区、避免产业同质化、地方保护和市场分隔等),也可能选择背叛策略(如"搭便车"、期望"坐享其成"、享受治理收益但不愿支付成本、无视区域发展规划和共同责任、自行其是、一味追求自身的经济增长等)。

城市群多政府互动并不是一个简单的对称博弈,基于各城市经济社会发展水平的差异,有些区域问题的解决(如要素市场一体化、生态环境共治等)可能给经济实力较强的城市创造更大收益,而有些区域问题的解决(如基本公共服务一体化)可能给经济实力较弱的城市带来更大获益,相应地,治理区域问题所对应的成本可能也不是完全对称的。而且,当前的城市群政府合作与政策统筹也主要涉及区域经济协调发展、主体功能分区规划、产业链深度融合等社会经济议题,因此,各城市的经济发展水平或经济实力规模上的差异无疑是影响城市群博弈格局与收益分配的一个关键因素。因此,考虑城市群多政府博弈问题的特定机理,构建一个非对称进化博弈系统,将城市群各城市主体初步划分为强经济体与弱经济体两类,分别设定相应的博弈收益系数及成本分配比例。构建两个对称博弈矩阵(强强博弈、弱弱博弈)和一个非对称博弈矩阵(强弱博弈),全面描述异质性主体之间的博弈形势,限于篇幅,仅列出非对称博弈矩阵。

如表9-1所示,考虑一个强经济体与一个弱经济体博弈的情景,$b$、$c$ 分别表示治理区域事务或遵守区域规划等的收益和成本,也可笼统称为承担区域共同责任的收益和成本;当博弈双方都采取合作策略时,强经济体收益为 $\beta b$,弱经济体收益为 $\gamma b$($b$ 为基本收益单位,$\beta$、$\gamma$ 分别为强、弱经济体收益系数),并共同分担成本 $c$,其中强经济体分担的成本为 $\delta c$($\delta$ 为强经济体分担成本的比例),则弱经济体分担的部分为 $(1-\delta)c$;当强经济体采取合作策略,而弱经济体采取背叛策略时,强经济体收益为 $\beta b-c$,弱经济体收益为 $\gamma b$;当弱经济体采取合作策略,而强经济体采取背叛策略时,强经济体的收益为 $\beta b$,弱经济体的收益为 $\gamma b-c$;当双方都采取背叛策略时,区域共同问题无法得到有效治理和解决,各自收益均为0。

表 9-1 非对称博弈矩阵

| | | 弱 主 体 | |
| --- | --- | --- | --- |
| | | 合 作 | 背 叛 |
| 强主体 | 合作 | $\beta b-\delta c, \gamma b-(1-\delta)c$ | $\beta b-c, \gamma b$ |
| | 背叛 | $\beta b, \gamma b-c$ | 0,0 |

该博弈可能有两个纯策略纳什均衡：（合作，合作）和（背叛，背叛），前者明显优于后者，也是上层政府或协调机构希望达到的结果，但在实际博弈过程中往往难以实现这一最理想的均衡状态。如果背叛收益的"诱惑"太大，或部分主体的风险偏好较高，则可能倾向于采取"搭便车"策略，期盼其他主体持合作策略采取行动、积极治理，而自己"坐享其成"、不支付成本而享受收益，此时背叛方的收益可能达到最高的 $\beta b$（或 $\gamma b$）；但当各方都持冒险态度时，博弈结果可能达到最不理想的均衡状态，各方收益均为 0。为避免个体采取背叛策略，促进城市群合作共赢，上层政府或协调机构可以采取惩罚手段，降低背叛收益，以有效控制部分主体的投机冒险行为；进一步，还可引入与惩罚措施相配套的补偿（激励）机制，将惩罚背叛者的收益所得部分转移给合作者，以弥补（合作，背叛）情形中合作者的行动损失，激励其继续保持合作策略。加入惩罚措施和补偿措施的非对称博弈矩阵如表 9-2 所示。但在合作水平（群体中持有合作策略的主体数量）对收益产生动态影响以及收益和成本的群体分摊等方面，有不同的模型表达，且不直接体现在博弈收益矩阵中，而是在后文的博弈决策规则的数学公式中体现，$d$ 为惩罚参数，$\alpha d$ 为补偿参数，其中 $\alpha$ 为惩罚收益的转移比例，$\alpha \in [0,1]$。

表 9-2 加入惩罚和补偿参数的非对称博弈矩阵

| | | 弱 主 体 | |
|---|---|---|---|
| | | 合 作 | 背 叛 |
| 强主体 | 合作 | $\beta b - \delta c, \gamma b - (1-\delta)c$ | $\beta b - c + \alpha d, \gamma b - d$ |
| | 背叛 | $\beta b - d, \gamma b - c + \alpha d$ | 0,0 |

上述博弈模型难以通过复制动态方法或局部进化稳定策略简单求出均衡解，而有必要采用基于多智能体的复杂系统建模方法：一方面，城市群博弈主体之间存在个体差异，不仅各城市经济实力差异影响了博弈收益的分配结果，而且博弈主体的决策个性，也会影响多期博弈中的实时策略选择，即便在相同的形势和环境下，不同的决策个性（体现为对个体历史收益和邻居收益状态参考程度的高低）也会导致不同的策略选择结果；另一方面，如前文所述，受制于问题属性类型、利益关联程度、社会网络关系、机会成本限制、信息不完全性等因素，各决策主体在特定的时点往往只能与有限范围内的有限数量主体交流沟通、博弈互动，而无法随时随地地纵览全局信息和把握整体态势，而且各时点的交互范围也是动态变化的，具有一定的随机性或不确定性。

因此，有必要借助基于智能体的复杂系统建模方法动态模拟城市群多政府博弈的演化进程及复杂机理[1]。

## 9.2.2 模型构建概述

在模型构建方面,本节描述了一个由概念模型、数学模型和计算机模型构成的完整建模过程。

### 1. 理论模型概述

如图9-1所示,首先通过因果关系图设计以构建概念模型,将一个城市群多政府决策者之间的非对称进化博弈系统"嵌入"于一个异构性的社会网络模型之中,用网络中节点之间的连接(边)描述决策主体之间动态变化的局部交互范围,即各决策主体在特定时段仅能同直接建立连接的其他主体展开部分博弈互动和局部信息交互,而不可能随时随地实现整体互动协同和全局信息纵览。在宏观网络规则方面,各城市决策者之间的交互范围(可称为"邻居域"),即该决策主体与其他主体是否在当刻建立连接,受一系列复杂要素的共同影响,结合城市群多政府互动博弈的特定机理,可综合考虑空间距离、隶属省市、行政层级、经济规模、经济引力、交互意愿、技术条件等因素,为此,本文所设计的社会网络模型不是简单的设置统一的连接概率(将各节点之间的连接概率都赋值为统一值),而是考虑各节点之间的不同属性,赋予两两节点之间不同的连接概率,从而构建一个异构性(或非匀质化)的社会网络系统。在微观博弈机制方面,城市群多政府博弈互动是一个有限理性群体学习适应、协同进化的多期博弈过程[2]。借鉴一种综合考虑个体历史收益、邻居收益状态和决策个性类型的混合学习模式,构建进化博弈系统,基于基本理性假设,博弈主体的策略选择主要考虑自身的收益是否满意,是否合理,即比较当期实际的收益和所期望的收益,如果实际的收益大于所期望的收益,则保持现有策略不变,如果实际的收益低于所期望的收益,则在下一期有可能调整策略,以求改变局面,改善收益。实际的收益基于个体策略选择、整体博弈格局(其他主体的策略选择)和博弈收益矩阵参数计算得出;所期望的收益受个

---

[1] 由于篇幅限制和专业性限制,具体运行规则请参阅:罗杭,孟庆国.基于多智能体的城市群政府合作建模与仿真——嵌入并反馈于一个异构性社会网络[J].系统科学学报,2017(3):183-207.

[2] Jorgen W. Evolution,Rationality and Equilibrium in Games[J]. European Economic Review,1998(42):641-649.

体历史收益和邻居收益状态的共同影响,并受个体决策个性的调节,如果该主体历来收益较高,自然对当期收益的期望也较高;如果该主体邻域(交互范围)内其他主体的收益都较高,自然也会受邻居影响而对自身的收益产生较高的期望。然而,宏观网络结构与微观博弈互动之间的关系并不是单向的,即不仅宏观层面社会网络的拓扑结构决定了微观层面博弈主体的交互范围,而且微观层面主体间行为互动也可能"涌现出"宏观层面网络结构的新的特征,主体间的博弈形势和收益结果也应反过来影响宏观社会网络结构的拓扑演化,而这一维度则是以往(基于社会网络模型构建群体博弈系统)有关研究较少考虑的。通过交互意愿引入实现了微观主体互动和宏观网络演化之间的双向反馈和动态交互,两两主体之间的交互意愿主要取决于两两主体产生交互(协同治理、互动博弈和信息共享)期间的历史收益,如果建立交互期间的各自历史平均收益高于全时段的各自历史平均收益,则两两主体之间在下一期协同合作、交互信息的意向往往更高。

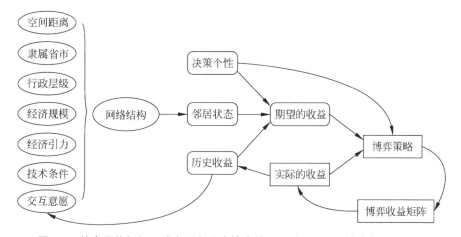

图 9-1 社会网络视阈下城市群多政府博弈的因果关系:微观博弈与宏观分析

## 2. 数学模型

如前文所述,城市群各城市政府决策者之间的互动模式主要有两种:一种是全局信息交互和全体协同治理,如城市群全体城市政府决策者共同参与的城市群联席会议(如长三角城市经济协调会等),各城市政府决策者面对面地充分交流意见,征求共识,以及就区域整体性重大社会经济议题展开全体协商、协同治理,并在此过程中存在着涉及城市群全体城市参与的全体互动博弈;另一种则是局部信息交互和部分参与治理,即城市群部分城市政府决策者之间,就利益直接关联的特定问题,展开灵活的、实时的、日常性的工作交流与沟通协作,且交互范围随问题对象和时空环境而动态变化,即对于一个城市政府决策者,可就不同的问题,在不同的时点,选择不同范围的其他城市展开信息交互与协同治理,并在此过程中存在着仅涉及城市群部分城市参与的部分互动博弈。

关于如何界定局部交互的范围,有多种模型可供选择,传统的方式即从地理或物理空间的角度界定交互范围,决策个体仅能同周围的、相近的主体交流互动,这一沟通模式可通过元胞自动机模型(如 Moore 型或 Von Neumann 型邻域)[①]等表达。然而,伴随着计算机网络和移动通信技术的迅猛发展,特别是电子政务和移动政务模式的普及,借助网络会议、办公自动化系统、个人移动终端(App)等方式,跨地域的城市政府决策者之间能够更加方便快捷、随时随地地交流信息、协同合作,最大限度地突破时空和环境的限制。元胞自动机等地理空间模型已很难描述信息时代和移动环境下的政府互动模式,真正决定决策者之间交互状态的不是空间距离的远近,而是个体自身的沟通意愿和需求。因此,电子政务和移动政务环境下的政府群体"邻域"范围不再是实体空间范围的概念,而更多是社会网络关系的视阈,有必要应用社会网络模型作为群体博弈系统所"嵌入"的框架加以分析。

本文以长三角城市群为例,基于社会网络模型(即结点之间的连接)描绘城市群各城市政府决策者之间的局部交互关系(相应地,一个特殊的网络拓扑:完全网络,即两两节点之间全部建立连接,即可描述城市群全体城市决策者共同参与的全局交互模式),各城市主体基于地理空间位置布局,主体之间的连线表示在当期建立直接的信息沟通和互动博弈。两两城市之间的连接概率受多重因素的复合影响,可以归纳为客观因素和主观因素两方面,如表 9-3 所示。

表 9-3 各项影响因素在节点连接概率中的权重分配

| 影响因素 | 客观因素 | | | | | 主观因素 | |
|---|---|---|---|---|---|---|---|
| | 地理因素 | 行政因素 | | 经济因素 | | 交互意愿 | 技术条件 |
| | 空间距离 | 隶属省市 | 行政层级 | 经济规模 | 经济引力 | 历史收益 | 软硬件条件 |
| 比重上限 | 0.1 | 0.1 | 0.1 | 0.1 | 0.1 | 0.2 | 0.3 |
| 变化范围 | 0~0.1 | 0~0.1 | 0,0.05,0.1 | 0,0.02,0.05,0.08,0.1 | 0~0.1 | 0,0.1,0.2 | 0.05,0.15,0.25 |

---

① 吴江,胡斌.信息化与群体行为互动的多智能体模拟[J].系统工程学报,2009,24(2):218-225.

客观因素包括地理、行政、经济三重因素的影响,具体涵盖五个方面:①空间距离,即空间地理位置相对接近的城市主体之间建立交互连接的概率更高,空间上相对接近的城市之间往往文化特征上更为趋同,经济联系上更为密切,交通连接上也更为便捷等;②隶属省市,即隶属相同省级政府的城市主体之间建立连接的概率更高,长三角城市群跨上海市(1 市)、江苏省(9 市)、浙江省(8 市)、安徽省(8 市)4 个省级行政单位,隶属同一个省级政府的城市之间往往有更多正式性的会晤或互动机会,在同一个省级政府的辖制与统筹下,协调合作意愿也相对更高;③行政层级,即相同行政层级的城市主体之间建立连接的概率更高,长三角城市群有省级直辖市 1 个(上海)、副省级市 3 个(杭州、南京、宁波)、地级市 22 个,基于中国行政系统的规律和惯例,对等行政级别的城市政府决策者之间交互沟通、直接协作的可能性往往更大;④经济规模,即相似经济规模的城市主体之间建立连接的概率较高,因为经济规模相近的城市之间不仅经济政策的参考更具借鉴意义,且在一些有关经济或市场(一体化)协议的签订中更具对等的份量;⑤经济引力,即借鉴经济学研究中常用的引力概念,同物理学中引力的概念类似,城市群各城市之间也存在经济引力现象,两两城市之间的经济引力系数与两城市的经济总量和人口规模的乘积成正比,与两城市之间的地理或交通距离的平方成反比,两城市主体之间的经济引力系数越大,则设定建立连接的概率越大。

另外,主观因素包括交互意愿和技术条件两个方面,前者受历史收益的影响,后者又可细分为技术的软硬件条件。①交互意愿是指,如果两个决策主体之间在建立交互连接期间各自的历史平均收益要高于各自的全时段历史平均收益,则更倾向于在下一期继续建立信息交互和互动协作。②技术条件主要指信息系统与终端设备的硬件水平,以及政府决策者采用信息技术以提升交流水平和协作程度的主观意愿与素质能力,电子政务和移动政务的应用与普及,信息系统和移动设备的采纳与推广,无疑能够对跨地域的政府决策者之间的信息交互和协作水平产生影响。进一步,设定各项影响因素在决定总连接概率(总值为 1)中的比重,初步将客观因素体系和主观因素体系的权重各设为 0.5。

客观因素方面各指标权重及连接概率赋值为:①地理因素(空间距离)的权重为 0.1,长三角城市群 26 市中距离最小的两个城市主体之间此部分的连接概率赋值为 0.1,其余两两城市主体之间此部分的连接概率按其距离与最小距离之间的比例关系成反比;②行政因素(隶属省市部分)的权重为 0.1,长三角城市群26市分属四个省市,隶属相同省市的城市主体之间此部分的连接概率赋值为0.1,相异省市则赋值为0;③行政因素(行政层级部分)的权重为0.1,长三角城市群共涉及省级直辖市、副省级市、地级市三种行政级别,相同级别的城市主体之间此部分的连接概率赋值为0.1,跨一级赋值为0.05,跨两级赋值为0;④经济因素(经济规模部分)的权重为0.1,将长三角城市群26市的经济规模大体细分为五档。相同层级的城市主体之间部分的连接概率赋值为0.1,跨一级赋值为0.08,跨两级赋值为0.05,跨三级赋值为0.02,跨四级赋值为0。

主观因素方面指标的权重及连接概率赋值为:①交互意愿的权重设置为0.2,对于两个城市决策主体,考察双方沟通协商、博弈互动(建立交互连接)期间的历史平均收益与全时段历史平均收益的比较,如果双方在建立交互期间的历史平均收益都优于其各自的全时段历史平均收益,则双方之间此部分的连接概率赋值为0.2,如果其中只有一方在建立交互期间的历史平均收益优于其全时段历史平均收益,则此部分的连接概率赋值为0.1,而如果没有任何一方在建立交互期间的历史平均收益优于各自的全时段历史平均收益,则此部分连接概率赋值为0;②技术条件(技术硬件/设备和技术软件/理念)的权重设置为0.3,主要依据政府信息化建设的硬件(构建信息系统和装备信息设备的质量与功能)和软件(政府决策者对信息系统的采纳意愿和操作能力等)两方面的水平,在模拟实验环节,将统一调节该部分的连接概率并观察运行结果,可大体区分高、中、低三档水平,此部分的连接概率分别赋值为0.25、0.15、0.05三个变化范围。各项影响因素决定的连接概率值份额加总可得相应两个城市主体之间在特定时点下建立信息交互和博弈互动的(总)概率。

### 3. 计算机模型

关于多智能体模拟系统的开发,有Netlogo、Swarm、Repast等多种平台可供选择,其中Netlogo具有较好的可扩展性和友好的可视界面,本案例选取Netlogo作为模拟系统的实现工具。

## 9.3 模拟实验

在构建仿真系统的基础上,展开模拟实验,并结合多次模拟实验构成的样本数据展开初步的统计研究,探索社会网络视阈下城市群多政府博弈的演化机理和一般规律,并对每套模拟实验结果做稳定性检验,为仿真模型、实验数据与分析结果的可靠性提供统计依据。本文基于多智能体建模与仿真方法,并集成了微观层面的博弈行为互动机制和宏观层面的网络拓扑演化规则,因此有必要考察博弈矩阵中的基本参数设置、网络拓扑中的主要结构特征以及智能主体中的重要属性变量,及其对群体博弈形势和受益结果的动态影响。

### 9.3.1 博弈参数对群体博弈形势和收益结果的影响

#### 1. 收益 $b$

1) 实验方案设计

此部分意在考察基本收益参数 $b$ 对区域共同问题或事务的影响:是否治理的收益回报越大,越能够促成城市群各城市的协同意愿与合作共赢。因此,设计3组实验方案,各方案收益参数 $b$ 分别为50、100、150,博弈矩阵中的成本参数 $c$ 和惩罚参数 $d$ 分别为80、10并保持不变,考察100期模拟中群体博弈形势的演化,且每套实验方案模拟运行10次取平均值。

2) 模拟实验结果

如图9-2所示,伴随着收益 $b$ 的提升,博弈形势与合作水平明显改善,方案1($b=50$)一直处于背叛方占优的状态,方案2($b=100$)呈现背叛方与合作方"势均力敌、反复争夺"的局面,方案3($b=150$)则变为合作方占优的状态。如表9-4所示,伴随着收益 $b$ 的提升,合作主体数量、合作收益及整体收益的均值都大幅上升,但值得注意的是,背叛收益均值也有显著的上升,这可能的原因是合作主体数量及比例的上升使得背叛方能够享受更多"搭便车福利"。

值得注意的是,在方案3($b=150$)中虽然背叛收益相比其他方案最高,但是背叛主体数量及比例却最低,这是因为较高的治理收益(参数 $b$)保证了合作方的合理收益,合作收益也能够维持在较高的水平,避免了合作收益与背叛收益之间的较大差距。在方案3($b=150$)中,尽管背叛主体数量和比例一直维持在一定的水平,但合作方一直保持优势地位,维持了较高的合作水平和收益水平,这也与现实规律相符合,"搭便车"行为不可能完全克服,而且越是高合作水平和高收益状态下背叛行为就越有动机与空间,但应当保证合作方的合理收益,激励合作方保持合作策略,使群体中的大多数处于"建设性"的状态,较好地完成协同治理的任务并实现较高的整体收益水平。此外,比较合作收益方差和背叛收益方差,除方案1($b=50$)即背叛占优的情况以外,

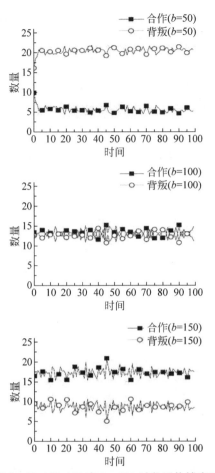

图 9-2 方案 $b=50,100,150$ 在 $0\sim100$ 时段群体博弈形势演化图

表 9-4 模拟实验结果数据统计表（收益 $b$）

| 方案 | 合作主体数量 | | 背叛主体数量 | | 合作收益 | | 背叛收益 | | 整体收益 | |
|---|---|---|---|---|---|---|---|---|---|---|
| | 均值 | 方差 | 均值 | 方差 | 均值 | 方差 | 均值 | 方差 | 均值 | 方差 |
| 方案 1 ($b=50$) | 5.672 | 5.468 | 20.363 | 5.486 | −10.459 | 33.946 | 9.871 | 15.963 | 5.384 | 4.557 |
| 方案 2 ($b=100$) | 13.292 | 8.229 | 12.708 | 8.229 | 60.667 | 17.391 | 48.875 | 116.624 | 53.869 | 52.462 |
| 方案 3 ($b=150$) | 17.252 | 7.178 | 8.748 | 7.178 | 117.662 | 23.348 | 102.140 | 313.594 | 110.986 | 79.422 |

背叛收益方差都远大于合作收益方差（几乎是 10 倍以上），这是因为合作方的收益结构比较稳定，而背叛方的收益结构显著地依赖于合作主体在总体中的

占比,而当背叛主体数量较少时,高合作水平使得现有的少数背叛主体收益很高,会刺激更多的其他主体放弃合作策略转向背叛策略,但伴随着合作水平的下降,背叛收益难以维持在较高的水平,背叛主体数量又会下降,随后,背叛收益又可能伴随着合作水平的上升而上升,刺激新一轮的背叛产生。因此,在多期互动博弈中,背叛主体数量及比例极易陷入反复循环和大幅波动之中,背叛收益的方差也非常大,享有高收益的同时也承受更大的风险和不确定性,这也与现实系统比较相符。

其次展开统计研究,基于 $3 \times 10$ 个样本数据($3$ 个方案各模拟运行 $10$ 次),以收益 $b$ 为自变量,以合作主体数量、合作收益与整体收益的均值分别为因变量做回归分析,三组回归分析调整后的 $R^2$ 分别为 $0.964$、$0.995$、$0.998$,都具有很好的拟合优度。如表 9-5 所示,收益 $b$ 对合作水平和合作收益都有显著的提升效果,在促进城市群协同合作的过程中,提升共同治理的收益是一个基本保障和有效措施,只有确保合作者享受合理的治理成果和回报,才能激励更多的决策者选择合作策略,积极参与区域公共事务的治理与合作,否则就会出现方案 1($b=50$)中的场景,过低的治理收益使得大部分的决策主体都不愿意参与区域公共事务治理,都想投机"搭便车",使得博弈结果维持于背叛方占优、合作水平与收益水平极低的非理想状态。

**表 9-5 惩罚强度作用于合作主体数量均值、合作收益均值与整体收益均值回归结果**

| 项目 | | 非标准化系数 | | 标准化系数 | $t$ | sig. |
| --- | --- | --- | --- | --- | --- | --- |
| | | B | 标准误差 | Beta | | |
| 合作主体数量均值 | (常量) | $-0.492$ | $0.448$ | | $1.097$ | $0.280$ |
| | 收益 $b$ | $0.116$ | $0.004$ | $0.982$ | $27.899$ | $0.000$ |
| 合作收益均值 | (常量) | $-72.161$ | $1.731$ | | $-41.693$ | $0.000$ |
| | 收益 $b$ | $1.281$ | $0.016$ | $0.998$ | $79.957$ | $0.000$ |
| 整体收益均值 | (常量) | $-48.856$ | $1.055$ | | $-46.306$ | $0.000$ |
| | 收益 $b$ | $1.056$ | $0.010$ | $0.999$ | $108.111$ | $0.000$ |

对模拟结果的稳定性进行信度检验,分析思路如下:在同一模拟系统和相同实验参数设置下,多次模拟运行的结果,这一检验结果的稳定性即属于信度检验中的重测/再测检验。如前文所述,3 个方案各运行了 10 次,按照重测检验的规则,从每个方案的 10 次模拟数据中抽取 5 个模拟数据构成第一组样本(含 $3 \times 5$ 个样本量),其余数据则构成第二组样本($3 \times 5$),做相关系数估计(在重测信度检验中,两组样本的相关系数即信度系数,相关系数越大,则信度水平越高)。合作主体的 Pearson 相关系数为 $0.997$,显著性概率为

0.000,合作收益的 Pearson 相关系数为 1.000,显著性概率为 0.000,整体收益的 Pearson 相关系数为 1.000,显著性概率为 0.000,这说明模拟实验结果具有很高的信度水平,前文的规律分析也具有较好的可靠性和可信性。

## 2. 惩罚 $d$

1) 实验方案设计

为促进城市群政府合作共赢,上层政府或协调机构可以考虑对持背叛策略的决策主体采取惩罚措施,以降低其背叛收益,削弱其投机动机。本模拟实验主要考察不同惩罚强度对群体合作水平与合作收益的影响,因此挑选的惩罚措施既要有较好的引导效果,又需具有较小的强度(因为惩罚措施既降低了整体收益,也产生了额外的行政成本)。设计 6 个方案,分别调整惩罚参数 $d$ 为 0、10、20、30、40、50,并保持其他变量不变,每套方案模拟运行 10 次取平均值。

2) 模拟实验结果

观察图 9-3 和图 9-4 易知,伴随着惩罚强度的提升,博弈形势明显呈现出由合作背叛双方"势均力敌、反复波动"向合作水平逐渐提升,合作方逐渐占据优势的方向演化。由表 9-6 可知,从方案 1 至方案 6,合作主体数量均值不断上升,合作收益和整体收益的均值也一直呈上升趋势,体现出了惩罚措施对遏制背叛行为,提升群体合作水平与收益的有效作用。具体分析合作主体数量的变化,伴随着惩罚强度的提升,合作主体数量均值的上升呈现出三阶段特征,第一阶段(方案 1～方案 2)保持平稳,涨幅微弱,第二阶段(方案 2～方案 5)持续大幅上升,第三阶段(方案 5～方案 6)又保持平稳,涨幅微弱。分析其原因,当惩罚强度较小时,难以有效遏制背叛方的投机冒险行为,群体合作水平提升非常有限,而当惩罚强度过大时,群体合作水平也难以进一步提升,惩罚措施呈现出了边际效应递减的规律。

具体分析各类收益的变化,如图 9-4 所示,直观对比各方案下合作收益、背叛收益和整体收益的均值的演化。①观察合作收益均值(实心方框曲线)发现,伴随着惩罚强度的提升,合作方的收益稳步上升;②观察背叛收益均值(空心圆形曲线)发现,伴随着惩罚强度的提升,呈现三阶段特征:第一阶段(方案 1～方案 2)背叛方的收益下降了,这比较好理解,但第二阶段(方案 2～方案 5)背叛收益一直呈上升趋势,尽管惩罚额度不断增加,但受益于群体合作水平的不断提升,背叛收益仍呈上升趋势(但依旧小于合作收益),第三阶段(方案 5～方案 6)当惩罚强度由 $d=40$ 到 $d=50$ 时,背叛收益有较大幅度的下降,这是因为受制于惩罚措施的边际递减效应,合作水平的提升幅度很小,群体合作水平增加,对背叛收益的提升无法抵消惩罚额度的增加对背叛

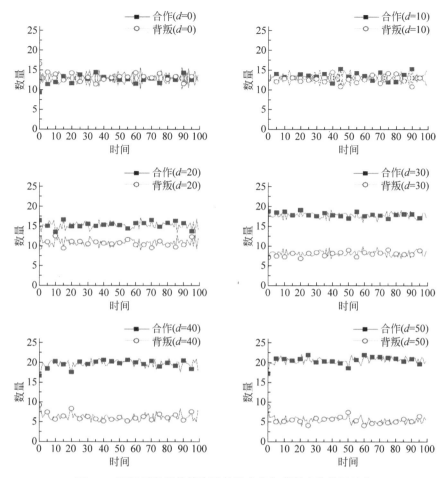

图 9-3 不同时段群体博弈形势即合作与背叛主体数量演化

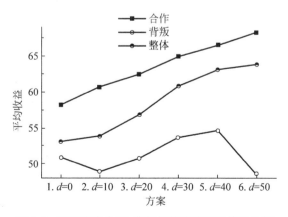

图 9-4 不同方案合作、背叛与整体的收益情况比较

表 9-6　模拟实验结果数据统计表（惩罚 $d$）

| 方案 | 合作主体数量 | | 背叛主体数量 | | 合作收益 | | 背叛收益 | | 整体收益 | |
| --- | --- | --- | --- | --- | --- | --- | --- | --- | --- | --- |
| | 均值 | 方差 | 均值 | 方差 | 均值 | 方差 | 均值 | 方差 | 均值 | 方差 |
| 方案 1 ($d=0$) | 12.560 | 9.584 | 13.440 | 9.584 | 58.198 | 21.541 | 50.892 | 161.52 | 53.123 | 65.531 |
| 方案 2 ($d=10$) | 13.292 | 8.229 | 12.708 | 8.229 | 60.677 | 17.391 | 48.875 | 116.624 | 53.869 | 52.462 |
| 方案 3 ($d=20$) | 15.175 | 7.271 | 10.825 | 7.271 | 62.481 | 14.948 | 50.746 | 88.861 | 56.867 | 37.677 |
| 方案 4 ($d=30$) | 17.746 | 6.330 | 8.254 | 6.330 | 64.949 | 10.294 | 53.673 | 71.787 | 60.847 | 25.325 |
| 方案 5 ($d=40$) | 19.659 | 5.762 | 6.341 | 5.762 | 66.551 | 8.314 | 54.612 | 106.214 | 63.146 | 18.996 |
| 方案 6 ($d=50$) | 20.479 | 4.477 | 5.521 | 4.477 | 68.312 | 5.752 | 48.668 | 83.929 | 63.816 | 14.700 |

收益的削减，因此背叛收益开始下降；③观察整体收益（半实心圆形曲线）发现，伴随着惩罚强度的提升，也呈现出三阶段特征：第一阶段（方案 1～方案 2）和第三阶段（方案 5～方案 6）涨幅都较平缓，而第二阶段（方案 2～方案 5）升势较明显，其机理与前述相同，且变化的幅度更为平缓（因为综合了合作收益与背叛收益）。这说明，上层政府或协调机构的惩罚措施应当维持合适的强度，既要发挥提升合作水平和收益的效果，又要避免强度过大，消耗行政成本，削减整体收益，且不利于决策群体形成自组织、自适应的良好互动秩序。比较合作收益和背叛收益的方差，在各组方案下背叛收益的方差都远大于合作收益的方差，但背叛收益方差伴随着惩罚强度的增加虽大体呈下降趋势，但也存在一定的波动和反复（自方案 3 以后，背叛方都一直维持在较低的比例和不占优的状态，相比方案 1～方案 2 中合作与背叛"此消彼长、反复波动"的局面，背叛收益的方差有较大幅度的缩小，但在方案 5 有所回升），这是因为惩罚措施对背叛投机的动机有一定的遏制，但伴随着合作水平的增加，更高的背叛收益又对投机冒险的行为有一定的"引诱"，是两种影响合力作用的结果。基于 6×10 个样本数据，以惩罚强度为自变量，以合作主体数量、合作收益与整体收益的均值分别为因变量做回归分析，三组回归分析调整后的 $R^2$ 分别为 0.970、0.954、0.938，都具有很好的拟合优度，如表 9-7 所示，惩罚强度对三个因变量的系数估计的显著性概率都小于 0.01，证明了惩罚措施能显著地提升群体合作水平与收益。此外，对模拟结果做稳定性检验，分成两组样

本(6×5,6×5),合作主体数量均值的相关系数为 0.995,显著性概率为 0.000;合作收益均值的相关系数为 0.961,显著性概率为 0.000;整体收益均值的相关系数为 0.984,显著性概率为 0.000,这说明模拟实验结果具有很高的信度水平,前文中的规律分析也具有较好的可靠性和可信性。

### 9.3.2 网络结构变量对博弈形势和收益结果的影响

#### 1. 考察全局交互比例对城市群博弈形势和收益结果的影响

1) 研究问题的提出

主体功能分区、区域人口平衡、生态环境共治等是城市群全体城市需要共同参与、协同治理的区域重大整体性议题,而且,城市群全体城市共同参加、面对面协商的联席会议也已成为城市群各城市政府决策者沟通协调的一种重要形式,在联席会议中,各城市决策主体之间互动关系的拓扑结构不是一个随机概率的不完全网络,而是一个全面交互的完全网络,各个"结点"之间都建立直接的交互"连接"。但需要注意的是,受制于客观条件限制、机会成本制约、庞杂的本地行政事务等,城市群各城市政府决策者之间的交互沟通与协同合作不可能完全依赖于全体成员共同参与、面对面协商的联席会议形式,也并非任何类型和属性的区域问题或事务都需要城市群全体城市决策者的直接参与和共同治理。因此,有必要借助电子政务与移动政务等新一代政务模式,应用信息技术和移动设备实现跨地域政府决策者之间更加灵活、便捷的信息互联和日常交流。这种协商互动模式往往不是全体城市共同参与,而是根据实时实地的需要,发生于部分的、有限数量的、利益直接关联的城市之间。可见城市群政府决策者之间的沟通协商与博弈互动包含"全局"和"局部"两种模式。在全局交互模式下,城市群全体城市决策者共同参与区域重大问题的治理,在这个过程中进行全局信息交互,也直接展开全体互动博弈。因此,可以考察全局交互模式在全时段中的比例对城市群博弈互动和收益演化的持续影响,进而比较全局交互和局部交互两种不同模式的效用,从而回答(高成本的、高投入的)全体城市政府共同参与的全局交互模式在城市群协同合作的进程中能发挥怎样的作用,是否能带来相应的收效和回报等问题。

2) 实验方案设计

实验设计了 3 个方案,以每 20 个模拟计时为一个时间周期,全局交互与局部交互交替进行,方案 1、2、3 中全局交互时间所占比例分别为 5/20、

10/20、15/20,则(日常)局部交互的比例分别为 15/20、10/20、5/20,保持其他变量不变,每套实验模拟运行 10 次。

3) 模拟实验结果

模拟实验结果见表 9-7。

表 9-7　模拟实验结果数据统计表

| 方案 | 全局交互时间占比 | 合作主体数量 | | 背叛主体数量 | | 合作收益 | | 背叛收益 | | 整体收益 | |
|---|---|---|---|---|---|---|---|---|---|---|---|
| | | 均值 | 方差 | 均值 | 方差 | 均值 | 方差 | 均值 | 方差 | 均值 | 方差 |
| 方案 1 | 5/20 | 13.452 | 8.109 | 12.548 | 8.109 | 60.531 | 17.440 | 49.547 | 116.585 | 54.235 | 51.713 |
| 方案 2 | 10/20 | 13.292 | 8.229 | 12.708 | 8.229 | 60.677 | 17.391 | 48.875 | 116.624 | 53.869 | 52.462 |
| 方案 3 | 15/20 | 13.369 | 8.418 | 12.631 | 8.418 | 60.226 | 19.266 | 49.295 | 116.817 | 53.935 | 54.929 |

观察图 9-5 易知,全局交互比例并不能对合作方与背叛方"此消彼长、反复争夺"的博弈形势带来彻底的改变,反而伴随着全局交互比例的增加,博弈形势的波动相对更加激烈。结合表 9-7,伴随着全局交互比例的提升,合作主体数量、合作收益和整体收益的均值没有明显变化,但各项指标的方差有小幅的提升,这说明全局信息交互和全体博弈互动的全局交互模式对城市群政府合作协同可能起了某种程度的"反作用"。分析其原因,在全局交互状态下,即相当于完全信息和全体博弈状态下(各决策主体都能直接观察和比较其他所有主体的策略选择与相应收益),更容易出现"不良的诱导和剧烈的转变",相异类型的主体之间直接比较收益,使得决策者更易受到高收益或冒险行为的诱导。与在局部交互模式的受限沟通和部分博弈状态相比,局部交互不仅主体的交互范围有限,且建立直接联系的"小群体"往往具有较高的稳定性,因为特征更相似的主体之间更易建立交互连接。因此,局部交互模式中的各个"小群体"的决策主体特征都比较接近,例如经济发展水平相近(都属强经济体或弱经济体)、都对协作现状和历史收益较为满意等,因而博弈的成本和收益也更加接近,因此,相近特征的主体之间的互动更不容易产生不确定的变化因素以及大幅度的变更和扰动。与此相反,经济发展水平相异度较大的"强经济体"与"弱经济体"城市之间若比较收益,它们也容易产生"不切实际"的攀比,就会引发不满或心理不平衡等,而特征相似主体之间,则不易产生"盲目比较"或"胡乱参考"。因此,城市群各城市决策者之间通过自主自发的日常性工作交流,就特定的区域问题,与特定范围的、利益直接关联的其他城市决策者展开互动协作,有针对性地、实时快捷地展开治理合作,相比于城市群全体城市共同参加的联席会议,或任何区域问题都交付全体城市决策者讨论协商、整合共识的其他协调模式,不仅成本更低,而且可能具有更好的协调治理效果。这一点也与复杂系统的理论相符,微观主体之间的局部互动

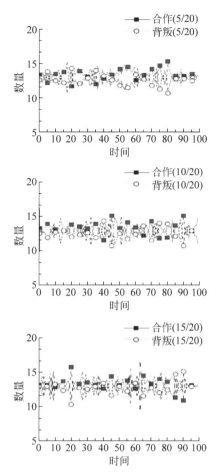

**图 9-5  不同时段群体博弈形势即合作与背叛主体数量演化结果**

注：括号内为全局交互时间占比。

可能会在宏观层面的全体特征上涌现出新的规律,出现"意想不到"的效果。

基于 3×10 个样本数据,以全局交互比例为因子,以合作主体数量、合作收益与整体收益的均值分别为因变量做方差分析,三组的 $F$ 统计值分别为 1.174、0.624、0.725,三组的显著性概率分别为 0.324、0.543、0.493,这说明全局交互模式对提升群体合作水平和整体收益确实没有显著的促进作用。此外,检验模拟实验结果的稳定性,分成两组配对样本(3×5,3×5),合作主体数量均值的相关系数为 0.014,显著性概率为 0.960,合作收益均值的相关系数为 0.015,显著性概率为 0.957,整体收益均值的相关系数为 −0.120,显著性概率为 0.670,信度水平较低,这应与全局交互比例的调整不能导致相关指标的显著变化、指标数值的差异主要由随机性导致相关。

## 2. 考察局部连接概率对城市群博弈演化与收益结果的影响

1) 实验方案设计

进一步,考察城市群各城市政府决策者之间在区域局部性共同问题治理中的日常工作交流和实时协同合作(局部信息交互和局部互动博弈)对城市群博弈形势演化的持续影响。如前文所述,将网络连接概率中的一部分权重(0.3)分配给技术条件因素影响的跨地域城市政府决策者之间的信息交互水平与互动协作程度(连接概率)。这部分权重决定了局部交互模式下信息沟通的范围和博弈互动的范围,相比于由客观因素决定的主体间连接概率,技术条件因素间的连接概率也是可以人为调控和推进的。例如,可通过加强信息技术和设备的硬件建设,以及加强对政府人员信息技术操作能力和采纳意愿的学习培训,可以提升信息交互与协作水平。由过往研究可知,电子政务和移动政务模式同传统的政务模式相比,前者让政府决策者之间的交流互动在相当程度上突破了时间和空间环境的限制,同时提升了信息互联沟通的范围和水平,增加了局部协同合作、部分博弈互动的场合和机会。如果实验结果表明城市政府决策者之间,在局部交互模式下的信息交互水平及博弈互动范围与合作主体数量、合作收益水平等呈正相关,则有必要进一步普及和深化电子政务与移动政务的应用、推广,促进新一代信息技术的采纳与使用,使得跨地域的政府合作与决策协同能更加方便快捷有效,并以更低的成本、更便捷的方式、更有范围针对性,实现区域问题的实时有效治理。为此,设计3×3组实验方案,设置三组博弈参数矩阵,并调节连接概率分别为三档:低档(0.05)、中档(0.15)、高档(0.25),保持其他变量不变,每套实验模拟运行10次取平均值。

2) 模拟实验结果

模拟实验结果如图9-6所示,首先进行横向比较(对比相同博弈参数下不同连接概率对博弈结果的影响)。观察发现,连接概率的变化并不会对合作水平和收益均值产生显著的影响。结合表9-8,在三种博弈参数设置下,从低连接概率到高连接概率,合作主体数量、合作收益和整体收益的均值都基本持平,没有明显提升,这说明信息技术软硬件条件的推进(即对局部交互模式下信息交互水平和博弈互动范围的提升)对促进城市群合作共赢没有显著影响。然而纵向的比较(对比相同连接概率下不同博弈参数对博弈结果的影响,本例中主要为惩罚强度的变化),观察图9-6的三组纵向比较,伴随着惩罚强度的提升,博弈形势都明显经历了三阶段变化:第一阶段是合作与背叛双方"针锋相对、此消彼长、反复胶着";第二阶段发展到波动幅度明显变小、博弈形势相对趋缓、合作水平略微占优;到第三阶段合作方"牢牢"占据优势局面,处于合作占优的理想格局,比较明显地体现了惩罚措施对促进合作水平与

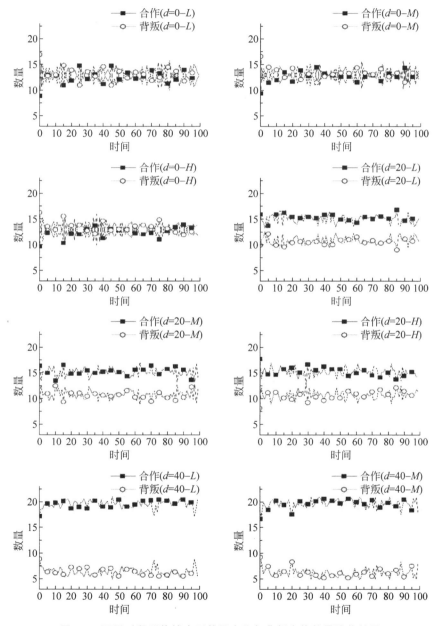

图9-6 不同时段群体博弈形势即合作与背叛主体数量演化结果

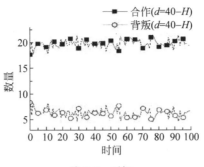

图 9-6 （续）

整体收益的效果。结合表 9-8,在相同连接概率设定下,惩罚强度的提升对合作主体数量、合作收益与整体收益的均值都有非常明显的提升。

表 9-8 模拟实验结果数据统计表

| 参数 | 连接概率 | 合作主体数量 | | 背叛主体数量 | | 合作收益 | | 背叛收益 | | 整体收益 | |
|---|---|---|---|---|---|---|---|---|---|---|---|
| | | 均值 | 方差 | 均值 | 方差 | 均值 | 方差 | 均值 | 方差 | 均值 | 方差 |
| $d=0$ | L | 12.481 | 9.620 | 13.519 | 21.812 | 57.981 | 21.812 | 50.621 | 161.036 | 52.870 | 66.801 |
| | M | 12.560 | 9.584 | 13.440 | 21.541 | 58.198 | 21.541 | 50.892 | 161.52 | 53.123 | 65.531 |
| | H | 12.482 | 8.721 | 13.518 | 22.706 | 58.250 | 22.706 | 50.466 | 144.225 | 53.048 | 61.644 |
| $d=20$ | L | 15.105 | 6.132 | 10.895 | 13.464 | 62.396 | 13.464 | 50.486 | 71.455 | 56.807 | 31.670 |
| | M | 15.175 | 7.271 | 10.825 | 14.948 | 62.481 | 14.948 | 50.746 | 88.861 | 56.867 | 37.677 |
| | H | 15.220 | 6.303 | 10.780 | 13.123 | 62.701 | 13.123 | 50.674 | 75.195 | 57.100 | 32.130 |
| $d=40$ | L | 19.465 | 5.575 | 6.535 | 9.258 | 65.965 | 9.58 | 54.840 | 101.911 | 62.733 | 19.433 |
| | M | 19.659 | 5.762 | 6.341 | 8.314 | 66.551 | 8.314 | 54.612 | 106.214 | 63.146 | 18.996 |
| | H | 19.643 | 5.177 | 6.357 | 8.895 | 66.214 | 8.895 | 55.155 | 96.402 | 63.095 | 17.220 |

注：收益 $b=100$,成本 $c=80$,且保持不变。

由此得到一点启示：我们应当更加理性地定位信息技术、网络技术在政府管理与协调治理中的作用,理性对待电子政务和移动政务等新兴政务模式的效用。不能过度盲从和过高期望信息技术对政府合作与工作绩效的促进作用,不能完全指望技术的进步和新技术的采纳能够解决一切问题,视技术为"万灵药方"。实际上,对比发现：传统的措施往往才是最有效的,通过采取惩罚措施,直接作用于决策主体的自身收益和利害得失,能够非常有效地打击和遏制投机冒险行为,减少背叛收益,促进城市群合作共赢。采用单因素方程分析检验,在三组不同的连接概率下,合作主体数量均值比较的 $F$ 检验统计值为 0.013,显著性概率为 0.987,合作收益均值比较的 $F$ 检验统计值为

0.069,显著性概率为 0.934,整体收益均值比较的 $F$ 检验统计值为 0.039,显著性概率为 0.962,从统计上证明了连接概率确实难以对合作水平与收益产生显著的影响。三组不同的惩罚强度下,合作主体数量均值比较的 $F$ 检验统计值为 8 022.748,显著性概率为 0.000,合作收益均值比较的 $F$ 检验统计值为 837.149,显著性概率为 0.000,整体收益比较的 $F$ 检验统计值为 2 166.031,显著性概率为 0.000,这也从统计上证明了传统的惩罚手段对提升合作水平与收益的显著作用。此外,对模拟结果做稳定性检验,分成两组配对样本($9\times5,9\times5$),人数均值的相关系数为 0.995,显著性概率为 0.000;合作收益均值的相关系数为 0.48,显著性概率为 0.000;整体收益均值的相关系数为 0.981,显著性概率为 0.000,这说明模拟实验结果具有很高的信度水平,前文中的规律分析也具有较好的可靠性和可信性。

### 3. 智能体自身属性对博弈形势和收益结果的影响

1) 实验方案设计

城市群各城市政府决策者的决策个性构成是否会对博弈演化与收益结果产生影响,易变型、中立型、固执型的决策者哪一种更有利于促进区域协作治理与合作共赢?共设置 3 个实验方案,决策群体中易变型、中立型、固执型所占比例分别为:方案 1(1/2,1/3,1/6)、方案 2(1/3,1/3,1/3)、方案 3(1/6,1/3,1/2),即分别以易变型决策主体为主、均匀分布和以固执型决策主体为主,保持其他变量不变,每个方案模拟运行 10 次取平均值。

2) 模拟实验结果

如图 9-7 所示,从方案 1 至方案 3,合作与背叛主体数量波动的频次和密度逐渐变小的。结合表 9-9 所示,从方案 1 至方案 3,合作收益的均值呈下降趋势,整体收益的均值没有明显的变化方向,但合作主体数量的方差、整体收益的方差下降明显。可能的解释是,易变型决策主体相比固执型决策主体在策略选择时对邻居状态(周围环境)的参考权重更大,更能广泛获取信息,且更容易在收益不理想时实时调整策略,适应环境变化,以期提升收益水平。因此,当固执型决策主体比例占优时,更少受周围群体的影响和外界环境的干扰,且不会轻易改变原有的策略选择,博弈形势更加稳定,因此,相关指标的方差下降明显。而在易变型决策主体比例占优的情况下,伴随着信息交互范围和策略更替概率的提升,决策者受合作引导或冒险(投机)引诱的可能性都将增大,因而尽管信息获取的效率和动态调整的概率相比更高,但未必能促进群体合作水平和整体收益的提升,且更易出现反复波动的局面,收益风险也相比更大(特别是对于持背叛策略的决策者,其收益直接依赖于群体合作水平,在易变型决策主体占优且博弈形势反复波动的情况下,难以获得向持合作策略的决策者那样的稳定提升)。总结模拟结果,易变型决策主体占优的情况下合作水平与整体收益不高于均匀分布和固执型比例占优的情况,但收益的方差却较明显地高于后者,承担了相对较大的风险。

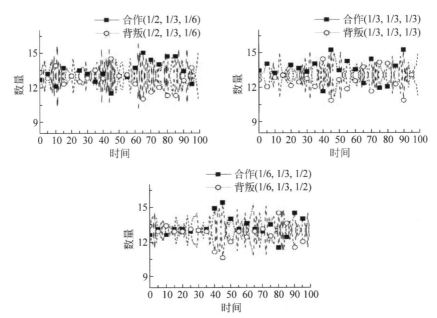

图 9-7　不同时段群体博弈形势即合作与背叛主体数量演化

注:括号内为易变型、中立型、固执型决策者占比。

表 9-9　模拟实验结果数据统计

| 方案 | 合作主体数量 | | 背叛主体数量 | | 合作收益 | | 背叛收益 | | 整体收益 | |
|---|---|---|---|---|---|---|---|---|---|---|
| | 均值 | 方差 | 均值 | 方差 | 均值 | 方差 | 均值 | 方差 | 均值 | 方差 |
| 方案1 | 13.340 | 10.208 | 12.660 | 10.208 | 61.251 | 17.808 | 48.845 | 141.966 | 53.910 | 63.625 |
| 方案2 | 13.292 | 8.229 | 12.708 | 8.229 | 60.667 | 17.391 | 48.875 | 116.624 | 53.869 | 52.462 |
| 方案3 | 13.410 | 6.556 | 12.590 | 6.556 | 60.005 | 18.985 | 19.521 | 92.804 | 54.180 | 43.067 |

基于上述分析,上层政府或协调机构在促进城市群协同合作的过程中,可以合理调整或搭配不同决策个性主体的构成比例,既可提升城市群政府互动系统对动态环境演化的灵敏度和适应力,又能保持政策的连续性和稳定

性,从而降低收益的风险。基于 3×10 个样本数据,以决策个性构成为因子,以合作收益均值为因变量做方差分析,$F$ 统计值分别为 5.388,显著性概率为 0.011,这说明易变型决策主体占优的情况下合作方的收益优势确实显著。以合作主体数量方差和整体收益方差为因变量做方差分析,$F$ 统计值分别为 32.777、16.330,显著性概率均为 0.000,这说明易变型决策主体占优的情况下收益的风险也显著较大,不同的决策个性构成确实会对合作水平与收益产生较显著的影响,有必要合理地调整决策个性的构成比例。

此外,对模拟实验结果做稳定性检验,分成两组配对样本(3×5,3×5),合作收益方差的相关系数为 0.261,显著性概率为 0.347,合作主体数量方差的相关系数为 0.733,显著性概率为 0.002,整体收益方差的信度系数为 0.612,显著性概率为 0.015,这说明模拟实验结果总体上具有较好的信度水平,特别在收益的风险(方差分析)方面。

## 9.4 结论分析

城市群全体城市政府决策者(如各市市长或职能部门负责人等)共同参与的城市群联席会议(典型如长三角城市经济协调会、武汉城市圈联席会议等),虽然提供了一个城市群全体城市的决策者共同协商和协同治理区域重大共同问题的理想平台,即可直接展开"面对面的"充分交流(全局信息交互),但受制于高昂的时间和机会成本,不可能也不应该成为跨地域政府间沟通协商的唯一形式,更多还是需要依靠各城市政府决策者之间日常性、自发性、灵活性的工作交流和沟通协调,就利益相关的共同问题与特定范围的其他城市展开及时性的、有针对性的沟通协商(局部信息交互),特别是依托于信息技术及移动设备的发展(网络会议、OA 系统、移动终端 App 等),通过电子政务和移动政务等新一代政务模式,以更便捷的方式、更低的成本实现跨地域城市政府决策者之间的实时交流与即时沟通[①]。因此,对城市群多政府

---

① 罗杭,郭珍,张毅.移动政务的价值分析[J].情报资料工作,2010(4):36-40.

合作协同问题的研究,不仅要考虑全体博弈的情形①,也要考虑部分博弈的场景,且不仅要考虑全局信息的共享,也要考虑局部信息的交互,特别是全体博弈与部分博弈、全局信息与局部信息之间的更替和交互。在部分博弈互动和局部信息交互的模式下,宏观系统的整体特征通过微观个体之间的局部交互而涌现出来,并往往呈现出突现性、不确定性、态均衡、非线性结构等复杂性特征②。因此,定性研究、传统的数学建模和统计研究往往难以有效地解释城市群政府互动博弈的演化过程及复杂机理③,有必要结合复杂性科学理论与建模方法,并应用多智能体建模与仿真技术(ABMS),从一种超脱还原论的、自底向上、微观互动到宏观涌现的视角,模拟并探究城市群政府互动博弈的演化过程和一般规律。

本案例集成非对称进化博弈系统和异构性社会网络模型,在微观层面建立了一个考虑个体成本收益差异的非对称进化博弈系统(同时考虑全体互动博弈与部分互动博弈的交互),以描述城市群各城市政府决策者的行为互动机制,在宏观层面建立了一个考虑结点之间连接概率差异的异构性社会网络模型(同时考虑全局信息交互和局部信息交互的更替),以描述城市群各城市政府决策者之间的沟通互动范围,并通过多智能体系统(特别是交互意愿变量的引入)实现微观互动(博弈行为)和宏观涌现(网络结构)之间的双向反馈与动态交互,以展开一个社会网络视阈下的城市群多政府博弈的模拟实验研究。

本章以社会网络视阈下的城市群政府合作过程中的多期进化博弈为例,通过概念模型、数学模型和计算机模型的完整建模过程,建立一个集成非对称进化博弈和异构性社会网络的多智能体模拟系统,并实现了微观互动(博弈行为)和宏观涌现(网络拓扑)之间的双向反馈与动态交互。在构建模拟系统的基础上,设计并运行一系列的实验方案,对仿真模型及模拟结果进行信度检验,并结合多次模拟实验构成的样本数据的统计分析,考察全局交互比例、局部连接概率等网络结构变量、合作收益、惩罚措施等博弈参数变量,以及决策个性等主体属性变量对城市群政府博弈形势与收益演化的动态影响,是政治学与公共行政领域的计算模拟实验研究的一次创新尝试。

---

① 蒋国银,胡斌,王缓缓.基于 Agent 和进化博弈的服务商动态联盟协同管理策略研究[J].中国管理科学,2009,17(2):86-92.
② 同上。
③ 同上。

# 第 10 章 基于微博数据的网络群体性事件应对策略评估[①]

## 10.1 案例背景

政务微博由于其实时、单向发布、双向交流等特点已成为政府网络治理的重要平台。同时,通过微博大数据分析和在线文本挖掘方法也为政府提供了更多了解公众意见的机会[②][③]。截至 2017 年 12 月 31 日,经过微博平台认证的政务微博达到 173 569 个,其中政务机构官方微博 134 827 个,公务人员微博 38 742 个[④]。Noesselt 总结中国政府微博五大功能为发布政务信息、引导舆论、提高政府公信力、树立政府良好形象和通过在线评论来实现公民参

---

[①] 本章部分研究成果曾在本书作者参与的以下学术论文中发表:Meng Qingguo,Zhang Nan,Zhao Xuejiao,et al. The Governance Strategies for Public Emergencies on Social Media and Their Effects:A Case Study Based on the Microblog Data[J]. Electronic Markets,2016,26(1):15-27.

[②] Chen H,Chiang R H L,Storey V C. Business Intelligence and Analytics:From Big Data to Big Impact[J]. MIS quarterly,2012:1165-1188.

[③] Joseph R C,Johnson N A. Big Data and Transformational Government[J]. IT Professional,2013,15(6):43-48.

[④] 人民日报·政务指数微博影响力报告[EB/OL]. http://www.peopleyun.cn/uploadfile/2018/0123/20180123104602765.pdf. 2018-09-29.

与①。这些功能中,更为主要的仍是发布和互动②。此外,微博为政府提供了与公民就紧急和大规模公共事件进行沟通的途径,这对于改善政府与公众之间的互动和提供有效的公共服务具有重要意义③。

但随着网络在现实生活中的逐步渗透,现实社会的矛盾等延伸到了网络,尤其是群体性事件通常会引起虚拟网络社会中更激烈的互动和争议。网络和微博上的群体性事件发展态势呈现多元倾向,现实与网络相结合、群众与网民相互影响等特点,容易扩大群体性事件的影响,若得不到及时治理则会容易激发社会公众的"社会情绪",使政府与社会的矛盾不断激化④⑤。互联网属于公共领域,政府应将其纳入社会管理的范畴并加强监管,当前越来越多的学者也从公共领域和公共利益的角度对政府治理网络虚拟社会进行了论述⑥⑦⑧。

本章重点以2012年S市某公司钼铜项目建设引致的群体性事件(以下简称"SF事件")为例,来阐述微博虚拟社区中向群体性事件转化的演变机理、发生机制。

综合媒体报道,2012年S市在地震灾后重建工作中引入"HD集团钼铜多金属资源深加工项目"(以下简称"钼铜项目"),2012年6月29日上午,宏达钼铜项目进行奠基仪式,由于项目信息披露不足,在事件初期出现了"癌症村"等大量谣言,而政府势在必行的推行态度更加重了民众的不满和担忧。事件于7月2日正式爆发,当日出现暴力化的警民冲突,S市官方微博"活力SF"发布的《关于严禁非法集会、游行、示威活动的通告》蛮横禁止市民聚集,立即遭到网友的谩骂和唾弃。7月3日冲突全面爆发升级,S市政府调动周边城市警力,大力抵制市民聚集,并对闹事群众实施拘捕行动。同时迫于舆论压力,7

---

① Noesselt N. Microblogs and the Adaptation of the Chinese Party-State's Governance Strategy[J]. Governance,2014,27(3):449-468.

② Zheng L,Zheng T. Innovation Through Social Media in the Public Sector:Information and Interactions[J]. Government Information Quarterly,2014,31:S106-S117.

③ Meng Q,Zhang N,Zhao X,et al. The Governance Strategies for Public Emergencies on Social Media and Their Effects:A Case Study Based on the Microblog Data[J]. Electronic Markets,2016,26(1):15-29.

④ 赵玲,张静,王欢. 微博对群体性事件助燃的动力学机制分析——以"昆明PX事件"为例[J]. 情报杂志,2013(8):50-56.

⑤ 王正攀,陈文权,徐信贵. 政务微博的公共治理调查及提升方向——基于重庆市233个样本数据的分析[J]. 情报杂志,2015(7):135-140.

⑥ Brian Loader. The Governance of the Cyberspace[M]. Routledge,1998:13-30.

⑦ Christine B,John A T. Governing in the Information Age[M]. Open University Press,1998.

⑧ I T M Snellen. Public Administration in an Information Age:A Handbook[M]. IOS Press,1998.

月3日下午S市书记正式发布决定称将不再建设钼铜项目。在经历了7月4日、5日两天平复期后,S市政府于5日晚召开干部会议,发布了S市市委书记的任免决定。"活力SF"对政府的相关通告均做了及时发布和更新。

## 10.2 案例要素的舆论演化规律分析

### 10.2.1 政务微博内容分析

以时间序列和冲突程度为划分依据,将"SF事件"划分为发酵期、对抗期和消化期三个阶段。在事件发酵期,政务微博的内容主要为钼铜项目的介绍和宣传,包括该项目的建设、投资盈利、环保及对S市经济社会发展的意义。在事件对抗期,主要是针对自2012年6月30日以来的集会和暴力抗争活动进行通告、解释、呼吁和处理,内容包括对集会过程的官方发布和澄清,对严禁非法集会、游行、示威的警告,对政府处理此次事件立场的申明,以及对永不再建此项目的承诺等。在事件消化期,政务微博的内容主要是政府针对此次群体性事件的总结和处理决定,包括对涉事群众及责任官员的处理等。"活力SF"发布的24条微博内容情况如表10-1和图10-1所示。

表10-1 "活力SF"在6月29日—7月3日发布的24条微博情况

| 阶段 | 编号 | 日期 | 治理工具分类 | 主要内容 | 转发量 | 评论量 |
|---|---|---|---|---|---|---|
| 发酵期 | 1 | 2012/6/29 10:28 | 项目介绍 | 总投资10亿元人民币 | 57 | 91 |
| | 2 | 2012/6/29 10:32 | 项目介绍 | 中国六个一流 | 23 | 43 |
| | 3 | 2012/6/29 10:35 | 项目介绍 | 环保投入10多亿元人民币 | 137 | 103 |
| | 4 | 2012/6/29 10:37 | 项目介绍 | 以三新实现零排放 | 37 | 87 |
| | 5 | 2012/6/29 10:43 | 项目介绍 | 国内同行业新标杆 | 40 | 56 |
| | 6 | 2012/6/29 10:55 | 项目介绍 | 技术创新典范工程 | 72 | 77 |
| | 7 | 2012/6/29 11:07 | 项目介绍 | 生产装置全球四最 | 123 | 201 |
| 对抗期 | 8 | 2012/7/2 14:04 | 呼吁、处理决定 | 申明处理安排 | 169 | 132 |
| | 9 | 2012/7/2 14:14 | 呼吁、处理决定 | 申明处理安排 | 62 | 111 |
| | 10 | 2012/7/2 14:14 | 呼吁、处理决定 | 申明处理安排 | 39 | 138 |

续表

| 阶段 | 编号 | 日期 | 治理工具分类 | 主要内容 | 转发量 | 评论量 |
|---|---|---|---|---|---|---|
| 对抗期 | 11 | 2012/7/2 20:00 | 解释、处理决定 | 7.2暴力事件 | 5 660 | 3 275 |
| | 12 | 2012/7/2 23:40 | 呼吁 | 表明意见 | 1 156 | 939 |
| | 13 | 2012/7/3 8:53 | 项目介绍、呼吁 | 呼吁理性对待事件 | 2 912 | 1 486 |
| | 14 | 2012/7/3 9:41 | 处理决定 | 反集会 | 15 752 | 15 041 |
| | 15 | 2012/7/3 10:06 | 呼吁 | 申明政府立场 | 16 164 | 34 411 |
| | 16 | 2012/7/3 12:23 | 辟谣 | 募捐辟谣 | 8 379 | 10 455 |
| | 17 | 2012/7/3 17:58 | 处理决定 | 永不再建 | 46 162 | 24 151 |
| | 18 | 2012/7/3 19:50 | 解释 | 总结7月2日~3日处理过程 | 7 033 | 7 183 |
| 消化期 | 19 | 2012/7/4 1:09 | 处理决定 | 医治伤患 | 1 864 | 2 459 |
| | 20 | 2012/7/4 1:58 | 解释、处理决定 | 逮捕人员的处理过程 | 10 794 | 16 414 |
| | 21 | 2012/7/4 21:39 | 辟谣 | 封城辟谣 | 1 595 | 6 074 |
| | 22 | 2012/7/5 22:17 | 处理决定 | 任命第一书记 | 22 003 | 13 165 |
| | 23 | 2012/7/5 22:24 | 解释 | 解释事件的处理过程 | 2 450 | 3 392 |
| | 24 | 2012/7/7 0:15 | 处理决定、辟谣 | 查处网络散播谣言者 | 1 194 | 3 291 |

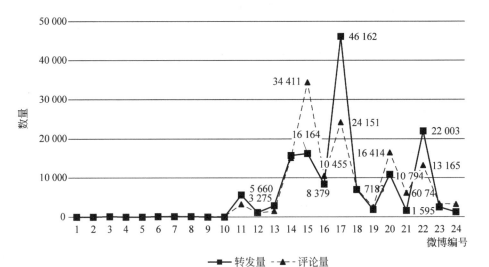

图10-1 "活力SF"24条微博转评图

在整个发展过程中,S市政府在实际操作中采取了从"积极宣传""消极应对"到"防暴处理",最终"妥协"的治理策略;而在网络虚拟社会中则采取了从"介绍""解释""呼吁""禁止""表态"再到"解释""呼吁""处理"的治理策略。

政府在网络虚拟社会和现实社会中的政策导向保持较高的一致性,但相较于现实社会,政府在网络虚拟社会中的应对措施更为缓和、理性,同时也受制于现实社会中事件发展和政府立场。因此,在事件发展的对抗期,政务微博虽然起到了扩大民众知情权、提供网络沟通平台的作用,但这种沟通仅仅是单向的通知或指令,沟通效果不佳,没有起到缓和矛盾的目的。

"SF事件"中的政务微博的数量和舆论热度经历了先升后降的过程,具体表现为:对抗期的政务微博数量和转发量都位居高位;发酵期和消化期微博数量均较少,但消化期的微博舆论热度接近发酵期的100倍,预示着事件并未完全平息,有着再次爆发的潜伏危机。此外,微博舆论热度和事件的发展阶段以及微博内容争议程度存在强相关性,引发转发和评论峰值的微博内容多为解释澄清、呼吁和处理决定。

### 10.2.2 网络舆论内容分析

群体性事件舆论机制可通过关键词分析发现网络虚拟社会中对于事件讨论的热点所在和预测事件未来发展的舆论走向。为更好地观察"SF事件"的舆情、响应和传播情况,本章以兼具内容和舆论热度上的代表性为依据,从24条微博中筛选了8条微博,以其内容及全部转发中的评论内容为样本,运用"PKUVIS微博可视化工具"进行词语的自动检测和词频的计算,同时对自动输出结果人工剔除"没有""一个"等无代表意义的词语,修正后输出每条微博下的六级关键词表单如表10-2所示,其树状图如图10-2所示。

在事件发酵期,S市政府与网民在微博上讨论的主要对象为:"钼铜项目""HD集团""S市政府"及"人民"。关注内容包括项目的投资收益情况、环保问题、政府对项目的监测等一系列话题。在事件对抗期,"HD""钼铜""项目"等关键词级别靠后甚至消失,而"政府""人民""群众"等关键词的词频却相对较高。侧面体现了对抗期民众在网络虚拟社会上讨论的热点已经逐渐脱离"钼铜项目"本身,讨论热点转而针对政府暴力驱散集会群众,讨论主题还包括公民利益、法制社会、宪法、公民知情权、自由权以及政府问责等。在事件发展消化期,"政府""人民""群众"等词频依然处在高位,"催泪弹""受伤"等词频有所下降。较为突出的特点是消化期微博22的关键词表单只有三级,且关键词多集中在二级,数量高达14个。"政府"这一词语的级别有所下

表 10-2 "活力 SF" 8 条微博六级关键词表单

| 级别 | 发酵期 | | 对抗期 | | | 消化期 | |
|---|---|---|---|---|---|---|---|
| | 编号 1 | 编号 3 | 编号 11 | 编号 14 | 编号 15 | 编号 17 | 编号 20 | 编号 22 |
| 一级 | 项目,投资 | 环保 | 政府,人民,群众,瓦斯 | 人民,集会,游行 | [弱],人民,维护 | 政府,项目,人民,群众 | 政府,人民,群众 | 书记一 |
| 二级 | 集团,宏达 | 项目 | SF | 宪法,非法,政府,合法 | 和谐,群众,政府,坚决 | SF | SF | 协助,SF,党章,设置,设第二,同志,中国,职务,工作,人民,李*金,中共,历史,市委书记 |
| 三级 | SF,104 亿,政府,企业 | SF,政府,污染 | 没有,骂不还口,老百姓 | 中华,自由,SF,示威 | 稳定,评论,权益,合法,SF | 别有用心,老百姓 | 老百姓 | 政府 |
| 四级 | 还,中国,消息,发展,500 | 人民,知道,投资,监测,工程开工 | 项目,轻则,还手,知道,少数 | 言论,中国,结社,通告,共和 | 社会,微博,利益,大局,不要脸,口号 | 胜利,相信,现在 | 警察,民众,少数,事件,过激 | — |
| 五级 | 同意,一百,消息,发展,500 | 大家,落实,全方位,投入 | 抗议,真相,微博,百姓,民众 | 出版 | 知道 | 决定,事件,应该,少数,建设,问题 | 中国,行为 | — |
| 六级 | — | HD,问题,措施,施工,现场 | — | — | 中国 | 希望 | 受伤,催泪弹,知道,处理,应该 | — |

注：从一级到六级，关键词的词频逐渐下降。

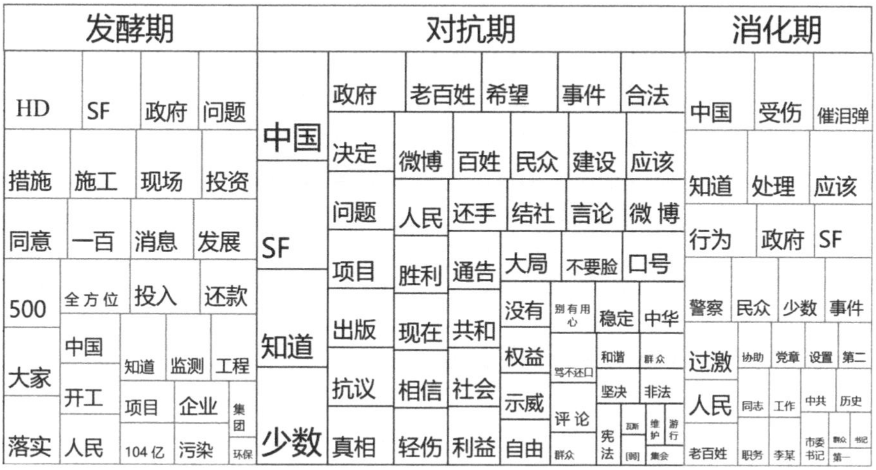

| 发酵期 | | | | 对抗期 | | | | | | 消化期 | | |
|---|---|---|---|---|---|---|---|---|---|---|---|---|
| HD | SF | 政府 | 问题 | 中国 | 政府 | 老百姓 | 希望 | 事件 | 合法 | 中国 | 受伤 | 催泪弹 |
| 措施 | 施工 | 现场 | 投资 | | 决定 | 微博 | 百姓 | 民众 | 建设 | 应该 | | |
| | | | | | | | | | | 知道 | 处理 | 应该 |
| 同意 | 一百 | 消息 | 发展 | SF | 问题 | 人民 | 还手 | 结社 | 言论 | 微博 | | |
| | | | | | 项目 | 胜利 | 通告 | 大局 | 不要脸 | 口号 | 行为 | 政府 | SF |
| 500 | 全方位 | 投入 | 还款 | | | | | | | | | |
| | | | | 知道 | 出版 | 现在 | 共和 | 没有 | 别有用心 | 稳定 | 中华 | 警察 | 民众 | 少数 | 事件 |
| 大家 | 中国 | 知道 | 监测 | 工程 | | | | | | | | | | |
| | 开工 | 项目 | 企业 | 集团 | | 抗议 | 相信 | 社会 | 权益 | 骂不还口 | 和谐 | 群众 | 过激 | 协助 | 党章 | 设置 | 第二 |
| | | | | | | | | 示威 | 评论 | 坚决 | 非法 | 人民 | 同志 | 工作 | 中共 | 历史 |
| 落实 | 人民 | 104亿 | 污染 | 环保 | 少数 | 真相 | 轻伤 | 利益 | 自由 | 群众 | 宪法 | 维护游行 | 集会 | 老百姓 | 职务 | 李某 | 市委书记 | 党纪 | 第一 |

图 10-2 "活力 SF"8 条微博关键词表单树状图

降,"书记""第一"两个词汇的词频远远超过其他词汇。反映了在此事件中,网民们对于"第一书记"提法的关注和争议,也体现了网民们对此事件关注点较为集中。

随着事件不断发展,关键词表单呈现的舆论走向呈现出如下规律。

首先,"活力 SF"的内容与网民讨论的内容之间有很强的相关性,与此同时,网民也会在原有的话题之下拓展新的讨论。如微博 1 四级关键词"还款"就是针对项目开展的贷款和还款问题展开的讨论,微博 22 借由第一书记的任命拓展出中共历史、党章设置等一系列衍生话题。这些衍生话题的讨论加深了微博中原有议题的讨论热度,同时推动群体性事件的关注点不断地集中和深入。

其次,从关键词数量来看,对抗期微博关键词数量显著高于发酵期和消化期,且关键词之间的相似度也较低。由此可见,随着事件不断演进,网民的舆论导向经历了一个由"分散"到"集中",再由"集中"向"分散"的演变,传播内容多以质疑和问责为主,体现了民众在网络虚拟社会的传播下对事件主要矛盾的认识逐渐明确,并能在传播演化中集合集体智慧,发散性地思考事件背后的机制体制问题。如在这个演变过程中,对政府问责的呼声越来越高,发散性的主题也由发酵期的项目介绍和推测转变为政府问责、社会利益、公民权利和组织建设、制度改革等深层次的问题,讨论的主题不断深化。

最后,值得注意的是,8 条微博中有两条微博的关键词极为特别,分别是对抗期微博 15 和消化期微博 22。对抗期微博 15(关于政府表态的微博)的关键词表单中第一次出现了"[弱](表情字符)""不要脸"这种较为粗俗的用语,这体现了网络用语的粗俗化和随性化,也从一个侧面反映了极端化的网络文化特点。同时,也体现了在群体性事件中,政府的表态在网络虚拟社会中可能会起到反作用,进一步激发网民的极端情绪和对政府的不信任。而消化期微博 22 较为特殊,其关键词只包含三级,且二级关键词的数量较高并仅围绕"第一书记任命"这一主题。

### 10.2.3 网络互动传播分析

网络事件的演变受响应数量、讨论时间长度及讨论的内容影响。根据扩散理论,扩散是在社会系统成员之间通过某些渠道随时间传播持续更新的过程①。但在所有系统成员中,意见领袖在危机事件网络传播过程中发挥着更为重要的作用,意见领袖不同的社会网络位置会影响其从网络中识别、获取和利用信息的机会②。本节根据传播效应图谱找出事件传播过程中的关键行动者,以微博连续转发的次数和数量来衡量事件的传播与扩散效应。在绘制的传播圈图谱中,中心点代表意见领袖微博,以中心点为圆心形成的圆代表该微博下同一转发级别的微博个体。筛选出的 8 条关键性微博传播机制的传播圈分析如图 10-3 至图 10-10 所示。

由图 10-3 和图 10-4 所示,发酵期微博 1 的传播层次仅有两层,第一层级"直接转发"的转发量较多,为 55 条,第二层级"间接转发"的转发量为 2 条。微博 1 传播效应的中心为"活力 SF",次级传播中心为"魏*杰"(专栏作家、时事评论员);发酵期微博 3 的传播层次较多,最长传播链达到 4 级。第一层级(直接转发)的数量最多,第二层级转发量为 19 条,分别由政府官员、作家及媒体人等不同的意见领袖影响。第三层级转发量为 26 条,其中的 24 条是由"活力 SF"直接影响的。

如图 10-5 所示,对抗期微博 11 的传播层级多为 2~4 级,转发量占全部转发 80% 以上,最长传播链条为 7 级。传播中心为"活力 SF""新*刊""刘*师"和"富*师"分别带动了三个次级传播圈的发展,意见领袖及相应的次级传播圈数量均较少。

---

① Rogers, Everett M. The Diffusion of Innovation 5th Edition[M]. 2003.
② 季丹,郭政.网络意见领袖对危机信息传播效果的影响因素研究[J].情报杂志,2015(2):22-27.

# 第10章
基于微博数据的网络群体性事件应对策略评估

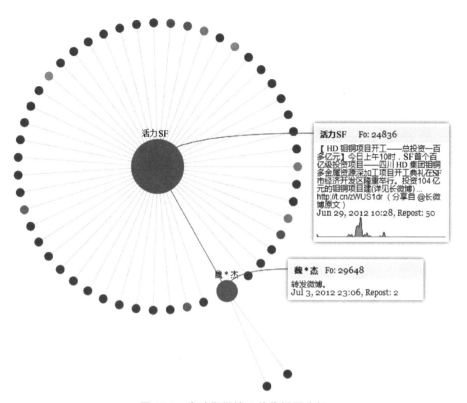

图 10-3　发酵期微博 1 的传播圈分析

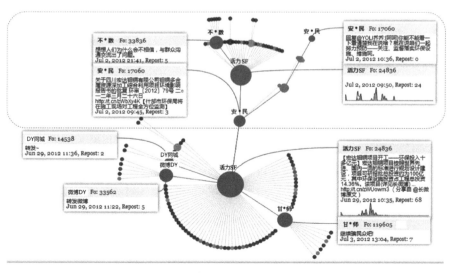

图 10-4　发酵期微博 3 的传播圈分析

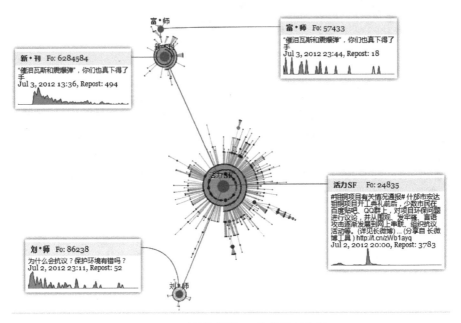

图 10-5　对抗期微博 11 的传播圈分析

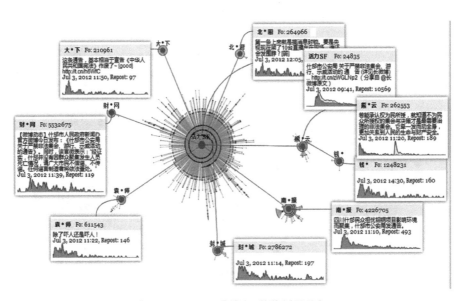

图 10-6　对抗期微博 14 的传播圈分析

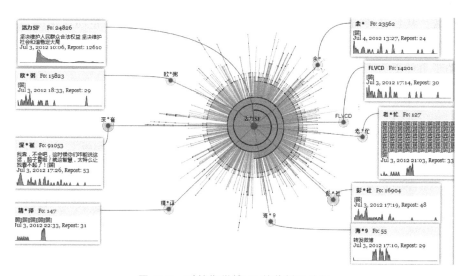

图 10-7 对抗期微博 15 的传播圈分析

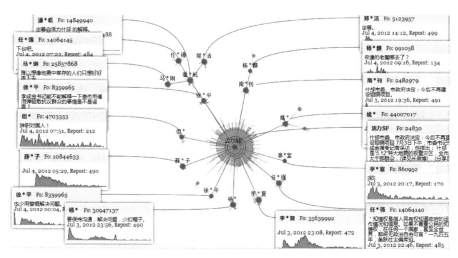

图 10-8 对抗期微博 17 的传播圈分析

如图 10-6 所示,微博 14 的传播层级多为 2~3 级,最长传播链条为 6 级。相较于微博 11,微博 14 的直接关注力度较大,但传播链条较短,传播效应不强。传播中心仍为"活力 SF",但意见领袖数量较有了显著的增加。图 10-7 显示,微博 15 的传播层级集中在 3~5 级,最长传播链条为 11 级。相较于对抗期前两条微博,微博 15 的传播链条显著增长,传播效果较强。传播中心仍然为"活力 SF",其他意见领袖的数量较多但相对影响力较弱。图 10-8 显示,微博 17 的传播层级多集中在 2~5 级,最长的传播链条为 7 级,传播分布较为分散。从意见领袖的数量来看,微博 17 的意见领袖数量和质量明显增多,且他们各自的传播力度较之前也有显著增加。由此可见,微博名人的加入,推动了事件更为广泛地传播。

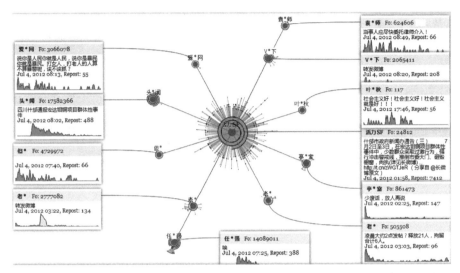

**图 10-9 消化期微博 20 的传播圈分析**

图 10-9 显示,消化期微博 20 的传播层级集中在 2～3 级,最长传播链条为 6 级。微博传播链条有所缩短,但意见领袖的数量仍较多。在此条微博中,微博名人的参与程度较低,意见领袖的身份较为分散。图 10-10 显示,微博 22 的传播层级集中在 3～4 级,最长传播链条为 7 级。意见领袖的数量和质量都有显著提高,较为突出的意见领袖包括"潘＊屹""财＊网""头＊闻"等,且"活力 SF"作为传播中心的影响力有所削弱。基于相互传播关系,意见领袖中形成了两个较为明显的社会网络,一是"老＊—任＊强＋当＊庆—潘＊屹",二是"财＊网—甘＊师—潘—屹",此两个社会网络的传播影响力占了整条微博总传播量的 11.4%,延长了微博的传播链,同时扩大了影响。

由传播圈反映出的网民传播情况呈现如下规律。

首先,就传播层级和传播链长度而言,随着事件的不断演进,微博的传播层级呈现逐步增长后稍有回落的趋势,而传播链条也呈现先增长后减少的趋势。这与关注度分析的结果相符,即网民在事件发展期间的传播意愿和传播力度都呈现先增后减的趋势,且增的幅度要远远大于减的幅度。

其次,就意见领袖和次级传播圈个数而言,随着事件的不断发展,意见领袖的个数、传播圈个数及相对影响力都大体呈现逐渐增加的趋势。且不同阶

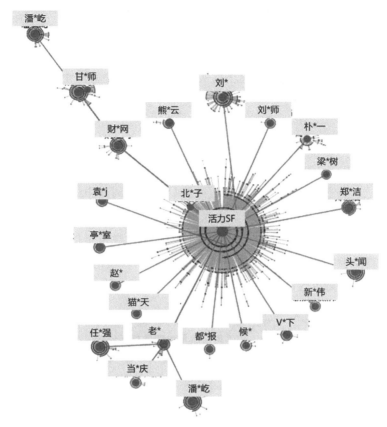

图 10-10 消化期 22 的传播效果分析

段,意见领袖的身份也存在差异:发酵期的意见领袖身份多为官员和媒体人;对抗期中以媒体人和律师为主,并在对抗期的末尾加入大量微博名人,带动了事件的广泛传播;消化期意见领袖以微博名人为主导,媒体人等居其次。随着事件的不断发展,"活力 SF"作为中心传播者的相对影响力逐渐下降。

## 10.3 基于"关键行动者"要素的关系网络分析

根据"SF 事件"中网民参与的程度,将事件中的行动者划分为关键行动者、一般行动者和普通参与者。普通参与者指参与转发,但传播影响力弱;一般行动者指参与事件的转发,有一定的传播影响力,但影响范围较小,与意见领袖缺乏互动,因而传播圈是单层次的;关键行动者自身是重要的意见领袖,同时与其他重要意见领袖之间形成交互关系,在事件的传播中起到极大影响力的作用。本节中各阶段挑选出的关键行动者中,发酵期10人、对抗期26人、消化期15人。

### 10.3.1 关键行动者的凝聚力分析

在一个多值网络中,凝聚子群研究的目的是找到其中的一些相互联系比较紧密,具有凝聚力的小团体[①]。凝聚力情况主要从关键行动者网络的规模、网络密度、网络距离等指标进行分析。社会网络的规模是指社会网络中包含的所有行动者的数目,网络密度指实际关系数除以理论上的最大关系数,网络中成员间距离指图论意义上的最短途径长度。通过UCINET软件网络凝聚力分析,具体指标测算结果如表10-3所示。

表10-3 关系网络凝聚力变量指标分析

| 变量指标 | | 发酵期 | 对抗期 | 消化期 |
| --- | --- | --- | --- | --- |
| 网络规模 | 数量 | 10 | 26 | 15 |
| 网络密度 | 均值 | 0.222 | 0.080 | 0.181 |
| | 标准差 | 0.416 | 0.271 | 0.409 |
| 网络距离 | 均值 | 1.933 | 2.751 | 2.114 |
| | 凝聚力指数 | 0.585 | 0.431 | 0.540 |
| | 广度 | 0.415 | 0.569 | 0.460 |

由表10-3分析可知,"SF事件"中网络规模对抗期>消化期>发酵期;网络平均密度则刚好相反,且平均密度的离散程度也呈现发酵期>消化期>对抗期的规律;网络中成员间距离的均值对抗期>消化期>发酵期,由距离所呈现的网络紧密度发酵期>消化期>对抗期(距离—紧密度:取值范围[0,1],数值越大,代表网络基于距离测算的紧密度越高)。

其次,"SF事件"整体的网络密度偏小,表明在网络虚拟社会中关键行动者相互联系的紧密程度较低,即群体性事件在网上传播分散,网络成员之间

---

① 刘军.整体网分析:UCINET软件实用指南[M].上海:上海人民出版社,2014:113.

的交互行为对关键行动者个体的态度、行为产生的影响可能性较低。且网络规模与网络距离呈正向关系,与网络密度呈反向关系,反映出虚拟社会中个体交互程度较低,关系网络较弱。

### 10.3.2 关键行动者的引力中心性分析

"中心性"是社会网络分析的研究重点之一,能够解释网络中行动者居于怎样的中心位置[①]。Bavelas 最先对中心度的形式特征进行了开创性研究,认为行动者越处于网络的中心位置,其影响力越大[②]。本节选用程度中心度衡量成员处于网络中心位置的程度,通过计算某一成员与多少人直接相连来表示,数值越大,则该成员处于中心地位的程度越高。运用中心势来度量整个网络中心化程度,测量社会网络的总体整合度。

在社会网络分析中,信息传播可以被视作由个体交互行为产生的网络,信息传播速度和影响范围受到网络结构的影响[③]。依据同一时间段内不同关键行动者之间的网络距离、粉丝规模和发布微博数量,运用引力模型计算两个行动者之间的吸引力指数,构建反映吸引力中心性的数据。度数中心度是计算一个人在一个团体的网络中最主要的一项个体结构指标,常常用来衡量谁在这个团体中成为最主要的中心人物[④]。根据社会网络中的联结数来衡量结点在网络中的中心程度,度数中心度越高,则说明该行动者结点在网络中影响力越大。根据不同关键行动者的联系方向和强度,度数中心度又分为点出度和点入度,点出度即影响其他行动者的程度,点入度即受其他行动者影响的程度。分析结果如表 10-4 至表 10-6 和图 10-11 至图 10-13 所示。

---

① 孙涛,温雪梅.动态演化视角下区域环境治理的府际合作网络研究——以京津冀大气治理为例[J].中国行政管理,2018(5):83-89.
② 乐云,张兵,关贤军,等.基于 SNA 视角的政府投资项目合谋关系研究[J].公共管理学报,2013(3):29-40.
③ 刘淑华,潘丽婷,魏以宁.地方政府危机治理政策传播与信息交互行为研究——基于大数据分析的视角[J].公共行政评论,2017,10(1):4-28.
④ 黄建伟,刘文可,熊佩萱.近 20 年我国 MPA 教育研究的回顾与展望——基于对文献关键词的共词网络分析[J].中国行政管理,2017(5).

表 10-4　发酵期关键行动者关系网络中心度分析

| 排序 | | 关键行动者 | 数值 | |
|---|---|---|---|---|
| 点出度 | 点入度 | | 点出度 | 点入度 |
| 1 | 8 | 张*光 | 22.132 | 2.289 |
| 2 | 1 | 活力SF | 16.049 | 23.468 |
| 3 | 3 | 微博DY | 8.454 | 6.700 |
| 4 | 2 | 安*民 | 8.128 | 15.137 |
| 5 | 4 | 魏*杰 | 5.709 | 5.300 |
| 6 | 5 | 不*数 | 5.692 | 5.179 |
| 7 | 6 | 小*头 | 1.256 | 4.218 |
| 8 | 9 | H*曼 | 0.359 | 2.125 |
| 9 | 7 | 吴*博 | 0.162 | 2.996 |
| 10 | 10 | 法*大 | 0.002 | 0.531 |
| 网络中心势 | | | 17.04% | 18.53% |

表 10-5　对抗期关键行动者关系网络中心度分析

| 排序 | | 关键行动者 | 数值 | |
|---|---|---|---|---|
| 点出度 | 点入度 | | 点出度 | 点入度 |
| 1 | 14 | 姚* | 17.422 | 2.130 |
| 2 | 1 | 潘*屹 | 13.197 | 10.749 |
| 3 | 3 | 任*强 | 12.521 | 8.869 |
| 4 | 6 | 马*琍 | 9.249 | 4.205 |
| 5 | 2 | 徐*平 | 8.017 | 8.878 |
| 6 | 4 | 财*网 | 4.130 | 4.727 |
| 7 | 7 | 但* | 2.601 | 3.349 |
| 8 | 9 | 南*报 | 2.385 | 3.290 |
| 9 | 5 | 郑*洁 | 1.981 | 4.518 |
| 10 | 11 | 南*刊 | 1.867 | 3.067 |
| 11 | 17 | 杨*麟 | 0.567 | 1.494 |
| 12 | 15 | 亭*室 | 0.567 | 2.068 |
| 13 | 8 | 王*山 | 0.499 | 3.334 |
| 14 | 16 | 袁*师 | 0.437 | 1.854 |
| 15 | 21 | 柯* | 0.335 | 0.812 |

续表

| 排序 | | 关键行动者 | 数值 | |
|---|---|---|---|---|
| 点出度 | 点入度 | | 点出度 | 点入度 |
| 16 | 12 | 张*韵 | 0.228 | 2.396 |
| 17 | 18 | 北*子 | 0.202 | 1.304 |
| 18 | 19 | 熊*云 | 0.195 | 1.282 |
| 19 | 13 | 张*慈 | 0.119 | 2.194 |
| 20 | 10 | 活力SF | 0.106 | 3.185 |
| 21 | 20 | 王*X | 0.080 | 0.998 |
| 22 | 22 | 刘*师 | 0.071 | 0.783 |
| 23 | 24 | 余* | 0.027 | 0.602 |
| 24 | 23 | 一*音 | 0.004 | 0.687 |
| 25 | 26 | h*u | 0 | 0.014 |
| 26 | 25 | 高*儿 | 0 | 0.020 |
| | | 网络中心势 | 15.05% | 8.11% |

表10-6 消化期关键行动者关系网络中心度

| 排序 | | 关键行动者 | 数值 | |
|---|---|---|---|---|
| 点出度 | 点入度 | | 点出度 | 点入度 |
| 1 | 4 | 潘*屹 | 20.141 | 7.403 |
| 2 | 3 | 任*强 | 18.851 | 7.436 |
| 3 | 7 | 头*闻 | 17.439 | 4.811 |
| 4 | 2 | 财*网 | 9.387 | 12.669 |
| 5 | 1 | 老* | 6.008 | 16.196 |
| 6 | 8 | 郑* | 4.191 | 4.588 |
| 7 | 9 | 但* | 3.894 | 4.557 |
| 8 | 5 | V*下 | 3.054 | 5.675 |
| 9 | 10 | 当*庆 | 2.295 | 4.245 |
| 10 | 11 | 亭*室 | 1.028 | 4.230 |
| 11 | 14 | 袁*来 | 0.432 | 1.850 |
| 12 | 6 | 北*子 | 0.416 | 5.451 |
| 13 | 13 | 甘*师 | 0.180 | 3.341 |
| 14 | 15 | 刘*师 | 0.096 | 1.629 |
| 15 | 12 | 活力SF | 0.050 | 3.384 |
| | | 网络中心势 | 15.33% | 11.11% |

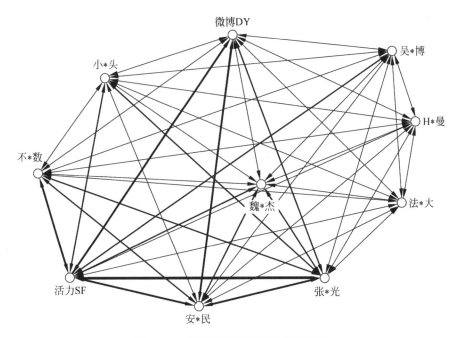

图 10-11 发酵期关键行动者关系网络

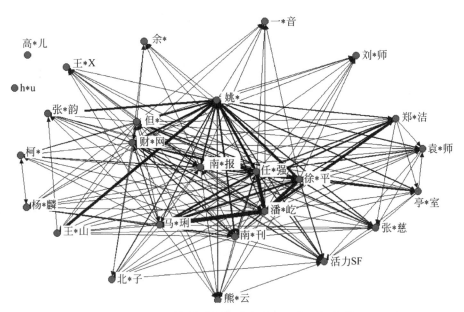

图 10-12 对抗期关键行动者关系网络可视化图

注：节点引力值>50 000。

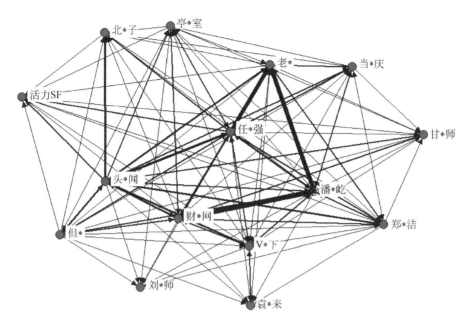

**图 10-13　消化期关键行动者关系网络**

注：节点引力值>50 000。

发酵期关键行动者关系网络的中心度分布差异较大，网络中心势数值偏低，该社会网络成员间联系较为分散。根据点出度和点入度的数值，"张＊光"和"活力SF"对于网络中其他成员的吸引力度较强，"活力SF""安＊民"和"微博DY"受网络中其他成员的影响较强。点入度和点出度排名差异不大，表明活跃的行动者在网络中交互方向较为均匀。其中，"张＊光"的点出度显著高于点入度，表明他影响他人的程度显著高于受其他人影响。

对抗期的关键行动者的中心度分布差异也同样较大，网络中心势数值偏低，该关系网络成员间联系较为分散，点入中心势和点出中心势差异较大，表明该关系网络成员整体对他人的影响力高于他们被影响的程度。"姚＊""潘＊屹"和"任＊强"等微博名人对于网络中其他成员的吸引力度较强，"潘＊屹""徐＊平"和"任＊强"受网络中其他成员的影响较强。点入度和点出度排名总体存在一定差异，表明活跃的行动者在社会网络中的交互方向存在异质性。其中，"姚＊"点出度高于点入度，她影响他人的程度显著高于受影响程度，这与她粉丝量高有关，"王＊山""张＊慈"和"活力SF"则是被影响力高于影响力。消化期关键行动者的中心度分布差异较大，网络中心势数值偏低，显示出该社会网络成员间联系亦较为分散。点入度和点出度排名总体存在一定差异,表明活跃的行动者在社会网络中的交互方向存在异质性。其中,"潘*屹"的点出度明显高于点入度,表明他影响他人的程度显著高于受其他人影响的程度。

## 10.4 基于"治理工具"要素的响应效果分析

治理策略是为实现治理目标所应用的手段、方法或路径的泛称[1]。Hood根据四种基本政府资源将政府工具分为信息、权威、财富和组织四类[2],Hughes认为政府经济手段主要包括供给、补贴、生产和管制[3],Savas将政府工具归纳为10项安排:政府服务、招标、府际协议、合同、特许经营、津贴、补助金、票券、自由市场、自助服务和志愿服务[4]。网络环境下的治理策略是政府将"网络治理"的目标转换为具体网络行为的路径和机制,用以解决网络引发的公共问题或群体事件。政府在网络虚拟社会中的治理基于信息发布而施行,属于 Hood 分类标准下的"信息类"治理策略。本节在考虑网络虚拟社会中政策实施和发布的特点及可能路径的基础上,综合政府网络治理策略的内容和实施形式,将"信息类"网络治理策略进一步细分为"介绍式""呼吁表态式""解释澄清式""辟谣式"和"处理决定式"五种。

为了更加深入地研究事件发展的不同阶段,治理策略发挥作用的方式及作用效果,本节对24条微博进行了适当筛检。剔除了编号为2、4、5、6、7等5条关于项目介绍的微博和编号为9、10两条与编号8内容重复的微博,分类结果如表10-7和表10-8所示。

---

[1] 张成福,党秀云. 公共管理学(修订版)[M]. 北京:中国人民大学出版社,2007.
[2] Hood C C. The Tools of Government[M]. London:The Macmillan Press Ltd,1983.
[3] Hughes O E. Public Management and Administration,3rd Edition:An Introduction[M]. Palgrave Macmillan,2003.
[4] Savas E S. Privatization and Public-private Partnerships[M]. CQ Press,2000.

表 10-7 "活力 SF"政务微博治理策略分类表

| 治理策略类型 | 过程 | 原始 24 条微博 | | 清洗后微博 | |
|---|---|---|---|---|---|
| | | 编号 | 数量 | 编号 | 数量 |
| 介绍式 | 发酵期 | 1、2、3、4、5、6、7 | 7 | 1、3 | 2 |
| | 对抗期 | 13 | 1 | 13 | 1 |
| 呼吁表态式 | 对抗期 | 8、9、10、12、13、15 | 6 | 8、12、13、15 | 4 |
| 解释澄清式 | 对抗期 | 11、18 | 2 | 11、18 | 2 |
| | 消化期 | 20、23 | 2 | 20、23 | 2 |
| 辟谣式 | 对抗期 | 16 | 1 | 16 | 1 |
| | 消化期 | 21、24 | 2 | 21、24 | 2 |
| 处理决定式 | 对抗期 | 8、11、14、17 | 4 | 8、14、17 | 3 |
| | 消化期 | 19、20、22 | 3 | 19、20、22 | 3 |

表 10-8 治理工具在不同时期的应用简图

| 治理策略类型 | 发酵期 | 对抗期 | 消化期 |
|---|---|---|---|
| 介绍式 | ■ | ▨ | |
| 呼吁表态式 | | ■ | |
| 解释澄清式 | | ■ | ▨ |
| 辟谣式 | | ▨ | ▨ |
| 处理决定式 | | ■ | ■ |

注：颜色的深浅表示效果的强弱。

不同形式的网络治理策略在不同时期应用程度存在差异：介绍式的治理策略主要出现在群体性事件的"发酵期"以及"对抗(初)期"；呼吁表态式的治理策略主要会应用在"对抗(初、尖锐)期"；解释澄清式的治理策略主要会应用在"对抗(尖锐)期"和"消化期"；辟谣式的治理策略主要会依据事件走势进行适当应用，多出现在"对抗期"和"消化期"；处理决定式的治理策略往往体现了行政干预，对于事件进行应急处理，并在"对抗期"和"消化期"进行结果公布等，以告知公众。

本节对治理策略的响应效果的研究着重从政策响应数量、滞后程度、持续周期、传播圈数、意见领袖数和相对影响力等六方面进行综合的测度分析。

(1) 响应数量。响应数量为政务微博的转发量，阶段均值等于 AVR (Repost1, Repost2, Repost3, …)。

(2) 滞后程度。滞后程度为民众大规模响应时间距离政务微博发布时间的时间差，等于 $T$(微博发布时刻)$-T$(高峰起始时刻)，阶段均值为阶段内若干微博滞后时间差的算术平均值。

(3) 持续周期。持续周期特指民众响应有效高峰的持续时长，等于 $T$(高峰结束时刻)$-T$(高峰起始时刻)，阶段均值为阶段内若干微博持续时长的算术平均值。

（4）传播圈数和意见领袖数。传播圈数和意见领袖数均由"PKUVIS微博可视化策略"自动呈现的显著性传播圈个数和意见领袖个数，阶段均值同样取算术平均值[①]。

（5）相对影响力。相对影响力特指"活力SF"带动的直接转发量在整个微博转发量中所占的比重，等于 repost("活力SF")/repost(总量)×100%，阶段均值同样取算术平均值。

下面将以此六项指标为依据，分别研究"SF事件"中出现的五类治理策略所引发的响应效果。不同时期治理指标情况如图10-14所示。

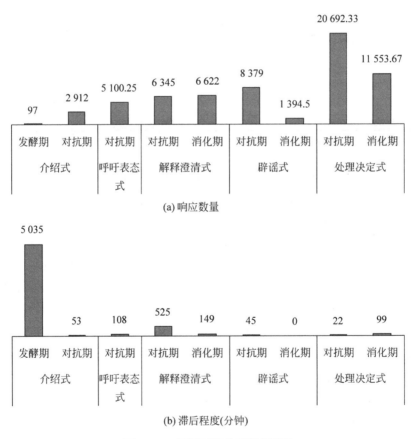

图10-14 不同时期治理指标情况

---

① Ren D, Zhang X, Wang Z, et al. Weiboevents: A Crowd Sourcing Weibo Visual Analytic System[C]//Visualization Symposium(PacificVis), 2014 IEEE Pacific. IEEE, 2014: 330-334.

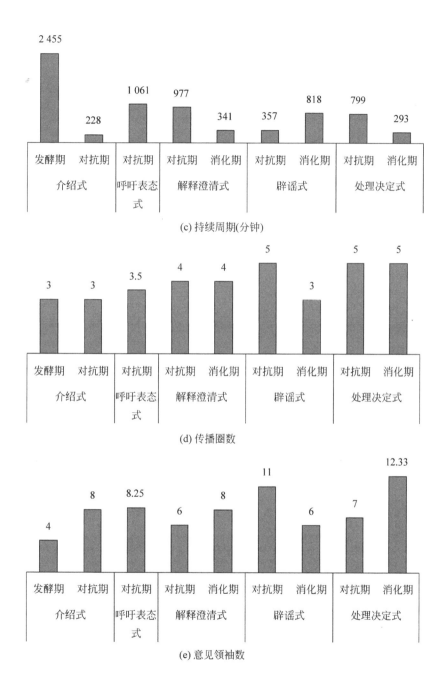

图 10-14 （续）

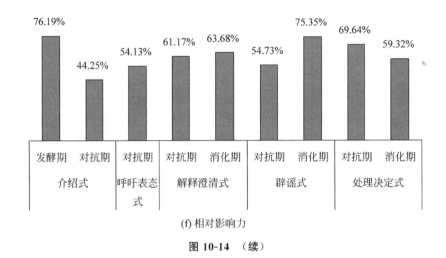

(f) 相对影响力

图 10-14 （续）

## 10.4.1 介绍式治理策略分析

"介绍式"治理策略主要通过对"钼铜项目"的介绍来达到宣传营销的效果，主要目标是扩大项目的正向知晓度，赢得民众对于该项目的支持。如微博 1 介绍该项目总投资 10 亿元人民币，对推动 S 市加快经济社会发展至关重要，微博 3 侧重于环保审批，微博 13 发生群众性事件爆发后呼吁理性对待事件，指标测度结果如表 10-9 所示。

表 10-9 "介绍式"治理策略测度结果

| 指标 | 编号 | 响应数量 | 滞后程度 | 持续周期 | 传播圈数 | 意见领袖数 | 相对影响力/% |
|---|---|---|---|---|---|---|---|
| 发酵期 | 1 | 57 | 4d0h43m | 1d9h5m | 2 | 1 | 85.96 |
|  | 3 | 137 | 2d23h7m | 2d0h45m | 4 | 7 | 66.42 |
|  | 均值 | 97 | 3d11h55m | 1d16h55m | 3 | 4 | 76.19 |
| 对抗期 | 13 | 2 912 | 0d0h53m | 0d3h48m | 3 | 8 | 44.25 |
|  | 均值 | 2 912 | 0d0h53m | 0d0h3h48m | 3 | 8 | 44.25 |
| 消化期 |  | — | — | — | — | — | — |

对"介绍式"治理策略分析可知，对抗期获得的响应数量是发酵期的 20 倍；发酵期的平均滞后程度接近 3 天，而在对抗期的滞后程度小于 1 小时，

可见该治理策略在对抗期得到的响应速度远远高于发酵期;发酵期的持续周期时长均值为 2 天,明显高于对抗期;此外,相较发酵期,对抗期聚集较多意见领袖。由于"介绍式"治理策略在发酵期获得的持续周期较长,意见领袖较少,因此"活力 SF"的相对影响力更高,而在对抗期中作用则是有限的。

"介绍式"治理策略在发酵期应用较多,由于事件初期了解该项目的网民较少,因此响应次数较少(图 10-14a),响应速度较慢(图 10-14b),同时传播圈数较小(图 10-14d)。此外,由于"活力 SF"是当时微博项目的唯一信源,介绍式治理策略在发酵期比对抗期效果更好;而在对抗期,该策略的响应数量、响应速度及意见领袖都有显著性的提高,但传播圈数和高峰持续的周期均不长,原因可能是对于早已参与评论和转发的公众来说,他们更关注事件的进展,希望看到政府的表态和行动,而对于事件本身的介绍已不再敏感。

### 10.4.2 呼吁表态式治理策略分析

在"SF 事件"中,治理策略中的"呼吁表态式"主要通过发布公告等形式申明政府在此次事件中的立场,表达解决民众关心问题的信心,并呼吁民众在此次事件中保持理性。此类治理策略的主要目标是缓解官民矛盾、舒缓群众情绪,并试图通过表态建立民众对政府的信任。"活力 SF"微博中涉及"呼吁表态式"治理策略的主要有微博 8、12、13 和 15,指标测度结果如表 10-10 所示。

表 10-10 "呼吁表态式"治理策略测度结果

| 指标 | 编号 | 响应数量 | 滞后程度 | 持续周期 | 传播圈数 | 意见领袖数 | 相对影响力/% |
|---|---|---|---|---|---|---|---|
| 发酵期 | — | — | — | — | — | — | — |
| 对抗期 | 8 | 169 | 0 | 1d4h4m | 4 | 6 | 48.52 |
| | 12 | 1 156 | 0 | 0d19h18m | 5 | 10 | 46.19 |
| | 13 | 2 912 | 0d0h53m | 0dh3h48m | 3 | 8 | 44.25 |
| | 15 | 16 164 | 0d6h19m | 0d22h34m | 2 | 9 | 77.54 |
| | 均值 | 5 100.25 | 0d1h48m | 0d17h41m | 3.5 | 8.25 | 54.13 |
| 消化期 | — | — | — | — | — | — | — |

由表 10-10 可知,"呼吁表态式"治理策略均出现在对抗期,发布时间点也普遍为暴力事件爆发后的缓和期。随着对抗期事件的不断演进,"呼吁表态式"治理策略在网络虚拟社会中获得响应程度逐步提高,平均响应 5 100 条,

远高于"介绍式"策略。同时,民众响应速度较快,平均滞后程度仅为1小时左右,但治理策略获得的持续周期较短,平均持续时长为17小时;此外,传播圈数量较少但意见领袖数量相对较多。除了微博15外,其他传播中"活力SF"的相对影响力也较低,平均为40%左右。

综上所述,在事件上升到对抗性较强阶段,尤其是暴力事件爆发阶段时,政府"呼吁表态式"的治理策略应用较为普遍,且民众对此的响应速度和数量都较高,但由于缺乏以争议性较强的关键性事件为依托,因而无法形成较完整的传播链条,所以传播圈数依然不多,且民众讨论持续时间也不长。

### 10.4.3 解释澄清式治理策略分析

在SF事件中,"解释澄清式"策略主要通过行政干预手段来解释和还原事件真相,解释内容偏重对事件发展过程和政府行动的原因进行说明。治理策略的主要目标是澄清舆论中出现的对政府行为的恶评、稳定暴力事件后的社会秩序等。"活力SF"微博中涉及"解释澄清式"治理策略的主要有微博11、18、20和23,解释内容包括7·2暴力事件拘留涉事人员原因和总结事件处理过程等。指标测度结果如表10-11所示。

表10-11 "解释澄清式"治理策略测度结果

| 指标 | 编号 | 响应数量 | 滞后程度 | 持续周期 | 传播圈数 | 意见领袖数 | 相对影响力/% |
|---|---|---|---|---|---|---|---|
| 发酵期 | — | — | — | — | — | — | — |
| 对抗期 | 11 | 5 657 | 0d17h30m | 0d2h56m | 3 | 2 | 69.28 |
| 对抗期 | 18 | 7 033 | 0 | 1d5h37m | 5 | 10 | 53.06 |
| 对抗期 | 均值 | 6 345 | 0d8h45m | 0d16h17m | 4 | 6 | 61.17 |
| 消化期 | 20 | 10 794 | 0d4h57m | 0d9h44m | 5 | 12 | 67.73 |
| 消化期 | 23 | 2 450 | 0 | 0d1h38m | 3 | 4 | 59.63 |
| 消化期 | 均值 | 6 622 | 0d2h29m | 0d5h41m | 4 | 8 | 63.68 |

由表10-11分析可知,"解释澄清式"治理策略主要出现在事件的"对抗期"和"消化期",分布较为均匀。治理策略平均响应数量在6 000条以上,在事件发展的不同阶段响应程度差异不大。民众对"解释澄清式"治理策略的响应速度也较快,但持续周期相对较短,平均不足10个小时。此外,传播影响的范围较广,传播圈数和意见领袖数都相对较高。在治理策略的相对影响力方面,"解释澄清式"平均影响值为60%以上。

综上所述,当事件进入了对抗发展的关键期,政府的"解释澄清式"行为在网络虚拟社会中引起较大响应,响应数量多、速度快,但持续周期不长。政府对于事件的应对工作越细致,解释越全面,则越能得到公众更多的关注和重视,其直接影响力也就越大。但值得注意的是,民众对"解释澄清式"治理策略的响应内容多为对政府行为的指责、质疑和新的要求,这些要求通过大的传播圈和意见领袖带领的形式出现,政策呼吁更有影响力。

### 10.4.4 辟谣式治理策略分析

在"SF事件"中,"辟谣式"治理策略主要谣言进行应急处理和澄清,主要目标是在还原事情真相的基础上,稳定公众情绪,防止谣言扩散,预防事态的升级。"活力 SF"微博中涉及"辟谣式"治理策略的主要有微博 16、21 和 24,前两条是针对"封城""募捐"谣言应对,后一条是查处网络散播谣言。指标测度结果如表 10-12 所示。

表 10-12 "辟谣式"治理策略测度结果

| 指标 | 编号 | 响应数量 | 滞后程度 | 持续周期 | 传播圈数 | 意见领袖数 | 相对影响力/% |
|---|---|---|---|---|---|---|---|
| 发酵期 | — | — | — | — | — | — | — |
| 对抗期 | 16 | 8 379 | 0d0h45m | 0d5h57m | 5 | 11 | 54.73 |
| | 均值 | 8 379 | 0d0h45m | 0d5h57m | 5 | 11 | 54.73 |
| 消化期 | 21 | 1 595 | 0 | 0d19h48m | 2 | 6 | 77.74 |
| | 24 | 1 194 | 0 | 1d1h27m | 4 | 6 | 72.95 |
| | 均值 | 1 394.5 | 0 | 0d22h38m | 3 | 6 | 75.35 |

由表 10-12 分析可知,"辟谣式"治理策略在对抗期中得到的响应数量明显多于消化期的响应数量,对抗期平均响应数量为 8 379 条,消化期仅为 1 395 条,与其他策略相比,"辟谣式"治理策略的滞后程度非常低(图 10-14b)。对抗期治理策略的响应持续周期不长,平均为 6 小时左右,消化期则平均达 22 小时。此外,"辟谣式"治理策略实施在对抗期的传播圈数和意见领袖数都较多,而消化期则相对较少;"活力 SF"在消化期的相对影响力高达 75.35%,在对抗期仅为 54.73%。

总体来看,"辟谣式"治理策略在对抗期和消化期获得的响应程度与传播效果差异较大。对抗期获得民众响应程度较高,响应速度略慢,持续时长略短,但响应数量较多,传播圈数和意见领袖数相对较多,治理策略相对影响力较弱。而消化期则相反,响应快、持续周期长、相对影响力高,但响应数量、传播圈数和意见领袖数则较少。可能由于对抗期群众的情绪高涨,政府单方"辟谣"不足以平复民众心绪。只有当事件进入到了"消化期",民众从现实以及网络社会中已经更多地认知到事件之后,民众的行为才能够趋于理性,政府方面的"辟谣"才能够显示更强的影响力。

### 10.4.5 处理决定式治理策略分析

在"SF 事件"中,"处理决定式"治理策略主要对于现实社会中的事件及相关责任人进行处理,追求责任,处理决定贯穿在事件发生的始末,遵循"即发生即处理"的原则,时效性较强。治理策略的主要目标是通过对项目建设的决策,对相关责任人的问责和处罚,来回应民众的主要诉求,以结束争执,遏制事态进一步发展。涉及"处理决定式"治理策略有微博 8、14、17、19、20 和 22,涉及内容包括对暴力事件的处罚决定,项目永不再建的决定,以及相关责任人的任免决定等,指标测度结果如表 10-13 所示。

表 10-13 "处理决定式"治理策略测度结果

| 指标 | 编号 | 响应数量 | 滞后程度 | 持续周期 | 传播圈数 | 意见领袖数 | 相对影响力/% |
|---|---|---|---|---|---|---|---|
| 发酵期 | — | — | — | — | — | — | — |
| 对抗期 | 8 | 169 | 0 | 1d4h4m | 4 | 6 | 48.52 |
|  | 14 | 15 746 | 0d1h5m | 0d13h35m | 7 | 10 | 67.02 |
|  | 17 | 46 162 | 0 | 0d8h19m | 4 | 5 | 93.39 |
|  | 均值 | 20 692.33 | 0d0h22m | 0d16h39m | 5 | 7 | 69.64 |
| 消化期 | 19 | 1 864 | 0 | 0d10h1m | 4 | 4 | 53.97 |
|  | 20 | 10 794 | 0d4h57m | 0d9h44m | 5 | 12 | 67.73 |
|  | 22 | 22 003 | 0 | 0d3h54m | 6 | 21 | 56.26 |
|  | 均值 | 11 553.67 | 0d1h39m | 0d7h53m | 5 | 12.33 | 59.32 |

由表 10-13 分析可知,"处理决定式"治理策略主要出现在对抗期和消化期,应用程度较高。治理策略得到的响应数量显著较高,对抗期平均响应数量为 20 692 条,消化期也达 11 554 条,远高于其他策略(图 10-14a)。对抗期治理策略的响应速度较快(平均滞后时间仅为 22 分钟)、对抗期持续周期较长(平均为 16 小时)。消化期平均滞后时间 99 分钟,对抗周期平均约为 8 小时。此外,对抗期的传播圈数和意见领袖数都非常多,平均传播圈数为 5,意见领

袖数内部差异较大,分布于 2~21 个不等。"活力 SF"的相对影响力也较高,平均为 60%~70%。

"处理决定式"治理策略在对抗期和消化期获得的响应程度和传播效果差异较大。对抗期获得民众响应程度较高,响应速度快,持续周期长,治理策略相对影响力较高,但意见领袖数相对较少;而消化期则相反,响应数量略低、响应速度较慢、持续周期较短、相对影响力较弱,但意见领袖数非常多。由此可见,政府在群体性事件发展的对抗期和消化期决策速度快,事态越紧急,民众对于决策的响应速度越快,关注程度越高。同时,民众对政府决策的直接关注度呈现先增后降趋势,表明政府在群体性事件中的初期决策能引起民众直接对话的效果,但随着意见领袖增多,政府影响力有所削弱。

## 10.5　研究结论与方法评述

综上所述,在 SF 事件案例中,政府采取的网络治理策略主要包括介绍式、呼吁表态式、解释澄清式、辟谣式和处理决定式五种。介绍式策略主要用于事件的发酵期,对政府的行为或决策进行告知,并在对抗期时会起到补充说明性作用。呼吁表态式完全应用于对抗期,重在申明立场;解释澄清式工具在对抗期和消化期都有很高的应用;辟谣式主要应用于消化期,对虚假错误信息进行纠正;处理决定式则主要应用于对抗期,及时公布事件阶段性和最终性处理结果,以平复民众情绪。总结归纳政府网络治理策略对于事件发展的作用规律如图 10-15 所示。

在"SF 事件"中政府网络治理策略的动态变化和影响效果存在如下特点。

(1) 不同的治理策略作用于不同时期,并起到不同的影响作用力。综合而言,在群体性事件的对抗阶段,政府会考虑到众多方面,会同时采取多种治理策略以快速有效应急处理事件。而发酵期采取的治理策略则显得单一。由 SF 事件中发酵期策略的采纳情况及事态演化情况可推测,政府在事件发展初期只重介绍而不重处理,且介绍内容对民众关心的环保问题采取回避态度,从而导致对抗期民怨的汇集和非理性宣泄。

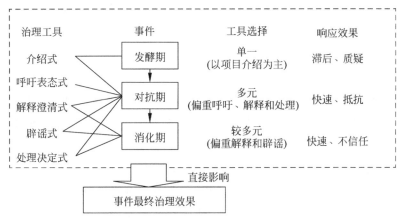

图 10-15 治理策略的动态变化及影响效果

(2)介绍式的治理策略获得民众的响应程度较低,且响应滞后程度很高,而其他四种策略的响应程度则普遍较高。说明在五类治理策略中,介绍式治理策略的治理效果极为有限。对抗期内治理策略获得的响应程度和传播效果要高于发酵期与消化期,说明对抗期间政府组合采用多种治理策略比较行之有效。在所有策略中,处理决定式的治理策略获得响应数量较高、响应速度较快,以及传播圈、意见领袖数都较多,说明此类治理策略最为有效。也可知,民众对于事件结果类、处决类信息关注度和响应度最高。

(3)在治理策略持续周期方面,呼吁表态式和介绍式治理策略所需要的持续周期时间会较长。呼吁表态式治理策略是由于民众对政府的不信任导致治理策略长时期使用才能奏效。介绍式治理策略则因为民众对政策发布等初期响应会较为滞后,因此治理策略较长时期使用才能奏效。

(4)对于同一种治理策略,意见领袖和传播圈数越多,由于形势的扩大化,政府处理事件难度越大,所采用的治理策略其作用影响力自然会削弱,反之亦成立。在事件发展的三个阶段中,也会出现意见领袖数多,而传播圈数小(传播影响范围小)的情况,此时意见领袖们所处的社会网络关系相对分散。由于结构松散,意见领袖们的影响程度也会较低。

# 第 11 章
## 基于网络社区数据的舆情分析与政策探索[①]

随着虚拟社区、推特等新一代社交媒体的大量涌现,网络虚拟空间形态不断发展和升级,人们参与公共生活的热情和深度得到了极大的提高。这使得信息通信技术得以扩展到民主领域,用以加强公民参与政策制定过程[②][③]。公众不仅仅只是从网络上获取信息,还开始更多地参与信息的发布、表达自己的看法与见解。特别是随着各类社交平台的广泛应用,越来越多影响力较大的社会热点事件都以社交媒体爆料而引发公众关注,社交平台开始作为一项重要的互联网舆情信源,网络舆情的"微内容"程度化日益加剧。

挖掘社交平台上公众对于某一热点事件的意见与看法,并根据事件发展对公众舆情的变化趋势进行分析与预测,对于舆情监测预警具有非常重要的意义。由于社交平台上相关数据量的巨大规模,人们往往无法在短时间内详细了解公众对于某一社会热点事件的不同观点。并且随着时间的推移,公众对于该事件也会产生新的认识与看法。因此,随着信息技术的不断发展,基于

---

① 本章部分研究成果曾在本书作者参与撰写的以下学术论文中发表:Zhang Nan,Ma Baojun. Constructing a Methodology toward Policy Analysts for Understanding Online Public Opinions: A Probabilistic Topic Modeling Approach[C]//The 14th IFIP Electronic Government and 7th Electronic Participation Conference(EGOV/ePART2015),Thessaloniki,Greece,2015.

② Moon M J. The Evolution of E-Government among Municipalities: Rhetoric or Reality? [J]. Public Administration Review,2002,62(4): 424-433.

③ Phang C W,Kankanhalli A. A Framework of ICT Exploitation for E-participation Initiatives [J]. Communications of the ACM,2008,51(12): 128-132.

舆情分析的需要,能够简单、全面、快捷、有效地了解公众对于某一社会事件的讨论,获取公众讨论内容的潜在主题,就显得越发重要。此外,随着对应事件的不断发展,公众的关注也会随之改变。这不仅需要运用相关模型对与事件相关的各类讨论进行情感值计算,还需要根据时间段划分对其进行时序分析,并结合社会学与政治学的有关知识进行进一步讨论。由于社会热点事件常常较为复杂,并且公众对于该类事件一般存在着不同的观点,无论是对于社会热点事件的发展走势,还是对于社会舆情的分析与管理,甚至对于有关人员解决该事件的方法,对公众情感强度变化进行分析和预测都是极其重要的。

## 11.1 政策发布周期中的公众舆情分析

### 11.1.1 案例背景

中国的城市正在经历惊人的人口增长,数以百万计的大规模人群的集聚为公共交通相关政策的制定带来了挑战[1]。随着北京的城市化和现代化的推进,汽车数量迅速增长,这导致市内城区道路拥挤严重,特别是在早晚高峰时段[2]。IBM 2010年对20个大城市通勤的研究显示,北京与墨西哥并列为通勤痛苦程度排名最高的城市[3]。拥堵的主要原因是汽车数量多、增长快。截至2010年12月,北京拥有476万辆汽车,比当年年初增加70万辆[4]。

为了解决交通拥堵问题,北京市政府在2010年底公布了一项机动车牌照摇号的政策,新政策希望能实现一个驾驶员(开车者)只拥有一辆机动车[5]。

---

[1] Glaeser E L. The Challenge of Urban Policy[J]. Journal of Policy Analysis and Management, 2012, 31(1): 111-122.

[2] Wang R. Shaping Carpool Policies under Rapid Motorization: The Case of Chinese Cities[J]. Transport Policy, 2011, 18(4): 631-635.

[3] IBM. IBM Global Commuter Pain Study Reveals Traffic Crisis in Key International Cities. http://www-03.ibm.com/press/us/en/pressrelease/32017.wss#release, 2010.

[4] Chen X. Beijing Unveils Measures to Ease Traffic Flow[M]. China Daily, 2010-10-24.

[5] 《北京市小客车数量调控暂行规定》实施细则出台[EB/OL]. http://www.gov.cn/gzdt/2010-12/24/content_1771921.htm. 2018-09-29.

机动车持有者如果更换旧车可以自动更换牌照,而不必参与牌照摇号。新政策规定,如果想持有一辆机动车,无论是新车还是二手车,都必须通过摇号方式获得汽车牌照,有了牌照汽车才能上路行驶,外地购车在北京上牌也需要通过摇号获取车牌。有资格参加摇号的个人包括:持有北京户口的居民,在北京居住至少满一年的外国人,没有北京户口但能够提供在北京连续5年缴纳社会保险及收入税收等相关材料的外地居民。每月有三个摇号的重要日期:每月8日(申请截止日),每月25日(合格申请人名单公布日),每月26日(摇号日,从2014年1月1日起改为每两月逢双月摇号一次)[①]。

摇号政策公布后,随即在网上引发激烈争论。一方面,主要讨论政策相关主题,如政策对交通拥堵的影响以及政策改进空间,如"获指标逾期不买车"处罚规则的修改。另一方面,许多无车网民讨论汽车的替代手段,以规避新规对生活和工作带来的影响,如租车或在互联网上交易新车牌。

### 11.1.2 数据来源与处理

数据来源于水木社区[②],该社区成立于2005年,案例分析期间拥有超过30万注册用户,拥有超过670个论坛,最高峰值并发用户数为40 382人。目前该社区仍为中国最受欢迎、最活跃和最有影响力的在线社区之一,尤其是对在北京及周边地区受过高等教育的年轻人有较大影响力。截至2018年10月,该社区每日仍至少有4万人在线,且用户趋于稳定。本案例选择水木社区中名为汽车版面(Auto World)的论坛作为研究对象。该汽车版面是水木社区中最活跃的版面之一,特别是在2010年12月23日北京市购买车辆摇号政策发布期间,大量网民进行发帖讨论。但论坛帖子如果被删除至回收箱,相关数据就只能保存4~5个月,故本案例抓取的数据时间跨度控制在3个月左右。为了从Auto World的论坛中获取关于该政策的所有数据,本节选择2010年12月15日(摇号政策宣布的前一周左右)至2011年4月5日这3个多月的时间窗口进行数据抓取。

本案例研究通过Java编程识别和提取每个帖子的详细内容,包括用户ID(身份标识号码)、帖子名称、帖子标题、发布时间和帖子内容等信息。删除论坛和回收箱中出现的重复帖子后,共获得了359 715篇唯一帖子。数据基

---

① Chen X. Lottery Green Light for 17600 people. China Daily,2011-01-27.
② 水木社区. https://www.newsmth.net/.

本统计信息如表 11-1 所示。

表 11-1　本案例数据基本统计信息情况

| 信 息 情 况 | 均值 | 最大值 | 最小值 |
|---|---|---|---|
| 每日发帖数 | 3 212.1 | 9 858 | 176 |
| 每日原创帖数 | 416.0 | 1 253 | 15 |
| 每日 ID 数 | 465.0 | 2 034 | 6 |

为了更深入地探索帖子的内容,首先,对每个帖子的标题或内容特征进行文本预处理。特别对原创帖子和回复帖子进行不同处理：原始帖子的标题和内容均纳入研究；而对于回复帖子因标题仅是原帖标题前增加缀字符串"Re",没有额外贡献,故回帖仅考虑其回复内容。

由于网民发帖与回帖基本全部采用中文,故使用开源的中文分词软件包——"庖丁解牛"①来对文本内容进行分词处理。采用 Apache Lucene 的 Smart Chinese Analyzer 类②中使用的中文停用词列表进行去除停用词操作。此外,对于中文文本的处理与分析,使用 Java API 和 Apache Lucene API 编程实现。通过处理,共保留了 219 628 个唯一中文单词用于实际分析。

### 11.1.3　结果与分析

使用 LDA 模型对所有 359 715 个文本进行了概率主题建模,主题数量分别为 25,50,75,100,125,150,175 和 200。对于任意给定主题,词汇表中的所有单词都有相应的分布,通过 LDA 建模过程可以提供关于该主题的概率最高的单词。本案例将主题关键词数量设置为 100,通过手动查看不同主题数量的所有 100 个主题关键词,发现当主题数量为 50 时,每个主题的主题关键词的语义结果最佳。因此,选取这 50 个主题进行进一步分析,并对各主题进行 1~50 编号。

本节假设政策制定者和政府对北京市汽车牌照摇号政策的公众反映非常感兴趣。由此,选择主题 10(对摇号政策的公共对策)和主题 27(摇号政策)作为案例主题。通过文档主题分配(最高概率策略)和有关内容过滤,最终获

---

① 庖丁解牛中文分词软件包. http://code.google.com/p/paoding/.
② SmartChineseAnalyzer 类的介绍参见 http://lucene.apache.org/core/old_versioned_docs/versions/3_5_0/api/contrib-smartcn/org/apache/lucene/analysis/cn/smart/SmartChineseAnalyzer.html.

得了与选取的两个案例主题相关的 23 689 个相关帖子,其中 9 543 个关于政策本身(对应主题 27),14 146 个关于公共对策(对应主题 10)。图 11-1 显示了基于 LDA 框架的政策和公共对策的日常讨论热点,箭头显示了关键政策时间点。

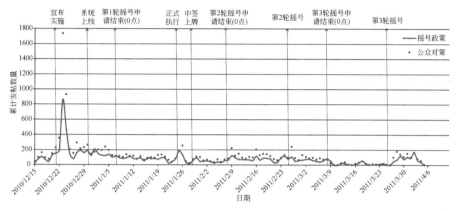

图 11-1 政策与公共对策日常讨论热度的比较(数量)

此外,我们还将基于 LDA 建模的结果与关键词过滤策略的结果进行了比较。其中,关键词过滤策略在文本选择时只关注相应的政策术语,如"摇号""限购"等。具体而言,如果帖子包含政策术语关键词中的任意一个,其原始帖子及其所有回复帖子则被视为感兴趣的内容,采用关键词过滤策略总共产生 31 628 个帖子。图 11-2 显示了使用 LDA 方法和关键词过滤方法的结果比较。显然,与基于 LDA 概率主题建模方法相比,关键词过滤法包含过多无关信息,且存在忽略主题传递及包含非主题单词等缺点。

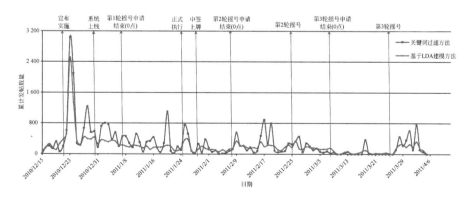

图 11-2 LDA 法和关键词过滤方法的日常讨论热度结果比较(数字)

图 11-1 和图 11-2 显示了基于帖子数量的讨论热度,但帖子内容与所关注政策的相关性如何我们不得而知。具体地,虽然使用简单关键词过滤的方法可以得到比基于 LDA 建模方法更多的帖子(31 628∶23 689),但站在政策制定者的角度,前者结果包含的有价值的信息量小于后者,其结果中包含了太多无关的信息。因此,基于主题 10(公众对策)和主题 27(摇号政策),我们分别计算了它们的每日累计相关比例,结果显示在图 11-3 和图 11-4 中。

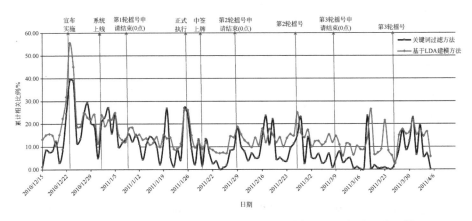

图 11-3　基于 LDA 的方法和关键词过滤方法的每日累积相关比率比较

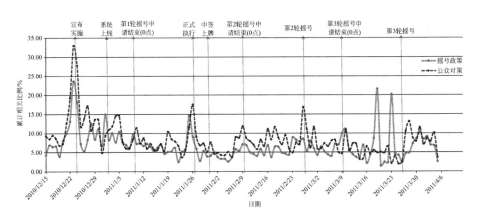

图 11-4　摇号政策与公共对策的日累积相关比率比较

从图 11-3 中可以看出,基于 LDA 建模方法的结果曲线远远比基于简单关键词过滤方法的结果曲线要平滑,这也展现了 LDA 建模方法能够更加准确地从大规模网络文本信息中过滤得到与特定政策问题相关的内容。这个结果在很大程度上要归功于以下事实:当我们在计算中引入更为复杂、准确的相关程度衡量测度时,一般网民意见的随机影响因素在一定程度上被削弱了,这种改变能够帮助政策制定者更加准确地确定在线讨论中出现的相关主题热点信息内容。图11-4展示了累计相关比例衡量下公众对策以及摇号政策本身两种讨论主题的差异性。虽然整体上两条曲线的变化模式基本一致,但公众对策讨论相对于政策本身讨论,随着时间的变化在逐渐变小。这个结果也显示了那些对政策本身态度模糊以及那些仅仅由于相关利益才参与讨论的人在逐渐淡出这个话题的讨论。这个结果更有可能帮助政策制定者理解公众对于摇号政策的真实意愿和需求,而不是让讨论高潮变成压力致使政策制定者对政策预期持悲观态度。

政策过程的每一步,包括政策颁布、系统上线和第一轮摇号实施都会产生或大或小的讨论波峰,但随着进程发展,第三轮摇号的情况讨论热度变得不明显。这证明,在相关的政策讨论后期,利益相关者参与所产生的影响正在逐渐消失。不难理解,当汽车牌照摇号作为一项新政策推出时,许多申请人倾向于立即在社交媒体上分享他们是否会申请到汽车牌照、申请资格是否得到确认等内容。但是,如果每个月都发生这些事情,上述分享行为的频率将会下降。但对于决策者而言,第三阶段的相关讨论可能更有价值,更值得听取。

## 11.2 舆情事件中的公众情感分析

早在20世纪90年代初,国外就有相关学者通过情感词典进行文本的情感分析。Riloff与Shepherd是最早进行相关研究的学者,他们提出了基于语料库数据来构建语义词典的方法[①]。Small提出了一种基于hash-tags的内容分析方法(由系统生成的关键词)来分析Twitter上的公众态度[②]。Hatzivassiloglou和McKeown在考虑了大规模语料数据中形容词语义情感

---

① Rilo E, Shepherd J. A Corpusbased Approach for Building Semantic Lexicons [C]// Proceedings of the Second Conference on Empirical Methods in Natural Language Processing(EMNLP-97),1997: 117-124.

② Small T A. What the Hashtag? A Content Analysis of Canadian Politics on Twitter[J]. Information, Communication & Society,2011,14(6): 872-895.

倾向的限制性影响的基础上,尝试对单词的情感倾向进行判断①。在此之后,越来越多的研究开始关注情感词或情感短语与特征词之间的关联。如Turney等人使用PMI方法,通过计算语料中非情感词的情感倾向使得情感词典得到了扩展,并运用语义极性算法(semantic polarity algorithm)分析文本情感,最终取得了74%的准确率②。

为了能有效研究社交平台上公众对于社会热点事件的情感强度变化趋势,本案例结合了潜在狄利克雷分配以及Word2vec深度学习工具,设计了社交平台上基于概率主题建模以及深度学习的情感强度分析框架。在分析框架当中,LDA模型被用来识别社交平台上与某一热点事件相关的信息,并从中发现和标注相应的主题信息,找出公众对于某一事件的不同观点与看法。Word2vec工具则可将所有词转化成向量的表现形式,基于情感词典计算得出潜在表达的情感表达词,从而获取每条信息的情感强度,并将其应用到主题分布当中,用于观察各个主题下情感强度随时间的变化趋势。基于此,我们不仅能结合相关事件的报道准确预测公众舆情的情感强度,还可以指导有关部门如何有效地引导舆情走势。

本案例将通过LDA模型,发现公众对于某个热点事件的不同观点与看法,并将其分布到各个对应的主题当中;通过Word2vec模型,计算对应语料中所有词的词向量,通过计算余弦距离的方式获取情感词及其对应的情感强度;通过时间序列分析方法,将各时间段内各项数据的情感强度进行累加,跟踪事件发展过程中公众的情感强度变化情况。

### 11.2.1 案例背景

为了展示情感强度分析框架的有效性,本案例选取2015年5月发生的C市"女司机变道被暴打"事件作为研究案例,通过抓取新浪微博上关于该事件的相关评论进行分析,本节展示了初步分析的结果以及该研究方法的有效性。2015年5月3日下午,C市某立交桥附近发生了一起打人事件。卢女士在驾车前往某地途中,因行驶变道原因被张某驾车逼停,随后遭到殴打致伤。

---

① Hatzivassiloglou V, McKeown K. Predicting the Semantic Orientation of Adjectives[J]. ACL 1997: 174-181.

② Turney P D, Littman M L. Measuring Praise and Criticism: Inference of Semantic Orientation from Association[J]. Acm Transactions on Information Systems, 2003, 21(4): 315-346.

该事件的视频在网络上发布后,网友纷纷对男司机张某行为表示震惊。然而随着其行车记录仪的视频的公布,公众舆论转而谴责女司机的开车方式。特别是随着女司机的父母纷纷站出替其女儿辩解,该事件的关注热度不断升级,部分网友甚至对女司机卢某进行"人肉搜索",其各类相关信息陆续被曝光。除了对事件双方的指责与批判之外,也有人开始对此事件中所出现的"个人隐私""行车安全"等社会问题进行反思。一时间,关于该事件的各种讨论与意见充斥着网络。

选择"C市女司机被打事件"作为案例来验证本节所提出研究方法的有效性与合理性,原因有以下三点。①社会舆论存在转变:从一开始一边倒地认为男司机下手凶狠,到行车记录仪视频公布之后指责女司机的开车方式,再到后来女司机的父母纷纷接受采访替自己女儿辩解,引发网友对女司机的进一步批判与谴责,公众对于该事件的态度与情绪一直随着事件的发展发生着较为明显的变化。②数据量较为充足:在该事件发生后,各大资讯网站纷纷创建了对该事件的专题报道,每条相关的新闻都有上千条评论。以新浪微博为代表的各大社交平台上也充满了众多网友对该事件的观点与看法。③观点差异较为明显:由于该事件后续发展的时间长、变化大,不同时期网友对于该事件的观点与看法也存在着较大差异,适合于运用主题建模的方法来找出公众讨论的潜在主题,并对其进一步探讨与分析。

## 11.2.2 Word2vec 模型

随着统计语言模型研究的不断深入,计算机的自然语言处理能力也得到了极大提高。在此背景下,2013 年 Google 公司开发了一款基于深度学习的工具 Word2vec[①]。该工具可以根据给定的语料库,通过不断优化训练模型的方式获取语料库中每个词语的向量表达形式,并通过计算词向量之间的余弦距离来表示词与词之间的语义距离,为自然语言处理领域的应用提供了更为有效的方法。

Word2vec 包括两种词向量训练模型,分别是 CBOW 和 Skip-gram。两者均包含输入层、投影层以及输出层,不同的是 CBOW 模型是通过上下文来预测当前的词,而 Skip-gram 模型则是通过当前的词来预测上下文。同样,Word2vec 也包括两种词向量优化方法,分别是 Hierachy Softmax 优化方法和

---

① Word2vector. https://code.google.com/p/word2vec/.

Negative Sampling 优化方法。其中 Hierachy Softmax 优化方法是以词语在语料库中的词频作为权值构造一棵二叉树,并将叶子节点对应到所有词语,而 Negative Sampling 优化方法则是通过采用相对简单的复采样来提高词向量的训练速度。通过对两种训练模型与两种优化方法的组合,一共可得到四种训练词向量的框架。

作为一款用于训练词向量的工具,Word2vec 不仅能够将语料库中的词语快速高效地表达为向量,而且能够捕获词语之间的语义特征与相似性,从而可以供其他相关的应用研究使用,有效地推动了自然语言处理领域相关研究的发展。在本文的研究框架中,我们利用 Word2vec 可以获取潜在表达情感的隐性情感词,并通过计算其与情感词典中显性情感词的余弦距离来定义情感强度,进而得到每条文本数据的情感强度,并最终运用于各个主题下情感强度随时间变化情况的相关分析中。

从优化与效率提升的角度上来说,相比其他神经网络语言模型,Word2vec 的最大特点是运用了层次 softmax 函数。所谓的层次 softmax 函数即是运用霍夫曼编码构造二叉树,并对每个词赋予了一条唯一路径,即这个词所对应的编码。如果没有运用这个二叉树,而是直接从隐层直接计算每一个输出的概率——传统的 softmax,就需要对语料中的 $V$ 个词语都算一遍,这个过程时间复杂度是 $O(|V|)$ 的。而使用了霍夫曼二叉树,其时间复杂度就降到了 $O(\log_2(|V|))$,速度明显加快。在情感强度计算的其他步骤中,其时间复杂度都要大于 $O(\log_2(|V|))$。其中隐性情感词计算的时间复杂度最高,达到了 $O(|V|^2)$。

LDA 模型的复杂度则取决于语料中词的数量、所设置的主题数量以及所运用的优化迭代方法。在单次迭代中,LDA 的时间复杂度为 $O(K|V|)$,其中 $K$ 为主题数量,$|V|$ 为词语的数量。而相比于 Blei 所用到的 EM 算法[①],吉布斯采样的速度更快,时间复杂度更低,其所产生的样本也更加服从真实样本的分布,因此在本文中所运用的 LDA 模型通过吉布斯采样来进行迭代优化。

在本研究方法中,情感强度计算与 LDA 主题建模是同时进行的,因此该方法的运行效率取决于时间复杂度更高的模型。无论是 LDA 模型还是 Word2vec 模型,其时间复杂度都与语料中词语的数量相关。因此可以说,语料中词语的数量在很大程度上决定了该方法的效率,同时语料中文本数量、

---

① Blei D M, Ng A Y, Jordan M I. Latent Dirichlet Allocation[J]. The Journal of Machine Learning Research,2003,3: 993-1022.

主题建模中所设定的主题数等也对其有一定的影响。

### 11.2.3 情感计算

在通过数据预处理将文本数据表现为若干词语组成的向量之后,结合情感词典,找出所有文本数据中所包含的情感词,即显性情感词。同时,将文本数据导入到 Word2vec 模型当中,获取文本中所有词的词向量形式。遍历除去显性情感词以外的其他所有词,通过计算余弦距离的方式,找出与该词最为相关的若干个词,并观察这些词中是否包含显性情感词,如果包含则认为该词可能在表达上具有一定的情感,并作为隐性情感词保留,反之则认为该词是中性词。随后,对于所有隐性情感词,运用文献①中所提出的 SO-SD 方法判断隐性情感词的情感倾向,并将所求得的值作为对应隐性情感词的情感强度。SO-SD 的计算公式如下

$$\text{SO-SD}(\text{word}) = \sum_{\text{pword} \in \text{Pwords}} \text{SD}(\text{word}, \text{pword}) - \sum_{\text{nword} \in \text{Nwords}} \text{SD}(\text{word}, \text{nword})$$

(11-1)

其中,pword 表示与 word 最为相关的若干个词中所包含的某个正向显性情感词;Pwords 表示与 word 最为相关的若干个词中所包含的全部正向显性情感词;nword 表示与 word 最为相关的若干个词中所包含的某个负向显性情感词;Nwords 表示与 word 最为相关的若干个词中所包含的全部负向显性情感词。

$$\text{SD}(\text{word1}, \text{word2}) = \frac{\sum_{k=1}^{n} x_{1k} x_{2k}}{\sqrt{\sum_{k=1}^{n} x_{1k}^2} \sqrt{\sum_{k=1}^{n} x_{1k}^2}}$$

(11-2)

式中,$n$ 为词向量的维度;$x_{1k}$ 为第一个词向量中第 $k$ 维度的值;$x_{2k}$ 为第二个词向量中第 $k$ 维度的值。对于计算得到的 SO-SD 值,我们采用 $p$ 和 $q$ 作为判断阈值

---

① Bai X,Chen F,Zhan S. A Study on Sentiment Computing and Classification of Sina Weibo with Word2vec[C]// Big Data(BigData Congress),2014 IEEE International Congress on. IEEE,2014:358-363.

$$\text{SO-SD(word)} \begin{cases} > p, & \text{该词为正向隐性情感词} \\ \in [q,p], & \text{该词为中性词} \\ < q, & \text{该词为负向隐性情感词} \end{cases} \quad (11\text{-}3)$$

而对于所有的显性情感词,将其所有的正向词情感强度用+1表示,负向词情感强度用-1表示。随后,根据所获取的所有情感词以及各情感词所对应的情感强度,便可计算得到每条文本的情感强度。

情感强度时序分析包括两种:对热点事件整体的情感强度进行时序分析,以及对热点事件对应主题下的情感强度进行时序分析。对于前者,只需在完成每条文本的情感强度计算后,分别累计各个时间段的情感强度,便可实现对于事件整体的情感强度时序分析;而对于后者,针对所关注的主题,则需要将各条文本的情感强度与其属于该主题的概率相乘,得到文本在该主题下的情感强度,再累计各个时间段的情感强度,便可对该主题下的情感强度进行时序分析。

### 11.2.4 结果与分析

本研究的案例数据来自新浪微博上与该事件相关的所有兴趣主页中的微博数据,这些数据都会带有一个与之相关的hashtag(例如,C市女司机变道遭殴打♯)。运用基于AJAX的定址网络爬虫对相关的url地址进行HTML解析,我们抓取了相应兴趣主页上的全部微博数据,并选取了发布日期在2015年5月17日之前的微博,共得微博数据11 899条。

在获取了全部有效数据的基础上,首先需要对数据进行预处理。由于有一些微博的内容是完全或基本相同的,因此需要使用文本匹配的方法将内容完全重复的微博删除,只保留其中的一条。此外,微博中含有大量hashtag、表情图标等相关内容,在后续的研究并没有太大的意义,因此还需要将微博中所包含的这些内容删除。最后得到实际有效的微博6 989条。

接下来,将处理完后的微博内容作为每一条微博的微博信息,对每一条微博信息进行分词、去除停用词,将其表示称为由若干词语组成的向量,为使用LDA模型进行主题建模以及使用Word2vec模型计算词向量做好数据准备。在此过程中,由于微博信息中的内容基本为中文,因此使用了ICTCLAS工具包进行分词处理;去除停用词则采用了哈工大的停用词词表。此外,在后续的Word2vec情感强度计算过程中,将词向量的维度设置为50,所使用的情感词典为台湾大学所发布的情感词典 NTUSD。包括数据抓取在内的绝大部分工作都是通过 Java 编程实现的。

对于 6 989 条微博数据,我们使用 LDA 模型,分别以 5~15 作为潜在主题数进行概率主题建模。通过人工阅读不同主题数目下的主题关键词列表,可以发现主题数目为 11 的情况下主题词列表的语义信息表现最好。我们选取了其中最具有代表性的 5 个潜在主题的长度为 10 的关键词列表,如表 11-2 所示。

通过 LDA 主题建模,我们对公众针对该事件的各类观点与看法有了初步的了解与认识。在随后的研究与分析当中,将结合主题建模所得结果以及后续的情感强度计算,对该主题的情感强度变化进行相应的时序分析。

表 11-2 案例中 5 个潜在主题的关键词列表

| Topic0<br>(从法律角度<br>批判男司机) | Topic1<br>(女司机<br>母亲辩解) | Topic2<br>(女司机<br>被人肉) | Topic6<br>(女司机<br>病情加重) | Topic8<br>(男司机<br>下手凶狠) |
|---|---|---|---|---|
| 人法律 | 女司机 | 人肉 | 称 | 女司机 |
| 社会 | 视频 | 转发 | 女司机 | 下手 |
| 暴力 | 慈善 | 中国 | 舆论 | 脸 |
| 危险 | 母亲 | 开车 | 女儿 | 凶狠 |
| 交通 | 机构 | 删除 | 加重 | 变道 |
| 文明 | 女儿 | 挑衅 | 病情 | 男司机 |
| 强行 | 搞 | 道德 | 母亲 | 显示 |
| 马路 | 别车 | S省 | 别车 | 视频 |
| 网络 | 辩解 | 女人 | 呕吐 | 脑震荡 |
| … | 采访 | 开房 | 发高烧 | 骨折 |
| | … | … | … | … |

我们从微博数据中共找出 612 个正向显性情感词和 1 315 个负向显性情感词。同时,利用 Word2vec 与余弦距离计算公式,选取与词语最为相关的 20 个词,将词性判断阈值分别设置为 0.05 与 -0.05,运用 SO-SD 方法计算得到了 1 343 个隐性正向情感词以及 5 533 个隐性负向情感词。限于篇幅,表 11-3 中分别只展示了较为明显的 10 个正向隐性情感词和负向隐性情感词,以及这些词所对应的情感强度。

结合所获得的显性情感词与隐性情感词,我们便构建了与该热点事件相关的微博情感词典。它是计算每条微博情感强度的基础。

表 11-3　从微博数据中发现的部分隐性情感词

| 正向隐性情感词 | | 负向隐性情感词 | |
|---|---|---|---|
| 合情理 | 0.328 784 | 心如蛇蝎 | −1.553 315 |
| 耐心 | 1.362 254 | 违法乱纪 | −0.933 532 |
| 坚守 | 1.215 394 | 错误百出 | −2.803 829 |
| 正名 | 1.177 136 | 不规范 | −2.271 391 |
| 理所当然 | 1.147 314 | 坎坷 | −2.188 523 |
| 霸气 | 0.595 432 | 轻狂 | −2.182 535 |
| 温良恭俭 | 0.662 376 | 酒驾 | −1.943 230 |
| 有理有据 | 0.309 414 | 大打出手 | −1.874 091 |
| 以理服人 | 0.621 868 | 病入膏肓 | −1.872 049 |
| 规范化 | 0.588 630 | 吃闭门羹 | −1.226 578 |

利用所构建的情感词典以及各情感词所对应的情感强度，便可计算得到每条微博的情感强度，并根据微博的发布时间将其划分到不同的时间段中，结合每条微博属于各个主题的概率值，对相关主题的情感强度进行时序分析。

仍然以前文中所提及的 5 个代表性主题作为主题情感强度的分析案例，以每 12 小时作为一个时间段，通过绘制时间序列图的方式，我们便可大致了解情感强度随着时间变化的情况(图 11-5)。

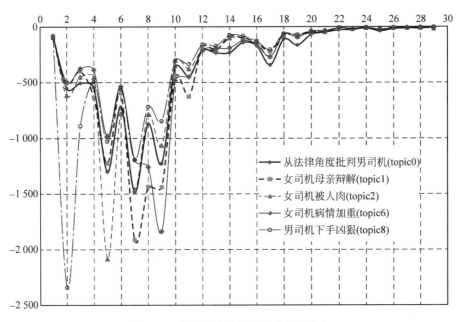

图 11-5　各主题情感强度随时间的变化

其中,横轴上各个点所对应的时间段,以及该事件后续发展的几个关键时间点分别如表 11-4 和表 11-5 所示。结合图 11-5 以及表 11-4 和表 11-5 的内容,下面我们将展开相关分析与讨论。

表 11-4  各时间点所对应的时间段

| 时间点 | 对应时间段 | 时间点 | 对应时间段 |
| --- | --- | --- | --- |
| 1 | 5/3 12:00—24:00 | 16 | 5/11 0:00—12:00 |
| 2 | 5/4 0:00—12:00 | 17 | 5/11 12:00—24:00 |
| 3 | 5/4 12:00—24:00 | 18 | 5/12 0:00—12:00 |
| 4 | 5/5 0:00—12:00 | 19 | 5/12 12:00—24:00 |
| 5 | 5/5 12:00—24:00 | 20 | 5/13 0:00—12:00 |
| 6 | 5/6 0:00—12:00 | 21 | 5/13 12:00—24:00 |
| 7 | 5/6 12:00—24:00 | 22 | 5/14 0:00—12:00 |
| 8 | 5/7 0:00—12:00 | 23 | 5/14 12:00—24:00 |
| 9 | 5/7 12:00—24:00 | 24 | 5/15 0:00—12:00 |
| 10 | 5/8 0:00—12:00 | 25 | 5/15 12:00—24:00 |
| 11 | 5/8 12:00—24:00 | 26 | 5/16 0:00—12:00 |
| 12 | 5/9 0:00—12:00 | 27 | 5/16 12:00—24:00 |
| 13 | 5/9 12:00—24:00 | 28 | 5/17 0:00—12:00 |
| 14 | 5/10 0:00—12:00 | 29 | 5/17 12:00—24:00 |
| 15 | 5/10 12:00—24:00 | | |

表 11-5  "C 市女司机被打事件"的关键时间点

| 时　　间 | 发 生 事 件 |
| --- | --- |
| 5月3日 18:22 | 事件曝光 |
| 5月4日 18:46 | 男司机对此道歉 |
| 5月4日 20:22 | 记录仪视频曝光,舆情反转 |
| 5月5日 13:01 | 女司机被人肉,要求追究网友的法律责任 |
| 5月5日 15:41 | 女司机父亲表示不接受道歉 |
| 5月6日 17:38 | 女司机母亲称其变道是为了去做慈善 |
| 5月6日 22:20 | 女司机母亲称其病情恶化 |
| 5月7日 11:49 | 医院方面否认女司机病情加重 |
| 5月11日 10:42 | 女司机对此道歉 |

由于公众针对该事件的负面评价较多,各条微博的情感强度大多是为负值,因此,相比于情感值的正负,我们更为关注情感值随时间的变化情况。结

合图 11-5 中各主题的情感强度变化情况,可以发现情感强度变化与事件的后续发展紧密相关。

对于谴责男司机下手凶狠的主题(Topic8),从事件曝光开始就具有很高的情感强度。而随着男司机道歉以及记录仪视频的公布,该主题下的情感强度迅速下降。这说明在事件曝光之后,绝大多数网友均认为男司机下手过于凶狠,对其行为纷纷进行谴责,因此情感强度较高。随后,在男司机对此进行道歉,特别是记录仪中视频表明女司机的开车习惯确实较为恶劣,矛头纷纷指向女司机一方,对于男司机的批判大大减少。而在此之后,网友开始对女司机进行"人肉搜索",女司机表示要追究法律责任,与此相关的主题(Topic2)情感强度在时间点5立即上升,网友对女司机的指责与批判越发强烈。随后,女司机的母亲开始为其女儿进行辩解。她先是称女司机变道是为了赶着去做慈善,随后又在当天晚上称因为舆论的压力导致女司机的病情加重。然而在第二天,医院方面却否认女司机的病情有所加重。这一系列事情的发生也使得有关主题的情感发生了较为明显的变化:在女司机的母亲为其辩解之后,可以看到与之相关的主题(Topic1)情感强度立即上升,表明网友并不相信其母亲的说法;而在医院否认女司机病情加重之后,对应的主题(Topic6)情感强度也有所上升,网友纷纷讽刺与谴责女司机及其母亲对公众的欺骗。而由于女司机道歉的时间太晚,此时公众的关注热度已经很低,公众的情感强度并未因此而明显增强。

可见事件整体情感强度的时序变化与主题情感强度的时序变化相对应,其变化情况与事件的后续发展紧密相关,符合实际情况,可认为该研究方法是合理有效的。

总体来说,通过分析可以发现,本节所提出的基于概率主题模型和深度学习模型的情感强度分析方法能较为准确地获取某一社会热点事件下公众的不同观点与看法,同时对各观点以及事件整体的情感强度随时间的变化情况进行合理有效的分析。该方法不仅有效地弥补了传统舆情分析方法无法获取情感变化趋势的不足,而且还可以根据公众的不同观点与看法,针对该事件下各个主题进行情感分析,能够更为精确地计算与分析公众舆情及其情感,对于舆情的监控和管理具有重要意义与价值。此外,该方法对于事件当事人还具有一定程度上的指导意义,可以帮助其通过合理的应对方法避免公众舆论的攻击。

## 11.3　研究结论和方法评述

本章通过对两个网络社区数据的舆情分析,探讨政策发布和热点事件中的公众态度与公众反馈。主要研究结论如下。

围绕政府某一重大政策发布前后都有若干关键政策时间点,案例一中摇号政策过程的每一步,包括政策颁布、系统上线和第一轮摇号实施都会产生或大或小的讨论波峰。政府和政策制定者在决策过程中其注意力与精力是有限的,通过对政策颁布前、政策颁布后讨论热度情况进行分析,构建高效的政府信息回应机制,围绕不同的政策事件时间点采取不同的对策,能有效改进政府决策优先项选择和注意力分配效率。

摇号政策在发布前就已产生较为激烈的网上讨论,一般性群众诉求在发展成为群体性事件前都有多种吸纳途径,而互联网的发展放大了舆论情绪,进而使其发展成为热点事件甚至发生舆情灾害。同时,案例二的研究显示事件整体情感强度的时序变化与相对应的主题情感强度时序变化,其变化情况与事件的后续发展紧密相关。这表明热点事件中的关键行动者的行动决策和回应时间都对事件的演化产生巨大作用。这对于政府而言,在识别到某一事件可能会演化成热点事件时,提前进行舆情预防、及时与群众进行双向沟通,这样才能有效避免热点事件向网络舆情事件演化。

以往的相关研究更多的是关注热点事件的发现,而对于热点事件的情感强度追踪关注较少。如案例一仅是社交媒体上关于公众对新政策的态度和公众反馈的初步探索,而不是在反馈中表达态度的倾向,尽管后者对决策者来说显然更为重要。而案例二从概率主题模型以及深度学习的视角出发,结合时间序列分析方法,提出了一种新颖的基于话题情感强度的社会事件舆情分析方法,实现了基于社交平台的社会热点事件追踪。对于政府而言,通过对网络文本的挖掘判断公众的态度和情绪状态,进而维护社会稳定是进行网络治理的关键。

# 第 12 章
## 基于公众反馈数据的城市热点问题分析[①]

## 12.1 案例背景

为了加强民主政治的建设和通过电子政务手段促进公众对于智慧城市建设的参与,B市纠正行业不正之风办公室与市经济信息委员会共同建设多渠道公众反馈数据平台。该平台关于城市公共事务的意见采集模块于2005年在政务门户网站上开通运行,注册用户可以发布咨询、建议或者投诉信息。截至2013年4月12日,平台累计受理网络信件24万余封,为群众解决实际问题16万余件,得到了社会各界的广泛参与和关注。目前,平台每天能够收到的信件都在100封以上,这些信件涉及老百姓生活的方方面面。平台的建立充分发挥了网络高效快捷、生动直观、互动性强的特点,24小时接收群众对城市政府部门、公共服务行业政风行风建设的咨询、建议和投诉举报信息,及时解决损害群众利益的不正之风问题。

---

① 本章部分研究成果曾在本书作者参与撰写的以下学术论文中发表:Ma Baojun,Zhang N,Liu Guannan,Li Liangqiang,Yuan Hua. Semantic Search for Public Comments on Urban Affairs: A Probabilistic Topic Modeling-based Approach[J]. Information Processing & Management,2016,52(3): 430-445.

而在实际运行中,对于信件中涉及的问题属于哪一种主题或问题分类,以及需要哪些部门来协调完成问题的解决,都需要相应的专家或顾问进行人工识别和判断。面对这种非结构化文本信息,很难使用简单的统计方法和传统的数据处理工具来帮助政府官员更好地理解这些信件。在研究开始之前,面对平均每天超过 100 条的公众反馈意见,网站运维部门没有任何历史数据分析工具,只能人工根据部门职责对信件进行分类,每天日常性地监督和反馈。当需要对一段时间的舆情进行总结,或围绕一个案例、一个领域进行深入分析时,该部门只能进行关键词检索,然后对检索结果进行人工阅读和总结。显然,目前的人工方法对于那些无法提供准确关键字的任务,往往效率低下,甚至不适用。因而语义分析和语义搜索对解决这一问题具有重要意义。此外,对于已有的公众反馈信件全部数据内容的主题、时序变化、关注热度的深入分析工作,目前由于数据量较大还没有进行深入开展。

## 12.2　主题变化的描述分析

案例分析样本涵盖了 2006 年 5 月 23 日至 2013 年 4 月 12 日间 2 517 天的全部 24 万余封网络信件。本章分析重点是信件内容和信件标题,同时结合发信时间进行时序分析。在获取全部数据的基础上,使用文本匹配和近似匹配的方法删除重复内容的信件。此外,信件中存在大量的测试信件,即为工作人员测试系统时留下的信件,我们也通过信件标题和信件内容中都包含"测试"或"test"关键词的信件进行过滤筛选。

首先,我们根据特定的事件、人、主题或具体平台收集原始相关文本数据信息。在此基础上,为了更深入细致地分析文本内容,需要对原始文本内容进行必要的预处理操作,例如分词①、词根处理②、去除停用词③等。完成数据

---

① Peña M,Bonatti L L,Nespor M,et al. Signal-driven Computations in Speech Processing[J]. Science,2002;298:604-607.

② Hull D A. Stemming Algorithms:A Case Study for Detailed Evaluation[J]. Journal of the American Society for Information Science,1996,47:70-84.

③ Baeza-Yates R,Ribeiro-Neto B. Modern Information Retrieval[J]. Addison-Wesley New York,1999.

预处理后，每一个文档都被表示为若干词语组成的向量。随后，我们利用 LDA 进行概率主题建模。通过数据处理，此案例保留了 197 751 封信件用于实际分析。

对于 197 751 封公众反馈信件文本内容，我们使用 LDA 模型进行了概率主题建模，选取的潜在主题数目分别为 50、100、150、200 和 250。通过人工阅读不同主题数目下的主题关键词列表，可以发现主题数目为 200 情况下的主题关键词列表的语义信息表现最好。限于篇幅，这里只在表 12-1 中展示了其中 3 个潜在主题的长度为 10 的关键词列表。

表 12-1  案例中的 3 个潜在主题的关键词列表

| 主题 192（公交线路） | 主题 148（环境污染） | 主题 136（医疗报销） |
|---|---|---|
| 公交　线路 | 污染　环保 | 报销　医疗 |
| 增加　开通 | 空气　垃圾场 | 生育　医保 |
| 调整　增设 | 排放　严重 | 药费　住院 |
| 方向　换乘 | 污水　焚烧 | 定点　负担 |
| 终点　沿线 | 臭味　刺鼻 | 比例　公费 |
| … | … | … |

在此案例中，为了发现公众所反映的集中、突出问题，我们对 200 个潜在主题在所有的 197 751 封公众反馈信件文本上的隶属概率进行累加，可以得到每一个潜在主题在这段时间的关注热度。这种热度不仅表现在主题对应的信件数量上，而且更加准确地反映在与主题相关程度的准确信息量上。换言之，采用文档—主题隶属概率累加，不是粗略地将主题相关的每一封信件同样对待，而是准确地区分与主题的具体相关程度，由此可以发现采用本案例的衡量策略可以更为准确地评估公众关注主题的实际热度。

接着，我们按照累加概率递减的顺序将 200 个潜在主题进行排列，并将其中没有实际语义含义的主题去除，就得到了网络舆情热点的主题信息列表。对于有实际语义含义的潜在主题，可以根据主题关键词列表归纳概括出相应的主题描述。表 12-2 中列出了从所有信件中提取的前 10 个有具体语义含义的主题信息。从此表中可以看到，交通、户籍、道路施工、住房、环境卫生以及医疗报销等问题在最近几年一直受到公众的持续关注。

表 12-2　从案例中提取出的前 20 个公众最关注的主题信息

| 主题 ID | 累计隶属概率 | 占比/% | 主题描述 |
|---|---|---|---|
| Topic 192 | 2 889.9 | 1.46 | 公交线路、车站建议 |
| Topic 13 | 2 449.8 | 1.24 | 公交间隔、车次、人多、区间车等 |
| Topic 80 | 2 245.8 | 1.14 | 户口、结婚、孩子落户、户籍 |
| Topic 87 | 1 982.5 | 1.00 | 交通路口、红绿灯、天桥、行人道、车流控制等设置 |
| Topic 128 | 1 783.3 | 0.90 | 公交车司机、售票员、排队等服务评价、投诉 |
| Topic 168 | 1 718.6 | 0.87 | 政府、城市、政策、制度发展建议 |
| Topic 199 | 1 701.2 | 0.86 | 道路拥堵、积水、维修、施工等 |
| Topic 154 | 1 560.4 | 0.79 | 对投诉意见要求处理、调查、解决、答复、解释 |
| Topic 29 | 1 537.1 | 0.78 | 地铁线路、站点的建议与评价 |
| Topic 134 | 1 508.1 | 0.76 | 城市社区、配套设施、轨道等建设规划、建议 |

此外，我们还可以对每一个主题的讨论热度进行时序跟踪分析，以观察主题随着时间变化受关注热度的变化情况。图 12-1 展示了我们随机选取的 5 个公众关注主题(子女落户、公交车服务、道路施工维修、夜间噪音扰民以及环境卫生脏乱差)的讨论热度随时间(季度)变化的情况。

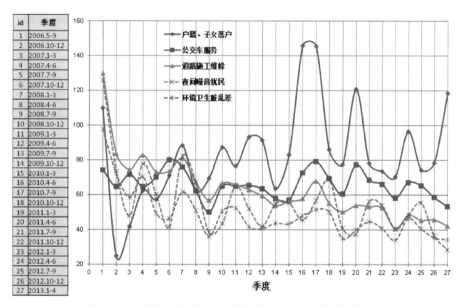

图 12-1　个体公众关注主题讨论热度随时间(季度)变化图示

通过进一步的分析和比照，可以发现一些有意思的现象和结果，各主题的讨论热度变化情况通常与政府政策、实际情况相对应。例如，公众对于"环境卫生脏乱差"问题的反馈,最近几年来总体呈下降趋势,也反映出政府在文明城市建设中发挥了积极有效的作用;同时,该问题也基本呈现出夏季反映较多,冬季反映较少的趋势,这也和实际情况与直观感觉是一致的。此外,我们还发现公众对于子女落户主题涉及的相关问题的反馈在 2010 年 4—9 月达到了一个高峰,这个结果与研究期间不久前该城市公布新的户籍政策有直接关系。

总体来看,通过分析可以发现,本案例提出的网络舆情热点分析方法可以帮助政府或政策制定者,从大规模的公众反馈信息中发现和提取集中与突出的问题,以及分析公众关注问题热度随时间而波动的趋势和情况。

## 12.3 重点主题的专项分析

在政府网络治理过程中,除了关注群众整体态度外,政府往往会对各个主题进行细分和治理排序,针对公众所关注的突出问题进行专项治理。为了进一步发现 B 市热点问题的回应情况,本节从信件受理情况、反映的主要问题和信件办理情况等方面对重点主题进行了专项分析。

### 12.3.1 "生态文明问题"主题分析

案例分析期间[①],生态文明问题相关来信 1 236 封,占来信总数的 5.54%。通过概率主题建模方法得到生态文明类问题的净讨论热度为 902.44,热度比例为 4.05%。从来信的时间分布情况来看,2012 年 7 月与 2012 年 10 月是民众关注生态文明类问题的主要时间点。各月生态文明类问题来信关注情况如图 12-2 所示。

在所有关于生态文明问题的有效来信中,业务投诉建议信件最多(989封),占有关信件总数的 80.02%;其次是业务建议类信件(183 封),占有关信件总数的 14.81%;政风投诉举报类信件 35 封,占有关信件总数的 2.82%;咨询类信件 20 封,占有关信件总数的 1.62%;感想类信件 8 封,占有关信件总数的 0.65%,政风建议类信件 1 封,政风建议类信件 1 封。各类型信件分布

---

① 本案例中的三个重点主题分析信件来源时间均为 2012 年 12 月 1 日至 2013 年 11 月 29 日。

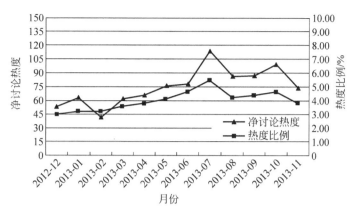

图 12-2　生态文明类问题月度关注情况

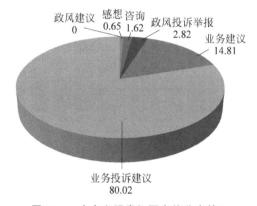

图 12-3　生态文明类问题来信分布情况

(说明：由于对图中数据进行了四舍五入，因此图中数据总和不完全等于100%。)

如图 12-3 所示。

生态文明相关信件内容共涉及噪声污染、小摊污染、工厂污染、施工扬尘与公共绿化五个方面的问题。其中，关于噪声污染方面的讨论频率最大，净讨论热度为 299.10，占生态文明方向净讨论热度的 33.14%；其次是小摊污染方面，净讨论热度为 236.03，占生态文明方向净讨论热度的 26.16%；工厂污染投诉方面的净讨论热度为 144.91，占生态文明方向净讨论热度的 16.06%；施工扬尘方面的净讨论热度为 112.34，占生态文明方向净讨论热度的 12.45%；公共绿化方面的净讨论热度为 110.06，占生态文明方向净讨论热度的 12.20%。分布情况如图 12-4 所示。

各类问题关注比例的月度变化情况如图 12-5 所示。

从处理单位角度看，有关生态文明类问题的"热线"来信涉及 13 个委办

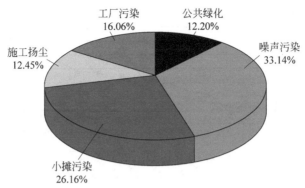

图 12-4 生态文明问题来信关注类型分布

(说明:由于图中数据进行了四舍五入,因此图中数据总和不完全等于100%。)

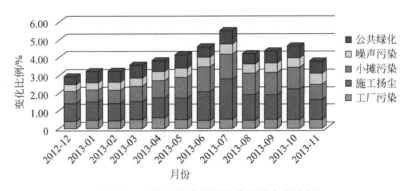

图 12-5 生态文明类问题分布月度变化比例

局、16个区县及7家国有集团公司与服务行业。其中涉及各区县来信最多,共来信833封,占相关来信总数的67.27%。涉及委办局来信91封,占相关来信总数的7.35%,其中涉及市公安局(38封)和市公安交通管理局(21封)两个单位来信数量较多;涉及国有集团公司与服务行业的有关信件313封,占相关来信总数的25.30%,其中涉及B市政务门户网站相关来信232封,占集团公司与服务行业相关来信总数的7.4%。具体分布情况如图12-6所示。

截至2013年11月29日,"热线"共办理有关生态文明类信件915封,办结率为73.91%。其中业务投诉类信件办结776封,办结率为77.91%;建议类信件办结34封,办结率为70.83%;咨询类信件办结14封,办结率为70%;感想类信件办结125封,办结率为65.79%;政风投诉举报类信件办结6封,办结率为17.14%。

可以看到,由于B市温度、湿度、风力等气候及自然环境的变化,群众对生态文明方面的关注热情受到了影响。导致生态文明类问题的来信数量阶

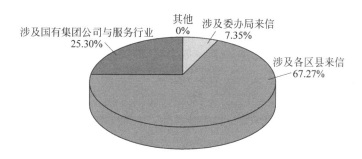

图 12-6 信件处理单位分布情况

(说明:由于对图中数据进行了四舍五入,因此图中数据总和不完全等于100%。)

段性特征明显。2013年生态文明方向的"热点"问题主要集中在噪声污染投诉和小摊污染投诉,这两方面来信约占生态文明类问题来信的60%。而噪声污染问题中的公园噪声的投诉问题俨然成为2013年新出现的热点话题。有关生态文明类问题的来信,涉及委办局的来信主要集中于市公安局与市公安交通管理局两个单位。在信件办理方面,"热线"共办理有关生态文明类信件915封,办结率为73.91%,办信效率较高。

### 12.3.2 "四风"问题主题分析

案例分析期间,"四风"问题来信1 635封,占来信总数的7.33%。在所有关于"四风"问题的有效来信中,业务投诉类建议信件最多(1 033封),占来信总数的63%;其次是建议类信件(318封),占来信总数20%;政风投诉举报类信件146封,占来信总数的9%;咨询类信件117封,占来信总数的7%;感想类信件21封,占来信总数的1%。各类型信件分布如图12-7所示。

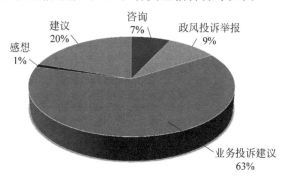

图 12-7 "四风"问题来信分布状况

2012年12月—2013年11月"四风"问题信件来信内容共涉及形式主义、官僚主义、享乐主义和奢靡之风四方面的问题。B市"政风行风热线"有关"四风"问题的来信中,群众关注点主要集中在官僚主义问题与形式主义问题。其中,共收到反映官僚主义问题的来信736封,占"四风"问题来信的45%;反映形式主义问题的来信605封,占"四风"问题来信的37%;反映奢靡之风问题的共来信278封,占"四风"问题来信总数的17%;反映享乐主义问题的来信相对较少,共来信16封,占"四风"问题来信总数的1%,分布状况如图12-8所示。

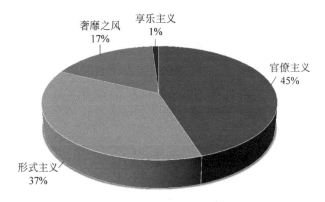

图12-8 "四风"问题来信分布状况

各类问题关注比例的月度变化情况如图12-9所示。可以看到,由于受到春节的影响,"四风"问题相关来信数量较少,阶段性特征明显。但总体上,"四风"问题来信数量较为稳定。有关"四风"问题的来信内容主要集中在"群

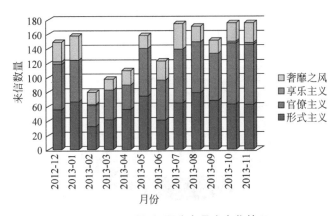

图12-9 "四风"问题分布月度变化情况

众反映政府或领导追求形式、不重实效,图虚名、务虚功、工作不抓落实,一些部门与集团公司办事推诿扯皮多,效率低下,不作为、不负责任"。处理单位方面,涉及委办局的来信主要集中于市人力社保局、市公安局与市公安交通管理局这三个单位。信件办理方面,"热线"共办理有关"四风"问题类信件1 101封,办结率为67.34%。

### 12.3.3 "政风行风"问题主题分析

案例分析期间,"政风行风"问题来信13 616封,占来信总数的61.08%。通过"概率主题建模方法"分析,得到"政风行风"类问题的净讨论热度为4 465.91,热度比例为20.03%。从来信的时间分布情况来看,2013年3—5月及11月是民众关注"政风行风"类问题的主要时间点。各月"政风行风"类问题来信关注情况如图12-10所示。

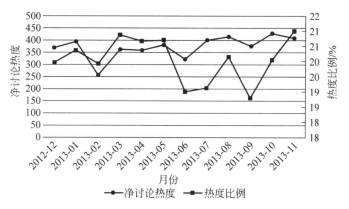

图12-10 "政风行风"类问题月度关注情况

在所有关于"政风行风"问题的有效来信中,业务投诉建议信件最多(6 514封),占有关信件总数的48%;其次是咨询类信件(3 884封),占有关信件总数的28%;业务建议类信件1 903封,占有关信件总数的14%;政风投诉举报类信件898封,占有关信件总数的7%;感想类信件409封,占有关信件总数3%;政风建议类信件8封。各类型信件分布如图12-11所示。

2012年12月—2013年11月"政风行风"问题信件来信内容共涉及以权谋私、推诿责任、暴力执法、服务态度、欺骗消费者、医患矛盾、幼儿入园七个方面的问题。其中,关于服务态度方面的讨论频率最大,净讨论热度为1 273.07,占"政风行风"方向净讨论热度的29%;其次是推诿责任方面,净讨

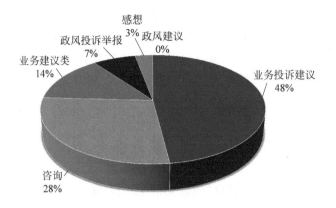

图 12-11 "政风行风"类问题来信分布情况

论热度为 1 050.65，占"政风行风"方向净讨论热度的 24%；以权谋私方面的净讨论热度为 806.09，占"政风行风"方向净讨论热度的 18%；欺骗消费者方面的净讨论热度为 585.28，占"政风行风"方向净讨论热度的 13%；暴力执法方面的净讨论热度为 378.76，占"政风行风"方向净讨论热度的 8%；医患矛盾方面的净讨论热度为 192.06，占"政风行风"方向净讨论热度的 4%；幼儿入园方面的净讨论热度为 180.00，占"政风行风"方向将讨论热度的 4%。分布情况如图 12-12 所示。

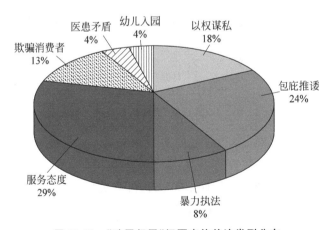

图 12-12 "政风行风"问题来信关注类型分布

各类问题关注比例的月度变化情况如图 12-13 所示。

可以看到，由于受到春节的影响，"政风行风"问题相关来信数量相对较少，阶段性特征明显。但春节过后，有关来信明显呈现上升趋势。来信内容

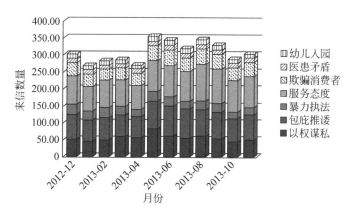

图 12-13 "政风行风"类问题分布月度变化比例

方面,2013年"政风行风"方向的"热点"问题主要集中在服务态度、推诿责任、以权谋私和欺骗消费者等投诉,这四方面来信约占"政风行风"类问题来信的84%。而对暴力执法的关注也占到了较高的比重。处理单位方面,涉及集团公司与服务行业来信主要集中于B市政务门户网站;涉及委办局的来信主要集中于市公安局与市公安局公安交通管理局两个单位。信件办理方面,"热线"共办理有关"政风行风"类信件9 547封,办结率为70.12%。

## 12.4　智能搜索的工具化探索

与传统的基于关键字或基于本体的信息检索模型不同,本节提出了一种基于概率主题建模的城市公共评论语义搜索框架,即使用 LDA 进行语义建模。在这个框架中,LDA 模型用于发现和标注大量公众生成的具有语义主题信息的文档集合,从而确定这些主题如何相互关联,以及它们如何随时间变化。语义主题和文档之间的关系即本节所说的标注。如上所述,用户(通常是网站或相关政府部门的管理人员)可能更关注特定主题讨论的纵向变化趋势,而不仅仅是与特定查询语义相关的文档列表。因此,在我们提出的框架中,在用户提出查询(关键字列表或句子)之后,我们的方法将最终生成并向最终用户提供两种类型的结果。

总体而言,整体语义搜索模型由概率主题建模过程(LDA 建模阶段)、用户搜索过程两个重要部分组成(图 12-14)。

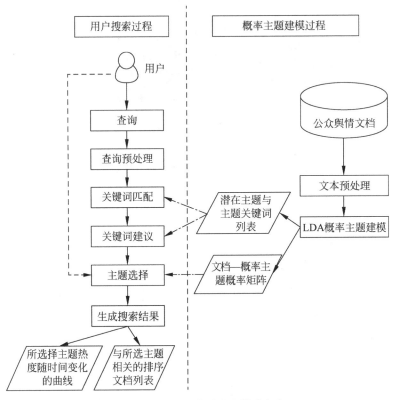

图 12-14　本文提出的语义搜索框架

### 12.4.1　概率主题建模过程

一般来说,概率主题建模过程是基于网站文档中的(中文)文本信息,这些文本信息是由公众生成的,对城市事务的各个方面提供意见或建议,并存储在后端数据库中。为了进一步探索该内容,有必要对文本进行一些预处理操作,例如分词和停用词的去除。接下来,核心任务是使用 LDA 模型进行概率主题建模。具体来说,LDA 建模将训练和推理应用于所有文本向量,并可以发现这些数据中固有的任何潜在主题。在本节中,我们选择了默认参数设置作为狄利克雷的分布,即使用对称设置 $\alpha=50/K$(其中 $K$ 是主题的数量)和 $\beta=0.01$。这些设置在以前的文献中被广泛使用,并且狄利克雷先验不会对模型的性能产生太大影响。我们利用吉布斯采样（Gibbs sampling）方法来推断参数，其形式是蒙特卡洛马尔可夫链（MCMC）。可以证明 MCMC 在多次迭代采样过程中收敛。在进行主题建模之后，通过吉布斯采样过程，很容易获得以下与文档集中的单词、文档和主题相关的有用结果。

（1）每个主题中最有可能出现的单词的潜在主题。

（2）文档到主题的概率矩阵。

此外，最优主题数的确定可根据第 8 章的主题模型测度方法确定。

## 12.4.2　用户搜索过程

根据 LDA 建模的阶段性结果，一旦用户发出查询请求，这里描述的用户搜索过程可以设计为向最终用户提供他感兴趣的结果。用户搜索阶段涉及的子步骤如下。

子步骤 1：查询预处理。

子步骤 2：关键字匹配。

子步骤 3：关键字建议。

子步骤 4：主题选择。

子步骤 5：生成搜索结果。

通常，用户查询以几个关键字或一个完整句子的列表形式出现。在该情况下，我们的方法会进行与前一节类似的文本预处理操作，如分词、停用词去除等。接下来，在处理用户查询之后，基于 LDA 建模过程得到的各主题中最有可能出现的潜在主题关键词，一组有意义的搜索词被用来进行关键词匹配。具体来说，在这个子步骤中，我们需要找到所有主题关键字的潜在主题，这些关键字至少包含来自查询搜索词中一个有意义的关键字。

在关键字匹配之后，如果没有选中任何主题，用户将返回一个空结果通知和查询修改建议；否则，对于每个可能的语义相关主题，将分别向用户推荐前几个概率最高的主题关键字。然后，用户可以为每个可能的语义相关主题阅读推荐的关键字，并选择合适的主题或感兴趣的主题。

在用户选择的主题中，基于文档到主题的概率矩阵和用户特定的时间段，将生成两种类型的语义结果并提供给最终用户：包括与语义相关的主题的变化趋势的图片和每个与语义相关的主题的文档列表。

### 12.4.3　系统实现

面对B市在线公众舆论平台中大规模的非结构化文本信息,平台的管理员认为这些信息包含大量有价值的知识。然而,非结构化文本信息和含糊不清的表达方式使管理员无法从市民的评论中挖掘规则。因此,B市政府舆情平台管理员和相关信息的终端用户需要一个特定的搜索工具,能够满足以下要求。

(1) 需要一个能够通过关键词进行主题搜索的系统,能够从大量的评论中快速搜索一个特定的主题。

(2) 鉴于不同市民在语言表达和用词上的差异,搜索应该能够实现市民评论意义的关联,而不仅仅是比较关键词是否出现。

(3) 针对一些词的不同含义,当出现多义关键词时,系统应该能通过提供其他辅助关键词来帮助搜索者快速选择关注的话题。

(4) 属于热点话题的评论应该是可检索的,但也要了解基于统计数据的纵向变化曲线,以衡量和评价城市公共事务问题的发生与治理,甚至相关政府部门的有效性。

(5) 由于搜索是针对特定的文本数据库且规模有限,因此必须以适当的搜索速度,尽可能少地使用计算资源,以达到上述目标。

在我们的实际系统实现中,用户搜索的整个过程可以用如图12-15中的序列图来说明。

在这样的搜索系统中,如图12-16所示,有两个主要参与者:用户和管理员。用户进行信息查询的活动时,涉及关键字输入、主题关键字选择和查询重置三个动作[图12-16(a)]。对于管理员来说则是一个特殊的主题建模管理活动,需要定期维护主题—关键字表和doc-to-topic矩阵这两个重要资源[图12-16(b)]。

图12-17展示了基于概率主题建模方法搜索系统的界面。当在终端用户系统提交关键字"公交"的语义查询时,通过将关键字"公交"与LDA模型提取的潜在主题关键字相匹配,7个潜在主题(每个主题包含10个建议关键字)被推荐给用户,要求他选择与"公交"语义相关的真正感兴趣的子主题。

在图12-17的基础上,假设用户对"公交IC卡充值"的公共评论和讨论问题感兴趣,并选择了主题5。因此,我们首先按照提出的方法展示感兴趣主题(公交IC卡充值)的讨论热度纵向时序变化,如图12-18所示。

此外,基于每个公共评论和用户选择的主题("公交IC卡充值")的语义相关性,我们提出的方法还可以提供按照相关性大小进行排序的公众评论列表。图12-19展示了第一页查询结果,内容包括每个语义相关评论的标题、发布日期和主题相关性评分。

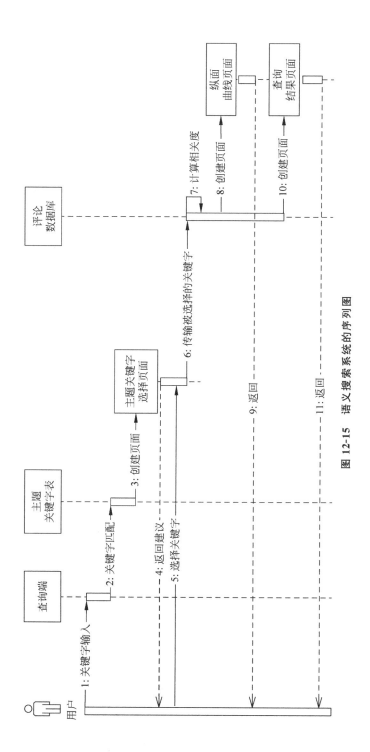

图 12-15 语义搜索系统的序列图

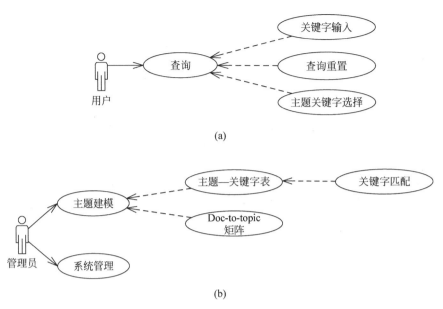

(a)

(b)

图 12-16 语义搜索系统中用户(a)和管理员(b)的用例图

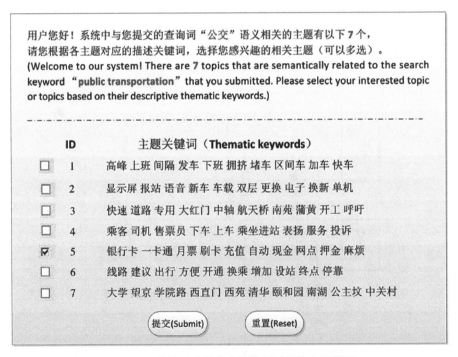

图 12-17 关键词建议和主题选择过程的交互界面

# 第12章
## 基于公众反馈数据的城市热点问题分析

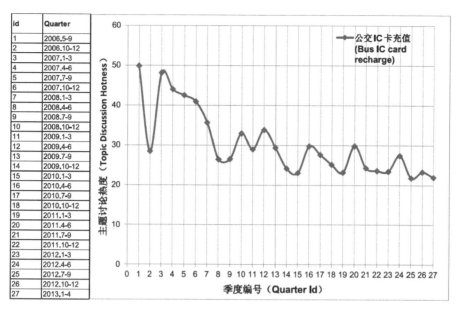

图 12-18 "公交 IC 卡充值"主题的讨论热度变化曲线

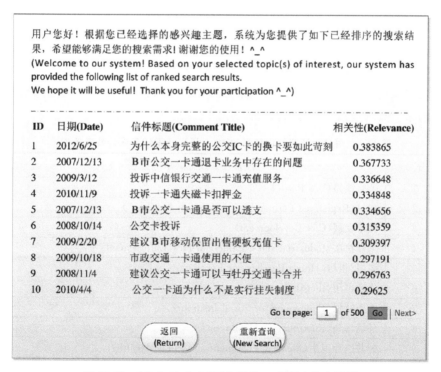

图 12-19 "公交 IC 卡充值"主题前 10 项语义搜索结果

-285-

上述文字和图示展示了完整的语义搜索过程。对于用户而言,该工具可以提供简单的搜索,帮助他们了解感兴趣的特定主题和最新的热门话题;此外,它还可以总结特定主题的纵向变化趋势。

### 12.4.4 两阶段验证语义搜索方法有效性验证

为了验证我们提出的基于 LDA 建模的语义搜索方法(SS-LDA)的有效性,我们进行了用户评价实验,将其与关键字匹配方法(KM)进行对比,后者是公共管理和公共事务领域中使用最广泛的搜索方法之一。为了在搜索系统的实际环境中进行用户实验,我们邀请了 B 市在线舆情平台管理部门的 10 位管理人员作为实验对象,并将他们分成两组。第一组的 5 名成员在团队中工作,他们的日常任务是对平台上的公众舆情进行人工分类。这一组的成员被认为比另一组的成员更能理解市民的评论(基于他们自己的相关经验);后者由同一部门的 5 名工作人员组成,从事其他工作。我们要求每个被试独立完成 10 项搜索任务,每个搜索任务是基于一个从公共事务主题中选择的典型热门问题(表 12-3)。对于每个搜索任务,实验对象可以提交任何与主题相关的关键词,实验系统将返回搜索结果前 10 个由 SS-LDA 方法或 KM 方法得到的关键词。我们只需要保证两个搜索方法提供的结果数量相等。此外,为了使实验过程简单,对于这两种搜索方法,所有被试只对前 10 个搜索结果(提供的第一页的搜索结果)进行评价。

表 12-3 用户验证实验中使用的 10 个语义搜索任务或公共事务主题

| 序号 | 搜索任务或公共事务主题 |
|---|---|
| 1 | 公交线路(Bus Route) |
| 2 | 户口(Registered Permanent Residence or "Hukou") |
| 3 | 城市发展(City Development) |
| 4 | 工商执法(Industrial and Commercial Law Enforcement) |
| 5 | 买房/租房(House Purchase or Renting) |
| 6 | 违章占用(Illegal Occupation) |
| 7 | 养老社保(Endowment or Social Insurance) |
| 8 | 环境污染(Environmental Pollution) |
| 9 | 公共医疗卫生(Medical Treatment and Public Health) |
| 10 | 交通拥堵(Traffic Jams) |

对于每个搜索任务,被试在阅读搜索结果后被要求评估结果的信息准确度和信息丰富度。这两个问题采用李克特 7 分量表进行测量,从"非常不满意"(1)到"非常满意"(7)。用户实验的准确度意味着结果的真实性或正确性。在此维度中,被试应注意系统中显示的每个结果是否与任务主题匹配正确,并进行整体判断。用户实验的丰富度意味着结果的质量是否全面或完整。在这个维度中,被试应注意系统中显示的对于任务主题是否包含足够的结果,并进行整体判断。在问卷中,我们给出了这两个概念的明确定义和解释。事实上,为了避免可能的干扰,被试在参与实验时并不知道判断结果是用什么方法提供出来的。

如表 12-4 所示,SS-LDA 方法在信息准确度和信息丰富度方面的用户评价均高于 KM 方法。根据等方差假设(EVA)检验,两种方法在信息丰富度方面的差异更显著。另一个值得注意的现象是对被试相关经历的影响:第一组的平均得分高于第二组,说明更熟悉评论的员工对搜索工具功能的要求更高。

表 12-4 用户验证实验的等方差假设检验结果

| 分组 | 方法 | 信息准确度 | | | 信息丰富度 | | |
| --- | --- | --- | --- | --- | --- | --- | --- |
| | | 均值(标准差) | 评分值 | | 均值(标准差) | 评分值 | |
| | | | t-test | p-value | | t-test | p-value |
| 所有样本 | SS-LDA | 5.18(1.58) | 1.17 | 0.245 | 5.48(1.18) | 2.77 | 0.007 |
| | KM | 4.80(1.65) | | | 4.70(1.61) | | |
| 组 1（有经验用户） | SS-LDA | 4.92(1.55) | 2.27 | 0.028 | 5.12(1.07) | 3.19 | 0.002 |
| | KM | 3.92(1.59) | | | 3.92(1.56) | | |
| 组 2（无经验用户） | SS-LDA | 5.44(1.61) | 0.43 | 0.667 | 5.88(1.19) | 1.28 | 0.208 |
| | KM | 5.62(1.27) | | | 5.42(1.30) | | |

针对市政管理部门的语义搜索需求,本节建立了一个包含用户搜索过程和概率主题建模过程的搜索过程框架,介绍了该框架的技术细节,并提出了一种将搜索系统定向到热门话题的方法。用户评价实验表明,与关键词方法相比,用户对本论文提出的 SS-LDA 返回的搜索结果更加满意。对热点话题的快速搜索和变化趋势的分析,使决策者能从网上平台上收集到更全面、涉及政策调整和城市治理的信息。然而,我们提出的解决方案仅适用于特定的应用场景,对其普遍适用性的深入讨论仍有待后续工作进行。

从广义上讲,我们还试图为语义搜索研究者提供一种新的方法,探索特定领域或上下文感知的搜索解决方案,而不是追求通用搜索工具(如谷歌)在跨媒体和平台上的广泛适用性。我们认为这将成为语义搜索技术发展的一个新的增长点,因为与语义搜索相关的研究和实践离不开对其具体内容的分析。此外,内容分析的精确性显然与场景和上下文相关。具体需求的开发肯定能够在相同的技术水平上更好地满足最终用户的期望目标。我们希望本节也可以为后续的相关研究提供有益的见解。

## 12.5 研究结论和方法评述

由于网络信息量的巨大规模,政府或政策制定者无法在短时间内阅读和了解公众通过各种渠道反馈的详细信息。其次是政策议题的多样性和非常规变动带来的挑战。作为在线公共交流的特征,公共讨论的主题或主旨往往是多样的,而且随着时间的变化不同,问题也会随之演变,所体现出的公众关注及社会存在问题也有所不同,并且可能由于意见领袖或其他人员的引导,内容会逐渐聚焦某个事件或一般主题。后来的公开讨论可能偏离原始主题,并包含许多与决策者或政府无关的问题。因此,随着信息技术的发展,帮助政府或政策制定者简单、方便、快捷、全面、有效地了解公众意见反馈就显得格外重要[1]。同时,传统对公众 UGC 进行直接分析的方法为关键字搜索和过滤,这种方法只能粗略地对问题进行描述,无法真正支持目前的政策过程[2]。传统数据挖掘方法无法满足决策者快速、准确地了解公众对互联网上各种政策议程的态度的需求,根据分析结果迅速作出政治反应也是政府需要考虑和解决的问题之一。

以大数据背景下公众意见反馈及互动内容分析为目标,首先基于概率主题建模的潜在狄利克雷分配模型,提出了从大规模公众反馈信息文本中提取政府或政策制定者可能关注的潜在主题信息及讨论热度时序分析的方法框架,并针对某城市网络公众反馈平台的实际数据进行分析,通过案例分析展

---

① 刘刚,詹建.公众反馈信息评价模型研究及实现[J].软件,2012,7:52-55.
② Wojcieszak M. Pulling Toward or Pulling Away: Deliberation, Disagreement, and Opinion Extremity in Political Participation[J]. Social Science Quarterly, 2011, 92(1): 207-225.

示了本研究提出方法框架的有效性。

其次,提出了一种针对特殊需求设计一个语义搜索工具模型,同时基于语义搜索相关文献系统化的梳理和描述市民在线舆论平台语义分析的实际需求,提出了一套由两阶段流程组成的框架,即用户搜索流程和概率主题建模过程。换言之,前台程序可以从搜索输入中获取关键字,在必要时提供辅助关键字以帮助搜索者确定主题,不仅可以获得搜索结果,还可以得到长时间的变化曲线。后台程序是一个基于概率主题建模方法,潜在狄利克雷分配模型(LDA),并基于该模型对将评论数据进行主题聚类等预处理[①]。基于概率主题建模生成的每个主题都可以被看作基本消息块,它会不断等待数据库中的前端搜索流进行搜索和调用。为了验证提出的基于 LDA 的语义搜索方法的有效性,我们进行了用户实验,并与关键词匹配方法(KM)进行了比较。

研究有以下两方面贡献。①针对所提到的具体实践场景,我们提供了一套可行的解决方案,帮助相关部门根据多变的需求搜索公共评论历史数据。特别而言,该研究的解决方案是基于语义,而不仅仅是基于关键字,这使得系统"更聪明",能适应更复杂的需求。②在学术领域,我们提出了一种基于 LDA 的语义搜索方法。与现有在涉及语义建模领域的研究相比,LDA 在语义搜索中也可以扮演一个重要角色,并提供一些关键的细节技术过程,包括实时搜索和非实时 LDA 计算之间的协调,关键字匹配和建议在用户搜索过程,确定潜在主题的数量。

综上所述,未来的研究可以在以下两个方面展开:一方面,公众反馈的意见态度及极性对政府或政策制定者更为有用,因此后续工作可以结合文本情感分析的方法进行深入分析;另一方面,本研究涉及平台也能记录政府回复、解决公众提出问题的相关信息,后续研究可以利用此部分数据与公众反馈进行对比分析,以考察政府对于公众反馈的重视程度及应对措施的公众满意度等问题。

---

① Blei D M, Ng A Y, Jordan M I. Latent Dirichlet Allocation[J]. The Journal of Machine Learning Research,2003,3: 993-1022.

# 第13章 基于政民互动数据的公共服务效能分析[①]

## 13.1 案例背景

民众对公共服务的需求涉及公民的全生命周期和生活的方方面面。在信息时代下,政府与民众的互动已由传统的线下面对面交流转变为线上信息传递。线上的政民互动不仅影响着一个国家电子政务的转型升级进程,更影响着当前政府治理与社会管理成效。与传统意义的线下政民互动相比,基于网络信息技术的政民互动平台也可以更有效地记录所有政民互动过程中产生信息(如文字、业务过程、时间点等)[②③]。这些宝贵的数据能够为我们评价和分析政民互动的过程与效果提供更多可能。与只能靠用户体验抽样调查获得公众满意度等主观感知不同,海量大数据能够帮助我们更全面、更量化地评价和理解政民互动水平,探究其影响因素,从而寻找进一步改进和完善政民互动的有效策略[④]。

然而在当今大数据时代,面对海量网络文本数据,传统的人工处理方法和信息检索方法已经显得力不从心,如何准确、快速地从非结构化文本数据

---

[①] 本章部分研究成果曾在本书作者参与撰写的以下学术论文中发表:马宝君,张楠,谭棋天.基于政民互动大数据的公共服务效能影响因素分析[J].中国行政管理,2018,34(10):109-115.

[②] 马得勇,孙梦欣.新媒体时代政府公信力的决定因素:透明性、回应性抑或公关技巧[J].公共管理学报,2014,11(1):104-113.

[③] 王玥,郑磊.中国政务微信研究:特性、内容与互动[J].电子政务,2014,12(1):66-77.

[④] 张少彤,张楠,王友奎,等.2015年中国政府网站绩效评估:结果、亮点、不足[J].电子政务,2016,14(2):20-28.

中提取出满足研究者需要的管理学知识就需要利用文本挖掘方法[①②]。在大数据背景下的政民互动数据的分析和挖掘方面,政府也面临诸多挑战。现有的研究和绩效评估表明,政府和公众的交流与互动是当前政府门户网站在服务功能上最为薄弱的环节[③],这很大程度上源于其缺乏基于数据的经验总结和决策支持手段。同时,基于对网络中各类非结构化数据挖掘分析所展开的研究,即对大数据多样性方向的探索,近年来方兴未艾,但利用政民互动内容大数据分析服务于公共管理决策的探索才刚刚起步。如何才能更为有效地通过文本挖掘分析结果得到有价值的公共管理知识是数据分析者与公共管理者需要协作探讨的问题。

基于以上思考,本章尝试建立新的数据处理范式,通过对政民互动大数据分析来探究影响公共服务效能的因素。借助文本挖掘技术,本研究对B市C区移动政民互动平台近年来实际数据进行了分析;将相关因素数据化,建立实证理论模型,提出了一条从文本挖掘分析结果到有价值的公共管理知识的探索路径;最后尝试探究影响公共服务效能的因素,以及信息时代下政府提升服务效能的切实有效方法或机制。

B市C区政民互动平台作为解决民生问题的重要途径,主要致力于提供政务咨询服务、畅通民意诉求渠道,纠正行业不正之风,维护群众合法利益等问题。2011年初,C区政府在原有政民互动平台和区政府服务热线电话的基础上,通过手机等移动设备和3G网络对原有业务模式进行了升级与扩展。依托于苹果iOS和Android 2.3技术架构,开发了以手机、平板电脑设备为载体的移动政民互动平台版本,并通过C区政府门户网站和苹果公司APP Store上进行宣传推广,目前已经成为区域居民接受政务服务、参与社会化管理的主要工具之一。

在政民互动平台上,居民可以通过互联网、手机、电话等载体,对政府工作提出建议、咨询政务服务内容、及时反映城市管理问题、举报投诉身边的违法现象、参与政务服务和城市管理工作。通过这种方式,居民的社会监督作用得到了充分发挥。政府通过平台快捷高效地获取居民的诉求,并按流程及时对这些问题进行处置。依据处置结果,对区各职能部门、街道的服务过程、

---

① Li N, Wu D. Using Text Mining and Sentiment Analysis for Online Forums Hotspot Detection and Forecast[J]. Decision Support Systems,2010,48(2):354-368.

② Liu B. Web Data Mining: Exploring Hyperlinks, Contents, and Usage Data[M]. Berlin: Springer-Verlag Heidelberg,2011.

③ 结论来自2014年中国政府网站绩效评估结果。

服务结果进行监督与考核。通过对业务数据的统计分析,研究决策解决居民生活实际困难,改善反映强烈的社会热点问题,从而提高城市管理水平和服务品质。与普通政府门户网站相比,B市C区移动政民互动平台在技术集成、服务模式以及管理模式上作出了相当的创新。目前该平台已经成为区域居民接受政务服务、参与社会化管理的主要工具之一。

## 13.2 成本视角的公共服务效能建模

在公共管理领域,我国学界所称的"公共服务效能"被西方学者称为"政府绩效管理"。"绩效管理"的概念最早出现于泰勒的《科学管理原理》一书中,这一概念也首先被运用到商业领域的实际生产中。当时学者的主要研究方向是提高商业生产中的技术效率,例如美国学者埃默森著名的十二条效率原则。20世纪80年代,英国、加拿大、新西兰和澳大利亚等国家以新公共管理理论为核心指导思想,率先开展了公共部门改革。它们将市场化、私有化、公共部门管理解制管理、绩效监测和外包等手段组合起来,以寻求提高当地公共部门的效率[1]。其中公共服务效能评价最常见的手段就是绩效评估,通过绩效评估达到削减预算、提高政府官僚机构的效率和效能的目的[2]。由于绩效管理可以将构建责任政府这一国家治理的核心内容落实到可操作的技术层面,绩效理念迅速在全球扩散,很多国家趋之若鹜,纷纷启动多样化的改革试验[3]。

### 13.2.1 评价维度

公共服务效能的评价离不开对其评价维度的思考,而学术界关于公共服

---

[1] Worthington A C, Dollery B E. Incorporating Contextual Information in Public Sector Efficiency Analyses: A Comparative Study of NSW Local Government[J]. Applied Economics, 2002, 34(4): 453-464.

[2] Van T S, Leeuw F L. The Performance Paradox in the Public Sector[J]. Public Performance & Management Review, 2002, 25(3): 267-281.

[3] 牛美丽,何达基.专栏:公共部门效率与效果专栏导语[J].公共行政评论,2014(3):51-54.

务效能评价维度的研究主要集中在内部管理、效能差异分析以及公众感知三类不同角度上。

首先,在服务质量评价维度相关的研究中,以学者格罗鲁斯(Gronroos)、卢斯特(Rust)和欧力威尔(Oliver)三人的观点最具代表性。格罗鲁斯认为,服务质量并非单纯的产品质量,它还包含服务方式、方法、态度以及服务结果。服务质量不仅包括结果质量,即技术层次的质量,也包含过程质量,也即功能层次的质量[1]。通过格罗鲁斯的服务质量模型,可以将公共服务效能划分为过程效能和结果效能两方面。其中,过程效能可以理解为公众对政府部门提供公共服务过程的评价;而结果效能则可以理解为公共服务为公众提供的实际利益,即功能维度和技术维度两方面。而卢斯特和欧力威尔则认为,服务质量除了包括结果质量和过程质量外,还应包括环境因素所造成的影响,即服务质量包含服务产品、服务过程和服务环境三要素[2]。尽管上述三位学者对于服务质量构成的理解有所差异,但其认知的共同点在于认可差异理论是服务质量评价的基础,服务评价是客户通过对比服务感知和服务期望之间的差距而得出的主观感受。

其次,在企业服务管理、服务质量差异的相关理论中,公共服务效能的评价主要是通过对比公众所感知到的服务质量与公众原有期望之间的差别来确定的,即感知差异的大小与服务质量的优劣呈现出负相关趋势。而这种通过对差距进行分析的方法可以帮助地方政府明确其提供公共服务过程中的结果与公众期望之间的差距,进而有针对性地采取相应措施来提高服务受众对象的满意度。有研究指出,政府服务效能在期望、设计、执行以及承诺四个方面容易出现偏差[3]。期望差距指政府未能充分了解公民对公共服务的期望所产生的差距;设计差距指公共部门对公共服务的服务设计和规范与公共部门所了解的公民对公共服务期望之间的差距;执行差距则指在政府部门提供公共服务的实施过程与先前制定的服务规范之间的差距;而承诺差距则指政府机构对公民的承诺与所提供的公共服务真实质量间存在的距离。

此外,有外国学者认为,服务技术质量可以依据服务产品的可获得性以及客户需求满足程度等方面来评估;而服务的功能质量则可根据服务可靠

---

[1] 柴盈,韦福祥. 服务质量内涵的综述与思考[J]. 科技与管理,2004,6(3):36-38.

[2] Rust R, Oliver R. Service Quality: New Directions in Theory and Practice [M]. Ca: Thousand Oaks,1994.

[3] 孙恒有. WTO背景下我国政府服务质量差距分析[J]. 领导科学,2004(18):53-54.

性、保证性、回应性、转移性以及有形性等方面进行评估,罗海成认为公共服务效能的评价结论主要来源于服务受众对服务过程的感知,并提出了 ServQual 模型[①]。美国学者克里斯滕森(Christenson)和泰勒(Taylor)通过问卷方式对北卡罗来纳州的图书馆、医院、学校等公共服务部门的绩效进行了公众感知相关的调查,研究了人均支出与服务的数量绩效、服务的感知质量之间的关系[②]。我国学者在引入西方理论的同时针对公共部门和企业之间的区别进行了理论创新,他们认为针对公共服务效能的评价适用于所有公共部门,并且有别于企业部门的质量要素,例如基于廉价政府的透明性和基于公共精神的透明性等[③]。

在综合梳理了关于公共服务效能与绩效评估的过往文献后,笔者总结发现目前学术界对于公共服务效能研究主要集中三个角度,即从公共服务过程中的非物质特性角度、从内部管理的角度以及基于成本效益的角度。尽管这三种研究角度的目的都是提高公共服务的效能,但三种研究角度实际上是基于不同理论进行的分析。随着研究方法的不断创新,三大视角相关理论应用的界限也将逐渐消失。而公共服务与社会公众的平日生活联系紧密,无论是其复杂性还是其对于社会的重要性,都不是仅关注过程质量或结果质量所能覆盖的,唯有结合多领域、多理论以及多方法进行全方面的理解,才可能真正提升相应公共服务效能。

## 13.2.2 理论假设

尽管各级政府一直致力于提升公共服务水平,办事难、办事慢、办事繁等问题依然在线上线下公共服务中部分存在[④],也成为政民互动中的重要主题。服务流程、服务意识上的提升以及服务事项本身特征上的探索均有助于有针对性地提升公共服务水平。然而,从服务事项本身进行的探索在过往由于受数据所限较为缺乏。通常意义上难以解决的公共服务问题存在难、偏、繁等

---

① 罗海成.基于服务质量的地方政府服务竞争力研究:概念模型及研究命题[J].福建行政学院学报,2011(3):5-10.
② Christenson J A,Taylor G S. Determinants,Expenditures and Performance of Common Public Services[J]. Rural Sociology,1982,47(1):147-163.
③ 张金成,吕维霞.论"顾客导向"的政府服务质量测评[J].南开学报(哲学社会科学版),2008(2):125-133.
④ 新华网.习近平:自主创新推进网络强国建设[EB/OL]. http://www.xinhuanet.com/politics/2018-04/21/c_1122719810.htm. 2018-09-29.

特点,这些特点实际对应着不同的服务成本。本研究也借此尝试构建公共服务效能的影响因素模型,从而提出更切实有效的方法提升公共服务效能。

由于社会公共资源是有限的,因此,利用最小的成本提供最优异的服务并非只是企业管理人的目标,更是公共部门服务人员共同的追求。综上,通过成本效益理论的视角,对公共部门提供公共服务的过程进行梳理和总结是极具现实意义的。对于实体产品而言,制作过程在提供之前,存在一定的预留时间,因此成本与效益基本呈现正相关趋势;而服务产品的制作与提供是同时进行的,社会公众并不完全了解其成本,期望并不会随成本的提高而降低,因此,对于服务产品而言,成本与效能成负相关关系[1]。而由于公共服务与企业提供的服务产品存在一定的相似之处,因此本研究假设公共服务的效能与其成本成负相关关系。

公共服务的成本可以从多角度进行分类。例如,按资源要素分类,可以将公共服务的成本分为人力资源成本和物质资源成本等;按形态分类,可以将公共服务的成本分为有形成本和无形成本。政府行政成本分类中的固有成本与公共服务成本具有相似性,因此本研究以此为参考提出了公共服务的必要执行成本概念。公共服务的必要执行成本是指公共服务提供的项目中,除技术进步、政策变化或组织结构改进的情况外,公共服务不可减少的成本,例如城市基础建设中的材料费、公共服务部门服务人员的固定劳务费用等。而就某个指定的公共服务问题来说,其必要执行成本反映了该问题的难易程度。就城市环境问题来说,环卫工作者清扫一条街道上的普通垃圾和清除一条街道上的小广告的工作量是明显不同的,后者的难度明显高于前者,即后者在其必要执行成本上高于前者。故作者认为公共服务的必要执行成本越高,其服务效能越低,进而提出假设:

H1:公共服务的必要执行成本对公共服务效能有负向显著影响。

公共服务除去必要执行的成本外,本研究还参考了格里高利·曼昆所著《经济学原理》中的规模经济理论,该理论认为在一特定时期内,企业产品绝对量增加时,其单位成本下降,即扩大经营规模可以降低平均成本,从而提高利润水平[2]。本研究认为同一类公共服务需求与公共服务部门的关系和同一类产品与企业的关系有所类似。而同一类公共服务需求的数量由此类公共

---

[1] UNDP. Development Effectiveness: Review of Evaluative Evidence [M]. New Work: UNDP,2000.
[2] 格里高利·曼昆.经济学原理[M].梁小民,译.北京:机械工业出版社,2003.

服务问题的社会关注程度决定,当一类公共服务问题受社会关注程度越高时,公共服务部门收到的相关公共服务需求也就越高,因而解决每一件此类公共服务需求的成本也就越低。由此,本研究提出了公共服务问题的社会关注成本这一概念。公共服务问题的社会关注成本指公共服务过程中,当某些问题影响范围不大,社会公众对这些问题存在有所了解但关注度较少或相关问题利益涉及范围较小时,由于缺少规模效应而额外增加的成本。公共部门的性质决定了其不能像私人企业一样可以拒绝社会公众的诉求,而当有社会公众反映一些并非大众所关注的偏门特殊问题时,公共部门仍需提供相应的公共服务,致使潜在的服务成本增加。由此,我们提出假设:

H2:公共服务的社会关注成本对公共服务效能有负向显著影响。

尽管公共服务部门与私人企业之间存在一定的相似性,但由于组织结构不同,二者也存在相当大的差异性。企业部门的划分通常可以较为灵活随意,而公共服务部门由于服务对象广泛,服务内容较为复杂,因此常常按职能范围进行相应的部门划分,并常常出现需要多部门协作的情况。而研究表明,部门间的协作交流是存在一定间隔与阻碍的[①]。对于由多部门之间协作沟通障碍导致多出的成本,作者称之为公共服务的部门行政成本。基于协同理论,当一项公共服务需要涉及多个部门同时参与时,公共服务的行政成本会相应提高,而基于前面成本效应理论的假设,公共服务的效能在此时亦会相应下降,由此提出假设:

H3:公共服务的部门行政成本对公共服务效能有负向显著影响。

综合上述假设,本章结合了成本效益理论与协同理论的相关要点,以成本效益理论构建模型系统的基本框架,以协同理论探讨政府系统内部情况作为补充,构建了如图13-1所示的公共服务过程中公共服务效能的影响因素理论模型。

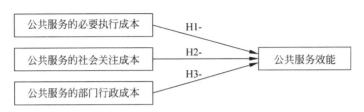

图13-1 公共服务效能的影响因素理论模型

---

① 王德元.我国行政成本研究的基础理论与发展探析[J].中国物价,2010,(7):56-59.

## 13.3 政民互动数据的文本挖掘结果

本研究采用 B 市 C 区移动政民互动平台的来信数据,研究数据时长从 2005 年 7 月至 2015 年 1 月,跨度近 10 年,总数据量近 30 万封。原始数据主要包括两方面内容:一是社会公众关于公共服务需求的来信数据,包含每封群众来信的标题、内容;二是 C 区公共服务部门对于这些公共服务需求的处理反馈数据,包含平台反馈时间、反馈内容以及转办等信息。

其中,第一部分社会公众的来信部分,其记录单位为每一封来信。这部分原始数据的内容有信件编号、信件标题、信件内容、信件提交部门、信件提交时间等,主要是对群众来信细节进行记录与留底,以方便进行相应分析与公共服务项目后期跟进。部分来信示例如表 13-1 所示。表 13-1 所示来信内容的示例中,由于为方便计算机记录,所有部门记录均采用部门编码的形式,因此还存在公共部门编码对照表,如表 13-2 所示,在第二部分 C 区公共部门对于公共服务需求来信的处理部分中,部门编码对照同第一部分。

第二部分为 C 区公共部门对于公共服务需求来信的处理部分,其记录单位为每一次回复。这部分的数据内容包括信件编号、回复编号、回复部门(处理部门)、回复内容、回复时间以及处理类型等。

在信息处理反馈的部分中,回复类型表明公共服务需求该次处理是何种类型,其中"0"代表公共服务需求问题正在处理中,"1"代表不属于职权范围之内,"2"代表通报处理进度或询问当事人细节,"3"代表完成,"4"代表领导审核意见,"5"代表分派问题至二级部门,"6"代表重新分配二级部门。由于一些信件中的公共服务需求内容并非由所提交部门进行管辖,例如有些信件中提及路边烧烤对于城市环境清洁的破坏,希望城市环卫部门进行相应清理的信件,从内容上看确实与环卫工作相关,但实际解决部门却是城管部门,即部分信件存在实际解决问题的公共部门与提交部门不一致的情况,因此,对于同一公共服务需求的来信,可能每次回复的部门是不相同的,除去实际解决部门的回复外,其他回复基本均为解决过程中的部门转办回复。

表 13-1 社会公众来信示例

| 信件编码 | 信件主题 | 信件内容 | 提交部门编码 | 提交时间 |
|---|---|---|---|---|
| XJ1 | 反映施工扰民问题 | 电话记录：郜女士代他人反映C区施工扰民问题（未透露其他具体信息），施工单位：C区电力局，负责人：刘某。希望区政府可以尽快治理 | BM1 | 2005/7/28 11:10:51 |
| XJ2 | 违建私建 | 一位女士来电反映D村正面临拆迁，但是有一部分村民还在盖房，没有人管。希望相关部门尽快制止（属D村办事处） | BM2 | 2009/2/24 9:37:53 |
| XJ3 | 建议道路修通 | 同女士来电建议某段的某路尽快修通，以方便居民出行（某地区办事处） | BM3 | 2010/9/4 15:28:22 |
| XJ4 | 经适房出租 | 【三级案件】苏先生来电反映在某小区有群租问题，扰民严重，希望解决经适房出租问题（某街道办事处） | BM2 | 2011/12/7 16:09:57 |
| XJ5 | 垃圾无人清理（举报） | C区北五环某路口靠东侧的南边反映此处有一大堆生活垃圾多日无人清理，希望尽快处理 | BM4 | 2013/9/2 10:31:16 |
| XJ6 | 反映照明灯问题 | 【三级案件】邓女士反映某楼道的照明灯损坏，希望可以维修 | BM5 | 2014/7/19 13:44:13 |

表 13-2　部门编码信息对照示例

| 部门编码 | 部门名称 | 部门编码 | 部门名称 |
|---|---|---|---|
| BM6 | 区建委 | BM9 | C区 |
| BM7 | 某公园 | BM10 | 区气象局 |
| BM8 | 区老龄办 | BM11 | C区法院 |
| … | … | … | … |

从时间序列上来看,如图 13-2 所示,随着移动政民互动平台的逐渐推广以及互联网的普及,越来越多的 C 区市民开始通过该平台反应自身的公共服务需求,其中从 2014 年第二季度开始尤为明显。C 区移动政民互动平台的普及与推广意味着研究数据越来越能覆盖大多数公共服务需求,这为本书探讨公共服务效能的影响因素提供了更好的数据支持。

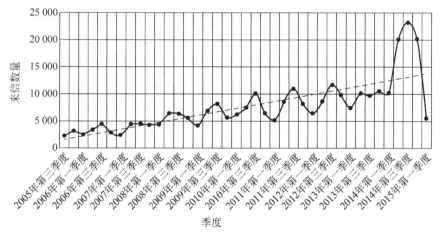

图 13-2　移动政民互动平台来信数据时间(季度)分布

如图 13-3 所示,从来信的季度分布看,2006—2014 年[①]移动政民互动平台的社会公众来信有 31% 来自第三季度,第二季度与第四季度的来信百分比相同,均为 26%,而第一季度来信最少,只有 17%。从原因上看,可能是由于每年第一季度,群众将注意力更多地集中在中国传统节日春节的准备以及与家人共度佳节的私人事务上,从而减少了相应的公共需求。而每年三季度,高温酷暑的环境会让社会公众做事相对急躁,从而对公共服务需求相应上升。

如图 13-4 所示,从 C 区移动政民互动平台来信数据年度总体变化来看,

---

① 2006—2016 年数据拥有全年数据,故选择此期间进行分析。

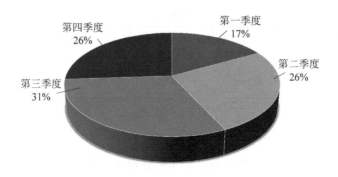

图 13-3　移动政民互动平台来信数据季度分布

C区移动政民互动平台的数据覆盖时间长,覆盖面包含大多数市内社会公众的公共服务需求。

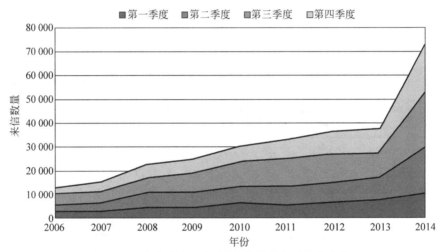

图 13-4　移动政民互动平台来信数据年度总体变化

# 13.4　基于文本挖掘结果的测量与实证检验

## 13.4.1　数据处理

在获取的全部数据基础上,我们首先对数据进行预处理,将内容完全相同的信件进行去重操作,以及将一些空白信件及员工测试信件(即信件内容包括"测试"以及"test"等关键词的来信)进行过滤筛选。通过上述处理,我们保留了 298 137 封来信文本内容进行 LDA 概率主题建模。在对来信进行初步筛选之后,本文将来信数据中每一封信件的标题与内容合并在一起作为一条文本数据信息,并对其进行分词、去除停用词等预处理操作,以便后续使用 LDA 模型对所有数据进行概率主题建模。

在通过 LDA 概率主题建模后,由于来信的数据截取时间段和回复处理的截取时间段相同,故一些来信存在尚未被解决的情况。本研究在分析 LDA 结果的后续过程中除去了相应未被解决的相关数据,最后保留了 280 899 封来信的相关数据用以检验前文所提出的假设。在对数据进行处理的过程中,使用 ICTCLAS 中文分词工具包①以及 Apache Lucene 项目 Smart Chinese Analyzer 类中的中文停用词列表对 C 区移动政民互动平台的文本数据进行分词和去除停用词的预处理。另外,本研究也使用了 Java 语言来实现对中文文本的处理与分析,并通过 SPSS、Excel 等软件进行了相应的回归模拟和多重共线性检验。

对于 298 137 封社会公众对于公共服务需求的来信内容,本研究选取了潜在主题数目为 150 的情况进行了 LDA 概率主题建模。表 13-3 展示了前 10 个热门主题及其对应的公共事务领域。

表 13-3 前 10 个公众最关注的潜在主题信息

| 主题 ID | 累加相关概率 | 总体百分比/% | 主题描述 |
| --- | --- | --- | --- |
| Topic 53 | 3 082.48 | 1.034 | 市政环卫建议 |
| Topic 94 | 3 027.68 | 1.016 | 社区服务管理投诉 |
| Topic 60 | 2 809.55 | 0.942 | 公共部门服务投诉 |
| Topic 109 | 2 717.03 | 0.911 | 社会保障问题咨询 |
| Topic 128 | 2 581.65 | 0.866 | 房屋拆迁投诉 |
| Topic 121 | 2 544.18 | 0.853 | 市政基础设施保修 |
| Topic 1 | 2 486.37 | 0.834 | 小区物业建议 |
| Topic 13 | 2 452.28 | 0.823 | 市政设施建议 |
| Topic 102 | 2 445.26 | 0.820 | 非法停车投诉 |
| Topic31 | 2 436.42 | 0.817 | 噪声扰民投诉 |

① http://ictclas.nlpir.org/.

### 13.4.2 基于 LDA 的文本测度设计

本研究考虑构建相应的理论概念测度，更有效地利用 LDA 分析结果，发现相应的客观规律，使其更好地被管理者所理解，进而对实际应用产生帮助。对于各变量概念的测量，鉴于数据主要来源于政府门户网站网络互动平台，基本是以文字与数字的形式加以记录的，因此作者对相关的网络信息文本加以观察并进行特征的提取，希望以此来解决过往服务数据不宜量化的难题。

此处公共服务效能以可测量的时效性替代。时效性是信息服务所独有的特性，通常指信息对决策具有的价值在一定时间段内随着时间的推进而逐渐降低的特性。公共服务效能的客观结果在很大程度上受到了时效性的制约。公共服务的时效性具体体现在公共部门对社会公众所需公共服务解决的时间长短上。公共服务提供所需要的时间越长，其最终所发挥的效能也就越低；反之如果社会公众提出公共服务需求时就能得到立刻解决，那么显然此时的公共服务效能比反映问题较长时间后得到解决要高得多。由此，可以看出公共服务的时效性与公共服务需求得到满足的时间长短成反比关系，即公共服务提供所需的时间越长，说明该次公共服务的时效性越差。而对于信息服务而言，过往研究中存在将时长对数的负值作为时效性测度的前例，因此本研究将公共服务提供问题解决时间长度的对数值作为公共服务时效性的测度，问题解决时间长度的对数值 $\log(T)$ 越大，代表公共服务提供过程的时效性越弱。即对于案例中第 $i$ 个公共服务过程，其时效性（timeliness）的测度如下

$$\text{Timeliness}_i = \log(T_i) \tag{13-1}$$

对于公共服务提供过程中必要执行成本的测量，研究采用了文本挖掘技术，通过对所有提交的公共服务需求的文字内容进行了 LDA 模型分析，得出每个公共服务需求与各语义主题之间的相关概率。当某条公共服务需求涉及的主题内容单一，即 LDA 模型结果表现为该公共服务需求与某一主题或与少数主题的相关概率极高，与其他主题的相关概率偏低时，解决该公共服务需求的难度相对较低，所需公共服务的必要执行成本也较低。反之，当某条公共服务需求涉及的主题内容较多且分散，即 LDA 模型结果表现为该公共服务需求在各主题上的相关概率分布比较均匀时，解决该公共服务需求涉及的实质问题很多、难度较大，所需公共服务的必要执行成本较上述第一种

情况的必要执行成本要高很多。综上,本研究中将采用 LDA 模型结果中公共服务需求与各主题相关概率的分布均匀程度作为判断公共服务必要执行成本的依据。由于在 LDA 建模结果中,公共服务需求与各主题相关概率之和为1,故公共服务需求与各主题相关概率的标准差的负值可以表示该公共服务需求与各主题相关概率的分布均匀程度。即假设共有 $n$ 个主题,第 $i$ 个公共服务需求内容与第 $j$ 个主题的相关概率为 $p_{ij}$,则第 $i$ 个公共服务需求的必要执行成本(necessary cost,$NC_i$)可以定义如下

$$NC_i = \sqrt{\frac{1}{n}\sum_{j=1}^{n}(p_{ij}-\bar{p}_i)^2} \tag{13-2}$$

其中,$\bar{p}_i = \frac{1}{n}\sum_{j=1}^{n}p_{ij}$。

在社会关注成本的测量上,社会关注的问题,即所谓热门话题,通常指社会公众反映较多的问题。由于热门问题在公共部门提供公共服务时通常都具有规模效应,所以会存在潜在成本降低的现象。相对应地,存在非热门话题与之对应,且两类话题集合互补。而对于社会关注成本的测量,则通过案例中所记录的每项公共服务项目与非热门主题累计相关度占比之和来测量。若累计相关度占比系数越小,则说明该项目所涉及的问题热门程度较高,社会关注成本较低;若累计相关度占比系数越小,则说明该项目所涉及的问题涉及公众关注度较大。

在计算方法上,首先需确定热门主题,假设共有 $M$ 个公共服务项目被记录在案例中,则第 $j$ 个主题的累计相关度占比 $P_j$ 计算如下

$$P_j = \sum_{i=1}^{M}p_{ij} \tag{13-3}$$

而对于所有的主题,假设集合 $\{P_j\}$ 的所有元素的平均值为 $\bar{P}_j$,标准差为 $\sigma$,集合 $\{P_j\}$ 中大于 $\bar{P}_j+\sigma$ 所有项即为热门主题,而其补集即为非热门主题。设所有非热门主题的脚标编号组成集合 $B$,则每项公共服务的社会关注成本,即公共服务需求的非热门程度(Unpopular Preference,$UP_i$)则通过式(13-4)来进行计算。

$$UP_i = \sum_{j \in B}p_{ij} \tag{13-4}$$

此外,本研究对公共服务部门行政成本的测量也通过 LDA 模型进行相应辅助计算。由于 LDA 的最终结果具有一定的向量特性,因此可以通过一定的计算先建立每个部门与各主题之间的相关度矩阵,将其归一化后该矩阵

可以被视为该部门行政方向的基向量；再通过计算，可以得出各项公共服务需求在其提交部门基向量上的投影，由此进而得到公共服务需求与其提交部门的相关度。公共服务需求与提交部门的相关度越高，代表该需求越不需要其他部门的参与，即跨部门工作的工作量越少，公共服务的部门行政成本越低。反之，当公共服务需求与提交部门的相关度越低，则代表所需参与的部门越多，甚至需要全部转交其他部门进行解决，则其部门行政成本越高。由此，本研究采用公共服务需求与其提交部门相关度的负值来对公共服务部门行政成本进行度量。

所有由公共部门 $K$ 解决的公共服务问题的集合为 $\{K\}$，而第 $i$ 项公共服务内容与各主题的相关度概率构成向量 $\vec{i}$，其中向量 $\vec{i}$ 的表达式为

$$\vec{i} = [p_{i1}, p_{i2}, \cdots, p_{in}] \tag{13-5}$$

则部门 $K$ 与各主题之间的相关度向量为

$$\vec{K} = \frac{1}{n}\sum_{i \in \{K\}} \vec{i} = [k_1, k_2, \cdots, k_n] \tag{13-6}$$

假设案例中第 $i$ 个公共服务项目是提交至部门 $K$，最终由部门 $L$ 解决，案例中 $L$ 与 $K$ 不一定为同一个部门，则第 $i$ 个公共服务需求的部门行政成本（Administrative Cost，$AC_i$）的计算公式为

$$AC_i = -\sum_{j=1}^{n} \sqrt{k_i \times p_{ij}} \tag{13-7}$$

### 13.4.3 回归结果分析与讨论

本研究以公共服务的时效性作为因变量，以公共服务需求的必要执行成本、社会关注成本以及部门行政成本作为自变量，建立多元回归分析模型，以验证前文所提出的假设。由于模型所有自变量均系在 LDA 分析结果之上的函数建构，我们在回归分析前对三个自变量进行了多重共线性检验，如表 13-4 所示。

表 13-4 多重共线性检验结果

| 自 变 量 | 共线性统计量 | |
| --- | --- | --- |
| | 容差 | VIF |
| 必要执行成本 | 0.397 | 2.517 |
| 社会关注成本 | 0.986 | 1.014 |
| 部门行政成本 | 0.395 | 2.532 |

结果显示,各自变量的膨胀因子(VIF)系数均小于 5,说明判断各自变量之间不存在影响结果显著性的严重多重共线性问题[①]。进一步,本研究以公共服务的时效性作为因变量,以公共服务需求的必要执行成本、社会关注成本以及部门行政成本作为自变量,建立多元回归分析模型。回归分析结果如表 13-5 所示。结果显示,公共事务的必要执行成本(难)、社会关注成本(偏)和部门执行成本(繁)均对公共服务效能有负向显著影响。这清晰地显示了公共服务需求内容与最终服务效能相互之间的逻辑关系。在国务院及各级地方政府推进"放管服"改革的背景下,上述实证结果对理解公共服务供给中的痛点问题有所裨益。社会关注成本的负向影响说明那些冷门的事项问题获得满意答复的时效较长,但基层经验也表明 98% 的公众服务需求相对集中在 2% 的服务事项上[②]。在行政资源相对有限的情况下,"偏"的服务效能提升问题可能不是公共部门的首选项。

表 13-5 回归结果分析($N=280\ 899$)

| | 系数 | 标准误差 | t Stat | P-value |
|---|---|---|---|---|
| 截距 | 2.047 99 | 0.035 845 | 57.134 92 | <0.000 1 |
| 必要执行成本 | 17.266 08 | 0.396 108 | 43.589 27 | <0.000 1 |
| 社会关注成本 | 0.070 62 | 0.014 363 | 4.916 80 | <0.000 1 |
| 部门行政成本 | 1.320 55 | 0.036 352 | 36.326 88 | <0.000 1 |

$F=638.745\ 5$, Sig $F<0.000\ 1$, Adjusted $R^2=0.067\ 65$

把目光聚集到"难"和"繁"两类问题时,不难发现二者的区别:根据必要执行成本函数测算的一类典型高成本问题是小区垃圾清理问题,这类看似简单的问题实际涉及环卫清洁、日常生活垃圾打扫、物业管理及投诉监督机制等问题,背后还涉及很多小区在国有企业和事业单位改革过程中面临管辖权变迁问题,数据分析显示多主题间方差小,现实中也的确是涉及很多领域的负责问题,对于这类具有共性、公众需求迫切的难题,正式相关部门需要集中精力、重点突破的关键;而部门行政成本实际上反映了部分事项与其管辖部门主要业务的不一致性,这在一定程度上增加了事项在不同部门间的流转。2018 年国务院新一轮机构改革突出以人民为重的核心思路,进行若干面向服务需求端的机构职能调整,如将多部委的应急管理职能合并,组建应急管理

---

① Wixom B H, Todd P A. A Theoretical Integration of User Satisfaction and Technology Acceptance[J]. Information Systems Research, 2005, 16(1): 85-102.
② 承孝敏. 大数据应用与社会治理的芜湖实践[J]. 社会治理, 2016(4): 114-116.

部。通过合理的机构调整和职能调整，部门行政成本具有降低的空间。

由于上述结论直接来源于海量政民互动文本大数据的分析，具有较好的代表性与可信度。实证结果为从降低服务成本入手公共服务效能提升提供了理论支撑。

## 13.5　研究结论与方法评述

就本案例中C区公共服务总体状况而言，无论是在时效性方面还是在沟通效果方面，公共服务需求的必要执行成本对公共服务效能的影响程度最大。在公共服务效能的时效性方面，公共服务需求的部门行政成本对公共服务效能的影响比公共服务需求的社会关注成本更为深刻。而在公共服务效能的沟通效果方面，相较于公共服务需求的部门行政成本，则是公共服务需求的社会关注成本对公共服务效能更有影响力。这说明C区政府在公共服务部门对公共服务需求覆盖面的建设卓有成效，但在推进公共服务覆盖的同时，忽略了在偏门问题上对社会公众的反馈效率，造成了非热门公共服务的沟通效果低下。另外，这也说明了C区政府对于公共服务的建设上也应将重心向改善政府部间的沟通交流、明确部门权力清单上进行相应转移。

本研究通过回归分析对前文理论模型的假设检验，得到如下结论。

（1）公共服务成本中的必要执行成本是影响公共服务效能中时效性与沟通效果的重要因素。伴随着公共服务必要执行成本的上升，公共服务所需要的人力、物力、财力以及社会资源也将增加，公共服务所需资源的增加将导致公共部门审批流程的增多，从而使公共服务所需时间延长，降低其时效性；而同样，公共服务流程增加将导致行政服务人员向社会公众的反馈频率降低，从而降低其沟通效果。

（2）公共服务成本中的社会关注成本是影响公共服务效能中时效性与沟通效果的重要因素。当公共服务需求涉及一些相对偏僻的服务领域时，公共服务的社会关注成本增加。由于地方政府优先将有限的资源投入相对急需的方面，公共服务时间将会相应延长，从而服务效能的时效性降低；而行政服务人员对于非热门服务的业务也会相对不熟练，致使和社会公众沟通交流时的沟通效果下降。

（3）公共服务成本中的部门行政成本是影响公共服务效能中时效性与沟通效果的重要因素。当公共服务需求涉及多个公共服务部门共同处理时,公共服务的部门行政成本上升,公共服务需求在部门之间转办的过程中会受到相应拖延,因而导致公共服务需求解决时间过长,公共服务反馈周期上升,公共服务效能的时效性和沟通效果有所下降。

本文从降低公共服务成本及其影响以及完善公共服务过程数据收集角度,提出如下建议。

（1）以公共服务"痛点"为切入点,降低社会关注成本。由于必要执行成本是由社会科学技术水平、地区政策环境以及地区政策公共服务的组织结构所确定的,因此公共服务的必要执行成本并不是能在短时间内进行相应改变的。但我们可以通过相关的模型研究,寻找出当公共服务问题涉及哪方面主题时会有较大的必要关注成本,从而探寻公共服务的"痛点"所在,为优化公共服务部门架构,弥补政策漏洞积累相应经验。

（2）优化公共服务提供流程,降低社会执行成本。在传统的公共服务模式下,公共服务需求由公共服务部门的行政人员主导处理,而相应行政服务人员通常会对不经常进行的流程存在生疏的情况。想要解决相应的问题,可以对公共服务的相应流程进行电子化处理,建立服务的电子标准化流程,在新的模式下,公共服务的提供将由标准流程所主导。再次面对相应偏僻的公共服务需求时,流程标准化可以将行政人员的生疏情况相应降低,从而减少社会执行成本对公共服务效能的影响。

（3）制定完善部门权责清单,降低部门行政成本。部门行政成本在本研究中的定义是"对于由多部门之间协作沟通障碍导致多出的成本部分",而降低公共服务部门行政成本的方式可以从两个角度出发。第一个角度是从职责划分的角度提出的建议,即首先要明确各公共部门的权力清单,加强宣传,以便帮助社会公众向正确的公共部门提交公共服务需求,减少公共服务需求的转办流程。第二个角度是加强各公共部门之间的相互沟通,推进公共服务的电子化流程,尽量降低公共部门之间的沟通障碍,加快公共服务需求在各部门之间的流转进程。

# 参 考 文 献

1. Allan J, Raghavan H. Using Part-of-speech Patterns to Reduce Query Ambiguity[C]// Proceedings of the 25th Annual International ACM SIGIR Conference on Research and Development in Information Retrieval. ACM: Tampere, Finland, 2002: 307-314.
2. Andersen D F. How Differences in Analytic Paradigms Can Lead to Differences in Policy Conclusions[J]. Elements of the System Dynamics Method, 1980: 61-75.
3. Angus D, Rintel S, Wiles J. Making Sense of Big Text: A Visual-first Approach for Analysing Text Data Using Leximancer and Discursis[J]. International Journal of Social Research Methodology, 16(3): 261-267.
4. Ansell C, Gash A. Collaborative Platforms As a Governance Strategy[J]. Journal of Public Administration Research and Theory, 2017, 28(1): 16-32.
5. Araque O, et al. Enhancing Deep Learning Sentiment Analysis with Ensemble Techniques in Social Applications[J]. Expert Systems With Applications, 2017, 77: 236-246.
6. Asuncion A, Smyth P, Welling M. Asynchronous Distributed Learning of Topic Models [C]//Proceedings of the 21st International Conference on Neural Information Processing Systems, Curran Associates Inc.: Vancouver, British Columbia, Canada, 2008: 81-88.
7. Avinash M, Sivasankar E. A Study of Feature Extraction Techniques for Sentiment Analysis[M]. Emerging Technologies in Data Mining and Information Security, Springer 2019: 475-486.
8. Axtell R, Axelrod R, Epstein J M, et al. Aligning Simulation Models: A Case Study and Results[J]. Computational & Mathematical Organization Theory, 1996, 1(2): 123-141.
9. B. 盖伊·彼得斯, 弗兰斯 K M, 冯尼斯潘. 公共政策工具: 对公共管理工具的评价 [M]. 顾建光, 译. 北京: 中国人民大学出版社, 2007.
10. B. 盖伊·彼得斯. 政府未来的治理模式[M]. 2版. 吴爱明, 译. 北京: 中国人民大学出版社, 2013.
11. Baccianella S, Esuli A, Sebastiani F. sentiwordNet 3.0: An Enhanced Lexical Resource for Sentiment Analysis and Opinion Mining[C]//International Conference on Language Resources and Evaluation, Lrec 2010, 17-23 May 2010, Valletta, Malta, 2010.
12. Baeza-Yates R, Ribeiro-Neto B. Modern Information Retrieval[J]. Addison-Wesley New York, 1999.
13. Bai J, Nie J. Adapting Information Retrieval to Query Contexts[J]. Information Processing & Management, 2008, 44(6): 1901-1922.

14. Bai X, Chen F, Zhan S. A Study on Sentiment Computing and Classification of Sina Weibo with Word2vec[C]//2014 IEEE International Congress on Big Data, 2014.
15. Bai X. Predicting Consumer Sentiments from Online Text[J]. Decision Support Systems, 2011, 50(4): 732-742.
16. Barnes J A. Class and Committees in a Norwegian Island Parish[J]. Human relations, 1954, 7(1): 39-58.
17. Bengio Y, et al. A Neural Probabilistic Language Model[J]. Journal of Machine Learning Research, 2003, 3(Feb.): 1137-1155.
18. Bengio Y, Lee H. Editorial Introduction to the Neural Networks Special Issue on Deep Learning of Representations[J]. Neural Networks, 2015, 64(C): 1-3.
19. Bengio Y. Deep Learning of Representations: Looking Forward[M]. Statistical Language and Speech Processing, Springer, 2013: 1-37.
20. Bertot J, Estevez E, Janowski T. Universal and Contextualized Public Services: Digital Public Service Innovation Framework[J]. Government Information Quarterly, 2016, 33(2): 211-222.
21. Bickerstaffe A, Zukerman I. A Hierarchical Classifier Applied to Multi-way Sentiment Detection[C]//COLING 2010, International Conference on Computational Linguistics, Proceedings of the Conference, 23-27 August 2010, Beijing, China, 2010.
22. Blei D M, Lafferty J D. Dynamic Topic Models[C]//in Proceedings of the 23rd International Conference on Machine Learning. ACM: Pittsburgh, Pennsylvania, 2006: 113-120.
23. Blei D M, Lafferty J D. Topic Models, in Text Mining: Classification, Clustering, and Applications[M]. Srivastava A, Sahami M. Editors. Taylor & Francis Group: Boca Raton, FL, 2009: 71-93.
24. Blei D M, Ng A Y, Jordan M I. Latent Dirichlet Allocation[J]. The Journal of Machine Learning Research, 2003, 3: 993-1022.
25. Blei D M. Probabilistic Topic Models[J]. Communications of the ACM, 2012, 55(4): 77-84.
26. Boldi P, Santini M, Vigna S. PageRank: Functional Dependencies[J]. ACM Transactions on Information Systems, 2009, 27(4): 1-23.
27. Boyd-Graber J, Blei D M. Multilingual Topic Models for Unaligned Text[C]//Proceedings of the Twenty-Fifth Conference on Uncertainty in Artificial Intelligence, AUAI Press: Montreal, Quebec, Canada, 2009: 75-82.
28. Brian Loader. The Governance of the Cyberspace, Routledge, 1998: 13-30.
29. Brin S, Page L. The Anatomy of a Large-scale Hypertextual Web Search Engine[J]. Computer Networks and ISDN Systems, 1998, 30(1-7): 107-117.
30. Burt R S. Structural Holes: The Social Structure of Competition[M]. Harvard University Press, 2009.
31. Casella G, George E I. Explaining the Gibbs Sampler[J]. The American Statistician, 1992, 46(3): 167-174.

32. Castellani B,Hafferty F W. Sociology and Complexity Science: A New Field of Inquiry[M]. Springer Science & Business Media,2009.
33. Chatfield A,Reddick C,Al-Zubaidi W. Capability Challenges in Transforming Government Through Open and Big Data: Tales of Two Cities[C]//Thirty Sixth International Conference on Information Systems,Forth Worth,2015: 1-21.
34. Chen C C,Tseng Y D. Quality Evaluation of Product Reviews Using an Information Quality Framework[J]. Decision Support Systems,2011,50(4): 755-768.
35. Chen C L P,Zhang C Y. Data-intensive Applications, Challenges, Techniques and Technologies: A Survey on Big Data[J]. Information Sciences,2014,275: 314-347.
36. Chen H,Chiang R H L,Storey V C. Business Intelligence and Analytics: From Big Data to Big Impact[J]. MIS quarterly,2012: 1165-1188.
37. Chen M,Mao S,Liu Y. Big Data: A Survey[J]. Mobile Networks and Applications, 2014,19(2): 171-209.
38. Choi Y,et al. Identifying Sources of Opinions with Conditional Random Fields and Extraction Patterns[C]//The Conference on Human Language Technology and Empirical Methods in Natural Language Processing. Association for Computational Linguistics,2005.
39. Christenson J A, Taylor G S. Determinants, Expenditures and Performance of Common Public Services[J]. Rural Sociology,1982,47(1): 147-163.
40. Christine B,John A T. Governing in the information age[M]. Open University Press, 1998.
41. Christopher Barrett,Stephen Eubank, Achla Marathe, et al. Synthetic Information Environments for Policy Informatics: A Distributed Cognition Perspective[J]. Governance in the Information era: Theory and Practice of Policy Informatics,2015.
42. Chun Y,Kim Y,Campbell H. Using Bayesian Methods to Control for Spatial Autocorrelation in Environmental Justice Research: An Illustration Using Toxics Release Inventory Data for a Sunbelt County[J]. Journal of Urban Affairs,2012,34 (4): 419-439.
43. Church K W. Methods for Part-of-speech Determination and Usage[P]. Google Patents,1992.
44. Collobert R,et al. Natural Language Processing (almost) from Scratch[J]. The Journal of Machine Learning Research,2011,12: 2493-2537.
45. Connelly R,Playford C J,Gayle V,et al. The Role of Administrative Data in the Big Data Revolution in Social Science Research[J]. Social Science Research,2016,59: 1.
46. Curran Associates Inc.: Vancouver,British Columbia,Canada,2010: 856-864.
47. Cy M W,Willer R. From Factors to Factors: Computational Sociology and Agent-based Modeling[J]. Annual Review of Sociology,2002,28(1): 143-166.
48. Daniell K A,Morton A,Insua D R. Policy Analysis and Policy Analytics[J]. Annals of Operations Research,2016,236(1): 1-13.
49. Dasgupta S,Ng V. Mine the Easy,Classify the Hard: A Semi-supervised Approach to

Automatic Sentiment Classification[C]//Meeting of the Association for Computational Linguistics,2009.

50. Davidov D,Tsur O,Rappoport A. Semi-supervised Recognition of Sarcastic Sentences in Twitter and Amazon[J]. Conll,2010:107-116.

51. Davis J P,Eisenhardt K M,Bingham C B. Developing Theory Through Simulation Methods[J]. Academy of Management Review,2007,32(2):480-499.

52. Deerwester S,Dumais S T,Furnas G W,et al. Indexing by Latent Semantic Analysis [J]. Journal of the American Society for Information Science,1990,41(6):391-407.

53. Dempster A P,Laird N M,Rubin D B. Maximum Likelihood from Incomplete Data Via the EM algorithm [J]. Journal of the Royal Statistical Society, Series B (Methodological),1977,39(1):1-38.

54. Deng L,Yu D. Deep Learning:Methods and Applications[J]. Foundations and Trends in Signal Processing,2014,7(3-4):197-387.

55. Desai A,Greenbaum R T,Kim Y. Incorporating Policy Criteria in Spatial Analysis[J]. The American Review of Public Administration,2009,39(1):23-42.

56. Desai A. Simulation for policy inquiry[M]. Springer Sciencet Business Media,2012.

57. Diestel R. Graph Theory[M]. 5th ed. Springer Publishing Company,Incorporated,2018.

58. Dunlavy D,O Leary D,Conroy J,et al. QCS:A System for Querying,Clustering and Summarizing Documents[J]. Information Processing & Management,2007,43(6):1588-1605.

59. Dunleavy P,Margetts H,Bastow S,et al. New Public Management is Dead—Long Live Digital-era Governance[J]. Journal of Public Administration Research and Theory:J-PART,2006,16(3):467-494.

60. Epstein J M,Axtell R. Growing Artificial Societies:Social Science from the Bottom Up[M]. Growing Artificial Societies:Social Science from the Bottom Up. Bradford Book Co Inc,1996:113-116(4).

61. Erik W Johnston,Kevin C Desouza. Governance in the Information era:Theory and Practice of Policy Informatics [C]. Taylor & Francis Ltd,2015.

62. erny V. Thermodynamical Approach to the Traveling Salesman Problem:An Efficient Simulation Algorithm[J]. Journal of Optimization Theory and Applications,1985,45(1):41-51.

63. Forrester J W. Counterintuitive Behavior of Social Systems[J]. Theory & Decision,1971,2(2):109-140.

64. Fountain J E. Building the Virtual State:Information Technology and Institutional Change[J]. Journal of Policy Analysis & Management,2001,27(22):324-326.

65. Frank J O. 大数据分析:点"数"成金[M]. 王伟军,刘凯,杨光,译. 北京:人民邮电出版社,2013.

66. Frank K A,Penuel W R,Krause A. What is a "Good" Social Network for Policy Implementation? The Flow of Know-how for Organizational Change[J]. Journal of

Policy Analysis and Management,2015,34(2): 378-402.
67. Furnas G W,et al. Information Retrieval Using a Singular Value Decomposition Model of Latent Semantic Structure[C]//Proceedings of the 11th Annual International ACM SIGIR Conference on Research and Development in Information Retrieval, ACM: Grenoble,France,1988: 465-480.
68. Gelléri P,Élö G. Some Thoughts about Personal Network Management[J]. Periodica Polytechnica Social and Management Sciences,1994,2(1): 45-55.
69. Gerston L N. Public Policy Making: Process and Principles[M]. Routledge,2014.
70. Ghaffarzadegan N,Lyneis J,Richardson G P. How Small System Dynamics Models Can Help the Public Policy Process[J]. System Dynamics Review, 2011, 27 (1): 22-44.
71. Giachanou A,Crestani F. Like It or Not: A Survey of Twitter Sentiment Analysis Methods[J]. ACM Computing Surveys,2016,49(2): 1-41.
72. Gillespie M. BBC Arabic, Social Media and Citizen Production: An Experiment in Digital Democracy Before the Arab Spring[J]. Theory, Culture & Society, 2013, 30 (4): 92-130.
73. Girolami M,Kab A. On an Equivalence between pLSI and LDA[C]//in Proceedings of the 26th Annual International ACM SIGIR Conference on Research and Development in Information Retrieval. ACM: Toronto,Canada,2003: 433-434.
74. Glaeser E L. The Challenge of Urban Policy[J]. Journal of Policy Analysis and Management,2012,31(1): 111-122.
75. Glenn J C. Collective Intelligence Systems and an Application by the Millennium Project for the Egyptian Academy of Scientific Research and Technology [J]. Technological Forecasting and Social Change,2015(97): 7-14.
76. Granovetter M. The Strength of Weak Ties: A Network Theory Revisited[J]. Sociological Theory,1983: 201-233.
77. Griffiths T L,Steyvers M. Finding Scientific Topics[C]//Proceedings of the National Academy of Sciences of the United States of America,2004,101: 5228-5235.
78. Hammer C,Kostroch D, Quiros G. Big Data: Potential, Challenges and Statistical Implications[J]. Imf Staff Discussion Notes,2017,17(6): 1.
79. Hatzivassiloglou V, McKeown K R. Predicting the Semantic Orientation of Adjectives [C]//The 35th Annual Meeting of the Association for Computational Linguistics and Eighth Conference of the European Chapter of the Association for Computational Linguistics. Association for Computational Linguistics,1997.
80. Hatzivassiloglou V, McKeown K. Predicting the Semantic Orientation of Adjectives [J]. ACL 1997: 174-181.
81. Hinton G E,Salakhutdinov R R. Reducing the Dimensionality of Data with Neural Networks[J]. Science,2006,313(5786): 504-507.
82. Hinton G E. Learning Distributed Representations of Concepts[C]//Proceedings of the Eighth Annual Conference of the Cognitive Science Society. Amherst,MA,1986.

83. Höchtl J, Parycek P, Schöllhammer R. Big Data in the Policy Cycle: Policy Decision Making in the Digital-era[J]. Journal of Organizational Computing & Electronic Commerce, 2016, 26(1-2): 147-169.
84. Hoffman M D, Blei D M, Bach F. Online Learning for Latent Dirichlet Allocation [C]//Proceedings of the 23rd International Conference on Neural Information Processing Systems-Volume 1.
85. Hofmann T. Probabilistic Latent Semantic Analysis[C]//Proceedings of the Fifteenth Conference on Uncertainty in Artificial Intelligence. Morgan Kaufmann Publishers Inc., 1999: 289-296.
86. Hofmann T. Probabilistic Latent Semantic Indexing[C]//Proceedings of the 22nd Annual International ACM SIGIR Conference on Research and Development in Information Retrieval. ACM: Berkeley, California, USA, 1999: 50-57.
87. Holland J H. Hidden Order: How Adaptation Builds Complexity[J]. Leonardo, 1995, 29(3).
88. Homans G C. The Dark Angel: The Tragedy of Herman Melville[J]. The New England Quarterly, 1932. 5(4): 699-730.
89. Hood C C. The Tools of Government[M]. London: The Macmillan Press Ltd, 1983.
90. Howlett M. Governance Modes, Policy Regimes and Operational Plans: A Multi-level Nested Model of Policy Instrument Choice and Policy Design[J]. Policy Sciences, 2009, 42(1): 73-89.
91. Hu M, Liu B. Mining Opinion Features in Customer Reviews [C]//National Conference on Artificial Intelligence, 2004.
92. Hu M, Liu B. Mining and Summarizing Customer Reviews[C]//The Tenth ACM SIGKDD International Conference on Knowledge Discovery and Data Mining. ACM, 2004.
93. Hu Y H, Chen Y L, Chou H L. Opinion Mining from Online Hotel Reviews a Text Summarization Approach[J]. Information Processing & Management, 2017, 53(2): 436-449.
94. Hu, Q, Johnston E, Hemphill, L. Fostering Cooperative Community Behavior with IT Tools: The Influence of a Designed Deliberative Space on Efforts to Address Collective Challenges[J]. Journal of Community Informatics, 2013.
95. Huang A. Similarity Measures for Text Document Clustering[C]//in Proceedings of the Sixth New Zealand Computer Science Research Student Conference (NZCSRSC 2008). Christchurch, New Zealand, 2008.
96. Hughes O E. Public Management and Administration, 3rd edition: An Introduction [M]. Palgrave Macmillan, 2003.
97. Hull D A. Stemming Algorithms: A Case Study for Detailed Evaluation[J]. Journal of the American Society for Information Science, 1996, 47(1): 70-84.
98. I T M Snellen. Public administration in an information age: A Handbook[M]. IOS Press, 1998.

99. Jaakola A, Kekkonen H, Lahti T, et al. Open Data, Open Cities: Experiences from the Helsinki Metropolitan Area. Case Helsinki Region Infoshare www. hri. fi [J]. Statistical Journal of the Iaos Journal of the International Association for Official Statistics, 2015.

100. Jagarlamudi J, Daum H. Extracting Multilingual Topics from Unaligned Comparable Corpora [C]//Proceedings of the 32nd European Conference on Advances in Information Retrieval, Springer-Verlag: Milton Keynes, UK, 2010: 444-456.

101. Janssen M A, Ostrom E. Adoption of a New Regulation for the Governance of Common-pool Resources by a Heterogeneous Population [M]//J M Baland, P Bardhan, S Bowles (eds.), Inequality, Collective Action and Environmental Sustainability. Princeton University Press and Oxford University Press, India, 2007.

102. Janssen M, Charalabidis Y, Zuiderwijk A. Benefits, Adoption Barriers and Myths of Open Data and Open Government[J]. Information Systems Management, 2012, 29 (4): 258-268.

103. Johnston E W, Hansen D L. Design Lessons for Smart Governance Infrastructures [M]. In A. Balutis, T. F. Buss, & D. Ink (Eds.), Transforming American Governance: Rebooting the Publicsquare? Armonk, NY: M. E. Sharpe, 2011: 197-212.

104. Johnston E, Kim Y. Introduction to the Special Issue on Policy Informatics[J]. The Innovation Journal: The Public Sector Innovation Journal, 2011, 16(1): 1-4.

105. Johnston, E. W. (Ed.). Governance in the Information era: Theory and Practice of Policy Informatics. Routledge. 2015.

106. Jones C O. An Introduction to the Study of Public Policy[M]. An Introduction to the Study of Public Policy. Duxbury Press, 1977: 575-588.

107. Jorgen W. Evolution Rationality and Equilibrium in Games[J]. European Economic Review, 1998(42): 641-649.

108. Joseph R C, Johnson N A. Big Data and Transformational Government [J]. It Professional, 2013, 15(6): 43-48.

109. Kim G H, Trimi S, Chung J H. Big-data Applications in the Government Sector[J]. Communications of the Acm, 2014, 57(3): 78-85.

110. Kim S M, Hovy E. Determining the Sentiment of Opinions[C]//The 20th International Conference on Computational Linguistics. Association for Computational Linguistics, 2014.

111. Kim S M, Hovy E. Identifying and Analyzing Judgment Opinions[C]//The Main Conference on Human Language Technology Conference of the North American Chapter of the Association of Computational Linguistics. Association for Computational Linguistics, 2006.

112. Kim Y. Using Spatial Analysis for Monitoring Fraud in a Public Delivery Program [J]. Social Science Computer Review, 2007, 25(3): 287-301.

113. Kingdon J W, Thurber J A. Agendas, Alternatives, and Public Policies[M]. Boston: Little, Brown, 1984.

114. Kleinberg J M. Authoritative Sources in a Hyperlinked Environment[J]. Journal of the ACM,1999,46(5): 604-632.

115. Korenius T,Laurikkala J,Juhola M. On Principal Component Analysis, Cosine and Euclidean Measures in Information Retrieval[J]. Information Sciences, 2007, 177 (22): 4893-4905.

116. Ku L W, Lo Y S, Chen H H. Test Collection Selection and Gold Standard Generation for a Multiply-annotated Opinion Corpus[C]//ACL 2007, Proceedings of the Meeting of the Association for Computational Linguistics, June 23-30, 2007, Prague, Czech Republic,2007.

117. Kumar P, Gupta S, Bhasker B. An Upper Approximation Based Community Detection Algorithm for Complex Networks[J]. Decision Support Systems,2017,96: 103-118.

118. Lafferty J D, Blei D M. Correlated Topic Models[J]. Advances in Neural Information Processing Systems,2006,18: 147.

119. Le Q, Mikolov T. Distributed Representations of Sentences and Documents[C]// International Conference on Machine Learning,2014.

120. Lee H, Yoon Y. Engineering Doc2vec for Automatic Classification of Product Descriptions on O2O Applications[J]. Electronic Commerce Research,2018,18(3): 433-456.

121. Lee S, Jin X, Kim W. Sentiment Classification for Unlabeled Dataset Using Doc2vec with Jst[C]//Proceedings of the 18th Annual International Conference on Electronic Commerce: e-Commerce in Smart Connected World. ACM,2016.

122. Lesher G W, Moulton B J, Higginbotham D J. Effects of N-gram Order and Training Text Size on Word Prediction[C]//In Proceedings of the RESNA'99 Annual Conference, Citeseer,1999.

123. Li N, Wu D. Using Text Mining and Sentiment Analysis for Online Forums Hotspot Detection and Forecast[J]. Decision Support Systems,2010,48(2): 354-368.

124. Li S,et al. Semi-supervised Learning for Imbalanced Sentiment Classification[C]. in International Joint Conference on Artificial Intelligence,2011.

125. Lindgren R, Henfridsson O, Schultze U. Design Principles for Competence Management Systems: A Synthesis of an Action Research Study[J]. MIS, 2004, quarterly: 435-472.

126. Liu B. Sentiment Analysis and Opinion Mining[M]. Synthesis Lectures on Human Language Technologies, ed. G. Hirst: Morgan & Claypool Publishers,2012.

127. Liu B. Web Data Mining: Exploring Hyperlinks, Contents,and Usage Data[M]. 2nd ed. Data-Centric Systems and Applications, ed. M. J. Carey and S. Ceri. Springer-Verlag Berlin Heidelberg,2011: 622.

128. LIU J,魏程. 中文分词算法研究[J]. 网络新媒体技术,2008,29(8): 11-16.

129. Ma Baojun, Zhang N, Liu Guannan, et al. Semantic Search for Public Comments on Urbam Affairs: A Probabilistic Topic Modeling-based Approach[J]. Information

Processing & Management,2016,52(3): 430-445.

130. Manning C D,Raghavan P,Schütze H,Introduction to Information Retrieval[M]. Cambridge,England: Cambridge University Press, 2008.

131. Manyika J, Chui M, Farrell D, et al. Open Data: Unlocking Innovation and Performance with Liquid Information [EB/OL]. http://www.mckinsey.com/business-functions/business-technology/our-insights/open-data-unlocking-innovation-and-performance-with-liquid-information,2013.

132. Maron M E,Kuhns J L. On Relevance, Probabilistic Indexing and Information Retrieval[J]. Journal of the ACM,1960,7(3): 216-244.

133. Martin E G,MacDonald R H, Smith L C, et al. Policy Modeling to Support Administrative Decisionmaking on the New York State HIV Testing Law [J]. Journal of Policy Analysis and Management,2015,34(2): 403-423.

134. Martineau J,Finin T. Delta TF-IDF: An Improved Feature Space for Sentiment Analysis[C]//International Conference on Weblogs and Social Media,2009.

135. McAfee A,Brynjolfsson E, Davenport T H, et al. Big Data: The Management Revolution[J]. Harvard Business Review,2012,90(10): 60-68.

136. Mellouli S,Luna-Reyes L F,Zhang J. Smart Government,Citizen Participation and Open Data[J]. Information Polity,2014,19(1): 1-4.

137. Meng Qingguo,Zhang Nan,Zhao Xuejiao,et al. The Governance Strategies for Public Emergencies on Social Media and Their Effects: A Case Study Based on the Microblog Data[J]. Electronic Markets,2016,26(1): 15-27.

138. Metropolis N. The Beginning of the Monte Carlo Method[J]. Los Alamos Science. Special Issue Dedicated to Stanislaw Ulam,1987: 125-130.

139. Mihalcea R,Banea C,Wiebe J. Learning Multilingual Subjective Language Via Cross-lingual projections [C]//The 45th Annual Meeting of the Association of Computational Linguistics,2007.

140. Mikolov T,et al. Distributed Representations of Words and Phrases and Their Compositionality[J]. Advances in Neural Information Processing Systems,2013.

141. Mikolov T,et al. Efficient Estimation of Word Representations in Vector Space[J]. arXiv preprint arXiv: 1301.3781,2013.

142. Mikolov T,et al. Recurrent Neural Network Based Language Model [C]//in Conference of the International Speech Communication Association(INTERSPEECH-2010),Makuhari,Chiba,Japan,2010.

143. Mikolov T,Le Q V, Sutskever I. Exploiting Similarities among Languages for Machine Translation[J]. arXiv preprint arXiv: 1309.4168,2013.

144. Mimno D,et al. Polylingual Topic Models[C]//Proceedings of the 2009 Conference on Empirical Methods in Natural Language Processing: Volume 2-Volume. Association for Computational Linguistics: Singapore,2009: 880-889.

145. Misuraca G,Mureddu F,Osimo D. Policy-making 2.0: Unleashing the Power of Big Data for Public Governance[M]. Open Government. Springer New York,2014: 171-

188.

146. Mitchell J C. The Kalela Dance: Aspects of Social Relationships among Urban Africans in Northern Rhodesia. Published on Behalf of the Rhodes-Livingstone Institute by the Manchester Univ. Pr,1959.

147. Moghaddam S,Ester M. ILDA: Interdependent LDA Model for Learning Latent Aspects and Their Ratings from Online Product Reviews[C]//Proceedings of the 34th International ACM SIGIR Conference on Research and Development in Information Retrieval. ACM: Beijing,China,2011: 665-674.

148. Moon M J. The Evolution of E-Government among Municipalities: Rhetoric or Reality?[J]. Public Administration Review,2002,62(4): 424-433.

149. Naimi A I,Westreich D J. Big Data: A Revolution that Will Transform How We Live,Work,and Think[J]. Mathematics & Computer Education,2013,47(17): 181-183.

150. Nakagawa T,Inui K,Kurohashi S. Dependency Tree-based Sentiment Classification Using CRFs with Hidden Variables[C]//Human Language Technologies: Conference of the North American Chapter of the Association of Computational Linguistics, Proceedings,June 2-4,2010,Los Angeles,California,USA,2010.

151. Nallapati R,Cohen W,Lafferty J. Parallelized Variational EM for Latent Dirichlet Allocation: An Experimental Evaluation of Speed and Scalability[C]//Seventh IEEE International Conference on Data Mining Workshops(ICDMW 2007),2007.

152. Nawsher K,Ibrar Y, Targio H I A, et al. Big Data: Survey, Technologies, Opportunities,and Challenges[J]. The Scientific World Journal,2014: 1-18.

153. Ni M,Lin H. Mining Product Reviews Based on Association Rule and Polar Analysis [C]//The NCIRCS-2007,2007.

154. Ni X,et al. Mining Multilingual Topics from Wikipedia[C]//Proceedings of the 18th International Conference on World Wide Web. ACM: Madrid,Spain,2009: 1155-1156.

155. Nigel Gilbert. Agent-based Models[M]. Los Angeles: SAGE Publications,Inc. ,2008.

156. Noesselt N. Microblogs and the Adaptation of the Chinese Party-State's Governance Strategy[J]. Governance,2014,27(3): 449-468.

157. Paltoglou G,Thelwall M. A Study of Information Retrieval Weighting Schemes for Sentiment Analysis[C]//Meeting of the Association for Computational Linguistics,2010.

158. Pang B,Lee L, Vaithyanathan S. Thumbs up? Sentiment Classification Using Machine Learning Techniques[C]//The ACL-02 conference on Empirical Methods in Natural Language Processing-Volume 10. Association for Computational Linguistics, 2002.

159. Pang B,Lee L. Opinion Mining and Sentiment Analysis[J]. Foundations and Trends® in Information Retrieval,2008,2(1-2): 1-135.

160. Pennebaker J W,Booth R J,Francis M E. Operator's Manual Linguistic Inquiry and

Word Count[C]//LIWC 2007,2007.

161. Perina A,et al. Biologically-aware Latent Dirichlet Allocation (BaLDA) for the Classification of Expression Microarray[M]. Pattern Recognition in Bioinformatics,T H Dijkstra,et al.,Editors. Springer Berlin Heidelberg,2010: 230-241.
162. Petra Ahrweiler,Andreas Pyka,Nigel Gilbert. Policy Modeling of Large-Scale Social Systems Lessons from the SKIN Model of Innovation[J]. Governance in the Information Era: Theory and Practice of Policy Informatics,2015.
163. Phang C W,Kankanhalli A. A Framework of ICT Exploitation for E-participation Initiatives[J]. Communications of the ACM,2008,51(12): 128-132.
164. Picot G,Piraino P. Immigrant Earnings Growth: Selection Bias or Real Progress? [J]. Canadian Journal of Economics/revue Canadienne Déconomique,2013,46(4): 1510-1536.
165. Ponte J M,Croft W B. A Language Modeling Approach to Information Retrieval [C]//Proceedings of the 21st Annual International ACM SIGIR Conference on Research and Development in Information Retrieval. ACM: Melbourne, Australia, 1998: 275-281.
166. Popescu A M,Etzioni O. Extracting Product Features and Opinions from Reviews,in Natural Language Processing and Text Mining[M]. Springer,2007: 9-28.
167. Porteous I,Newman D,Ihler A,et al. Fast Collapsed Gibbs Sampling for Latent Dirichlet Allocation[C]//Proceedings of the 14th ACM SIGKDD International Conference on Knowledge Discovery and Data Mining, ACM. 2008: 569-577.
168. Porter M F. An Algorithm for Suffix Stripping[J]. Program,1980,14(3): 130-137.
169. Procter R,Vis F,Voss A. Reading the Riots on Twitter: Methodological Innovation for the Analysis of Big Data[J]. International Journal of Social Research Methodology,2013,16(3): 197-214.
170. Qingqiang W,et al. LDA-based Model for Topic Evolution Mining on Text[C]//The 6th International Conference on Computer Science & Education(ICCSE 2011),2011.
171. Rao D,Ravichandran D. Semi-supervised Polarity Lexicon Induction[C]//The 12th Conference of the European Chapter of the Association for Computational Linguistics. Association for Computational Linguistics,2009.
172. Ren D,Zhang X,Wang Z,et al. Weiboevents: A Crowd Sourcing Weibo Visual Analytic System[C]//Visualization Symposium (PacificVis), 2014 IEEE Pacific. IEEE,2014: 330-334.
173. Rilo E,Shepherd J. A Corpusbased Approach for Building Semantic Lexicons[C]// Proceedings of the Second Conference on Empirical Methods in Natural Language Processing(EMNLP-97),1997: 117-124.
174. Riloff E,Wiebe J. Learning Extraction Patterns for Subjective Expressions[C]//The 2003 Conference on Empirical Methods in Natural Language Processing. Association for Computational Linguistics,2003.

175. Robertson S E,Jones K S. Relevance Weighting of Search Terms[J]. Journal of the American Society for Information Science,1976,27(3):129-146.
176. Rogers,Everett M. The Diffusion of Innovation 5th Edition[M]. 2003.
177. Rust R,Oliver R. Service Quality:New Directions in Theory and Practice[M]. Ca:Thousand Oaks,1994.
178. Ryder D. The Analysis of Policy:Understanding the Process of Policy Development [J]. Addiction,1996,91(9):1265.
179. Salton G,Fox E A,Wu H. Extended Boolean Information Retrieval [J]. Communications of the ACM,1983,26(11):1022-1036.
180. Salton G,Wong A,Yang C S. A Vector Space Model for Automatic Indexing[J]. Communications of the ACM,1975,18(11):613-620.
181. Salton G. The SMART Retrieval System——Experiments in Automatic Document Processing[M]. Prentice-Hall,Inc. ,1971.
182. Sashihithlu S. Complex Sentiment Analysis Using Recursive Autoencoders[EB/OL]. https://core. ac. uk/display/23426251. 2013.
183. Savas E S. Privatization and Public-private Partnerships[M]. CQ Press,2000.
184. Schintler L. The potential Risk of Big Data for Public Policy,a Presentation at George Mason University[EB/OL]. Retrieved from http://policy. gmu. edu/the-potential-and-risk-of-big-data-for-public-policy/. 2013-11-6.
185. Scott J. Social Network Analysis[M]. 4th ed,SAGE Publications Ltd,2017.
186. Shanahan E A,McBeth M K,Hathaway P L,et al. Conduit or Contributor? The Role of Media in Policy Change Theory[J]. Policy Sciences,2008,41(2):115-138.
187. Singh J,Gupta V. Text Stemming:Approaches,Applications,and Challenges[J]. ACM Computing Surveys,2016,49(3):1-46.
188. Sirer M I,Maroulis S,Guimera R,et al. The Currents Beneath the "Rising Tide" of School Choice:An Analysis of Student Enrollment Flows in the Chicago Public Schools[J]. Journal of Policy Analysis and Management,2015,34(2):358-377.
189. Small T A. What the Hashtag? A Content Analysis of Canadian Politics on Twitter [J]. Information,Communication & Society,2011,14(6):872-895.
190. Socher R,et al. Recursive Deep Models for Semantic Compositionality Over a Sentiment Treebank[C]//Proceedings of the Conference on Empirical Methods in Natural Language Processing(EMNLP). Citeseer,2013.
191. Socher R,et al. Semantic Compositionality Through Recursive Matrix-vector Spaces [C]//Joint Conference on Empirical Methods in Natural Language Processing and Computational Natural Language Learning,2012.
192. Socher R,et al. Semi-supervised Recursive Autoencoders for Predicting Sentiment Distributions[C]//Proceedings of the Conference on Empirical Methods in Natural Language Processing. Association for Computational Linguistics,2011.
193. Sparck Jones K. A Statistical Interpretation of Term Specificity and Its Application in Retrieval[J]. Journal of Documentation,1972,28(1):11-21.

194. Srinivas V,Mitra P. Link Prediction in Social Networks: Role of Power Law Distribution[M]. Springer,2016.
195. Stone P J,Dunphy D C,Smith M S. The General Inquirer: A Computer Approach to Content Analysis[J]. American Sociological Review,1968,4(4): 375-376.
196. Stough R,Mcbride D. Big Data and U. S. Public Policy[J]. Review of Policy Research,2014,31(4): 339-342.
197. Su F,Markert K. Subjectivity Recognition on Word Senses Via Semi-supervised Mincuts[C]//North American Chapter of the Association for Computational Linguistics,2009.
198. Takamura H,Inui T,Okumura M. Extracting Semantic Orientations of Words Using Spin Model[C]//The 43rd Annual Meeting on Association for Computational Linguistics. Association for Computational Linguistics,2005.
199. Tang D,et al. Learning Sentence Representation for Emotion Classification on Microblogs,in Natural Language Processing And Chinese Computing[C]//NIPCC 2013,G. Zhou,et al. Editors,2013: 212-223.
200. Thelwall M. Link Analysis: An Information Science Approach[M]. Elsevier Acaderric Press,2004.
201. Thomsa H D. Analytics 3.0[J]. Havard Business Review,2013,12: 65-72.
202. Tong R M,Tong R M. An Operational System for Detecting and Tracking Opinions in On-line Discussions[C]//The Acm Sigir Workshop on Operational Text Classification,2001.
203. Toutanova K,Manning C D. Enriching the Knowledge Sources Used in a Maximum Entropy Part-of-speech Tagger[C]//in Proceedings of the Joint SIGDAT Conference on Empirical Methods in Natural Language Processing and Very Large Corpora(EMNLP/VLC-2000),Hong Kong,2000.
204. Tu W,Li Q,Fang Z,et al. Optimizing the Locations of Electric Taxi Charging Stations: A Spatial-temporal Demand Coverage Approach[J]. Transportation Research Part C,2016,65: 172-189.
205. Turney P D,Littman M L. Measuring Praise and Criticism: Inference of Semantic Orientation from Association[J]. ACM Transactions on Information Systems(TOIS),2003,21(4): 315-346.
206. Turney P D. Thumbs up or Thumbs Down?: Semantic Orientation Applied to Unsupervised Classification of Reviews[C]//Proceedings of the 40th Annual Meeting on Association for Computational Linguistics. 2002. Association for Computational Linguistics. 2002.
207. UNDP. Development Effectiveness: Review of Evaluative Evidence[M]. New Work: UNDP,2000.
208. Van T S,Leeuw F L. The Performance Paradox in the Public Sector[J]. Public Performance & Management Review,2002,25(3): 267-281.
209. Wan,Xiaojun. Co-training for Cross-lingual Sentiment Classification[C]//

Proceedings of the Joint ConferenQ of the 47th Annual Meeting of the ACL and the 4th Intemational Joiut Conference on Natural Lauguage prolessing of the AFNLP: Volume |- Volume|. Association for Computationed Linguistics,2009: 235-243.

210. Wang J H,Liu T W. Improving Sentiment Rating of Movie Review Comments for Recommendation [C]//in 2017 IEEE International Conference on Consumer Electronics-Taiwan(ICCE-TW),2017.

211. Wang R. Shaping Carpool Policies under Rapid Motorization: The Case of Chinese Cities[J]. Transport Policy,2011,18(4): 631-635.

212. Wang S,Manning C D. Baselines and Bigrams: Simple, Good Sentiment and Topic Classification[C]//Meeting of the Association for Computational Linguistics,2012.

213. Wang X,et al. Topic Sentiment Analysis in Twitter: A Graph-based Hashtag Sentiment Classification Approach[C]//The 20th ACM International Conference on Information and Knowledge Management(CIKM'11),Glasgow,Scotland,UK: 2011, 10: 24-28,1031-1040.

214. Wang Y,Agichtein E,Benzi M. TM-LDA: Efficient Online Modeling of Latent Topic Transitions in Social Media[C]//Proceedings of the 18th ACM SIGKDD International Conference on Knowledge Discovery and Data Mining. ACM: Beijing, China,2012: 123-131.

215. Wartick S. Boolean Operations [M]. in Information Retrieval: Data Structures and Algorithms,W B Frakes, R Baeza-Yates,Editors. Prentice Hall: Englewood Cliffs, NJ,USA,1992.

216. Wasserman S,Faust K. Social Network Analysis: Methods and Applications[M]. Cambridge University Press,1994.

217. West D B. Introduction to Graph Theory [M]. Prentice Hall Upper Saddle River,2001.

218. White H C,Boorman S A,Breiger R L. Social Structure from Multiple Networks. I. Blockmodels of Roles and Positions[J]. American Journal of Sociology,1976,81(4): 730-780.

219. Wiebe J, Mihalcea R. Word Sense and Subjectivity[C]//The 21st International Conference on Computational Linguistics and the 44th annual meeting of the Association for Computational Linguistics. Association for Computational Linguistics,2006.

220. Wiebe J,Bruce R, Ohara T. Development and Use of a Gold-standard Data Set for Subjectivity Classifications [C]//Meeting of the Association for Computational Linguistics,1999.

221. Wiebe J. Learning Subjective Adjectives from Corpora[C]//Seventeenth National Conference on Artificial Intelligence and Twelfth Conference on Innovative Applications of Artificial Intelligence. AAAI Press,2000.

222. Wilensky U. NetLogo Wolf Sheep Predation Model [EB/OL]. http://ccl. northwestern. edu/netlogo/models/WolfSheepPredation, Center for Connected

Learning and Computer-Based Modeling, Northwestern University, Evanston, Illinois, 1999.

223. Wilson T, Wiebe J, Hoffmann P. Recognizing Contextual Polarity in Phrase-level Sentiment analysis[J]. International Journal of Computer Applications, 2005, 7(5): 347-354.

224. Wixom B H, Todd P A. A Theoretical Integration of User Satisfaction and Technology Acceptance[J]. Information Systems Research, 2005, 16(1): 85-102.

225. Wojcieszak M. Pulling Toward or Pulling Away: Deliberation, Disagreement, and Opinion Extremity in Political Participation[J]. Social Science Quarterly, 2011, 92(1): 207-225.

226. Wolf L, et al. Joint Word2vec Networks for Bilingual Semantic Representations[J]. Int. J. Comput. Linguistics Appl., 2014, 5(1): 27-42.

227. Wonodi C B, Privor-Dumm L, Aina M, et al. Using Social Network Analysis to Examine the Decision-making Process on New Vaccine Introduction in Nigeria[J]. Health Policy and Planning, 2012, 27(suppl_2): ii27-ii38.

228. World Development Report 2016: Digital Dividends. https://openknowledge.worldbank.org/handle/10986/23347.

229. Worthington A C, Dollery B E. Incorporating Contextual Information in Public Sector Efficiency Analyses: A Comparative Study of NSW Local Government[J]. Applied Economics, 2002, 34(4): 453-464.

230. Worthy B. The Impact of Open Data in the UK: Complex, Unpredictable, and Political[J]. Public Administration, 2015, 93(3): 788-805.

231. Wu H C, et al. Interpreting TF-IDF Term Weights as Making Relevance Decisions [J]. ACM Transactions on Information Systems, 2008, 26(3): 13.

232. Wu X, et al. Top 10 Algorithms in Data Mining[J]. Knowledge and Information Systems, 2008, 14(1): 1-37.

233. Xu K, et al. Mining Comparative Opinions from Customer Reviews for Competitive Intelligence[J]. Decision Support Systems, 2011, 50(4): 743-754.

234. Xu W, Rudnicky A. Can Artificial Neural Networks Learn Language Models? [J]. In Sixth International Conference on Spoken Language Processing, 2000.

235. Yadollahi A, Shahraki A G, Zaiane O R. Current State of Text Sentiment Analysis from Opinion to Emotion Mining[J]. ACM Computing Surveys, 2017, 50(2): Article No. 25.

236. Yapeng Z, Cheng J Y S. The Emergence of Cyber Society and the Transformation of the Public Policy Agenda-building Process in China[J]. China Review, 2011: 153-181.

237. Zeng D. Policy Informatics for Smart Policy-making[J]. IEEE Intelligent Systems, 2015, 30(6): 2-3.

238. Zhai C, Peng J. Mining Latent Features from Reviews and Ratings for Item Recommendation[C]//2016 International Conference on Computational Science and

Computational Intelligence(CSCI),2016.

239. Zhai Z,et al. Clustering Product Features for Opinion Mining[C]//The Fourth ACM International Conference on Web Search and Data Mining,ACM,2011.

240. Zhang C,Sun J. Large Scale Microblog Mining Using Distributed MB-LDA[C]// Proceedings of the 21st International Conference Companion on World Wide Web. ACM:Lyon,France,2012:1035-1042.

241. Zhang D,et al. Chinese Comments Sentiment Classification Based on Word2vec and SVMperf[J]. Expert Systems with Applications,2015,42(4):1857-1863.

242. Zhang J,Luna-Reyes L F,Pardo T A,et al. Information,Models,and Sustainability [M]. Springer International Publishing,2016.

243. Zhang K,et al. Keyword Extraction Using Support Vector Machine[C]//Lecture Notes in Computer Science,2006.

244. Zhang Nan,Ma Baojun. Constructing a Methodology toward Policy Analysts for Understanding Online Public Opinions:A Probabilistic Topic Modeling Approach [C]//The 14th IFIP Electronic Government and 7th Electronic Participation Conference(EGOV/ePART2015),Thessaloniki,Greece,2015.

245. Zhang W,et al. Collaborative Multi-level Embedding Learning from Reviews for Rating Prediction [C]//Proceedings of the Twenty-Fifth International Joint Conference on Artificial Intelligence(IJCAI-16),2016.

246. Zheng L,Zheng T. Innovation Through Social Media in the Public Sector: Information and Interactions[J]. Government Information Quarterly,2014,31:S106-S117.

247. Zhou S S,Chen Q C,Wang X L. Active Deep Learning Method for Semi-supervised Sentiment Classification[J]. Neurocomputing,2013,120:536-546.

248. Zhou S S,Chen Q C,Wang X L. Active Semi-supervised Learning Method with Hybrid Deep Belief Networks[J]. Plos One,2014,9(9).

249. Zhou S S,Chen Q C,Wang X L. Fuzzy Deep Belief Networks for Semi-supervised Sentiment Classification[J]. Neurocomputing,2014,131:312-322.

250. Zhu B,Watts S,Chen H. Visualizing Social Network Concepts[J]. Decision Support Systems,2010,49(2):151-161.

251. Zhu L,et al. Tripartite Graph Clustering for Dynamic Sentiment Analysis on Social Media[C]//2014 ACM SIGMOD International Conference on Management of Data, ACM,2014.

252. Zikopoulos P,Eaton C. Understanding Big Data:Analytics for Enterprise Class Hadoop and Streaming Data[M]. McGraw-Hill Osborne Media,1989.

253. 毕贵红,王华,李强,等.基于Agent的居民环境行为动态演化与政策仿真模型[J].广西师范大学学报(自然科学版),2008,26(1):198-202.

254. 曾小锋.大数据时代政府治理面临的双重境遇与突破路径[J].领导科学,2016(8):18-20.

255. 曾忠禄.大数据分析:方向、方法与工具[J].情报理论与实践,2017,40(1):1-5.

256. 曾子明,杨倩雯.面向第四范式的城市公共安全数据监管体系研究[J].情报理论与实践,2018(2):82-87.
257. 柴盈,韦福祥.服务质量内涵的综述与思考[J].科技与管理,2004,6(3):36-38.
258. 陈国青,吴刚,顾远东,等.管理决策情境下大数据驱动的研究和应用挑战——范式转变与研究方向[J].管理科学学报,2018(7):1-10.
259. 陈姣娥,王国华.网络时代政策议程设置机制研究[J].中国行政管理,2013(1):28-33.
260. 陈姣娥,王国华.网民政策态度形成机制研究——从"网议宁波"说起[J].中国软科学,2010(5):57-64.
261. 陈玲,赵静,薛澜.择优还是折衷?——转型期中国政策过程的一个解释框架和共识决策模型[J].管理世界,2010(8):59-72,187.
262. 陈美.大数据在公共交通中的应用[J].图书与情报,2012(6):22-28.
263. 陈潭.公共政策变迁的理论命题及其阐释[J].中国软科学,2004(12):10-17.
264. 陈振明.公共管理学[M].北京:中国人民大学出版社,2017.
265. 陈振明.评西方的"新公共管理"范式[J].中国社会科学,2000(6):73-82.
266. 陈之常.应用大数据推进政府治理能力现代化——以北京市东城区为例[J].中国行政管理,2015(2).
267. 承孝敏.大数据应用与社会治理的芜湖实践[J].社会治理,2016(4):114-116.
268. 程倩."服务行政":从概念到模式——考察当代中国"服务行政"理论的源头[J].南京社会科学,2005(5):50-57.
269. 戴维·奥斯本,特德·盖布勒.改革政府:企业家精神如何改革着公营部门[M].周敦仁,等译.上海:上海译文出版社,1996.
270. 道格拉斯·诺斯.理解经济变迁过程[M].钟正生,邢华,等译.北京:中国人民大学出版社,2008:48-49.
271. 登哈特.新公共服务:服务,而不是掌舵[M].3版.丁煌,译.北京:中国人民大学出版社,2016.
272. 邓仲华,李志芳.科学研究范式的演化——大数据时代的科学研究第四范式[J].情报资料工作,2013,34(4):19-23.
273. 段龙飞.我国行政服务中心建设[M].武汉:武汉大学出版社,2007:58.
274. 冯芷艳,郭迅华,曾大军,等.大数据背景下商务管理研究若干前沿课题[J].管理科学学报,2013,16(1):1-9.
275. 高宝俊,戴辉,宣慧玉.基于Agent的股票市场仿真[J].系统工程理论方法应用,2005,14(6):497-501.
276. 高华丽,闫建.政府大数据战略:政府治理实现的强力助推器[J].探索,2015(1):104-107.
277. 高小平.借助大数据科技力量寻求国家治理变革创新[J].中国行政管理,2015(10):10-14.
278. 格里高利·曼昆.经济学原理[M].梁小民,译.北京:机械工业出版社,2003.
279. 关欣,李芳玲,张秀吉,等.基于"保管—实用性"原则的我国政府信息公开政策的内容体系研究[J].图书情报工作,2014,58(6):48-53.

280. 韩大元,杨福忠.试论我国政府信息公开法治化[J].国家行政学院学报,2004(2):58-62.
281. 郝龙,李凤翔.社会科学大数据计算——大数据时代计算社会科学的核心议题[J].图书馆学研究,2017(22):20-29.
282. 贺睿,刘叶婷.我国公共数据开放的程度、问题及建议[J].领导科学,2013(29):63-64.
283. 胡键.大数据技术与公共管理范式的转型[J].行政论坛,2018,25(4):51-57.
284. 胡小明.从政府信息公开到政府数据开放[J].电子政务,2015(8):67-72.
285. 黄铧焕,薛丽芳.大数据,大政务,新网络——大数据时代电子政务网络的发展方向[J].电子政务,2013(5):104-109.
286. 黄璜,黄竹修.大数据与公共政策研究:概念、关系与视角[J].中国行政管理,2015(10).
287. 黄璜,赵倩,张锐昕.论政府数据开放与信息公开——对现有观点的反思与重构[J].中国行政管理,2016(11).
288. 黄璜.美国联邦政府数据治理:政策与结构[J].中国行政管理,2017(8).
289. 黄家良,谷斌.基于大数据的电子商务行业监管体系[J].中国科技论坛,2016(5):46-51.
290. 黄建伟,刘文可,熊佩萱.近20年我国MPA教育研究的回顾与展望——基于对文献关键词的共词网络分析[J].中国行政管理,2017(5).
291. 黄晓斌.网络信息挖掘[M].北京:电子工业出版社,2005.
292. 黄欣卓,李大宇.大数据驱动的公共管理学科现代化——《公共管理学报》高端学术研讨会视点[J].公共管理学报,2018,15(1):147-152,160.
293. 季丹,郭政.网络意见领袖对危机信息传播效果的影响因素研究[J].情报杂志,2015(2):22-27.
294. 江信昱,王柏弟.大数据分析的方法及其在情报研究中的适用性初探[J].图书与情报,2014(5):13-19.
295. 蒋国银,胡斌,王缓缓.基于Agent和进化博弈的服务商动态联盟协同管理策略研究[J].中国管理科学,2009,17(2):86-92.
296. 蒋国银,胡斌.集成博弈和多智能体的人群工作互动行为研究[J]管理科学学报,2011,14(2):29-41.
297. 蒋余浩,贾开.区块链技术路径下基于大数据的公共决策责任机制变革研究[J].电子政务,2018(2).
298. 康凤举.现代仿真技术与应用[M].北京:国防工业出版社,2001.
299. 康伟.突发事件舆情传播的社会网络结构测度与分析——基于"11·16校车事故"的实证研究[J].中国软科学,2012(7):169-178.
300. 蓝志勇.谈谈公共政策的决策理性[J].中国行政管理,2007(8):22-25.
301. 乐云,张兵,关贤军,等.基于SNA视角的政府投资项目合谋关系研究[J].公共管理学报,2013(3):29-40.
302. 李彪.微博中热点话题的内容特质及传播机制研究——基于新浪微博6025条高转发微博的数据挖掘分析[J].中国人民大学学报,2013(5).

303. 李大宇,米加宁,徐磊.公共政策仿真方法:原理、应用与前景[J].公共管理学报,2011,8(4):8-20.
304. 李钝,曹付元,曹元大,等.基于短语模式的文本情感分类研究[J].计算机科学,2008,35(4):132-134.
305. 李鹏.新公共管理及应用[M].北京:社会科学文献出版社,2004:121.
306. 李群,雷永林,侯洪涛,等.仿真模型设计与执行[M].北京:电子工业出版社,2010.
307. 李文彬,陈醉.大数据时代的地方政府数据应用[J].行政论坛,2016,23(6).
308. 李志刚.大数据:大价值、大机遇、大变革[M].北京:电子工业出版社,2012:53.
309. 梁喜涛,顾磊.中文分词与词性标注研究[J].计算机技术与发展,2015,25(2):175-180.
310. 刘德贵,费景高.动力学系统数字仿真算法[M].北京:科学出版社,2000.
311. 刘刚,詹建.公众反馈信息评价模型研究及实现[J].软件,2012,7:52-55.
312. 刘军.整体网分析:UCINET软件实用指南[M].上海:上海人民出版社,2014:113.
313. 刘军.整体网分析讲义[M].上海:上海人民出版社,2009:1.
314. 刘淑华,潘丽婷,魏уˇ宁.地方政府危机治理政策传播与信息交互行为研究——基于大数据分析的视角[J].公共行政评论,2017,10(1):4-28.
315. 刘淑妍.大数据时代政府决策机制的变革[N].学习时报,2016-03-28.
316. 刘嵩,刘宇,胡霞敏.运用大数据提升食药监管水平[J].学习与实践,2017(5):87-92.
317. 刘涛雄,尹德才.大数据时代与社会科学研究范式变革[J].长江论坛,2017(6).
318. 刘毅.内容分析法在网络舆情信息分析中的应用[J].天津大学学报(社会科学版),2006(4):308-310.
319. 刘越男,闫慧,杨建梁,等.大数据情境下政府治理研究进展与理论框架构建[J].图书与情报,2017(1):87-93.
320. 鹿小明.文本挖掘及其在信息检索中的应用[J].情报资料工作,2004(6):26-28.
321. 罗海成.基于服务质量的地方政府服务竞争力研究:概念模型及研究命题[J].福建行政学院学报,2011(3):5-10.
322. 罗杭,郭珍,张毅.移动政务的价值分析[J].情报资料工作,2010(4):36-40.
323. 罗杭,孟庆国.安理会改革与大国博弈的多智能体模拟[J].行政论坛,2013(6):34-38.
324. 罗杭,张毅,孟庆国.基于多智能体的城市群政策协调建模与仿真[J].中国管理科学,2015(1):89-98.
325. 罗杭.城市群一体化与政府互动的多智能体模拟[J].大连理工大学学报(社会科学版),2013(2):46-52.
326. 罗杭.城市群政府博弈与调控机制的多智能体系统建模——集成进化博弈理论与小世界网络模型[J].系统科学学报,2016(4):105-110.
327. 罗卫东,程奇奇.社会仿真研究:中国社会科学跨越式发展的可能路径[J].浙江社会科学,2009(2):2-7,125.
328. 吕雪梅.美国犯罪情报预测分析技术的特点——基于兰德报告《预测警务》的视角[J].情报杂志,2016,35(7):7-12.
329. 马宝君,张楠,孙涛.智慧城市背景下公众反馈大数据分析:概率主题建模的视角

[J].电子政务,2013,12:9-15.

330. 马宝君,张楠,谭棋天.基于政民互动大数据的公共服务效能影响因素分析[J].中国行政管理,2018,34(10):109-115.

331. 马得勇,孙梦欣.新媒体时代政府公信力的决定因素:透明性、回应性抑或公关技巧[J].公共管理学报,2014,11(1):104-113.

332. 迈克尔·C.杰克逊.系统思考——适于管理者的创造性整体论[M].北京:中国人民大学出版社,2005.

333. 孟庆国.云上贵州:贵州省大数据发展探索与实践[M].北京:清华大学出版社,2016.

334. 孟天广,郭凤林.大数据政治学:新信息时代的政治现象及其探析路径[J].国外理论动态,2015(1):46-56.

335. 孟天广,郑思尧.信息、传播与影响:网络治理中的政府新媒体——结合大数据与小数据分析的探索[J].公共行政评论,2017,10(1):29-52.

336. 孟小峰,李勇,祝建华.社会计算:大数据时代的机遇与挑战[J].计算机研究与发展,2013,50(12):2483-2491.

337. 米加宁.大数据与社会科学量化研究[A].实证社会科学(第三卷)[C].上海交通大学国际与公共事务学院,2017:20.

338. 宁兆龙,孔祥杰.大数据导论[M].北京:科学出版社,2017:52-59.

339. 牛美丽,何达基.专栏:公共部门效率与效果专栏导语[J].公共行政评论,2014(3):51-54.

340. 牛正光,奉公.基于大数据的公共决策模式创新[J].中州学刊,2016,232(4):7-11.

341. 钱学森.一个科学新领域——开放的复杂巨系统及其方法论[J].城市发展研究,2005(5):1-8.

342. 人民日报·政务指数微博影响力报告[EB/OL].http://www.peopleyun.cn/uploadfile/2018/0123/20180123104602765.pdf.2018-09-29.

343. 人在干、数在转、云在算——数据铁笼建设实践[J].中国建设信息化,2018(3):49-51.

344. 任卫东.基于复杂科学的公共政策优化研究[J].知识经济,2008(6):74-75.

345. 沈亚平,许博雅."大数据"时代政府数据开放制度建设路径研究[J].四川大学学报(哲学社会科学版),2014(5):111-118.

346. 施雯.基于大数据的情报分析如何助力城市管理——纽约实践及启示[J].图书情报工作,2016(8):113-117.

347. 石婧,艾小燕,操子宜.大数据是否能改进公共政策分析?——基于系统文献综述的研究[J].情报杂志,2018(2):161-168.

348. 孙恒有.WTO背景下我国政府服务质量差距分析[J].领导科学,2004(18):53-54.

349. 孙涛,温雪梅.动态演化视角下区域环境治理的府际合作网络研究——以京津冀大气治理为例[J].中国行政管理,2018(5):83-89.

350. 孙艳艳,吕志坚.中国开放政府数据发展策略浅析[J].电子政务,2015(5):18-24.

351. 谭海波,张楠.政府数据开放:历史、价值与路径[J].学术论坛,2016,39(6):31-34.

352. 涂子沛.大数据[M].3版.桂林:广西师范大学出版社,2015:98.

353. 涂子沛.数文明.大数据如何重塑人类文明、商业形态和个人世界[M].北京：中信出版社,2018：50,118.

354. 托马斯·戴伊.理解公共政策[M].11版.孙彩红,译.北京：北京大学出版社,2008：31.

355. 万岩,潘煜.大数据生态系统中的政府角色研究[J].管理世界,2015(2)：174-175.

356. 王春福.大数据与公共政策的双重风险及其规避[J].理论探讨,2017(2)：39-43.

357. 王达.宏观审慎监管的大数据方法：背景、原理及美国的实践[J].国际金融研究,2015,399(9)：55-65.

358. 王德元.我国行政成本研究的基础理论与发展探析[J].中国物价,2010,(7)：56-59.

359. 王飞跃,李晓晨,毛文吉,等.社会计算的基本方法与应用[M].杭州：浙江大学出版社,2013.

360. 王飞跃.社会计算的基本方法与应用[M].杭州：浙江大学出版社,2013.

361. 王金水.网络舆论与政府决策的内在逻辑[J].中国人民大学学报,2012,26(3)：127-133.

362. 王科,夏睿.情感词典自动构建方法综述[J].自动化学报,2016,42(4)：495-511.

363. 王其藩,李旭.从系统动力学观点看社会经济系统的政策作用机制与优化[J].科技导报,2005(5)：34-36.

364. 王其藩.复杂大系统综合动态分析与模型体系[J].管理科学学报,1999,2(2)：15-19,27.

365. 王其藩.高级系统动力学[M].北京：清华大学出版社,1995.

366. 王绍光.中国公共政策议程设置的模式[J].中国社会科学,2006(5)：86-99.

367. 王伟.电网投资规划的系统动力学建模与中压配电网络结构优化[D].北京：华北电力大学,2007.

368. 王卫平,郭长旺.文本挖掘在科技情报中的应用[J].中国科技产业,2004(12)：35-37.

369. 王新才,丁家友.大数据知识图谱：概念、特征、应用与影响[J].情报科学,2013(9)：10-14.

370. 王银梅,曲丰逸.运用大数据强化政府预算监管[J].宏观经济研究,2016(5)：36-41.

371. 王玥,郑磊.中国政务微信研究：特性、内容与互动[J].电子政务,2014,12(1)：66-77.

372. 王正攀,陈文权,徐信贵.政务微博的公共治理调查及提升方向——基于重庆市233个样本数据的分析[J].情报杂志,2015(7)：135-140.

373. 维克托·迈尔·舍恩伯格,肯尼思·库克耶.大数据时代：生活工作与思维的大变革[M].周涛,译.杭州：浙江人民出版社,2013.

374. 卫强,陈国青.管理系统模拟[M].北京：高等教育出版社,2008.

375. 蔚赵春,凌鸿.商业银行大数据应用的理论、实践与影响[J].上海金融,2013(9)：28-32.

376. 翁列恩,李幼芸.政务大数据的开放与共享：条件、障碍与基本准则研究[J].经济社会体制比较,2016(2)：113-122.

377. 邬贺铨.大数据是智慧城市的重要资产[N].北京日报,2016-12-26(14).

378. 吴江,胡斌.信息化与群体行为互动的多智能体模拟[J].系统工程学报,2009,24(2)：

218-225.

379. 夏义堃.国际组织开放政府数据评估方法的比较与分析[J].图书情报工作,2015(19):75-83.

380. 小约瑟夫·斯图尔特,詹姆斯·P.莱斯特,戴维·M.赫奇,等.公共政策导论[M].韩红,译.北京:中国人民大学出版社,2011:33.

381. 谢治菊.大数据优化政府决策的机理、风险及规避[J].行政论坛,2018(1):60-66.

382. 新华网.习近平:自主创新推进网络强国建设[EB/OL].http://www.xinhuanet.com/politics/2018-04/21/c_1122719810.htm.2018-09-29.

383. 徐庚宝,曾莲芝.仿真软件[J].计算机仿真,2007,24(10):1-6,24.

384. 徐宗本,冯芷艳,郭迅华,等.大数据驱动的管理与决策前沿课题[J].管理世界,2014(11):158-163.

385. 许欢,孟庆国.大数据推动的政府治理方式创新研究[J].情报理论与实践,2017,40(12):52-57.

386. 薛澜,陈玲.中国公共政策过程的研究:西方学者的视角及其启示[J].中国行政管理,2005(7):99-103.

387. 薛澜,林泽梁.公共政策过程的三种视角及其对中国政策研究的启示[J].中国行政管理,2013(5):43-48.

388. 薛澜,张帆.公共管理学科话语体系的本土化建构:反思与展望[J].学海,2018(1):90-99.

389. 薛为民,陆玉昌.文本挖掘技术研究[J].北京联合大学学报,2005,19(4):59-63.

390. 鄢一龙,王绍光,胡鞍钢.中国中央政府决策模式演变——以五年计划编制为例[J].清华大学学报(哲学社会科学版),2013(3):114-122.

391. 燕继荣.服务型政府建设:政府再造七项战略[M].北京:中国人民大学出版社,2009:155.

392. 杨道田.公共政策学[M].上海:复旦大学出版社,2015:3.

393. 罗杭,孟庆国.基于多智能体的城市群政府合作建模与仿真——嵌入并反馈于一个异构性社会网络[J].系统科学学报,2017(3):183-207.

394. 于浩.大数据时代政府数据管理的机遇、挑战与对策[J].中国行政管理,2015(3):127-129.

395. 于永达,药宁.政策议程设置的分析框架探索——兼论本轮国务院机构改革的动因[J].中国行政管理,2013(7):29-33.

396. 俞可平.论国家治理现代化[M].北京:社会科学文献出版社,2015:2.

397. 郁建兴,高翔.浙江省"最多跑一次"改革的基本经验与未来[J].浙江社会科学,2018(4):76-85,158.

398. 郁建兴,吴福平."无缝隙政府"的实践与思考——以玉环县为例[J].中共浙江省委党校学报,2003(3):8-13.

399. 喻国明.大数据分析下的中国社会舆情:总体态势与结构性特征——基于百度热搜词(2009—2012)的舆情模型构建[J].中国人民大学学报,2013,27(5):2-9.

400. 原毅军,田宇,孙佳.产学研技术联盟稳定性的系统动力学建模与仿真[J].科学学与科学技术管理,2013,34(4):3-9.
401. 张爱军,刘姝红.大数据:新政治文明时代抑或政治裸体时代[J].探索与争鸣,2017(3):75-82.
402. 张波,袁永根.系统思考和系统动力学的理论与实践[M].北京:中国环境科学出版社,2010.
403. 张成福,党秀云.公共管理学(修订版)[M].北京:中国人民大学出版社,2007.
404. 张建彬,黄秉青,隽永龙,等.政府数据开放网站的个人隐私保护政策比较研究[J].知识管理论坛,2017(5):390-397.
405. 张金成,吕维霞.论"顾客导向"的政府服务质量测评[J].南开学报(哲学社会科学版),2008(2):125-133.
406. 张楠.公共衍生大数据分析与政府决策过程重构:理论演进与研究展望[J].中国行政管理,2015,31(10):19-24.
407. 张启宇,朱玲,张雅萍.中文分词算法研究综述[J].情报探索,2008(11):53-56.
408. 张少彤,张楠,王友奎,等.2015年中国政府网站绩效评估:结果、亮点、不足[J].电子政务,2016.
409. 张小劲,孟天广.论计算社会科学的缘起、发展与创新范式[J].理论探索,2017(6):44-45.
410. 张秀吉,孟庆国.地方政府信息依申请公开研究——基于地级市数据的分析[J].公共管理评论,2016(3):88-104.
411. 张勇进.我国地方政府数据开放现状研究[J].中国行政管理,2016(11):19-23.
412. 赵玲,张静,王欢.微博对群体性事件助燃的动力学机制分析——以"昆明PX事件"为例[J].情报杂志,2013(8):50-56.
413. 赵雪娇,张楠,孟庆国.基于开放政府数据的腐败防治:英国的实践与启示[J].公共行政评论,2017,10(1):92.
414. 赵妍妍,秦兵,刘挺.文本情感分析[J].软件学报,2010,21(8):1834-1848.
415. 郑磊,高丰.中国开放政府数据平台研究:框架、现状与建议[J].电子政务,2015(7):8-16.
416. 郑磊.开放政府数据的价值创造机理:生态系统的视角[J].电子政务,2015(7):2-7.
417. 郑磊.开放政府数据研究:概念辨析、关键因素及其互动关系[J].中国行政管理,2015(11).
418. 郑双怡.文本挖掘及其在知识管理中的应用[J].中南民族大学学报,2005(4):127-130.
419. 中国新闻网.发展改革委:已批准12个国家综合配套改革试验区[EB/OL].http://www.chinanews.com/gn/2014/06-10/6263631.shtml.
420. 周德群.系统工程概论[M].北京:科学出版社,2005.
421. 周军杰.需求导向的中国政府数据开放研究[J].电子政务,2014(12):61-67.
422. 周黎安.中国地方官员的晋升锦标赛模式研究[J].经济研究,2007(7):36-50.
423. 周立柱,贺宇凯,王建勇.情感分析研究综述[J].计算机应用,2008,28(11):2725-2728.

424. 周勇.公共政策仿真有效性研究[D].哈尔滨:哈尔滨工业大学,2014.
425. 朱少杰.基于深度学习的文本情感分类研究[D].哈尔滨:哈尔滨工业大学,2014.
426. 朱嫣岚,闵锦,周雅倩,等.基于HowNet的词汇语义倾向计算[J].中文信息学报,2006,20(1):14-20.
427. 宗成庆.统计自然语言处理[M].2版.北京:清华大学出版社,2013.

# 后　　记

2013年，我从国际期刊《政策分析与管理学报》(*Journal of Policy Analysis and Management*)的一个征稿启事中第一次看到政策信息学(policy informatics)这个概念，并"按图索骥"，逐步了解到亚利桑那州立大学(Arizona State University)几位教授围绕这一新兴领域的初步探索。在与擅长数据挖掘的马宝君老师的一次闲聊中，我提到政策信息学，这使闲聊逐渐演变成学术讨论，我们都感觉将公共政策分析场景与大数据分析方法相结合有巨大的价值，也是我们可以合作的方向。于是我们开始了对政策信息学研究的初次尝试，但这篇投稿最终未被录用。当我们发现录用文章局限在政策仿真这一单一主题时，也让我们第一次有了需要重新去讨论和界定政策信息学研究领域的想法。

2014年，我在一次研究小组学术讨论中向孟庆国老师介绍了政策信息学的现状和我们的初步探索，得到了孟老师的鼓励和支持。同年，我申请获批国家自然科学基金面上项目"基于公共衍生大数据分析的政府决策过程重构与评估方法研究"(71473143)，孟老师和马老师都是项目核心成员。这个项目申请描述了我们当时设想在政策信息学框架下将要开展的主要探索。

2015年，我将相关浅见发表在《中国行政管理》，并开始在自己的研究方向中加上"政策信息学"，尽管我还无法完全说清其内涵。也是有感于说清自己宣称研究方向的必要性，我又申请获批北京市社会科学基金重点项目"政策信息学方法论研究"(15JGA008)，孟老师和马老师仍都是项目核心成员。于是说清什么是"政策信息学"成为一件我们承诺要完成的事。

此后的几年间，在孟老师的指导和支持下，我和孟老师团队的博士后、研究生一起开展了多项相关研究，与马老师的合作也有序进行，并开始开花结果。在理论层面，我们发表了一些中、英文学术成果；在实践层面，一些工具和方法也初步显现了应用价值。然而，说清楚什么是"政策信息学"好像并没有因此变得更容易。我们好像刚刚能够说清系统仿真、社会网络分析、自然语言处理和政策信息学的关系，人工智能、深度学习、群体智能等新概念的演进和应用的拓展又在不断冲击我们刚刚形成的一些概念和范畴。但无论如何,几个研究项目的结题也使我们不得不思考如何沉淀下来一些东西。

2018年暑假,我们正式开始准备这本书。不得不承认,她的成长过程比我们每一位作者设想的更艰难。尽管核心思想来源于我们已经完成的研究工作,但如何更好地梳理和组织庞杂的内容,如何清晰地表述和概括政策信息学,如何让读者透过我们做的粗浅尝试得以在更宏观尺度上建构认识,如何吸引更多人关注和参与政策信息学研究……这些问题让我们伤透脑筋。作为这件事的发起者,我本人更是时常有力所不能及的深刻体会。

时至今日,面对这个还在不断更新和变化的领域,我仍感觉有太多内容需要完善和再学习。为了避免这本书成为一项永远无法完成的工作,我们只得将目前自己也无法完全满意的版本付梓,将我们目前认知水平下对"政策信息学"的理解和盘托出。毕竟我们不是想宣布讨论的结束,而是号召讨论的开始。希望以本书的撰写和出版为契机,抛砖引玉,征求更多学科背景、方法源流的学者对我们工作的意见和建议,吸引学术领域围绕大数据时代公共管理与公共政策的复杂问题,展开围绕政策信息学的全方位、多层次研究和探索。这一愿望如能实现,我们拿出的这块"砖"也就实现了价值。

再次感谢帮助我们成就愿望的所有人。

作　者

2019年秋